삼위일체의 동양적 사유

The Trinity in Asian Perspective

by Jung Young Lee ⓒ 1996 published by ABNDP - Abingdon Press

삼위일체의 동양적 사유

2021년 12월 9일 처음 펴냄

지은이 | 이정용
옮긴이 | 임찬순
펴낸이 | 김영호
펴낸곳 | 도서출판 동연
등 록 | 제1-1383호(1992. 6. 12)
주 소 | 서울시 마포구 월드컵로 163-3
전 화 | (02)335-2630
전 송 | (02)335-2640
이메일 | yh4321@gmail.com
블로그 | https://blog.naver.com/dong-yeon-press

ISBN 978-89-6447-746-5 93200

삼위일체의 동양적 사유

이정용 지음 | 임찬순 옮김

The Trinity in Asian Perspective

동연

◆ 일러두기

이 책에서 저자의 원주는 괄호 없는 첨자로 표시하여[¹] 권말에 수록하였고,
역자의 주는 괄호와 함께 첨자로 표시하여[¹⁾] 각주로 편집하였다.
이 책에서 인용한 성경 본문은 공동번역이므로 신칭神稱은 표기 그대로 적었
고, 그 밖의 서술에서는 '하나님'으로 적었다.

한국어판 인사말

　아버님이 늘 마음속에 간직하고 사셨던 조국의 독자들에게 인사를 드립니다. 반갑습니다.

　아버님은 우리와 함께 시간을 보내는 것을 좋아하셨고, 자주 옐로우스톤 국립공원과 같은 곳으로 장거리 여행을 데려가셨습니다. 그렇지만 매니토바, 노쓰 다코다, 미네소타 등 가까운 지역의 공원들에 가서 캠핑을 하는 것은 더욱 자주 했습니다. 저희는 흰색 플리머스 스테이션 왜건(Plymouth Station Wagon) 뒷자리에 타고 지나가면서 아름다운 경치를 보는 것에 빠졌습니다. 아버님은 저희에게 낚시하는 법을 가르쳐 주었고, 캘리포니아에서는 홍합을 잡고 갯흙을 파서 게를 잡기도 했습니다. 우리 넷이 작은 텐트에서 자고 캠프파이어에 둘러앉아 먹곤 했습니다.

　아빠는 녹색의 자연을 사랑하셨고, 가든을 가꾸는 것을 너무 즐기셨습니다. 우리 가족들은 삽으로 땅을 파고 씨와 나무를 심고 토마토, 호박, 오이, 근대 같은 야채를 키웠습니다. 저희는 지금도 여전히 나무를 심고 야채를 키우는 것을 즐기고 있습니다.

　무엇보다 중요했던 것은 아버님은 저희와 함께해주셨습니다. 저희와 보드게임을 같이 하고, 이야기를 하고, 함께 먹고, 같이 웃고, 함께 눈을 치우고, 같이 강아지를 기르고, 함께 산책을 하곤 했습니다.

　아버님이 언제나 우리와 함께하고 지도하고 사랑을 베풀어 주신 것을 너무도 감사하게 됩니다. 다른 언어와 문화를 가진 나라에서 새롭고 익숙하지 않은 여러 도전에 직면해 사시면서 자녀들을 키우는 것이

쉽지 않으셨을 텐데, 아버님은 분에 넘치게 저희에게 베풀어 주셨습니다. 그때 세상은 그렇게 세계화가 되지도 않았었고, 미국에서조차 종족적인 차별은 여전히 광범위하게 퍼져 있었습니다.

아버님은 이런 삶의 경험을 통해 독특한 신학적 저술을 하셨습니다. 아버님은 이 책을 저희 가정을 위해 희생하셨던 어머님께 헌정을 하셨습니다. 아버님이 돌아가신 지가 벌써 사반세기가 지났습니다. 아버님이 사랑했던 제자를 통해, 이 책이 번역되어 한국 독자들에게 전해지게 되어 너무도 기쁩니다. 어머님은 누나가 저녁 식사가 끝난 후 아버님의 등을 떠밀면서 공부방으로 가라고 문을 닫던 기억을 떠올립니다. 누나가 아버님에게 빨리 가서 공부하라고 배려했던 시간을 그리워하시는 것입니다. 어머님은 요새 아버님을 꿈에서 뵈었다면서 좋아하십니다.

아버님이 이 책을 쓰면서 느끼셨던 하나님의 삼위일체의 신비와 가정의 의미를 한국의 독자들이 느끼고 체험할 수 있으면 좋겠습니다. 저희가 아버님을 통해서 느꼈던 사랑과 정이 이 책을 통해 전해지길 소망합니다. 저희에게 이런 귀한 기회를 주신 도서출판 동연 김영호 장로님께 감사를 드립니다.

이 책을 읽는 모든 분에게 은총과 사랑을 빕니다.

저자 이정용의 자녀

이종훈과 수(Jonathan and Sue)

Greeting

Greetings to readers in Korea, my father's mother land that he had always kept in his hearts. So glad to meet you.

Dad loved spending time with us and took us often on long road trips to national parks such as Yellowstone. More frequently, we would go camping in local parks in Manitoba and North Dakota and Minnesota. We the kids would be riding together in the back reverse seats of the old white Plymouth station wagon watching the scenery go by. Dad taught us how to fish in all these places and in California where we would harvest mussels and dig for clams too. All four of us would crowd into one small tent and eat together around the campfire.

Dad had a green thumb and loved gardening and the family helped with turning the soil with shovels and planting seeds and trees and harvesting fresh vegetables like tomatoes, cucumber, zucchini and rhubarb. This interest in plants and trees and gardening has continued on to us.

Most importantly Dad was present. He was around to play board games and talk with and eat with and laugh with and shovel snow with and pet the dogs with and take walks with.

We have a profound gratitude for Dad and his presence and leadership in our family. It is not easy raising two children and certainly challenging to do so in a new and unfamiliar country with a different language and culture. The world was not so globalized and racial discrimination in America was more widespread and openly practiced.

Dad wrote his theological writings from his life experience. Dad dedicated this book to his wife and our mother who sacrificed for our family. It has been already a quarter century after the death of our father. We are so excited and thrilled due to this publication by Dad's beloved disciple. Mom reminds us of Sue's pulling Dad's back toward his study room after dinner. Mom misses the time of Sue's caring for Dad. Mom has been so happy to see Dad in her dream recently. We hope that through Dad's book, the mystery and meaning of Trinity might be experienced by and transmitted to Korean readers. We will be glad if you might experience some part of Dad who we experienced and loved.

We would like to express our deep gratitude to the President Kim of East Dawn Publishing Co. Grace and love to all Korean readers in advance.

이종훈과 수(Jonathan and Sue)

추천의 글

선생님이 쓰신 책에 추천사를 쓰는 일이 자연스러울까? 게다가 출판 전 초고를 보고 인덱스 작업을 했던 책이니, 남사스럽다고 생각할 수도 있을지도 모른다. 그렇지만 추천사를 쓰려고 자판에 손을 올리니, 가슴은 따뜻해지고 입가에는 미소가 돈다.

『삼위일체의 동양적 사유』는 내 선생님의 책이다. 지금까지 강의를 통해, 책을 통해, 대화를 통해, 영상을 통해 많은 분들로부터 배웠다. 1980년대 초반 대학을 다닌 나는 교수님과 선생님을 알게 모르게 구별했다. 지식을 가르쳐준 분은 교수님이고, 사람과 삶을 알게 해준 분은 선생님이다. 학부 때 한 분, 유학시절에 한 분, 두 분의 선생님을 만났다. 이 책의 저자는 나의 첫 선생님이다. 선생님께 신학 지식도 많이 배웠지만, "신학이 무엇인지"와 "신학하는 것이 무엇인지"를 가슴에 심었다.

『삼위일체의 동양적 사유』는 단순히 '삼위일체론'이 아니다. 책 전체에서 "신학이 무엇인지"나 "신학하는 것이 무엇인지"를 언뜻언뜻 담고 있는 잠언이다. 자신의 삶 속에서 경험한 하나님에 대한 성찰을 삼위일체를 주제로 삼아 고백하고 있는 책이다. 그래서 그 고백은 진솔하지만 때로는 담담하지만 때로는 격정적이다.

『삼위일체의 동양적 사유』는 동아시아 사유방식을 통해서 신학을 전개하고 있다. 이정용 선생님에게 음양 사유방식은 아우구스티누스에게 신플라톤주의나 토마스 아퀴나스에게 아리스토텔레스 사상과 같은 위상을 점하고 있다. 단순히 동서양을 비교한 것이 아니라, 동아시아 사유방식을 신학적 틀로 삼아 '삼위일체'라는 신학 주제를 다룬 것이다.

주변에 있는 대다수의 신학 책들이 서구 사상의 틀과 논리, 용어와 개념으로 채색되어 있다. 이와 달리 이 책은 이렇게 동아시아의 사유의 틀에서 신학 주제를 다루고 있다. 서구신학 전통으로부터 자유로운 토착화신학 작업을 올곧게 수행하고 있다.

『삼위일체의 동양적 사유』는 신학 주제로서 '삼위일체'에 관심을 갖는 사람들, 동아시아 사유방식에서 신학을 전개하는 데 관심을 갖는 사람들, 토착화신학에 관심을 갖는 사람들에게 많은 통찰력을 제공할 것이다. 이 책을 손에 쥐는 순간 무엇보다도 "신학이 무엇인지" 또는 "신학하는 것이 무엇인지"를 다시 성찰하는 계기가 될 것이다.

신재식
호남신학대학교 교수

추천의 글

반갑고도 기쁜 일이다. 너무 오래 기다렸다.

이정용 박사의 학문적 여정을 세 지평으로 분류해본다면 '고난 받는 하나님의 신학,' '역의 신학' 그리고 '교회의 신학' 시대로 나눠볼 수 있다. 이는 학문을 막 시작하는 시기, 종교학자로서 일반 대학에서 종교학과 신학을 교수하던 시기 그리고 마지막으로 당신이 속한 교단 신학교에 와서 자신의 신학을 왕성하게 펼치던 시기와 조응한다. 다시 말하면 이 책은 이 박사의 생애 중 학문과 경력의 정점에 있던 시기에 삼위일체를 통해 자신의 신학을 정리한 것으로서 다수의 저작 가운데 가장 소중하고 중요한 저작이라고 할 수 있다. 이런 이유로 이 책의 번역이 반갑지 않을 수 없다.

일견 삼위일체를 역(易)으로 풀어냈다고 했을 때 전통적 기독교인들의 시각에는 생경하게 받아들일 수 있다. 그러나 이 박사의 서 있는 위치는 지극히 전통적이다. 책은 전제부터 하나님의 실체에 대한 인간 이성의 극복할 수 없는 한계를 철저하게 인식하고 이를 신비의 영역으로 남겨 둔다. 이런 이유로 규정할 수 없는 하나님의 실체와 속성에 대한 확증적(affirmative) 진술을 거부한다. 또한 신학의 기반으로서 신 이해 대신 삶의 정황 속에서 한 인격이 갖고 있는 하나님 체험을 강조한다. 이러한 태도는 이정용 박사의 신학이 지극히 개신교적이며 복음적이라는 것을 웅변한다. 그리고 이 박사는 이러한 모색을 통해 역의 신학을 전통적인 삼위일체 신학을 대체하는 것이 아닌 전통신학과 상생시키고

자 한다.

책은 크게 3부분으로 나누어 볼 수 있다. 1장에서 3장까지는 서론적 부분으로서 연구의 타당성과 신학적 가치 등을 논한다. 그리고 주나라 역부터 시작해서 중국 역사 속의 역과 음양이론에 대한 개괄적 검토를 시도한다. 제자백가 시대의 음양가부터 도가, 신유가, 도교, 방술까지 영어권에 살았던 학자가 어떻게 동양학에 대해 이리도 방대하고 정치한 지적 축적을 할 수 있었는지 의아할 뿐이다. 마지막 3장은 현대 신학, 물리학 등과 음양적 사고를 대비시키면서 모퉁이성(marginality), liminality(연접성), in-betweeness(사이 안) 등 삼위일체적 사고를 특정한다.

중심이 되는 4장부터 7장은 성자 하나님, 성령 하나님, 성부 하나님 그리고 신적 위계를 차례로 다룬다. 음양의 상징을 통해 신성과 인성, 부활과 죽음, 고통과 사랑, 주인됨과 종됨의 이원적 관계를 성자를 통해 풀어낸다. 성령은 성부와 상생하는 여성적 원리로서 자유케 하는 능력을 강조하며, 성부는 창조론적 관점에서 다루어진다. 가장 중요한 부분인 7장은 전통적인 성부-성자-성령의 신적 위계를 장횡거(張橫渠)의 『서명』에 착안해 여섯 가지 관계유형으로 제시한다. 마지막 부분인 8장은 신학교로 자리를 옮긴 후 그분의 저작 대부분이 그러하듯이 목사로서 이정용의 교회 공동체에 대한 깊은 관심과 사랑을 보여준다. 삼위일체적 삶을 교회 공동체 생활과 가정생활을 통해 제시한다.

독서 중 이 박사의 깊은 묵상, 창조적인 사색, 정교한 논리, 해박한 지식 등에 놀라는 일은 다반사이다. 그러나 이 책의 진정한 가치는 가히 혁명적 사고전환이라는 데 있다. 이 책이 단지 서구 기독교의 교리인 삼위일체를 역(易)을 통해 동아시아적 시각으로 비교, 재해석했다고 착각해서는 안 된다. 이러한 방식은 일상적이다. 이 책이 혁명적인 것은 이정용 박사가 이 책을 통해 이제까지 존재 물음과 해석학을 신학의 중심 테마와 방법론으로 집착했던 서구 신학 전통의 일방성을 반복, 차이, 역동적이며 창조적 힘, 정도(degree), 변형 그리고 이들의 상호 관계 중심적 사고로 전환하라고 요청한다는 데 있다. 역에 대한 기독교적 해석은 오히려 혁명적 요청의 도구일 수 있다.

이 책은 동·서양 사상과 신학에 두루 익숙하지 않으면 번역하기 쉽지 않다. 다행히 이정용 박사의 제자이자 동·서양 철학의 기반이 탄탄한 신학자인 임찬순의 친절하고 정확한 번역은 원전의 가치를 한층 더 빛내준다. 난해한 대목마다 친절한 역주와 설명이 붙어 있어 책 표지를 들추는 데 주저하는 독자들에게 용기를 준다. 신학이라는 학문에 관심이 있는 사람이라면 반드시 일독을 권한다.

이충범
협성대학교 교수

이 책을
삼위일체의 가정을 함께 지켜온
아내 귀황에게
감사하면서 헌정합니다.

감사의 글

서로 의지하고 사는 세상에서 누구의 생각도 독특할 수만은 없다. 나 자신의 경험에서 독특한 삼위일체의 개념을 제시하고 싶었지만, 내 생각이 직간접적으로 누군가의 영향을 받았다는 것을 인정하지 않을 수 없다. 미국에서 산 동양인으로, 내 생각은 동양적 전통에 깊이 뿌리를 내리고 있다. 그러므로 나는 내 민족에 감사하지 않을 수 없다. 한민족의 세계관은 내가 동양적 사유의 시각에서 삼위일체의 대안을 다시 상상할 수 있게 했다.

몇 년 전 "삼위일체의 신화"라는 제목으로 세미나를 하면서, 이 시대에 삼위일체 교리를 새롭게 접근하는 것이 얼마나 중요한지 깨닫게 되었다. 그 세미나를 수강했던 모든 학생들에게 감사한다. 그들의 이름을 적고 싶다. 최두열, 페이스 디마테오(Faith Dimatteo), 앨리스 홉스(Alice Hobbes), 스티븐 존슨(Steven Johnson), 김승철, 콜린 크리스튤라(Colleen Kristula), 이은혜, 이재천, 이한식, 이세형, 이영기, 임찬순, 도날드 오루크(Donald O'Rouke), 백성민(Andrew Baek), 박소영, 신재식, 구니히꼬 테라사와(Kunihiko Terasawa)와 아소크 비수바삼(Ashok Visu-vasam). 특별히 앤쑈(Ann Shaw), 낸시 슐루터(Nancy Schlutter), 메리 케이프런(Mary Capron), 쥬디 커쓰(Judy Kirth), 캐씨 브라운(Kathy Brown)에게 감사하게 되는데, 내 원고의 일부를 읽고 유익한 충고를 해주었다. 특별히 신재식에게 감사를 표해야 하는데, 색인 작업을 해 주었다.

또한 아빙돈출판사와 편집 스탭들에게 감사한다. 특별히 학술서의 편집자 라버트 래트클맆(Robert Ratcliff)에게 참으로 감사하고 싶다. 그는 이 프로젝트의 처음부터 마지막까지 이끌어 주었다. 그가 없었다면 이 책이 나오는 것도 불가능했다.

가족들의 지원을 잊을 수 없다. 특별히 인내하고 이해해준 아내에게 감사한다. 작업 진도를 맞추기 위해 컴퓨터 앞에서 며칠이고 긴 밤을 지새우며 보내지 않을 수 없었다. 마음 깊은 감사와 함께 이 책을 아내에게 바친다.

이정용

차 례

1장
머리글

시작하기 전에 몇 마디

우리가 살고 있는 오늘의 세계는 내가 미국에 와서 신학교에서 신학 공부를 처음 시작했던 1960년대 초와는 사뭇 다르다. 그때는 주로 바르트, 브루너, 불트만, 라너, 틸리히, 니버 등의 신정통주의 신학자들과 주로 유럽 전통에 깊이 뿌리를 내리고 있는 신학자들을 공부했다. 동유럽 제이세계 국가들의 붕괴와 제삼세계 국가들의 정치 경제적인 독립은 새로운 세계 질서를 만들어내고 있다. 세계 문명의 축은 더 이상 유럽에 있는 것이 아니다. 다양한 종족들의 조화로운 공존은 새로운 지구촌의 이상이다. 더욱이 기독교는 미국의 소수 인종들에게는 물론 제삼세계 국가들 가운데서 급격하게 전파되고 있다. 21세기에는 제삼세계의 기독교 인구가 제일세계의 기독교인 수를 월등하게 압도할 것이다.[1]

기독교의 지도가 제일세계에서 제삼세계로 옮겨지듯이, 기독교는 이제 더 이상 배타적인 세계종교의 하나로 정의되어서는 안 된다. 사실상, 기독교는 이미 세계종교일 뿐만 아니라 세계의 기독교이다. 이것은 기독교가 서구적 세계관에 의해서만 배타적으로 이해되어서는 안 되고, 우리가 기독교를 올바로 이해하기 위해서는 세계적인 시각을 가져야 한다는 것을 말한다. 마찬가지로 신학교육도 세계화된 시각(global per-spective)에서 구상되고 이루어져야만 한다. 왜냐하면 신학도 이제는 국지적인 신학이 아닌 세계 신학이 되어야만 하기 때문이다. 나는 특별히 아시아와 미국 사이의 관계에 유념하면서 이런 문제에 관심을 기울이고 싶다.

미국에서 아시아인들이 점점 많이 등장하고 있으며, 아시아인들이 더욱 많이 살게 되는 것은 결코 위협적인 일이 아니라, 서로를 풍요롭게 해줄 수 있는 기회다. 아시아와 미국 사이의 과학기술 교류는 서로를 풍요롭게 하는 여러 중요 측면의 하나이다. 미국인들은 아시아에서 만들어진 혼다, 현대, 토요다, 니산, 렉서스 등을 몰고 다니고 있다. 또 가정이나 사무실에서 아시아에서 만든 컴퓨터나 스트레오를 사용하고 있다. 걸프전에서 사용된 미사일에는 일본에서 만든 컴퓨터 칩이 장착되었다. 일본 식당에서 스시를 먹고, 중국 식당에서 완탕 수프를 먹는 것은 미국인 생활의 일부가 되었다. 미국에서 아시아 문화의 영향은 매우 중요하기 때문에, 아시아를 생각하지 않고 미국을 생각하는 것이 가능할까 하는 의문이 생긴다. 달리 말하면, 미국이 아시아인의 삶의 일부가 되었듯이, 아시아는 미국인의 삶의 일부가 되었다는 것이다.

아시아와 미국이 상호 밀접하게 관련되어 있다는 사실은, 세계인의 신앙인 기독교를 미국과 아시아 양방에서 해석할 것을 요구한다는 것을 절실하게 느끼게 된다. 왜냐하면, 우리의 신앙은 문화와 긴밀하게 연관되어 있기 때문이다. 아시아 문화가 미국인의 삶의 일부가 되었고 신학과 삶이 분리될 수 없고, 미국에서의 기독교 신학은 동양적 사고(Asian perspective)를 통해서 이해하는 것이 없다면 그 신학은 절름발이이다. 이것은 바로 내가 기독교 신앙의 핵심인 신의 삼위일체성을 동양적 사고에서 다시 해석하고자 하는 바로 그 이유인 것이다. 미국에서 아시아인이 살아가는 것이 미국을 풍요롭게 하듯이, 신학에서 동양적 사고는 기독교 신앙의 전통적 해석을 풍요롭게 해줄 것이라고 믿는다. 그러므로 이 책을 쓰는 나의 의도는 결코 삼위일체에 대한 전통적 해석을 대체하겠다는 것이 아니고 다만 그것을 상생(相生, complement)1)시키고자 하는 것이다.

동양적 사고는 서구나 미국적 시각과 상생한다. 왜냐하면, 기독교는 아시아와 미국에 동시에 속해 있기 때문이다. 기독교가 서구인의 종교만이라면, 기독교에 대한 비서구인의 시각은 서구적 시각에 대한 단순한 부가물로 여겨져야 한다. 심지어 오늘날까지도 많은 전통적인 신학자들은 해방신학과 토착화된 신학을 포함한 대부분의 제삼세계 신학을 전통적인 서구신학의 곁다리로 생각한다. 제삼세계 신학자들이 서구신학의 관점에 따라 자신들의 신학적 작업을 정당화하려고 시도하

---

1) 앞으로도 계속해서 complement가 나온다. 이것을 그냥 영어의 의미대로 보충한다고 번역하는 것은 저자의 의도를 간과하게 만들 소지가 있다. 그래서 역자는 complement를 계속해서 "상생"으로 번역하고자 한다. 이것은 음양론이 궁극적으로 상생과 상극의 관계로 이루어지는 데서 저자의 의도와 합치한다고 본다. 저자의 새로운 동양적 사고의 신학은 단순한 서구 전통신학에 대한 보조적 학문이 아니다. 우리는 조선조 말기 중국에서 활동한 예수회 선교사들이 한역서학서를 쓰면서 기본적으로 내세웠던 기본논리가 보유론(補儒論)이었다는 것을 생각해볼 필요가 있다. 이는 기독교가 유교의 부족한 점을 채워준다는 것을 의미한다. 그러나 그것은 단순하게 보충한다기보다는 상호 간의 창조적인 변화를 전제한다고 할 수 있다. 서로 변화와 새로운 도전을 의미하는 것이다. 저자의 신학은 서구신학을 단순하게 보조하는 것이 아니다. 동양적 사고를 통해 새로운 신학적 패러다임을 만들어내고자 하는 것이다. 그런 의미에서 상생한다는 번역은 매우 의미심장하다. _ 옮긴이 주

는 한, 그들의 신학은 계속해서 서구신학의 곁다리(supplementary)가
될 수밖에 없다. 서구의 신민주의에 대항하는 많은 제삼세계 신학자들
은 그들의 주장을 입증하고 정당화하기 위해 서구 학자들의 저작을
되뇌고 있다. 따라서 그들의 신학은 전통적 서구신학의 곁다리가 될
뿐만 아니라, 저술에 있어서도 창의성이 떨어진다. 나의 작업은 삼위일
체의 전통적 개념을 보조하려고 하는 것이 아니고 동양적 사고에서
삼위일체를 새롭게 해석함으로써 전통적 견해를 상생시키고자 하는
것이다. 따라서 내 작업을 정당화하기 위해 서구 신학자들의 저작을
되뇌이는 것을 가능한 한 피하려고 한다. 도서관에 박혀서 연구하기보다
는 명상하는 데, 삼위일체에 관한 현재에 논의되는 신학적 저작들을 연구하
기보다는 성경을 다시 읽는 데 더 많은 시간을 투자했다.

신학의 기본적 전제들과 올바른 과제

하나님은 알려질 수 없는 신비이고, 따라서 하나님은 우리에게
직접적으로 알려질 수 없다는 것을 기본적인 전제로 하면서 시작하고자
한다. 하나님은 우리의 지식을 넘어서 있다. 하나님은 우리의 유한한
표현 속에 카테고리지어질 수 없다. 따라서 원칙적으로, 말해질 수 있는
하나님은 참된 신이 아니다. 말해지는 이름은 진정한 이름이 아닌 것이
다.[2] 하나님은 모세에게 "나는 나다"라고 말했다. 그 하나님은 이름으로
부를 수 있는 분이 아니었다. 그분은 우리가 신에게 붙일 수 있는 모든
이름을 넘어서 있다. 하나님이 영원하고 무한하다고 정의된다면, 인간
이 신은 이러이러한 분이라고 말하고자 하는 것은, 유한자와 순간적
존재인 인간들의 어리석음을 드러내는 것일 뿐이다. 확언하건대, 우리
의 방법은 하나님의 방법이 아니다. 하나님은 창조주이고 우리는 피조

물이다. 피조물은 창조주가 어떤 분이어야 한다고 정의할 수 없다. 우리가 하나님에 관해서 무어라고 말하든지 그것은 결국에는 신의 참된 성품을 왜곡할 뿐이다. 따라서 우리는 도교 성자의 소박한 충고에 귀를 기울일 필요가 있다. "아는 사람은 말하지 않는다. 말하는 사람은 알지 못한다."[3] 우리가 그의 충고를 따른다면, 우리는 침묵을 지켜야만 한다. 그렇다고 침묵이 우리가 하나님을 안다는 것을 보장해 주지도 않는다. 침묵을 지키는 사람도 하나님을 모를 수 있다면, 우리는 어떻게 아는 사람과 알지 못하는 사람을 갈라낼 수 있을까? 따라서 침묵은 정답이 아니기 때문에, 우리는 말해야만 한다. 그러나 많이 말하면 말할수록, 우리는 우리의 무지만을 드러낼 뿐이다. 이것은 신에 대해 말하는 신학자들은 바보들이라는 것을 보여준다. 왜냐하면 그들은 말할 수 없는 분에 대해 말하려고 애쓰기 때문이다.

이런 바보 됨을 피하기 위해서, 우리는 신의 실재에 대해서 말해서는 안 된다. 그것은 우리에게 신비일 뿐이다. 그래서, 우리는 우리 자신의 (제한된) 하나님에 대한 이해, 즉 신에 대한 상징적 표현을 통해 말할 뿐이다. 이것들이 바로 우리의 신학적 논의의 한계이자 특성인 것이다. 하나님을 말할 때, 그 하나님은 우리가 이해하는 하나님일 뿐이며 그분은 하나님 자체와 동일시될 수는 없다. 이와 마찬가지로 신의 삼위일체에 대해 말할 때도, 그것은 신의 삼위일체에 대한 상징을 의미한다. 신의 실재는 우리의 앎을 넘어서기 때문에, 우리가 이 실재에 대해 아는 것은 늘 상징적일 뿐이다. 우리가 할 수 있는 모든 신학적 진술은 상징적 진술이며, 우리는 신의 실재에 대해서는 말할 수 없고 우리의 삶에 있어서 그 의미를 말할 수 있을 뿐이다. 그러므로 신의 실재에 대해서 말하는 모든 진술은 그 의미에 대한 상징적 진술일 수밖에 없다는 것을 명심해야만 한다.

신의 상징은 지칭할 뿐만 아니라 신의 실재 자체에 참여하기 때문에, 신에 대한 상징적 진술인 신학은 의미 있다. 신학적 진술은 단순히 신에 대한 인간의 상상만은 아니고 인간의 상상과 신에 대한 인간의 경험이 의미 있게 상호 연관지어진 것이다. 신에 대한 경험은 신에 대한 상징에 의미를 부여해 주고, 그것은 다시 인간의 경험이 의미를 갖도록 해준다. 상징은 그것이 인간 경험의 일부가 되는 한 의미가 있다. 신의 실재에 대한 상징적 물음인 신학은 명제적 진술에서 시작되는 것이 아니라, 인간 경험에서 출발하는 것이다.

우리는 하나님이 우리의 삶 속에 현존하기 때문에 신을 경험할 수 있다. 그러나 신에 대한 우리의 경험은 신의 실재 자체와 동일시될 수 없다. 신의 실재에 대한 경험은 우리 자신의 삶의 정황(context)에 따라 변하게 된다. 그러나 신의 실재는 영원히 같아야 한다. 우리가 신의 실재 자체는 모르고 다만 신에 대한 우리 자신의 경험만을 알기 때문에, 신의 상징에 대한 의미는 우리의 삶의 정황에 따라 변하게 된다. 상징이 의미를 잃었을 때, 상징이나 그 의미는 새로운 것으로 바꾸어지지 않으면 안 된다. 땅에 뿌리를 내리고 자라는 나무와 같이, 상징도 인간 공동체에 뿌리를 내리고 자라난다. 기독교 공동체의 일원인 저자는 신의 삼위일체 상징은 매우 의미 있을 뿐만 아니라, 교회의 예배의식과 연관된 우리의 삶에 있어 본질적이라고 믿는다. 그러므로 신학의 올바른 과제는 신의 삼위일체 상징을 새로운 상징으로 바꾸는 것이 아니라, 우리 삶의 정황에 맞는 새로운 의미를 발견하는 것이다.

삶의 정황 인식

삶의 정황 인식(contextualization)은 신학에서 필수적이다. 상징적 물음으로서 신학의 과제는 신의 실재 자체라기보다는 신의 실재에 대한 의미를 탐구하는 것이다. 의미를 만들어내는 상징은 늘 공동체의 생생한 삶의 경험에 참여한다. 또 공동체의 삶의 경험은 상징을 지탱시켜 준다. 상징이 스스로 대변하게 되는 삶의 경험의 정황과 더 이상 관련을 맺지 못할 때, 그 상징은 더 이상 아무 의미가 없다. 따라서 의미있는 것은 늘 삶의 정황과 관련을 맺고 있는 것이다. 어떤 사람에게 의미 있는 것이 다른 사람에겐 아무 의미가 없다. 예를 들면, 별과 줄로 이루어진 성조기는 미국의 상징이다. 그러나 이 상징이 주는 의미는 모든 사람에게 같지 않다. 제일 세대 미국인들은 제이 세대나 제삼 세대들이 성조기를 생각하는 것과 전혀 달리 성조기를 생각한다. 이와 같이 신의 실재에 대한 상징도 인간의 삶의 정황이 달라짐에 따라 전혀 다른 의미들을 전달하게 되는 것이다.

신의 삼위일체 상징 자체는 인간의 여러 정황을 넘어서 있지만 (transcend), 그 의미들은 그렇지 않다. 신의 삼위일체 상징은 그것이 3세기 4세기에 가졌던 똑같은 의미를 오늘날에도 전달하는 것이 아니다. 왜냐하면 우리의 삶의 정황이 변해왔기 때문이다. 그 초기의 세대들에게 주었던 의미는 오늘날 우리에게 주어지는 의미와는 전혀 다른 것이다. 그러나 우리는 삼위일체가 3, 4세기 그 당시 사람들에게 주었던 의미가 그들에게는 타당했다는 것을 인정해야만 한다. 우리가 파악하는 삼위일체의 새로운 의미는 오늘날의 우리의 정황과 관련되듯이 말이다. 삼위일체의 의미는 늘 그 정황에 상대적으로 관련된다. 각 정황은 그 자체의 시간과 공간에서 독특한 것이다. 따라서 삼위일체의 옛 의미 (삼위일체의 옛 정황에서 갖는 의미)는 새로운 의미로 바뀌어질 수는 없다. 같은 방식으로, 삼위일체의 서구적 이해는 삼위일체에 관한 동양적 이해에 의해 대체될 수 없는 것이다. 왜냐하면 그들의 삶의 정황은 동양과는 전혀 다르기 때문이다. 의미 있다는 것은 정황에 상대적인 것일 뿐만 아니라 정황 또한 다른 정황과의 관련에서 상대적인 것이다. 이런 이유로 해서, 신학에서 정황적 접근은 포괄적(inclusive)일 뿐만 아니라 상생적인 것이다. 우리는 다른 것과 함께 그것을 상생시킴으로써 우리의 상대성을 인식하게 된다. 서구 세계에서 의미가 있는 것이 동양 세계에서는 의미가 없을 수도 있다. 반대일 수도 있다. 이와 같이, 오늘날 우리에게 의미 있는 것이지만, 내일 우리와 다른 사람들에게는 아무런 의미가 없을 수도 있다. 신의 실재의 상징이 어제, 오늘, 내일을 넘어설 수 있는 한, 그것은 어제, 오늘, 내일의 의미를 포괄할 수 있는 것이다. 동서를 넘어설 수 있는 한, 그것은 동서의 의미를 포괄할 수 있다. 따라서 삼위일체의 동양적 관점은 서양의 전통적 관점을 대체하자는 것이 아니고 다만 상생할 뿐이다.

초대교회의 삼위일체 이해를 파악하는 열쇠로서 정황적 접근법으로(contextual approach) 분석하기 전에, 삼위일체의 상징이 기독교 공동체의 역사적 혹은 문화적 정황들을 넘어서 있다는 것을 다시 한번 짚고 넘어가고 싶다. 따라서, 삼위일체 신관이 타당한가 그렇지 않은가, 혹은 성서적인가 비성서적인가 하는 물음은 이 책의 범위를 넘어서는 질문들이다. 삼위일체 신관은 성서에 암묵적으로 들어 있는 기독교의 신 이해라는 것이 기본적인 전제이다. 물론 이 전제에 대한 학자들의 논란이 있을 수 있다는 것을 부인하지는 않겠다. 나는 삼위일체 신관이 기독교 신앙의 핵심이라고 믿고 있다. 따라서 내가 동양적 정황에 근거한 대안적 해석을 내놓음으로써 삼위일체에 대한 새로운 의미를 부여할 수 있다는 것은 내게는 매우 중요한 일이다.

모든 신학적 진술은 상황적이다. 초대교회 교부들의 삼위일체의 정형화 또한 정황적 진술이었다. 폴 틸리히가 바르트에 관해 말하면서,

삼위일체 교의는 하늘에서 뚝 떨어진 것이 아니라고 말했다. 초대교부들이 그 당시의 세계관이나 문제가 되었던 논점들이 없는 상태에서 삼위일체 교리를 만들어낸 것이 아니다. 그들은 삶의 정황에서 나온 신학적 문제들에 대한 해답으로 삼위일체 교리를 만들어냈다. 기독론적 문제들은 초대교회로 하여금 단일신관(monotheism)적 전통 안에서 신의 다원성을 다시 검토하지 않으면 안 되게끔 했다. 그 결과 삼위일체 교리가 만들어졌던 것이다. 달리 말하면, 바로 그들의 삶의 정황이 초대교회 교부들에게 삼위일체라는 문제를 직면하게 했던 것이다. 초대교회 안에 아무런 논란들이 없고 문제들이 제기되지 않았더라면, 삼위일체적 신관은 정통파(orthodoxy)들이 교회를 수호하기 위한 교리나 규범으로 성립하지 않았을 것이다. 초대교회는 어쩔 수 없이 그 당시의 문제들을 해결하기 위해서 삼위일체를 정의해야만 했다. 따라서 삼위일체란 전통적 교리는 정황에 의해 조건 지어진 것이다.

전통적 삼위일체의 실질적 내용은 또한 초대교회 교부들이 살았던 정황에 관련된다. 삼위일체가 형성된 문화적 역사적 정황은 로마 세계였다. 초대교회 교부들의 사상을 지배했던 것은 희랍철학이었다. 실체(substance)의 개념이 신의 실존을 포함한 만물의 기본으로 생각되었다. 이 실체의 개념이 신의 삼위일체를 이해하기 위한 기본적 토대가 되었다. 이런 점에서 희랍의 세계관은 삼위일체라는 전통적인 교리형성에 지대한 영향을 미쳤던 것이다. 실체라는 개념을 사용하면서, 교부들은 교리 형성을 위해 "하나"와 "셋"을 같이 놓았다. 이 교리는 초대교회인들에게 매우 의미가 있었는데, 그것은 그들 모두가 공유하고 있었던 세계관에 근거했기 때문이다. 초대교회의 여러 문제들이 교부들로 하여금 삼위일체를 정의하지 않으면 안 되게 만들었는데, 희랍적 사고방식이 그들의 삼위일체 이해의 모델이 되었던 것이다. 삼위일체 교리는 특수한 정황에 관련되었기 때문에, 그 의미는 그 정황이 변하면 달라질 수밖에 없다. 물론 삼위일체 자체는 신의 신비로서 신의 본성에 관련되기 때문에 그런 정황들을 넘어서 있는 것임에도 불구하고 말이다.

삼위일체 신관에 대한 정황 인식이 제기해 주는 문제 중의 하나는 성부 하나님, 성자 하나님, 성령 하나님이라는 전통적 상징들이다. 오늘날, 많은 여성들은 전통적 삼위일체 교리가 그들에게는 연관도 없고 아무런 의미를 주지 못한다고 생각한다. 그들은 심지어 신을 표현하는 데 남성을 지칭하는 것에 대해 공격적으로 반응하기까지 한다. 물론 이런 표현들 자체는 신을 배타적으로 남성에게 국한시키기 위한 의도는 전혀 없음에도 불구하고 말이다. 신은 성적 지향성(gender orientation)을 넘어서 있다. 그러나 동시에, 하나님은 인격적 신이기 때문에, 성적 지향성의 일부를 갖고 있다. 이런 성적 문제들을 피하기 위해서, 우리는 궁극적 실재를 표현하기 위해서 힌두교에서처럼 중성격인 "그것"(it)을 사용할 수는 있을 것이다.[4] 그러나 인격적인 하나님을 비인격적인 중성 명사로 상징화시킬 수는 없다. 신에 대한 남성 상징이 남성의 정황에서는 의미가 있듯이, 신에 대한 여성 상징이 여성들의 정황에 의미가 있다는 것을 인정하는 것이 매우 중요하다. 신을 배타적으로 남성적 형식 안에서만 상징화하는 것은, 신을 여성적 형식 안에서만 상징화하는 것과 마찬가지로 그 한계가 분명하다. 정황적으로 볼 때, 남자는 신을 남성으로 부르고 여자는 여성으로 부르는 것이 자연스럽다. 왜냐하면 신은 남성적이면서 동시에 여성적일 뿐만 아니라 남성, 여성 모두를 넘어서 있는 것이다. 신학이 삶의 정확 속에서 배태되는 것이고 신학의 과제는 상징적 표현 속에 제한되는 것이라면, 신을 남성으로 부르거나 여성으로 부르거나 나에게는 아무런 문제도 되지 않는다. 한 사람이 그가 남성이기 때문에, 하나님을 "그분"(he)이라고 지칭할 수도 있다.

이것은 그가 삼위일체 안에서 전통적 신관을 맹목적으로 받아들이는 것과는 아무런 관련도 없다. 한 여성이 그가 여자이므로 신을 "그녀"(she)라고 부를 수 있다. 이런 의미에서 삼위일체 전통교리에 대한 여성들의 도전은 정황적으로 필연적이다. 예수 그리스도 안에 나타나신 하나님이 우리가 신을 알기를 원하듯이 우리를 친밀하고 의미 있게 알기를 원하셨다면, 하나님은 여성에게는 여성이신 하나님으로 남자에게는 남성이신 하나님으로 나타나셨을 것이다. 남성적 상징이 여성에게 더 이상 아무런 의미를 주지 못할 때, 그것은 변화되어야 한다. 이것이 바로 삼위일체의 전통적 상징들인 성부, 성자, 성령 하나님을 오늘의 정황이라는 빛 안에서 다시 해석해야 하는 이유다. 우리가 신의 실재가 아니라 신의 삼위일체라는 상징을 말하는 한, 우리는 삼위일체의 의미를 우리 자신의 정황과 연관에서 말하는 것이다. 실천적 목적에서, 창조주 하나님(God the Creator), 구원자 하나님(God the Redeemer) 그리고 보존자 하나님(God the Sustainer)이라는 성 포괄적 상징으로 전통적 상징들을 대체하자는 요구들이 있다. 그러나 이것들은 하나님을 덜 인격적이고 기능적으로 만들어버린다. 뒤에 보겠지만, 음양론적 상징적인 사유방식은 신의 여성적 남성적 측면을 동시에 보존할 뿐만 아니라 그 인격적 특징도 보존한다.

또 다른 심각한 도전들은 제삼세계에서부터 왔다. 제삼세계 사람들은 삼위일체의 의미를 그들 자신들의 정황에서 찾는다. 오늘날 대부분의 제삼세계 신학자들은 그들의 현재적 정황이 경제적 궁핍, 정치적 억압 그리고 강대한 산업국가들에 의한 그들의 자원 착취로 이루어졌기 때문에, 정의의 문제에 집중하고 있다. 삼위일체를 해방신학적 관점에서 다시 본다면, 삼위일체 상징의 사회적 차원을 제공하게 되는 것이다.[5] 대부분의 제삼세계 민중들은 많은 다른 종교들과 문화가 그들의 삶에서

공존하는 다원적 정황에서 살고 있다. 그들의 정황이 다원적이면 다원
적일수록, 그들의 삼위일체 해석도 다원적이게 될 것이다. 여기서 내가
시도하고자 하는 것은 아시아인의 정황에서 삼위일체의 많은 다양한
해석들 가운데 하나를 제기하고 싶은 것이다.

삼위일체 신관에 대한 한 동양적인 정황적 접근

동양적 접근이 의미 있는 것은 내가 동양인이기 때문만이 아니라
동양적 정황이 미국이나 유럽적 상황과는 사뭇 다르기 때문이다. 서양
의 문화적 역사적 정황은 동양과는 매우 다르고 서로 반대되는 것처럼
보이기도 한다. 그러나 이런 차이들은 상호 대립을 만들어낸다기보다
는 상호 완성의 토대가 되는 것이다. 이런 정황의 차이는 기독교 신앙을
"통째로 이해"[2]하는 데 도움을 줄 수 있다.

무엇보다 먼저, 아시아는 문화적 그리고 종족적으로 다른 수많은
집단들이 같이 살아가는 거대한 대륙이다. 물론 힌두교, 불교, 유교,
도교, 신도, 무교 등 종교도 수없이 많다. 대부분 현재에 살아 있는 종교
들은 아시아에서 생겨났다. 심지어 기독교, 유대교, 이슬람까지도 동양
종교로 이해될 수 있는데, 왜냐하면 이 종교들이 아시아의 한 부분인
중동지방에서 발생하였기 때문이다. 따라서, 내가 동양적 시각(Asian
perspective)라고 말하는 것을 정확하게 정의하는 것이 중요하다. 아시아

---

2) 통째로는 holistic approach에 대한 번역이다. 보통 총체적 혹은 통전적 접근으로
   번역되고 있는데, 그것보다는 "통째로 이해한다"고 번역하게 되면 더욱 생생한 느
   낌이 오리라고 생각된다. 또한 이 "통째로"는 도가사상에서 도(道)를 통나무로 이해
   하는 것과 연관성을 두고 번역어를 선택했다. 즉 분석적 이해와는 전혀 다른 전체와
   부분을 동시에 고려하는 접근방식인데, 우리식 사고는 이렇게 통째로 이해하는 것
   을 모든 인식 활동에 있어서 전제하고 있다는 생각을 하게 된다. _ 옮긴이 주

에서 문화적 종교적 그리고 종족적 다양한 경향성 때문에, 저자의 시각을 동아시아적 정황에 국한시키기로 결심했다. 동아시아라고 하면, 중국, 일본, 한국의 전통들을 포괄한다. 이 세 나라는 모두 다 그들의 민족적 혹은 문화적 특수성들을 가지고 있지만, 그들은 유교, 도교, 불교, 무교 등을 공통된 종교로 공유하고 있다. 상고시대 이래로 한국과 일본 문명은 중국의 영향을 받았으며, 중국과 비슷한 세계관을 가지게 되었다. 그러므로 나는 중국적 문화 전통으로부터 동아시아의 전통적 세계관을 추적하고자 한다. 희랍적 세계관이 삼위일체 신관이라는 교리를 정의하는 데 중요한 역할을 하였듯이, 서양적 세계관과는 확연히 다른 동아시아의 세계관에 우리의 관심을 집중시키는 것은 매우 중요하다. 달리 말하면, 삼위일체 신관을 다시 생각하고 다시 새롭게 하는 근거로서 동양적 세계관에 특별한 관심을 기울이고자 하는 것이다.

　우리가 지각하고 생각하는 방식은 우리의 세계관과 직접적으로 연관된다. 우리가 사고하는 가운데 사용하는 이미지와 상징은 우리가 세계로부터 직접적으로 얻는 것이다. 따라서 우리의 사고는 우주론과 밀접히 연관된다. 서양이 인간 중심적으로(anthropocentric) 우주론을 접근하는 반면에, 동양은 우주론적으로 인간학(anthropology)[3]에 접근한다. 동양[4]에서 인간학은 우주론의 일부였다. 따라서 인간은 소우주

---

3) anthropology는 현재 학술용어로는 인류학이라고 번역되고 있다. 그러나 이 책에서 저자가 사용하고 있는 anthropology는 학술적인 인류학보다는 인간학이라고 번역하는 것이 마땅하다. 즉 사회과학적 방법론에 근거한 학문으로서의 인류학이 아니다. 동양적 전통과 서양적 전통에서 인간에 대한 이해를 보편적으로 논의하는 모든 논증과 주장들을 포괄적으로 지칭하는 인간학이라고 볼 수 있다. _ 옮긴이 주
4) 동양, 동아시아를 역자는 혼용한다. 모두 한국, 중국, 일본 문명을 포괄하는 개념이다. 아시아 대륙 전체를 가리키는 경우에는 아시아라고 번역하고자 한다. 즉 동양이라고 보통 번역되면 이것은 아시아 전체를 지칭하는 것이 아니라 한국, 중국, 일본을 포괄적으로 보는 개념이다. _ 옮긴이 주

로 이해되었다. 인간과 세계의 관계는 떼려야 뗄 수 없다는 것이 동양철
학의 특징이다. 인간의 본성은 우주의 일부이고 인간학은 인간학적
우주론(anthropocosmology)으로 이해되었다.[6] 그러나 나는 우주론적 인
간학(cosmo-anthropology)이라는 표현을 쓰고자 한다. 우주론적 인간학
은 인간과 세계가 하나임을 말할 뿐만 아니라 우주론이 인간 이해의
토대가 됨을 의미한다. 우주론적 인간학의 전제에 따르면, 우리의 사고
과정은 우주적 질서에 종속된다. 우주가 음양의 관계로 작용된다면,
소우주로서의 인간들의 행위들 또한 음양의 동일한 법칙에 따를 수밖에
없다. 더욱이 음양의 상징이 동양적 사고의 기본이 된다면, 그것은 동양
인들의 삶에 우주적 의미를 부여해 주는 것이다. 달리 말해 보면, 음양
철학은 과거에 인간의 삶의 모든 영역을 떠받쳐 왔고, 동양인의 사고방
식으로 여전히 현재에도 유지되고 있다. 따라서 음양의 상징은 동양적
사고방식의 패러다임으로 간주될 수 있다. 제2장에서는 이 음양적 사고
방식의 기원과 특징을 설명하고 또한 중국 문명에서 어떤 역할을 했는지
를 알아보겠다. 이렇게 함으로써 우리는 동양인의 정신세계를 폭넓게
이해하게 될 것이다.

　　제3장에서는 음양론적 사고방식이 삼위일체 하나님을 해석하는
데 어떻게 기여하고 중요성을 갖게 되는지를 깊이 있게 예증해 나갈
것이다. 음양은 상생적인 이원론의 상징이지만 동시에 이원론이 아니
다. 음양의 상징적 사고 안에서 이원론과 비이원론이 동시에 존재한다
는 것은 신의 본성의 삼위일체적 상징을 해석하는 데 해석학적으로
유리한 위치를 제공해 준다. 이 상징적 사고가 서양의 전통적인 삼위일
체 이해를 어떻게 더욱 풍요롭게 할 수 있는가를 설명해볼 작정이다.

　　음양의 상징을 해석학적 열쇠로 사용하면서, 그다음 장들에서는
성자 하나님, 영이신 하나님, 성부 하나님을 재해석해내고자 한다. 그리

스도의 양성이 삼위일체 신관을 이해하는 열쇠가 되기 때문에, 성자 하나님에서 시작하는 것이다. 더욱이, 성자 하나님은 성육신을 통해서 삼위일체 원리를 완성하셨다. 따라서 제4장에서는 성자 하나님이 음양의 상징을 통해서 재해석될 것이다. 이때 그분의 양성의 차이와 이원적 기능이 신성과 인성, 부활과 죽음, 고통과 사랑, 주됨과 종됨으로 강조의 차이가 있다는 것이 드러날 것이다. 제5장에서는 영이신 하나님이 창조와 보존이라는 우주론적 인간학의 전제로 재해석될 것이다. 성령은 삼위일체 신관에서 여성격을 대변하는 음으로 남성격인 성부, 즉 양에 의해 상생된다. 하나님의 사역을 가능케 하고 자유케 하는 성령이 얼마나 중요한가가 이 장에서 논의된다. 제6장에서는 성부 하나님이 하늘, 의와 남성의 원리로서 논의될 것이다. 성부 하나님은 삼위일체라는 통일적 도덕 원리일 뿐만 아니라 창조의 근본으로 성자와 성령 안에 완벽하게 드러나는 영원한 질서의 본질이다.

삼위일체 신관에서 성원들의 관계가 제7장에서 논의된다. 필리오케(Filioque)라는 전통적 서열을 넘어서서,[7] 나는 삼위일체 상호 간의 관계의 여섯 유형을 제안한다. 즉 성부-성령-성자(소위 동양적 삼위일체), 성부-성자-성령(가부장적, 유교적 순열), 성령-성부-성자(도교적, 모계적 순열), 성자-성령-성부(정황적 접근, 전통적 위계질서의 뒤바꿈), 성자-성부-성령(신 세대들의 접근방식), 성령-성자-성부(무교적 접근) 등을 들 수 있겠다. 이런 서열들은 각각 다른 중심으로부터 이해되는 것이다. 즉 부모 중심적 서열, 아들 중심적 서열, 가부장 중심적 서열, 영 중심적 서열 등이다. 이런 모든 서열들은 동양적 정황을 보여주고 있다.

제8장에서는 삼위일체를 실천적으로 매개로서 혹은 가정과 사회적 삶에 있어서 또한 기독교적 삶의 다양한 측면들에서 어떻게 적용할

수 있는지를 검토한다. 어떻게 삶의 많은 문제들과 논란들이 삼위일체
적 사고와 연관되고 삼위일체적 원리가 어떻게 우리의 삶을 다양성
속에서 통일성을 갖게 하고 통일성 속에서 다양하게 만드는 패러다임으
로 기능하는가를 검토하려고 한다. 왜냐하면 다종교적, 다문화적 그리
고 다종족적 사회에서 통일성과 다양성은 늘 같이 존재해야 되기 때문이다.

결론을 짓는 마지막 장에서는, 이 책에서 삼위일체에 관해 제기된
주요 문제들을 통해 무엇을 말하고자 했는가를 대략적으로 살펴보고
동양적 사고가 우리가 살고 있는 현재에 어떻게 공헌할 수 있는가를
함께 살펴볼 것이다. 신학과 기독교적 삶의 다른 분야에도 삼위일체적
원리가 어떻게 작용할 수 있는가를 더욱 깊이 연구해보기를 제안하고
싶다.

마지막으로, 이 책은 동양적 시각에서 서양의 독자들을 위해 쓰여
졌다는 것을 염두에 두어 주기를 바란다. 그러므로, 나는 서구 독자들이
삶의 정황의 차이에서 오는 여러 문제들에 대해서 나와 의견을 함께
가지지 않을 수 있다는 것을 상정하지 않을 수 없다. 그러나 때때로
내가 삼위일체를 이해하기 위해서 동양적 패러다임을 사용했다는 것을
명심해 주기를 바란다. 그래서 서구적 범주에 근거해서, 나를 판단하고
비판해서는 곤란한 경우도 있다. 위에서도 말했듯이, 나는 서양의 전통
적 견해를 바꿔버리거나 비판하고자 이 책을 쓴 것이 아니다. 다만 동양
적 사고에서 삼위일체에 관한 대안적(alternative) 견해를 제시해 보려고
한다.

2장
음양의 상징적 사유: 동양적 시각

이 장을 이제까지 발전시켜온 내 신학적 사유를 가능하게 했던 개인적 여정(personal journey)과 함께 시작하고자 한다. 왜냐하면 신학은 궁극적으로 기독교 신앙에 대한 개인적 성찰일 수밖에 없기 때문이다. 나 자신의 여정을 통해서 볼 때, 음양의 상징적 사고는 내 사고의 경향성의 일부일 뿐만 아니라 동양인들 자신의 생각과 삶을 이해하는 가장 중요한 방식이다. 의식적으로 음양의 사고가 가장 중요하다고 생각해 보지는 않았을 수도 있겠지만, 실질적으로 이것이 가장 중요하다는 것은 아무도 부인할 수 없다. 동양에서는 우주론이 인간학보다 더욱 중요하다. 왜냐하면 음양적 사고는 우주론에 근거해 있기 때문이다. 음양적 사고는 『역경』(易經) 혹은 『주역』(周易)이라고 불리는 고대의 우주론적 경전에서 기원하고 있다. 이 책은 유교와 도교에서 다 같이 중시하는 경전이다. 그러므로 음양 철학은 역(易) 즉 변화와 관련하여 검토될 것이다. 역 즉 변화의 원리는 역동적인 우주를 이해하는 열쇠가 된다. 중국철학의 고전 시기에 해당하는 정교화된 음양학파는 물론 종교적 도교와 가장 세련화된 성리학의 발전 속에서 음양 사상이 어떻게 발전하게 되었는지도 살펴보게 된다. 마지막으로는 음양적 사고가 동양문명의 다양한 영역에서 어떻게 보편적 의미들을 갖게 되었는지를 간단히 살펴볼 것이다. 이 장에서 의도하는 바는 음양의 상징적 사고는 단순하게 동양사상을 대변할 뿐만 아니라 동양인들이 실재에 접근하는 방식의 독특성을 이해하는 열쇠이다.

음양적 사고방식을 다시 발견하게 되기까지 내 삶의 여정[1]

내가 내 인생의 최고조에 이른 정점에 이르러서, 내 뿌리를 다시 찾기 시작한 것은 우연적인 사건만은 아니다. 빛이 최대량에 이르게 되면, 어둠이 팽창하기 시작한다. 나의 인생도 마찬가지였다. 내가 어렸을 때는, 새로운 것과 도전적인 것들에만 내 관심을 집중시켜 왔었다. 그러나 늙어가면서, 점점 더 과거에 끌렸고 그것들에 매력을 느끼게 되었다. 나는 동양인이기 때문에, 동양적인 것들에 더욱 매료되었다고 할 수도 있다. 도교의 고전인『도덕경』의 저자인 노자는 "모든 것은 그 뿌리로 돌아가려는" 경향성이 있다고 말한다. 나도 이것에 예외가 아니다. 내가 아시아의 정신적 문화적 모태를 다시 발견코자 하는 것은 자연스러운 것이다.

나는 어려서 학생으로 미국으로 건너왔다. 서구 사상과 신학을 연구하는 데 흠뻑 젖어 있었고 그렇게 여기서 학창시절을 보냈다. 내가

---

1) 여정(旅程)은 journey의 역어이다. 저자가 밝혔듯이 journey 즉 여정은 최근 신학에서 빼놓을 수 없는 개념이다. 결국 신학은 보편적이고 객관적인 학문을 지향함에는 틀림이 없지만, 신학자 자신의 개인적인 나그네 길에서 얻어지는 것임에 틀림이 없다. 그것을 이야기하지 않는 신학은 아무런 의미를 줄 수 없다는 것이 저자의 기본적인 생각이다. _ 옮긴이 주

서구의 신학적 사고로 훈련되었음에도, 내 본래의 뿌리 때문에 여전히 서양인들과는 다르다는 것을 알게 되었다. 박사학위 논문 초고를 지도 교수에게 넘겼을 때, 그분은 나를 부르더니 말했다. "자네 논문 초고를 보았네. 확실하게 이해하기 위해서 세 번이나 읽어야 했어. 자네 글 쓰는 스타일은 우리들의 방식(서양적 스타일)과는 전연 다르더군."[1] 내가 서양인처럼 여겨지기를 얼마나 바래왔던가? 그러나 내 생각하는 방식 과 나는 분리되는 것이 아니라는 것을 깨닫게 되었다. 그것은 내가 서구 화의 길을 걸어도, 동양적 전통에 깊이 뿌리박고 있다는 사실이었다.

나는 미국에서 동양인으로 살기 때문에, 많은 코카서스 인종인 서양 친구들은 나에게 그들과는 다르게 생각하고 행동할 것을 기대한 다. 나는 내가 서양인들이 생각하는 방식과 신학하는 방식을 단지 모방 해오고 있었다는 것을 깨우치게 되었다. 학생이었던 시절, 내 민족적 전통이 만들어내는 차이가 내가 사고하는 것과 어떤 연관을 맺고 있다고 는 전혀 생각해 보지도 않았다. 그러나, 내가 틀렸던 것이다. 내가 사고 하는 방식과 형태는 내 동양적 뿌리와 깊이 관련되어 있었다. 논문 지도 교수가 맞았다. "자네 글 쓰는 스타일은 우리 식과는 전혀 달라. 자네는 반복하는 경향이 있는데, 그러나 자네의 반복은 반복적인 것만은 아닌 그런 식으로 반복하고 있네." 그의 지적은 나로 하여금 자꾸 생각하게 만들었고 내 정체성과 차이를 인식할 수 있도록 부추겨 준 셈이다. 내가 문화와 민족적 차이라는 정황을 인식하고서는, 동양적 사고방식을 연 구해야만 했다. 그것은 내 삶의 방식의 일부가 되어버렸다. 나 자신의 문화적 뿌리를 더듬어 오는 데 있어서, 내가 가르쳐야 했던 과목들도 나로 하여금 더 넓은 지평으로 나가도록 도와주었다. 나는 동양철학과 동양 종교를 학부 교양과정과 주립대에서 거의 이십여 년 이상을 가르쳤 다. 무엇이 동양인가를 공부하고 가르치는 것은 고향을 찾아가는 경험이었다. 동양적 전통을 연구하는 데 깊이 빠져 있던 나는, 인간을 이해하는 데 우주론이 얼마나 중요한가를 깨닫게 되었다. 게다가, 우주론의 원리는 모든 사물들에 보편적인 의미를 부여한다는 것을 인식하게 되었다.

서양에서, 인간학은 우주론보다 중요하게 여겨진다. 인간학은 우주의 중심인 인간에 집중하게 된다. "나는 생각한다, 고로 존재한다"는 데카르트의 준칙은 서구적 사고방식을 대변하는 것 같다. 동양에서 우리는 "나는 우주의 일부다. 그러므로 내가 누구인지를 생각하고 느낀다"고 말할 수 있다. 동양에서 "내가 누구인가" 하는 탐구는 개개인이 우주를 지각함으로써 시작된다. 세계를 아는 것은 인간을 아는 것인데, 인간은 세계의 일부이기 때문이다. 예를 들면, 동양의 회화, 시, 문학에서 우리는 우주론의 중요성을 깨닫게 된다. 인간학은 그러므로 우주론의 곁다리일 뿐이며, 인간학은 우주론의 축소판일 뿐이다. 동양적 삼위일체에 따르면, 하늘은 아비를 대표하고, 땅은 어미를 대변하며 사람은 하늘과 땅의 자녀이다. 우주론적 인간학의 관점에 따르면, 사람은 하늘과 땅이 만들어낸 산물인 자녀들인 것이다. 우주론은 인간만이 아니라 세계 속에 존재하는 만물들을 이해하는 열쇠이기 때문에, 내가 다른 어떤 영역보다도 동양의 우주론에 관심을 기울이는 것은 자연스러운 일이다.

그러므로 나는 『주역』 연구에 주력했었다. 『주역』은 중국과 동양에서 최초의 우주론적 저작으로 인정받아왔다. 『주역』에서 역(易) 즉 변화는 절대자이고 도나 태극에 비견된다. 역은 양과 음의 상호 작용에 의해서 활동한다. 음양의 상징은 서양철학의 상극적 이원론(conflicting dualism)과는 다른 상생적 이원론(complementary dualism)이다. 음양의 상징은 모든 것이 변화하고 질서 지어지는 우주적 법칙이기 때문에, 내 사고방식도 이 법칙에 예외일 수 없다. 나는 음양의 상징 때문에 내가 순환적이고 상생적으로 사고한다는 것을 알게 되었는데, 이 음양의 상징은 동양인의 집단적 무의식에 깊이 각인되어 있다. 태극도는 음양의 원형적 상징일 뿐만 아니라 대한민국의 국기의 전형이다. 음양 상징 자체가 한국인과 동양인의 집단 무의식을 대변하고 있는 것이다. 미국에 사는 한국인으로, 나는 내 생각과 행동에 이런 집단 무의식을 공유하며 살아가고 있다. 음양의 상징을 다시 찾는 것은 나 자신을 재발견하는 것이다.

나는 이 장을 내 개인적인 여로로 시작했는데, 신학은 정황적이기 때문이다. 우리 자신들의 개인적 정황보다 더욱 친근하고 절실한 다른 신앙 경험이란 있을 수 없다. 따라서 한 사람의 개인적 삶은 신학적이고 종교적인 성찰을 위한 최상의 정황이 된다. 나 자신의 정황을 성찰해보지 않은 신학은 나에게 아무런 의미를 주지 못한다. 그래서 정말 의미있는 진정한 신학은 내가 누구인가 하는 질문들을 전제로 깔고 있는 것이다. 폴 니터는 "우리가 논의하는 모든 신학은 자서전에 뿌리를 두고 있다"[2]고 썼다. 내가 여기에서 묘사하고자 하는 신학도 내 자서전에 기초하고 있다. 달리 말해보면, "내가 누구인가"는 내 신학적 성찰의 정황인 것이다. 신학은 궁극적으로 자서전적이다. 물론 신학이 자서전은 아니지만 말이다. 사실은 신학은 자서전 이상인 것만은 틀림이 없다. 왜냐하면 신학은 내 신앙의 여로 이야기이기에 그 여로는 하나님이 내 삶에 함께 계신다는 확신에 기초한다. 나의 신학은 "내가 누구인가"에 대한 신학적 성찰일지라도, 그것은 또한 "우리가 누구인가"에 대한 성찰인 것이다. 달리 말하면, "내가 누구인가"는 사실상 "우리는 누구인가" 때문에 가능한 것이다. 나는 비슷한 가치와 전통을 공유하고 있는 사람들의 공동체 속에서 나오는 것이다. 그러므로 나는 다른 사람들과 독립적으로 신학을 할 수는 없다. 내 최상의 정황은 내가 살고 있는 보다 큰 정황의 일부이다. 따라서, 내가 나오게 된 기원의 일부가 되는 그런 사람들의 문화와 철학을 연구할 때, 내가 누구인가 또는 내가 어떻게 생각하는가를 이해하게 된다.

동양 문화 속에서 내 문화적 뿌리를 확인해 가면서, 나는 내 논문 지도교수가 삼십여 년 전에 한 말을 계속 되새겨 보게 되었다. 나는 동양인이기 때문에 내 사고방식은 서양적 사고방식과는 전혀 다르다는 것을 확신하게 되었다. 이렇게 본다면, 동양적 사고방식은 기독교 신앙을 이해하는 특별히 신의 삼위일체를 재해석하는 내 해석학의 열쇠가 된다. 동양적 사고를 이해하기 위해서, 우리는 고대 우주론에 뿌리를 둔 음양의 상징론의 기원과 의미에 우선 관심을 기울여야 한다.

음양 상징론의 기원과 의미

동양인의 우주론은 자연의 양극성으로 요약될 수 있는데, 성장과 쇠락, 달의 차고 기움이라는 개념들 속에 순환적으로 작용한다.[3] 세계 속에 존재하는 모든 것들은 상반성(its opposite)을 갖게 된다. 이 상반되는 것들은 필연적으로 존재하면서 또한 상생시켜 주는 것이다. 이런 상반성이 음양이라는 개념으로 나타나게 되는데, 이것이 우주의 기본 원리를 만들어내게 된다. 음양의 기원은 태초의 혼돈(chaos)에서부터 찾아지게 되는데, 곧 만물이 원래 존재하던 모습인 것이다. 태초에 혼돈이 있었는데, 이것은 음양이 갈라지기 이전의 상태이다. 이것이 나중에 태허(太虛, The Great Void), 태극(太極, The Great Ultimate) 그리고 무극(無極, The Ultimateless) 등 절대자를 지칭하는 개념들로 발전하게 되었다.[4] 이런 양극화는 혼돈에서 질서의 우주로 변하는 과정에서 생겨나게 된다. 따라서, 음양의 양극화된 관계는 우주의 질서를 잡는 원리이다.

『내경』(皇帝內徑)에서 "황제는, "음양의 원리는 전체 우주의 기본 원리
다. 바로 창조 원리이다"라고 말했다."[5] 우주는 이 두 힘의 작용을 통해서
끊임없는 변화와 생성이란 흐름으로 나타나는 것이다. 선진 유가의
경전 중의 하나인 『예기』(禮記)에서는 음양의 원리를, "태일(太一)이
나누어져서 하늘과 땅이 되었다. 이들이 돌면서 두 개의 힘이 되었다"고
말한다.[6] 이 원리는 『주역』의 계사전에도 분명하게 언급되고 있다. "두
형태 즉 음양을 만들어내는 궁극자가 있었다. 음양 사이에서 만물이
생겨난다. … 한 번 음이 되고 한 번 양이 되어 도(道)라고 불리는 것을
이루게 된다."[7] 이 궁극자는 도나 태극으로 불리며, 음양에 상응하는
두 형태를 만들어낸다. 따라서 한 번 음이 되고 한 번 양이 되는 것을
도라 부르고 이것은 만물의 궁극적인 원리이다.

　　혼돈의 상태로부터 음양의 힘들이 기원한다고 생각하는 대신에,
중국 문명의 시원기에 음양이라는 개념이 자연을 세밀히 관찰함으로부
터 직접적으로 얻은 것으로 생각하는 전통이 있다.

　　『대전』(大典)[2])에서는 이렇게 말한다. "성인은 하늘 아래 모든 운동
을 관찰할 수 있어야 한다. 그들은 이런 운동이 일어나고 또한 상호
관련을 맺는 도를 관찰한다. 영원한 법칙을 따라 자신들의 가야 할 길을
취해야 하기 때문이다."[8] 이렇게 세밀하게 관찰해온 현상 중의 하나는
해와 달의 운동이다. 다음의 묘사는 음양의 개념이 해와 달을 관찰함으
로써 얻어졌다는 것을 보여준다.

　　해가 넘어가면 달이 떠오른다. 달이 지면 해가 떠오른다. 해와 달은
　　서로에게 길을 내주면서 밝음을 만들어지는 것이다. 찬 것이 가면 더
　　운 것이 온다. 더운 것이 가면 찬 것이 온다. 찬 것과 더운 것은 서로에

---

2) 주역에 대한 주석서로서, 계사전의 다른 이름이다. _ 옮긴이 주

게 길을 내준다. 이렇게 해서 일 년의 주기가 완성된다. 가는 것은 기울고, 오는 것이 차야 한다. 기움과 참은 서로서로 영향을 미친다. 그래서 이로움이 생겨나는 것이다.[9]

『주역』에서 역이라는 글자는 해(日)와 달(勿)의 옛 글자 형태가 합쳐져서 만들어졌다. 즉 양과 음인 것이다. 이것은 우주를 관할하는 기본 원리가 해와 달, 밤과 낮의 운동이라는 것을 보여준다. 양의 옛 형태(昜)는 해와 그 빛을 나타내는 반면에, 음(侌)의 형태는 둘둘 말린 구름을 나타낸다. 각각의 이런 형태에 언덕이나 둔덕을 가리키는 좌부방(阝)이 붙게 된다. 따라서 양의 문자적 의미는 언덕에서 햇빛이 비춰는 양지녘이고 음의 의미는 언덕의 응달을 가리킨다. 양은 해, 남쪽, 빛, 낮, 불, 빨강, 마름, 뜨거움, 봄과 여름 따위를 나타내고, 음은 달, 북쪽, 어둠, 밤, 물, 검정, 참, 젖음, 가을과 겨울 따위를 나타낸다. 양은 하늘의 본질이고 음은 땅의 본질이다. 양은 올라가는 것이고 음은 내려온다. 양은 남성의 원리이고 음은 여성의 원리이다. 양은 긍정적인 것이고 음은 부정적인 것이다. 양은 행동이고 음은 조용함이다. 양은 운동이고 음은 쉼이다. 양의 삶이고 음은 죽음이다. 음과 양은 만물을 대변하는 우주적 원리이다. 현대 과학에 비추어 본다면, 음과 양은 모든 존재물들에 존재하고 있는 음전기와 양전기이다.

비록 음과 양이 반대되는 성질을 갖고 있지만, 그것들은 함께 연결되어 있다. 음과 양의 관계를 이해하기 위해서, 『주역』에서 각 효의 이미지를 살펴보는 것이 좋겠다. 『주역』에서 음은 갈라진 선이고 양은 갈라지지 않은 선으로 표시된다. 원래는 음은 검은 점(●)으로 달의 상징이고 양은 흰 점(○)으로 해의 상징이다. 나중에는 편의상 실선과 갈라진 선이 검은 점과 흰 점을 대치하게 된 것으로 믿어진다. 검은 점과 흰 점이 차이가 있지만, 공통점도 갖고 있다. 갈라진 선과 실선도 차이가 있지만, 또한 공통점을 갖고 있다. 음양 관계의 통일성(혹은 기원, origin)과 차이는 태극도에 가장 잘 나타나 있다. 태극도는 신유학(성리학)의 발전과 우주론의 재흥(再興, revival)을 보여주는 하나의 가장 중요한 상징이다.[10] 다음의 그림은 『주역』에서 진화와 변화의 우주적

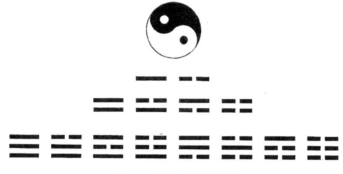

도표 1. 태극과 음양의 발전

과정을 이해하고 음양 사이의 관계를 이해하는 데 아주 유용하다.

　도표 1에서, 태극은 궁극적 실재인 변화 자체 외에 다른 것이 아니다. 태극은 음양의 조화와 통일이고 갈라진 선과 갈라지지 않은 실선으로 상징화되어 나타난다. 갈라진 선은 다시 갈라진 선을 만들어내고, 갈라지지 않은 선은 안 갈라진 선과 갈라진 선을 만들어낸다. 이런 진화의 과정에서 팔괘가 이루어졌다.[11] 팔괘가 사각형을 이루었을 때, 64괘가 나타난다.[12] 『주역』은 64괘와 그것에 대한 설명이지 다른 것이 아니다.[13] 도표 1에서, 음과 양은 반대지만, 태극 안에서 통일된다. 비록 그것들이 서로 다르다고 해도, 나누어질 수는 없다. 달리 말하면, 그것들은 실존적으로는 다르지만, 본질적으로는 통일적이다. 예를 들면, 빛과 어둠은 반대지만 하나이다. 빛을 변화시키는 것은 어둠이고, 어둠을

변화시키는 것은 빛이다. 주역에서 갈라진 선과 안 갈라진 선을 볼 때, 우리는 그것들이 반대되면서 그러나 통일적이라는 것을 분명하게 인식하게 된다. 음 즉 갈라진 선은 양 즉 안 갈라진 선과는 분명히 반대가 되나, 갈라진 것은 안 갈라진 것의 분리이지 다른 것이 아니다. 양 즉 안 갈라진 선은 또한 음 즉 갈라진 선과 반대이나, 안 갈라진 선은 갈라진 선의 통일일 뿐이다. 달리 말한다면, 갈라진 선은 안 갈라진 선이 갈라진 것이고 안 갈라진 선은 갈라진 선이 합해진 것이다. 이 양자를 다르게 만드는 것은 분리와 통일 이외에 다른 것이 아니다. 분리와 통일이라는 반대되는 활동들이 갈라진 선과 안 갈라진 선들로 나타나고 있는 것이다. 이것은 실재(entity)나 실체(substance)가 아니라 음을 양과 다르게, 양을 음과 다르게 만드는 변화의 활동이나 역동성을 말하는 것이다. 음양의 관계에 내면적으로 본질적인 것은 실재나 존재가 아니라, 그것의 변화이다. 달리 말하면, 변화는 음양의 관계에서 존재에 앞서는 것이다(a priori to being). 음을 양으로, 양을 음으로 변화시키는 것은 존재가 아니다. 존재를 음양으로 만드는 것은 변화이다. 다시 말한다면, 존재는 음양의 관계에서 변화에 상대적이다. 음양의 사고는 변화는 존재의 기능일 뿐이라는 서양의 존재론적 전제를 유보시키기에 충분하다.『주역』에 따르면, 역 즉 변화는 궁극적 실재(the ulitimate reality)이기 때문에, 변화는 음양의 실체에 앞서는 것이다. 음양 관계의 본질은 변화의 역동적 활동에 있는데, 바로 그런 역의 활동이 음과 양을 통한 생성(becoming)을 가능케 한다. 그러므로 음과 양은 우선 실재나 실체의 상징이라기보다는 운동과 활동의 상징이다. 우리는 존재가 변화의 산물이라고 생각하기는 쉽지 않다. 왜냐하면, 변화는 존재의 기능이라고 생각하도록 쭉 훈련되어 왔기 때문이다. 음양의 의미를 이해하기 위해서는, 우리는 우선 우리의 사고방식을 존재 중심적 사고에서 변화 중심적 사고로 전제 자체를 바꾸지 않으면 안 된다. 그러나 변화를 생각할 때 오직 활동의 개념 안에서만 생각하는 것 또한 잘못이다. 변화는 행위와 비행위를 포함한다. 왜냐하면, 모든 것을 변하게 만드는 역은 변하지 않기 때문이다. 불역(不易)이라는 역에 대한 고전적 정의는 무극(無極)인 궁극자에 대한 동양적 개념을 이해하도록 도움을 줄 수 있다.[14] 상반성을 포괄함은 태극도 즉 궁극적 실재의 상징에서 발견된다.

　이 도표에서 음양은 궁극적 실재를 상징하는 양자를 포괄한다. 즉 상반성을 포괄하면서 상반성을 초월한다. 게다가 우리는 음은 양을 포함하고 양은 음을 포함한다는 것을 인식해야 한다. 음은 그 안에 양을 가지고 양은 그 안에 음을 가진다. 태극도에서 원은 에스(S) 자 형태의 선에 의해 음(어둠 즉 검정)과 양(빛 즉 흰색)으로 나뉘어진다. 음과 양, 이 두 개를 다 포함시키는 포괄성을 나타내기 위해서, 음 즉 어둠은 그 안에 밝은 점을 가지고 있고, 양 즉 빛은 그 안에 검은 점을 갖고 있다. 어둠(음)은 밝은 점을 갖고 있기 때문에, 음은 양을 그 안에 갖는 것이다. 밝음(양)은 검은 점(음)을 갖기 때문에, 양은 음을 그 안에 포함하고 있는 것이다. 이 포괄성은 음양 관계의 특징이다. 음은 음만이 아니고 또한 양이다. 양은 양만이 아니고 음이다. 이것은 인간성 안에서 발견되는 남성과 여성의 성격을 통해서 분명하게 보여진다. 우리가 음은 여성적이고 양은 남성적이라고 생각한다면, 여자 안에 여성성은 남성성을 포함하듯이, 남자 안에 있는 남성성은 여성성을 포함한다.[15]

　심층심리학자였던 칼 융은 이런 포괄성의 원리를 이해하고 있었던 것 같다. "여성을 만들어가는 요소들이 남성의 성적 기관들의 체세포를 통해서도 계속 살아 있고 없어지지 않는 것이 사실이라면, 모든 남자는 다소간 잠재적인 여성적 특징들을 갖고 있는 것이 틀림이 없다."[16] 융에 따르면, 남자 안에 심리적인 여성성 "아니마"(anima)가 존재한다. 여성

안에 심리적인 남성성 "아니무스"(animus)가 존재하듯이 말이다. 생물
학적으로 보아서, 남성은 여성을 형성시키는 요소들을 갖고 있다. 그리
고 여성은 남성을 만드는 요소들을 갖고 있다. 이런 예는 음이 양을
가지고 있고 양은 음을 가지고 있다는 것을 이해하게 한다. 음과 양이
우주 안에 있는 모든 만물들을 대표한다면, 모든 것은 자신 안에 상반성
을 갖고 있다. 고대의 중국인들이나 동양인들이 이것을 분명하게 알고
있지는 못했다 하더라도, 음양 이론은 아원자적(subatomic) 차원에서
물질은 반물질과 공존한다는 사실과 일치한다. 참으로 기묘한 일치이
다. 좋은 예로 음전자(전자)는 양성자(positron)로 알려진 양전자와 공존
한다. 같은 현상은 우리의 몸에서 발견되는 DNA의 구조에서도 발견된
다. 이런 상반된 것을 포괄하는 특징은 음양 상징 자체가 참으로 포괄적
이고 통째로 이해하도록 만드는 것이다.

그러나 음양은 포괄성 때문에 제한된다. 음양은 최소와 최대치라는
한계 안에서만 작용한다. 달리 말하면, 음이 양을 완전히 지배하는 것도
아니고 양이 음을 완전히 지배하는 것도 아니다. 즉 음양은 그들의 잠재
적인 한계 안에서만 활동할 수 있다. 양이 최대치에 이르러서는 이미
쇠락하기 시작한다. 왜냐하면 음이 팽창하기 시작하기 때문이다. 음이
최대치에 이르면 양이 늘어나기 시작하고 음은 줄어들게 되는데, 양이
늘어나기 때문이다. 이런 방식으로, 양이 팽창할 때 음이 줄어들고,
음이 팽창할 때 양이 줄어든다. 이와 같이, 양이 줄어들 때 음이 성장하
고, 음이 쇠하면 양이 자라난다. 그들의 활동은 반비례의 관계로 늘
자리한다. 음양이 따르는 변화의 패턴은 주역의 대전에 잘 설명되어
있다. "해가 지면 달이 뜬다. 달이 지면 해가 뜬다. … 찬 것이 가면
더운 것이 온다. 더운 것이 가면, 추위가 온다. … 가는 것은 줄어든다.
오는 것은 늘어난다."[17] 사물이 최대치로 자랐을 때, 그들은 반드시 쇠잔

하기 시작한다. 그들이 최소치까지 쇠잔했을 때, 그것들은 반드시 다시 자라기 시작한다. 빛이 한낮에 최대치로 늘어나나, 그러나 그것이 최대치에 미치자마자 줄어들기 시작한다. 동시에 어둠이 한밤에 최대치에 이르게 되나, 다시 줄어드는 것이다. 게다가, 빛이 한낮에 최대치에 이르렀을 때 어둠은 최소치로 줄어들고, 어둠이 한밤 최대로 늘어났을 때 빛은 최소로 줄어든다. 이런 방식으로 음이 늘어났을 때 양은 줄어들고, 양이 늘어 날 때 음은 줄어든다. 성장과 쇠락, 팽창과 수축의 교체는 『주역』의 음양의 상징에서 분명하게 드러난다. 음은 부러진 선, 그것은 한문으로 약효(弱爻)인 반면, 안 부러진 선은 강효(强爻)다. 부드러운 음 선이 자라서 모여져, 안 부러진 양선을 만들어낸다. 그리고 양(陽) 선은 쉽게 부러지고 다시 나누어져 나뉘어진 음(陰) 선이 된다. 따라서 성장과 쇠락의 교체는 선의 통일과 분리로 표현된다.[18] 음양 관계에 나타난 변화의 패턴은 주어진 한계 안에서 상반된 것이 뒤바꿔지는 비례적 교체이다.

　상반된 것이 교체하는 과정은 음양의 활동 범위를 제한한다. 음이 영원히 팽창할 수는 없다. 양 또한 그럴 수 없다. 음은 양 때문에 제한되고 양은 음 때문에 제한된다. 달리 말하면, 어떤 것은 그것의 상대에 의해 제한되는 것이다. 이것은 음이나 양이 절대적일 수 없다는 것을 말한다. 그것들은 서로에 대해 상대적이다. 양이 팽창할 때 음은 줄어든다. 양이 줄어들 때 음은 팽창해야만 한다. 음이 갈 때 양은 온다. 음이 오면 양은 간다. 양이 활동할 때 음은 활동을 멈춘다. 양이 덥다면 음은 춥다. 양이 음과 독립적으로 활동할 수 없다. 이것은 음이 양과 독립적으로 활동할 수 없는 것과 마찬가지이다. 음은 그 자체로 존재할 수 없다. 그것은 오로지 양과의 관계에서 존재한다. 이와 같이, 양은 음 때문에 양으로 알려진다. 이런 측면에서, 음과 양은 서로에 대해 상대적일 뿐만 아니라 전체에 대해 상대적이다. 달리 말하면, 음은 양에 상대적일 뿐만 아니라 음과 양을 포함한 전체에 대해 상대적이다. 이와 같이, 양은 음에 상대적일 뿐만 아니라 음과 양을 포함한 전체에 대해 상대적이다. 전체가 변화 즉 역이라면, 그것은 태극으로 알려졌는데, 변화는 음양의 힘들 이외에 다른 것이 아니다. 음양의 상호적인 상대성은 또한 전체에 대한 상대성인 것이다. 양에 대한 음의 상대성은 전체에 대한 상대성이다. 같은 방식으로, 음에 대한 양의 상대성은 전체에 대한 상대성이다. 다시 빛과 어둠의 상징으로 예를 들어보자. 양의 원래 의미는 빛과 긴밀히 관련되고, 음의 원래 의미는 어둠과 연결된다. 우리는 일상 삶의 경험에서 이런 관계를 발견한다. 빛은 어둠 때문에 빛이기 때문에, 빛은 어둠에 상대적이다. 같은 방식으로, 어둠은 빛 때문에 어둠인 것이다. 빛과 어둠은 독립적으로 존재할 수 없으며, 서로의 관계 속에서만 존재한다. 그러나 어둠에 대한 빛의 관계는 사실상 빛과 전체의 관계인데, 전체는 빛과 어둠을 포괄한다. 이것은 빛은 어둠에 상대적일 뿐만 아니라 동시에 빛과 어둠 모두에 대해 상대적이다. 왜냐하면 빛과 어둠은 나눠지지 않기 때문이다. 빛이 어둠을 포함하고 어둠은 빛을 포함하기 때문에, 어둠에 대한 빛의 상대성은 빛과 어둠 둘 다에 대한 상대성이다. 앞에서 밝혔듯이, 음과 양, 빛과 어둠은 두 개의 독립적인 실체들이 아니다. 그것들은 하나이면서 동시에 둘이다. 하나의 다른 하나에 대한 관계는 또한 전체에 대한 관계이다. 그러나 분명히 해야 할 것은 음양의 관계 안에서, 전체나 절대적 주체는 상대적인 것이 아니지만, 부분들이나 음양과 관련을 맺는 데서 상대적이다. 전체는 동시에 절대적이며 상대적이기 때문에, 그것은 하나(단일성)이면서 둘(다원성)인 것이다. 여기에서, 다음 장에서 보겠지만, 음양의 상징적 사고는 우리가 삼위일체를 쉽게 이해할 수 있도록 한다.

음양은 그것들이 관계적 상징들이기에 상대적이다. 앞에서 말한 대로, 음과 양은 원래 존재적 혹은 실체적 상징이 아니다. 음양은 존재의 실재를 만들어내는 변화이다. 따라서 음과 양은 본질적으로 변화의 활동하는 힘이다. 이런 변화의 활동들 안에서, 관계는 실체나 실재에 앞서게 된다. 본질적으로 몸을 이루게 되는 물질적 요소들이 만들어내는 관계인 카르마(業, Karma)과 같이, 음양 상징론에서, 관계는 실체의 범주보다 앞서는 것이다. 달리 말하면, 음양 관계는 존재나 실존보다 관계를 강조하는 것이다. 우리는 관계를 확립하기 위해서 함께 모이는 것은 아니다. 오히려, 관계 때문에 모이게 되는 것이다. 이것은 우리가 누구인가 보다 우리들 사이의 관계가 더욱 중요하다는 것이다. 동양에서, 예를 들면, 우리가 직장을 구하게 될 때, 우리가 갖고 있는 여러 기술과 실력보다도 우리가 맺어온 관계들이 더욱 중요하다. 사업을 하는 경우에도, 동양인들은 계약을 맺기 위해 시간을 보내는 것보다 관계를 잘 맺기 위해 더 많은 시간을 보낸다. 이것은 동양인들에게 음양의 상징이 깊은 영향을 주어왔다는 사실을 보여주는 것이다. 그들은 만물들을 지배하는 기본 원리가 상대적이기 때문에, 그들은 관계적으로 생각하고 행동한다. 음양은 관계의 상징이고 그것들은 관계에 의해서 정의되기 때문이다. 예를 들어, 내가 아내와의 관계에서는 양이지만, 어머니와의 관계에서는 음이다. 내가 음인가 양인가를 결정하는 것은 관계이다. 음과 양이 관계적이기 때문에, 선과 악의 개념조차도 이런 관계에서 생각되어야 한다. 선이라는 것은 음의 소멸이나 양의 축적이 아니라 이 둘의 균형이다.[19] 달리 말하면, 사물을 선하게 하는 것은 상반된 것들의 조화와 균형이다. 상반된 것들은 서로 음양의 상징 안에서 통일되기 때문에, 상반된 것을 없애는 것은 자신을 제거하는 것이다. 따라서 조화는 음양의 상대성의 범주를 이해하는 열쇠이다.

상반된 것의 조화는 상생적 관계 때문에 가능하다. 음과 양은 반대되지만 서로를 완성해간다. 음은 양의 반대이지만, 양에 의해서 완성된다. 이와 같이, 양은 음의 반대지만, 음에 의해 완성된다. 따라서 음과 양의 관계는 상충적 이원론이 아니라 상생적 이원론이다. 이 두 상반자는 싸우는 것이 아니라 서로를 살리는 것으로 이해해야 한다. 상극적 이원론에서는, 우리는 우리의 적과 싸워야만 하고 적을 제거함으로써만 승리할 수 있다. 이런 종류의 이원론적 사고는 이것이냐 저것이냐라는 양자택일적 논리인데, 서양의 사고방식을 대변한다. 그러나 상생적 이원론에서 우리는 적과 싸워서는 안 된다. 적은 본질적으로 우리의 일부이기 때문이다. 이런 측면에서, 상반자를 제거하는 것은 우리 자신을 없애는 것 외의 다른 것이 아니다. 즉 제살깍기인 것이다. 예를 들어, 남성과 여성은 상반자이지만 상생적 관계에 있다. 결혼은, 그러므로, 서로의 충일이다. 이것은 남성의 완성일 뿐만 아니라 여성의 완성이다. 한문에서 사람 인(人)은 우리의 상대자와 상생에 의해서 우리가 온전한 통째의 인간이 된다는 것을 의미한다. 음과 양은 제한적이지만 관계적이기 때문에, 서로 상생한다. 음이 불완전할 때, 그것을 완성시켜 줄 양이 필요하다. 이와 같이 양이 불완전하기 때문에, 자신을 완성시켜줄 음이 필요하다. 음은 양 속에서 완성되고 양은 음 속에서 완성된다. 완성과 전체의 상징은 음양의 조화이고, 이것이 태극이다. 상반자의 상생적 관계, 이것은 전체를 위해서 없어서는 안 된다. 전체가 그 부분들에게 궁극적인 관심일 때, 상생적 이원론은 가능하다. 그러나 전체가 부분들에서 부차적 관심밖에 안 될 때, 상극적 이원론이 생겨난다. 음양의 상징론에서, 전체는 부분에 앞선다. 게다가, 음양은 서로에 상대적이다. 음은 양에 상대적이고, 양은 음에 상대적이다. 따라서 음은 양 없이 스스로 존재할 수 없다. 이것은 양이 음 없이 독립적으로 존재할 수

2장_ 음양의 상징적 사유 53

없는 것과 마찬가지이다. 음과 양은 서로에 대해 상생적이다.

이제 간단히 음양 상징론을 정리해 보자. 우리가 동양인이든 서양인이든 음양을 실체로 생각하는 것은 대부분의 사람들에게 자연스럽다. 음양은 우리가 실재나 존재들로 시각화하고 동일시하는 여러 이미지들 가운데 나타나는 상징들임에도 불구하고, 그것들은 본질적으로 실체가 아니다. 그것들은 변화의 관계적 상징일 뿐이다. 음양을 만드는 것은 실재가 아니고 정도이다. 음을 만드는 것은 양에 앞서는 음의 경향성이다. 이와 같이, 양을 만드는 것은 음을 압도하는 양의 경향성이다. 음과 양의 성질을 결정하는 것은 상대보다 우세한 강도일 뿐이다. 양이 음보다 더욱 강해졌을 때, 그것은 양으로 알려진다. 음이 양보다 강력해졌을 때, 그것은 음으로 알려진다. 따라서, 그것들은 비례 속에서 관계성으로 정의되는 것이다. 예를 들어, 어둠보다 빛이 많을 때, 그것은 양으로 알려진다. 그러나 빛보다 어둠이 많을 때, 그것은 음으로 나타난다. 어둠이 빛 안에 있고 빛이 어둠 안에 있기 때문에, 이것들의 차이는 그 강도에 있다. 낮이 낮일 수 있는 이유는 어둠보다 빛이 많기 때문이고, 밤이 밤일 수 있는 것은 빛보다 어둠이 많기 때문이다. 음과 양은 주어진 한도 안에서 작용하기 때문에 반비례하는 것이다. 그것들은 최대나 최소의 비율을 넘어서지 못한다. 양이 최대치에 이르면, 그 순간에 최소치를 향해 반대로 운동하기 시작한다. 동시에 음이 최소치까지 줄어들었을 때, 그것은 마침내 최대치를 향해 나가게 된다. 양과 빛이 최대치에 이르렀을 때, 음은 최소치에 도달한다. 우리는 이것을 정오나 한낮이라고 부른다. 음이나 어둠이 최대치에 이르렀을 때, 양은 최소치에 이른다. 우리는 이것을 한밤이라고 부른다. 음과 양은 최소에서 최대로 최대에서 최소로 움직인다. 이것은 변화의 순환운동인데, "성장과 쇠락", "팽창과 수축", "오고 감", "운동과 쉼", "능동적과 수동적" 따위의 개념으로 공통적으로 표현할 수 있다. 음양의 상징은 최소와 최대치 안에서 반복되는 순환 운동이다. 그러나 세계 속에서 최대치와 최소치는 무한히 다양하기 때문에 마냥 반복되는 것은 아니다. 이것은 혹자가 음양의 도가 반복되는 것이라고 말하는 이유이다. 그러나 음양의 도는 반복되는 것이면서 동시에 반복적인 것만일 수 없다. 예를 들어, 사계절은 한 계절이 다른 계절을 따라서 나타나기 때문에 반복적이다. 그러나 각 계절은 나타날 때마다 그 나름으로 다르기 때문에 그것은 반복이 아니다. 나는 왜 논문 지도교수가 내 글 쓰는 스타일이 다르다고 생각하게 되었는지 이해하기 시작했다. 그가 말한 대로, 나는 반복하는 경향이 있다. 그러나 나는 내 반복이 반복되지 않는 그런 방식으로 반복한다. 무의식적으로, 내 사고의 패턴은 음양의 도를 닮아왔던 것이다.

음양의 도가 모순과 상반을 포함한다면, 이것은 양면긍정의 논리인 "이것도, 저것도"라는 개념으로 특징지어진다. 음양의 방식은 양면긍정의 사유 방식이다. 왜냐하면 포괄적일 뿐만 아니라 상대적이기 때문이다. 이 음양은 "이것이냐 저것이냐"는 양자택일의 배타적이고 절대적인 사고방식 안에서 범주화될 수 없다. "이것이냐 저것이냐"라는 양자택일의 사유는 둘 중에 하나를 제외시키는 상극적 이원론을 전제하고 있는 것이다. 그러나 양자택일의 논리를 가지고 음양 관계인 상생적 이원론을 표현할 수는 없다. 양자택일의 논리는 서양식 사고방식에 지배적으로 작용하는데, 배중율의 아리스토텔레스의 논리와 긴밀하게 연결되어 있다. 이런 배타적 사고에 따른다면, 사물들은 이것이든지 저것이든지, 선이든지 악이든지, 참이든지 거짓이든지 택해야만 한다. 이런 배타적 사고의 한계는 포스토 모더니즘 경향의 사상가들에 의해서 이미 지적되었다.[20] 음양 관계는 중심을 배제하지 않는다. 중심은 전체를 대표하는 가장 포괄적인 방식이기 때문이다. 음은 양과 독립된 실재가 아니라 양과 분리될 수 없는 관계적 상징이다. 이와 같이 양도 독립적으로 존재할 수 없고, 음과의 관계 속에서만 존재한다. 따라서, 음과 양은 서로를 배제할 수 없다. 음과 양은 항상 같이 존재하기 때문에, 음양의 상징은 양면긍정의 "이것도 저것도"의 사고이다. 우리가 음을 말할 때마다, 우리는 양을 말해야 한다. 음은 음일 뿐만 아니라 양이기 때문이다. 같은 방식으로, 우리는 음을 말하지 않고 양을 언급할 수 없다. 양은 동시에 음이기 때문이다. 우리가 태극도에서 보았듯이, 음은 양을 포함하고 양은 음을 포함한다. 따라서, 음은 양을 포함하고 양은 음을 포함한다. 이런 점에서, 음은 음이고 동시에 양이며, 양은 양이며 동시에 음인 것이다. 음양의 상징적 사고에서, 우리가 사용하는 기본적 범주는 늘 양면긍정의 "이것도 저것도"(both/and)이다. 예를 들어서, 우리가 신의 초월성을 말할 때마다, 우리는 신의 내재성을 동시에 함의하고 있다. 신의 상징은 양면긍정의 범주 안에서 표현된다.[21] 우리가 남성을 말할 때, 우리는 여성을 함의하고 있어야 한다. 우리가 악을 얘기할 때, 선을 생각해야 한다. 우리가 삶을 말할 때, 죽음이 드리운다. 모든 것은 상반자를 갖게 되는데, 모든 것은 음과 양이기 때문이다. 양자택일의 사고는 그 둘이 아무 관계가 없는 것처럼 상반자를 분리시켜버린다. 그러나 양면긍정의 사고는 상반자들의 공존을 인식하고 그것들이 상생함을 깨닫는 것이다. 이런 점에서 음양의 사고 즉 양면긍정의 논리는 통째로 인식하는 것이다.

음양의 상징이 통째로 사유하는 방식(holistic way of thinking)이라면, 우리가 양자택일을 사용한다면, 신학적 과제 안에서 분석적 접근은 도대체 무엇을 말하는 것인가? 윌프레드 스미스(Wilfred Smith)가 썼듯이, "서양에서 우리들은 지적인 사람이라고 하면 으레 이것이냐 저것이냐 중에서 반드시 선택해야 한다."[22] 우리가 쓰고 있는 비판적 방법의 대부분은 양자택일의 사고와 밀접하게 관련되고 있다. 양자택일의 사고를 양면긍정의 사고로 바꾸는 것은 실천적으로 가능하지가 않다. 따라서 내가 제안하는 것은 배타적으로 양자택일이냐 양면긍정냐 사이에서 선택해야 한다는 것이 아니다. 그렇게 질문을 제기한다는 것 자체가 이미 양자택일의 사고에 감염되어 있는 것이기 때문이다. 차라리, 이것은 이 둘 다를 포함하는 접근이다. 달리 말하면, 양면긍정과 양자택일은 우리 사고 속에서 같이 포함되지 않으면 안 된다. 특별히 신학적 사고에서는 더욱 그렇다. 음과 양과 같이 양자를 어우르는 사고는 서로를 반드시 상생해야만 한다. 우리가 양면긍정의 사고방식만을 우리 삶에서 적용한다면, 우리가 살고 있는 사회는 다른 방식으로 살 때보다 더욱 효율적이고 더 질서 있는 그런 사회가 될 수 없다. 대부분의 우리 삶의 규정하고 있는 법률과 규칙은 양자택일적 접근방식을 채택하고 있다. 예를 들어, 우리는 이(남자) 화장실을 사용할 것인지 저(여자) 화장실을 사용할 것인지 선택하지 않으면 안 된다. 또한 훈육이 필요한 어린이에게 되는가 안되는가를 분명하게 말해 주어야 한다. 달리 말하면, 이원론적 양자택일의 사고방식은 우리의 비판적 판단들에서 만이 아니라 사회적 기능들 가운데서도 나타나고 있다. 그러나 그 한계도 분명하다. 우리의 유기적이고 연관성의 세계에서, 아무것도 분명하고 확고하게 이것이나 저것이냐의 범주에 맞아떨어지지 않는다. 그래서 늘 우리의 판단들에는 회색지대가 존재하는 것이다. 삶은 우리가 원하는 대로 칼로 짜르듯 분명해지는 것이 아니다. 언제나 불투명함이 그리고 불합리함이 가득 자리하고 있다. 게다가, 양자택일의 사고는 절대적이지 않은 것을 절대화하는 경향이 있다. 따라서 양자택일의 사고는 관행적인 환경에서 잘 역할을 한다. 그러나 진정한 삶의 정황들에서는 늘 제 역할을 못하게 된다. 신학은 초월적인 동시에 내재적인 궁극적인 실재에 관한 문제들을 다룬다면, 양자택일의 방식은 신학적 사고를 위한 알맞은 범주가 될 수 없는 것이다. 신학적 사고에서 정말 필요한 것은 양자택일의 범주를 포함하는 양면긍정의 방식이다. 윌프레드 스미스는 더욱더 나가서, "모든 궁극적 문제들 가운데, 진리는 양자택일에 있는 것이 아니고, 양면긍정에 있다"[23]고 한다.

양면긍정의 사고방식은 포괄적이면서 통째로 이해하는 방식이기 때문에, 양자택일의 사고의 배경으로 작용한다. 양면긍정의 방식에서 상반자들은 상극하는 것이 아니고 전체를 위해 상생한다. 양면긍정은 부분보다 전체를 강조한다. 전체는 부분들의 배경이 되는 것처럼, 양면긍정의 사고방식은 양자택일 사고의 이면이 된다. 달리 말하면, 양자택일의 사고는 양면긍정를 전제해야 한다. 양면긍정의 사고는 그러므로 양자택일적 절대화의 경향성을 제한해야 한다. 양자택일의 방식은 양면긍정의 방식에 상대적이 된다. 한편, 양면긍정의 방식은 늘 양자택일을 함유하는데, 그것은 신학 안에서 비판적이고 분석적 과제를 수행하게 한다. 이런 점에서, 양면긍정(혹은 음양)의 사고방식은 양자택일의 방식을 제한하는 기능을 하면서, 전체의 우위성을 강조한다. 신학적인 과제 중에서, 궁극적인 실재는 양면긍정으로 접근하며 전체를 다루는데, 버금가는(penultimate) 문제들에 대해서는 양자택일로 접근한다. 버금가는 문제들은 궁극적 실재에 속하기 때문에, 결국 양자택일의 방식은 양면긍정의 방식에 속하게 된다.

동양문명에서 음양 상징적 사고

이제 동양인들의 종교적, 철학적, 문화적 경향성에 엄청난 영향을 미치고 있는 음양의 상징적 사고를 검토해 보겠다. 이런 검토를 통해서 우리는 동양에서 음양적 사고방식이 얼마나 중요하게 작용하고 있는지를 알게 될 것이다. 또한 음양 원리가 동양인들의 삶과 사고를 이해하는 열쇠다. 마이마이 쥐(Mai-mai Sze)가 말했듯이, "음양은 중국인의 삶이라는 비단 옷감의 날실과 씨줄과 같다."[24] 음양은 혈관과 같이 동양문명의 구석구석까지 퍼져있다. 동양에서 음양 사상이 미치지 않는 곳은 어디에도 없다. 막스 베버는 "음양의 교리가 중국의 모든 철학파에 공통되게 들어 있다"[25]고 말한 것은 정확한 지적이다. 그러므로 이 책의 짧은 부분에서 이 문제를 적당하게 다루기는 불가능하다. 동양문명에서 음양의 상징이 미친 영향들을 잘 다루려면, 동양문명 전체의 구조 속에서 이루어져야 한다. 그러므로, 여기서 하고자 하는 것은 음양의 상징적 사고가 영향을 미치는 광범위한 문명 영역을 생각해 보고자 한다. 음양의 사고방식은 동양문명의 핵심에서만 발견되는 것이 아니라, 동양의 토착적인 사고방식 속에서도 발견되는 것이다.

음양의 상징론은 고대 중국 문명과 동양문명 전체에 깊이 새겨져 있을지라도, 그 조직적이고 포괄적인 해석은 중국철학의 고전시대에 시작되었다. 제자백가 중에서,[26] 음양학파가 전한시대(기원전 206~기원 24)에 생겨났다는 것은 매우 중요하다. 음양학파는 금문학파와 긴밀히 연결되는데, 금문학파는 그 당시에 사용되던 새로운 한문자형을 사용했다. 음양학파는 종종 합리적인 학파들에 의해서 종종 미신적이고 신비적이라고 무시되기도 했는데, 음양학파가 중국과 동양문명에 미친 영향은 무시될 수 없다. 음양의 우주론적 원리에 근거해서 본다면, 음양학파는 자연과 인간의 다양한 측면들을 상관적으로 설명하려는 유사과학적 연구의 중심이 되었다.

음양학파에서 가장 중요한 발전 중의 하나는 음양의 원리와 오행(다섯 활동들, 요인들)의 결합이다.[27] 음양의 원리는 물, 불, 나무, 쇠, 흙의 이미지로 상징되는 오행 가운데 나타나고 있다. 물은 습기를 주는 것이고, 낮은 곳으로 내려가는 경향이 있다. 불은 타오르는 것이고 올라가려는 것이다. 나무는 굽어지고, 곧게 뻗어가는 경향성이 있다. 쇠는 낮게 하고 변화시키는 경향성이 있다. 흙은 식물을 자라게 하고 추수하게 한다. 오행은 사계절과 사방향과 모두 연관되어 있다. 『주역』의 계사전에서 하도(河圖)는 한대에 음양학파가 재구성한 것이라고 생각된다.

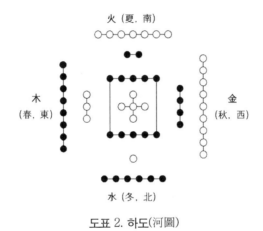

도표 2. 하도(河圖)

　도표 2에서, 검은 점들은 음을 대표한다. 반면에 흰 점들은 양을 나타낸다. 물(水)은 북쪽에 위치하고 있고 나무(木)는 동쪽, 불(火)은 남쪽, 쇠(金)는 서쪽, 흙이나 땅(土)은 가운데 위치한다. 이런 방향들은 색들과 일 년의 사계절을 나타낸다. 물은 북쪽으로 어둡고 검으며(黑), 겨울(冬)을 대변한다. 나무는 동쪽에 푸른 색(靑)으로 봄(春)이다. 불은 남쪽에 빨간 색(赤)이고 여름(夏)이다. 쇠는 서쪽에 흰색(白)으로 가을(秋)이다. 흙은 가운데, 노랑(黃)으로 모든 계절을 아우른다. 오행의 순서는 음양의 기운이 일어나고 스러짐과 연관된다. 나무는 운동이 시작되는 점이고, 물이 모든 것을 마무리한다. 오행 가운데 하나의 요소

는 다른 하나를 낳게 되는데, 나무는 불을, 불은 흙을, 흙은 쇠를, 쇠는
물을, 물은 나무를 다시 생성시킨다. 그것들은 또한 다음의 순서로 서로
를 누르고 대체한다. 즉 쇠는 나무를, 나무는 흙을, 흙은 물을, 물은
불을, 불은 쇠를 눌러 이긴다. 이 오행은 우주의 기본적 실재들이다.
여러 면에서, 이것들은 고대 희랍철학과 비슷한데, 사원소설을 포함하
고 있다.

　　동중서(董仲舒, 179?~104 기원전)는 유명한 유학자로 음양론을 유학
과 통합하고자 노력했다. 그는 음양 원리가 하늘과 땅 그리고 사람의
본질이라고 생각했다. 그의 견해에 따르면, 천명을 받은 인간은 소우주
(microcosm of the universe) 즉 우주의 축소판이다.[29] 사람은 소우주이기
때문에, 인간은 음양의 법칙과 운동을 따라가야 한다. 인간은 양면성을
가지는데 본성(性)과 정서(情)이다. 성은 양의 산물인데, 정서는 음의
산물이다. 동중서는 유가의 인성론을 음양이론과 통합시켰다.[30] 그는
인간 본성에 오행을 대입시켰다. 즉 인(仁), 의(義), 예(禮), 지(智), 신(信)
이다. 이것들은 또한 인간의 내장 기관들과 연관된다. 인은 간과, 의로움
은 허파(폐)와, 예절은 심장과, 지혜는 콩팥(신장)과, 믿음은 지라(膵臟)
와 연관된다. 이런 방식으로 인간 본성의 오행인 오상(五常)은 음양원리
와 상호연관되었다.[31] 유교적 가르침인 삼강오륜(三綱五倫) 또한 음양
과 연관지어졌다. 동중서는 말한다. "임금과 신하, 아비와 자식, 남편과
아내의 관계는 모두 음양의 원리에서 파생된다. 임금은 양이고 신하는
음이며, 아비는 양이고 자식은 음이며, 남편은 양이고 부인은 음이
며…".[32] 동중서의 음양이론과 유학을 연관시키려는 노력은 고문학파의
등장과 더불어 쇠퇴하기 시작했다.[33] 그러나 "이런 일이 일어나면서,
음양학파는 모든 유학 경전들을 압도했고, 그것은 고대 철학적 도가에
서 나온 여러 생각들과 습합되었다. 이 결과 타락되어 나타난 것이 종교

적 도가(道家)이다."[34]

　종교적 도가인 도교는 매우 복잡다단하다. 이 장에서 종교로서의 도가를 그려내기란 우리의 과제를 넘어서는 일이다.[35] 과도한 일반화일 위험성은 있지만, 종교적인 도가는 음양학파의 우주론과 초기 철학적 도가의 가르침을 결합시킨 민중종교운동이라고 볼 수 있다. 종교적 도교의 핵심은 도의 생명원리를 기르고 현실화하는 것이다. 장릉(張道陵)은 종교적 도교의 창시자로 알려졌는데, 불로장수하는 약을 연금술을 통해서 만들어내는 방법을 배웠다. 그의 가르침을 따르자면, 종교적 도교는 치병과 장수를 위한 특수비방이나 매직을 고안한다. 생명의 본질적 원리는 원기(元氣, primodial breath)와 음양의 결합에 의해 이루어진다고 믿었다. 병과 죽음은 몸 안에서 음양의 불균형 때문에 생기게 된다. 음양의 균형을 회복시키는 것은 치병과 장수하기 위한 방법이었다. 장수의 궁극적인 방법으로서, 종교적 도교에서는 신체적 정신적 불멸의 가능성을 강조했다. 그 결과 외단(外丹, the external cinnabar)이라고 알려진 생명의 신약을 발전시켰다. 그것은 금과 진사(辰砂)로부터 장수의 환약을 만들어내는 연금술 작업이었다. 금과 진사는 중국 연금술에 있어서 두 가지 성분이었다.

　방사(方士, magician)가 연금술을 위해 용광로에 드리는 의례에 관해 황제에게 말한 이야기가 전해진다. "용광로에 희생을 드림으로써, 당신은 초자연적 존재들을 부를 수 있습니다. 그때에 수은의 힘이 금으로 변합니다. 금이 나올 때, 당신이 그것을 마시고 그것으로부터 만들어진 그릇을 먹는다면, 당신은 장수를 얻을 수 있습니다."[36] 이 생명의 신약을 만드는 과정은 분명하지는 않은데, 그러나 그 중심적 생각은 음양의 원리를 사용하는 일련의 정련의 과정을 통해서 한 재료를 정화하는 것이다.[37] 이 정련의 과정에서 큰 솥 안에 있는 성분들은 점차로 가열된다. 완전하게 섞여지게 되면, 음은 위로 올라가고 양은 밑으로 내려온다. 이런 과정의 최종에 와서는, 건(乾, 양의 최대)과 곤(坤, 최대의 음)이 모여지고 이것이 작은 양으로 남는데 이것이 장수를 제공하게 된다.

외단을 추구하는 것이 수 세기를 걸쳐서 계속되어왔다고 해도, 연금술을 비의적으로 이해하는 것은 매우 중요했다. 그것을 통해서 내단이라고 불리는 것이 생겨난 것이었다. 즉 외단에서는 우리가 보고 만질 수 있는 자료들을 사용했지만, 그러나 내단에서는 보이거나 만질 수 없는 정신이나 영혼의 요소들을 장수를 얻기 위해서 사용하는 것이다. 내단에서 용광로는 연금술사의 몸 안에 있다. 성분들은 보이지 않는 납인데, 납은 양의 본질이고 안 보이는 수은은 음의 본질이다. 이것의 결합함으로써, 음이 잡혀지고 양이 들어오게 된다. 음과 양의 본질들이 결합하는 결혼에 의해서 장수라는 새로운 자식을 얻게 된다. 이 불멸의 자식을 금화(金花, the Golden Flower)라고 불렀는데, 이것은 모든 외적인 집착에서 한 사람을 해방시키듯이 피어났다.[39] 금화를 피워내는 것은 내단에서 이루어지는 순수한 정신적인 작업이었다. 몸을 통해서 숨 즉 기를 순환시키는데, 눈은 기의 운행에 고정되어진다. 집중시키는 순수 양은 정신의 힘을 고양시키고 어둠을 극복해낸다. 이 정신적 작업은 양 즉 생명과 빛의 원리의 승리이다.[40] 도교의 명상에서 양 즉 생명의 원리는 보존하려고 애쓰게 된다. 동일한 방식으로, 도교의 수행자들은 성생활 중에 정자를 사출하지 않으려고 애쓰는데, 이것은 정자가 생명의 본질이라고 생각했기 때문이다. 게다가, 그들은 정자를 척추의 길을 통해서 뇌까지 순환을 시키려고 시도했다. 왜냐하면 뇌에 수은이 있다고 생각했기 때문이다. 정자가 뇌의 수은에 이르렀을 때, 금화가 피어난다고 믿었다. 호흡 훈련에 쓰이는 기술과 명상은 동양에서 광범위하게 실천되어 왔다. 중국에서 아침이면 수많은 남녀들이 수련하는 태극권이나 태권도, 유도 등 한국과 일본에서 수련되는 무술은 도교적 명상과 비슷한 기술들을 사용했다.

아마도 음양 사상이 동양적 사고를 심화시키는 데 가장 중요한 공헌은 신유학 즉 성리학을 발전시키는 데서 이루어졌다. 신유학은 우주론과 사회적 질서를 결합시킴으로써 중국은 물론 한국과 일본에까지 유학에 새로운 힘을 불어 넣었다.[41] 주돈이(周惇頤, 호는 濂溪, 1017~1073)는 우주론과 공자의 가르침에 근거한 형이상학을 세련화시키는 과제를 최초로 수행한 가장 중요한 송대 성리학자이다.[42] 그는 주요한 개념들은 종교적 도교와 주역의 계사전으로부터 빌려왔다. 그는 음양과 오행을 결합한 태극도를 발명해냈다. 주돈이의 무극은 분명히 도교와 불교의 영향을 받았음에 틀림이 없다.[43] 그의 철학의 본질을 이해하기 위해서 먼저 태극도의 설명을 직접 인용해 보겠다.

> 무극! 그건 또 태극. 태극이 움직여 양을 낳으니. 그 움직임이 극에 달하면 고요가. 고요한 쉼을 통해 태극이 음을 낳나니. 고요가 극에 달하면 다시 움직임이 시작된다. 따라서 움직임과 고요가 교대하여 각각의 뿌리가 되나니, 음양의 차이가 생기고 이 두 양태가 이루어진다. 양의 변화와 음의 결합으로 물, 불, 나무, 쇠, 흙의 오행이 생겨난다. 이 다섯 가지 기운이 조화를 이루니 사시사철이 제대로 이루어진다. 오행은 음양의 체제이다. 음양은 무극을 이룬다. 태극은 궁극적으로 무극이다. 오행이 생겨나서 그 각각의 본성에 따른다.[44]

도표 3에서 보듯이, 태극도는 무극, 음양, 오행이 관련되어 나타나는데, 이것을 통해 우주의 변화와 생성을 설명해 준다.[45] 주돈이에 따르

면, 오행은 다섯 가지 도덕적 원리인 오
륜(五倫) 즉 어짊(仁, humanity), 의로움
(義, righteousness), 예절(禮, decorum),
지혜(智, wisdom), 믿음(信, good faith)과
관련된다. 이 오륜은 음양의 관계를 통
해 조화를 이룬다. 그가 말한 모든 형이
상학적 원리들은『주역』에 근거하고 있
다.

그래서 그는 말한다. "위대하다, 역
이여. 여기 그 탁월함이 있도다."[46] 주돈
이의 작품에서 중요 개념의 하나는 기
(氣)인데 이것은 신유학에서 매우 중요
하게 되었다. 기는 즉 물질적 힘인데 음
양과 오행 모두를 포함한다. 기의 상대
는 다른 하나의 중요 개념으로 이(理) 즉
원리이다. 뒤에서 다시 보겠지만, 이기
의 병치(apposition)는 신유학의 중요 문
제가 되었고 거기에 주돈이의 독창성이
있는 것이다.

또 하나의 신유학을 발전시키는 데
기여한 위대한 학자는 소옹(邵雍,
1011~1077)인데 그의 통찰은 주역과 종
교적 도교에서 왔다. 그의 철학의 중요
한 특징은 그의 수론(數論)에 있다. 그는

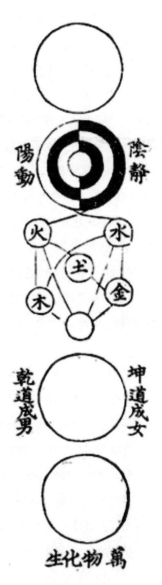

도표 3. 주돈이 태극도

모든 것은 정확한 수식으로 진화된다고 믿었다. 주역에서 둘(음양)이나

다섯(오행)을 사용하는 대신에, 소옹은 넷이라는 수를 사용하기를 좋아했다.[47] 넷(四)은 64 즉 주역의 64 괘에 이르는 기본수이다. 그는 만물을 네 가지의 범주로 나누었다. 즉 하늘을 해(日), 달(月), 별(星), 신(辰)의 네 개의 체, 시간도 사시, 생물도 네 종류, 일 년도 사계로 나누었다. 이런 수와 상징을 사용함으로써, 그는 존재물의 진화적 주기를 보여주려고 했다. 그의 『황극경세서』(黃極經世書)를 인용해 보겠다.

> 태극이 분화되면서 두 양태가 나타난다. 양은 쇠하고 음과 교대한다. 음이 일어나 양과 교대하며, 결국에는 사상(四象)이 이루어진다. 음양이 교대하여 하늘의 사상을 만들어낸다. 약함과 강함이 교대하여 땅의 사상을 이룬다. 결국에는 팔괘가 이루어지는 것이다. 팔괘가 서로 합쳐져서 만물이 생겨난다. 그러므로 하나는 둘로 나눠지고, 둘은 넷으로, 넷은 여덟으로, 여덟은 열여섯으로, 열여섯은 서른둘로, 서른둘은 예순넷이 된다.[48]

도표 4는 태극에서 어떻게 64괘들이 생겨나게 되는가를 보여주는데, 그것은 우주 현상 전체를 대변해 주는 것이다.[49] 소옹은 음양 개념과 쇠잔과 성장을 사용해서 우주적 변화를 고안해냈다. 그에게 물리적 우주는 성장과 쇠잔의 완전한 변화를 거쳐 가게 되어 있다. 그는 우주의 순환을 완전하게 다음과 같이 공식화해냈다. 즉 우주의 한 주기(世, cosmic cycle)는 12회(會, Epochs)이고, 다시 이것은 360운(運, Revolution)이고, 이것은 다시 4320세대(世, Generations)이다. 즉 다시 말하면 1世=12會=360運=4320世=129600年인 것이다.[50] 그의 우주적 주기는 힌두나 불교에서 겁(劫, kalpas) 즉 생성, 존재, 파괴, 무존재(nonexistence)와 같다. 펑유란은 "그러나 그(소옹)에게 음양의 성장과 쇠잔이라

는 개념 안에서 설명하는 것은 주역의 64괘에 의해 나타나기 때문에, 결국은 유가적 성격을 지닌 것이다"[51]라고 말한다.

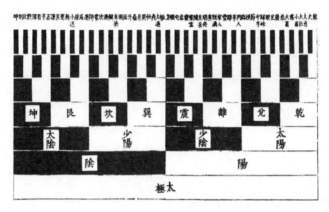

도표 4. 64괘의 우주적 진화 개념

신유학에서, 다른 중요한 사상가는 장재(張載, 호는 橫渠, 1021~1077)이다. 주돈이나 소옹과 같이, 장재도 주역에 그의 개념들을 기초하고 있다. 그는 특히 『주역 대전』의 유명한 구절에 근거해서 기의 저변적 통일성을 강조한다. "역에 태극이 있다. 그것이 두 힘(음양)을 만들어낸다."[52] 예를 들어, 태허(太虛)의 본질은 원래 기 이외의 다른 것이 아니다. 그러므로 장재는 말한다. "비존재란 없다." 기란 태허처럼 활동함이 없이 존재할 수는 없다. 왜냐하면 음과 양이 상호작용으로써 늘 현존하기 때문이다. 양의 순수 요소들은 늘 위로 올라가는 반면에 음의 탁한 기운들은 늘 내려가려 한다. 기가 모이고 흩어지는 것을 통해서 바람과 비, 눈 따위가 만들어진다. 그러기에 음양의 활동에 상응하지 않는 것들은 없다. 기는 어디든지 존재하기 때문에, 그 기의 구성이 음양이고 이 음양은 어디든지 활동하는 것이다. 따라서, 변화와 생성의 영원한 과정은 우주에서 일어나는 것이다. 장재의 위대한 조화와 모든 것의 통일성은 결국은 기란 개념 안에서 가능한 것인데, 이것은 음양 관계를 우주의 근본적 원리로 삼는 것이다.

신유학은 정이천, 정명도 두 정씨 형제들에 의해서 완전하게 발전하게 되었다. 그들은 신유학의 두 유파를 이루게 된다. 동생인 정이(程頤, 호는 伊川, 1033~1108)는 주희(1033~1200)가 완성한 학파를 창시한 경우인데, 정주학파 즉 이학(理學)으로 불린다. 형인 정경(程顥, 호는 明道, 1032-1085)은 육구연(1139~1193)이 잇고 최종적으로는 왕수전(1473~1529)이 완성하게 되는 학파를 시작한다. 이 학파는 육왕학파라고 부르며, 심학(心學)이다. 이 두 학파의 논쟁이 오늘까지 이어진다고 할 수 있는데, 그들은 주역에서 시작되었으며, 음양의 사고가 그들의 철학사상 형성에서 지도원리가 된다는 기본 전제를 공유하고 있다.3)

이 두 형제는 불변의 원리 즉 리(理)가 만물 속에 구유되어 있고 그것들의 구체적인 나타남은 기에 의해 이루어진다는 데는 일치된 견해를 보인다. 그러나, 형인 정호는 리의 구현인 인심(人心)과 우주의 마음인 도심(道心)의 통일성을 강조한다. 따라서 그의 철학은 육구연(陸九淵, 호는 象山)과 왕수인(王守仁, 호는 陽明)에 의해 심학파로 발전되게 된다.53

이학은 동양 즉 중국은 물론 한국, 일본에 가장 큰 영향을 미쳤다. 동생인 정이의 사상에 대해서 좀 더 집중해 보자. 정이는 장재와 소옹의 철학을 결합했다. 정이는 장재의 사상에서 기와 소옹의 사상에서 만물

---

3) 음양이론이 신유학의 기본전제로 공유되고 있다는 것은 현대 중국철학자들이 동의 하리라고 생각하지는 않는다. 특히 노사광 같은 이는 우주론이나 음양이론을 유가 와는 달리 보려고 하며, 사상적으로 낮은 단계라고 보고 있다. 물론 이것은 그가 인간중심적인(anthropocentric) 서구 철학의 세례를 듬뿍 받은 결과이다. 그러나 저자는 유가의 인간중심론적 철학보다는 도가의 우주론적 철학을 더 중시하고 있다. _ 옮긴이 주

을 총괄하는 보편 원리를 가져왔다. 정이의 철학에서는 보편 원리인
리는 기보다 훨씬 중요하다. "따라서 기는 정이의 철학 체계에서는 리보
다 열등한 창조의 원재료에 지나지 않는다. 그 구체적 구현에 있어서도
리(理)에 의존하고 있다."[54] 리기의 근원은 주역대전으로까지 거슬러
올라가게 된다. "리는 형이상적인 즉 형상을 넘어서 있는 것이고 기는
형이하적인 즉 형상 안에 있는 것이다."[55] 형상 안에 있는 것은 그 형상을
넘어서 있는 것에 종속될 수밖에 없다. 그러나 모든 리는 그 자체 안에서
는 완벽하다. 그래서 리 안에서는 부족함이 없다. 모든 리는 영원하고
어디서나 현존하는데, 그것들이 형이상적인 것이기 때문이다. 정이는
인간성을 이해하기 위해서 이기(理氣)를 적용했다.

맹자의 가르침을 따라서, 정이는 인성이 기본적으로 리 때문에
선하다고 가르쳤다. 그러나 인간의 불평등과 악의 가능성은 기 때문에
생겨난다. 기가 리에 따르기 때문에, 정이는 음양을 기의 요소들로 형이
하적인 것으로 보았다. 비록 이기의 관계가 정주학파의 형이상학적
문제들의 중심이긴 했지만, 우리가 잊지 말아야 할 핵심은 이 두 개념이
떼려야 뗄 수 없는 관계에 있다는 것이다. 주희는 이기는 음양과 같이
분리할 수 없다고 주장했다.[56] 우리는 음양이나 이기에서 다른 것을
알지 않고는 다른 하나를 지칭할 수가 없는 것이다. 따라서 음양의 사고
는 신유학적 사고를 발전시키는 데 주도적 역할을 한 중심 원리라고
믿는다.

신유학적 사고는 정씨 형제들에 의해 완전하게 발전되었으나 음양
사고방식에 의해 주도되었다. 우리가 목적하는 바는 음양 상징론이
신유학의 발전에 어떤 영향을 미쳤는가에 있기 때문에 더 이상의 논의를
계속할 필요는 없겠다. 우리가 동양과 중국에서 있었던 많은 지적 운동
들을 통해 발견할 수 있는 것은 그것들이 모두 우주론에 근거하고 있다

는 것이며, 특히 『주역』의 음양적 우주론과 긴밀히 연결되어 있다는 것이다. 음양의 원리는 동양인의 정신-구조(mind-set)를 이해하는 근본이 된다.

　음양의 사고방식은 한국인의 정신 속에 깊이 새겨져 있을 뿐만 아니라,[57] 일본인의 우주론에도 마찬가지이다. 신도(神道)의 전통에 따르면, "이 우주 안에 있는 신뿐만 아니라 모든 것은 두 신의 창조적 정신에 의해 생겨나게 되었다. 말하자면 이 두 신은 높은 생산력(the High Generative Force)의 신(kami)과 신적 생산력(the Divine Generative Force)의 신(kami)이다."[58] 높은 생산력의 신은 하늘의 창조적 힘과 비슷한데 즉 양의 에너지이다. 신적 생산력의 신은 땅의 포용하는 힘과 비슷한데 즉 음 에너지이다. 따라서 전자는 이자나기(Izanagi)로 알려진 남성 신이고, 후자는 이자나미(Izanami)로 알려진 여성 신이다. 이 두 신의 결합으로 일본 열도가 생겨났다고 믿는다.[59]

　이제 간단하게 음양의 상징이 동양의 민중문화에서는 어떤 함의를 갖고 있는가를 살펴보자. 태극의 음양 상징은 동양의 어디든지 보일 뿐만 아니라, 음양이라는 말은 서구적 사고방식에 영향을 받지 않은 옛 세대들에게서는 흔히 듣게 되는 말이다. 음양의 상징적 사고가 동양에서 어떻게 적용되는지를 알아보기 위해서, 중국과 동양에서의 전통 의학의 형태의 한 가지 예를 들어 보겠다. 중국과 동양의 전통 의학은 인간은 소우주라는 전제에 근거하고 있다. 소우주인 인간은 우주 속에 있는 만물을 다스리는 같은 법칙에 영향을 받고 있는 것이다. 따라서 우주는 우주적 인간일 뿐이다.[60] 그런 개념은 왜 음양오행의 우주 원리가 우주 현상을 이해하는 기본일 뿐만 아니라 인성을 이해하는 기본인가를 설명해 준다. 『황제내경소문』(黃帝內經 素問)은 권위 있는 텍스트인데, 음양 관계의 우주적 원리로 시작한다. "음양의 법칙에 순종하는게 사는 길이요, 역행하는 것은 죽는 길이다."[61] "음양의 원리는 전체 우주의 기본 원리이다."[62] 소우주인 인간은 음양의 원리에 따라야 하는 것이다. "그것은 창조 안에 있는 만물의 원리이다. 그것은 부성과 모성의 변화를 가져온다. 그것은 삶과 죽음의 뿌리이자 근원이다. 또한 신들의 사원 안에서 발견된다."[63] 음양의 활동은 기 안에서 나타난다. 기는 우주 안에 그리고 몸 안에 있는 생명의 힘이다. 기가 약하고 고르지 않게 운행하는 것은 병의 원인이 된다. 기가 흐르기를 중단했을 때, 죽음이 온다. 병은 몸 안에서 음양 관계의 부조화와 불균형이 주요한 원인이 된다. 음양의 조화 즉 기의 조화를 회복시키는 것은 병을 치료하는 것을 의미한다. 음양의 기가 경락을 통해 순환하게 된다. 경락은 서양 의학에서 말하는 피를 돌게 하는 순환계의 혈관이나 신경조직이 아니다. 경락은 기 즉 가장 미묘한 생명 에너지가 순환하는 경로이다.

　　음양의 원리가 오행을 통해 작용하는 것과 같이, 인간의 각 기관은 오행과 연결되어 있다. 나무는 간(肝臟)에 해당하고, 불은 심장에, 흙은 지라(脾臟), 쇠는 허파(肺臟)에, 물은 콩팥(腎臟)에 해당한다. 이것들은 모두 장(臟)이라고 불리는 견고한 기관인데 음의 성질을 가진다. 이 각각의 장기들은 부(腑)라고 불리는 속이 빈 기관과 연결된다. 쓸개(gallbladder)는 간과 연결되고, 소장(small intestines)은 심장에, 위는 지라(비장)에 대장은 허파에 그리고 담낭(膽囊, bladder)은 콩팥에 연결된다. 이 부라는 속이 빈 기관들은 즉 부는 양의 성질을 가진다. 즉 음과 양이 견고한 기관과 속이 빈 기관이 상호 독립적이면서 상생하는 관계에 있는 것이다. 이들의 활동의 불균형은 신체의 기능이 제대로 이루어지지 못하게 한다. 이 균형을 조절하기 위해서 여러 가지 방법들이 동원된다. 가장 흔히 쓰는 방법으로는 침과 한약이다. 기 순환의 난조(亂調)는 맥박을 통해서 나타나기 때문에 맥박을 짚는 것은 한방에서 진단의 기본이다. 몸에는 12경락이 있기 때문에, 12가지의 다른 맥이 있고, 이것들도 하나의 기관들과 협력하게 되어 있다. 훈련된 한의는 병의 원인들을 진단하기 위해서 여러 가지 맥박들을 구별할 수 있어야 한다. 그래서 병을 진단하는 것은 전적으로 다른 사람들의 맥박을 읽는 능력에 달려 있다. 그런데 이것이 동양 의학에서 가장 어려운 분야가 아닌가 하는 생각이 든다.[64]

서양의 의학도들이 동양의 전통 의학을 이해하는 데 어려움을 겪는 것은, 동양 의학은 서양과는 전혀 다른 우주론적 원리에 근거해서 생겨났기 때문이다. 서양의 현대 의학이 동양의 전통 의학과 다르다고 할지라도, 이 양자는 같이 협력하여 귀중한 역할을 할 수 있다. 따라서 이들은 서로 상생할 수 있는 것이다. 그러므로 많은 동양인들이 전통 의학의 지혜를 받아들일 뿐만 아니라 서양 의학을 받아들이고 있는 것은 놀랄 일이 아니다. 나의 형은 많은 서양 의사들과 의논한 끝에, 결국에는 암을 치료하기 위해서 전통적인 한의학으로 돌아섰다. 그는 결코 암에서 완치될 수는 없을지라도, 그가 절망적일 때 전통 의학에 대한 기대를 포기하지 않았다. 어떤 병에서는, 전통적이고 토착적인 의학적 기술이 서양 의학보다 잘 듣는 경우가 많다. 예를 들면, 마취나 임상치료에서 침술의 효용성은 서양에도 잘 알려져 있다.[65]

내 개인적 경험을 통해서 서양 의학과 한의학이 어떻게 함께 사용되고 있는지를 예를 들어 보겠다. 한 10년 전에, 나는 등이 아파서 의사에게 진료를 받게 되었다. 그는 내 병의 원인을 찾기 위해서, 엑스레이와 여러 검사를 했으나 그 원인을 발견해내지 못했다. 그 의사에 따르면, 등의 통증은 40대 후반에 있는 사람들에게 공통적으로 나타나는 현상인데, 그것을 치료하는 경우란 극히 드물다는 것이었다. 그래서 그는 나를 물리치료사에게로 보내서 일주일에 몇 시간씩 물리치료를 받도록 조치했다. 계속해서 물리치료를 받았음에도 불구하고 등의 통증은 가시지 않고 계속되었다.

그해 여름 동안, 나는 서울에 계신 아버님을 찾아뵈러 가는 기회가 생겼다. 이때다 싶어서 나는 등의 통증을 치료하기 위해 한의학의 지혜를 시험해 보고 싶었다. 아버님이 마침 인천에 살고 있는 한의사를 소개해 주어서 찾아가게 되었다.

내가 그분을 뵈러 갔을 때, 거기에는 한 오십여 명이나 되는 사람들이 와서 대기하고 있었다. 우리는 모두 강의실 비슷한 큰 홀에서 앉아서 기다렸다. 그 한의사는 나와서 진단을 하고 한약이나 침으로 환자에게 처방을 내렸다. 이런 것은 사람들이 보는 앞에서 행해졌다. 거기에는 환자와 의사만의 관계에서 비밀이 없었다. 내 차례가 되자, 내 팔을 잡더니 내 기관에서 보내는 맥박을 점검했다. 그때 나는 늘 서양 의사에게 하듯이 어디어디가 어때서 찾아오게 되었는지 말했다. 그는 큰 소리로, "뭐가 잘못됐다고 말하지 마시오. 당신은 의사도 아니면서, 어떻게 아시오? 뭐가 잘못되었는지는 내가 말해주겠소" 하고 말했다. 나만 머쓱하고 창피하게 되었다. 그 한의사는 진맥을 한 다음에, "이것은 기의 흐름에 제대로 반응하지 못하는 신장 때문입니다"라고 말했다. 나는 그의 설명에 움찔 놀라서, 거의 소리치듯 대답했다. "그건 말도 안 돼요. 아픈 것은 등이지 신장이 아니요." 그는 처음에는 약간 기분이 상한 듯했으나 내 순진함에 동정심을 느꼈는지 자세하게 설명을 해주는 것이었다. "이것은 나쁜 신장의 부작용으로 생긴 결과 중의 하납니다. 당신의 경우에 병의 뿌리를 치료해야 하는데 바로 그것이 콩팥입니다."

그 한의사는 많은 사람들 앞에서 인체 해부도를 보여주면서, 음양의 원리에 따른 인체의 활동을 설명해 주었다. "신장의 경락은 발 중간에서 시작되어 다리로 올라가고, 몸의 전면을 통해서 가슴 사이의 흉중

꼭대기까지 올라갑니다. 신장의 경락이 막히기 때문에, 기가 정상적으로 운행하지 못하고 음양의 균형이 깨지게 됩니다. 한약을 드시겠습니까 아니면 침을 맞으시겠습니까?"라고 물었다. 대답은 즉각적이고 명확하게, "한약을 먹어보겠습니다"라고 말했다. 약재사로 일하는 보조원이 나와서 약초로 만든 검은 환약을 주었다. 약간의 회의가 들기도 했지만, 몇 개월 동안 이 환약들을 먹어보기로 했다. 흥미롭게도, 등의 통증이 점점 나아지는 것을 느꼈다. 나는 아버님께 편지를 써서 다시 그 한약방에 가서 그 환약을 더 지어 보내달라고 부탁을 드렸다. 몇 개월 더 그 약을 복용한 후에, 등의 통증은 완전히 사라지게 되었다. 나는 왜 한의학이 서양 의학보다 내 등의 통증을 치료하는 데 더 도움을 줄 수 있었는가를 합리적으로 설명할 수는 없다. 다만 내가 말할 수 있는 것은 음양의 형이상학이 의학에서 탁월한 역할을 한다는 것인데, 이것은 때로 의학에서는 어느 분야보다 탁월하게 쓰이고 있다.

동양문명에서, 음양의 사고방식은 의학 이외에도 삶의 여러 분야에서 원용되고 있다. 예를 들어, 동양에서 풍수(geomancy)는 특수한 위치를 점하고 있다. 풍수는 어원적으로는 바람과 물을 의미하는데, 좋은 건물터를 잡는 과학이다. 사실상 풍수는 의학의 상대격으로, 의학이 사람의 몸을 다루는 데 비해서, 풍수는 땅의 몸을 다룬다. 음양 관계는 우주론적 인간학의 전제에 근거하고 있기 때문에, 인간학과 우주론이 연관된다. 따라서, 인체를 다루는 의학은 땅의 몸을 다루는 풍수와 연관되지 않을 수 없는 것이다. 지구는, 인간이 소우주라면 대우주이기 때문에, 지구도 기가 순환하는 경락을 가진다. 건물이나 묘자리로 좋은 곳은 음양의 주요한 기운들을 연구함으로써 얻어질 수 있다. 보통, 지관들은 북, 동, 서는 언덕으로 보호해 줄 수 있고 남쪽은 구릉지인 말발굽 형태의 땅을 좋아한다. 동쪽의 언덕(나무)은 봄의 언덕으로 서쪽 언덕(쇠) 즉 가을 언덕보다는 커야 하는데, 이것은 동쪽의 양의 힘(청룡)은 서쪽의 음의 힘(백호)을 눌러야 하기 때문이다.[66] 자연의 힘의 균형을 잡는 용(양)과 호랑이(음)는 지형상으로 지관이 찾아낼 수 있다.[67] 19세기 말까지는, 지관에게 상의하지 않고서 집을 짓거나 돌아가신 분을 장사하는 일은 생각할 수 없었다. 거의 모든 불교의 절터나 공공건물 그리고 주택들은 풍수적으로 인정된 자리에 건축되었다. 풍수의 지혜는 지금 우리가 살고 있는 현대에 생태학적 문제를 다루는 데서 재평가되어야 한다.[68] 오늘날에도, 가장 중요한 묘자리 보기는 풍수에 근거하고 있다. 그러나 많은 기독교인들이나 서양 교육을 받은 사람들은 풍수를 미신이라고 생각하며, 주로 부와 명예를 얻고 자식을 많이 낳기 위해 시도되는 마술적 "과학"이라고 여긴다. 그것이 어떤 것이든지, 풍수는 여전히 동양인의 정신 구조 속에 살아 남아 있는 것이다.

내가 한 10년 전 로스앤젤레스에서 열렸던 학술회의에서 미국의 한 감리교 대학에서 가르치고 있는 친구와 나눴던 이야기를 소개하고 싶다. 그 친구의 할아버지는 돌아가시면서 아들을 일곱이나 남겨 놓으셨다. 할머님은 독실한 기독교인이셨기 때문에, 남편 묘자리를 지관에게 보라고 맡기기를 원치 않으셨다. 그런데 그 할아버지가 돌아가시고 일 년 안에 맏아들이 돌아가셨다. 그다음 해에 둘째 아들이 돌아가셨다. 오 년 안에 일곱 아들 중에서 다섯이 다 돌아가시고 단 두 형제만 남게 되었다. 이웃 사람들이 와서 그 할머니에게 지관에게 할아버지 묘자리를 보도록 설득했다. 할머니는 교회에서 풍수는 미신이고 악한 것이라고 배웠기 때문에, 자신의 기독교 신앙으로서는 도저히 받아들일 수 없었다. 그래서 하나님께 도와달라고 기도하고 또 기도했다. 그러나 일 년 안에 다시 한 아들이 죽었고 가장 어린 막내만 남게 되었다. 그녀는 절망적이 되어 마지막으로 지관을 찾아가 도와달라고 했다. 그 지관은 그 할아버지의 묘자리를 살펴본 후, 틀림없이 그 아들들이 죽게 된 것은 묘자리를 잘못 써서 그렇다고 말했다. 지관은 이장하고 정확한 방향을 보고 자리를 잡아서 그 자리에 다시 묻게 했다. 그 결과, 그 할머니는 마지막 아들을 살렸을 뿐만 아니라 대를 이를 손자를 다섯이나 얻게 되었다. 그 친구는, "내가 말할 수 있는 것은 이게 모두 사실이라는 것입니다"라고 결론을 맺었다. 풍수가 미신이든 아니든, 그것은 여전히 동양인의 무의식 속에 자리잡고 있다는 것이다.

음양의 상징적 사고는 전통적 동양인의 정신 속에 깊이 자리 잡고 있어서, 동양문명을 이해하기 위해서는 먼저 이 음양의 상징을 이해하지 않고서는 안된다. 심지어는 중국이나 동양의 회화도 이 음양 관계에 기초하고 있다. 예를 들어, "붓과 먹물은 양과 음이다. 먹물은 종이가 음이라면 그것과 관계해서는 양이다. 회화에서 나타나는 모든 먹물의 농담은 양(淡)과 음(濃) 즉 하늘과 땅 두 근본적 힘들의 결합하는 정도로 상징화된다."[69] 음양의 적용은 회화의 세세한 부분에까지 이른다.[70] 음양 원리의 오행에 근거해서 다섯 가지 주요 색이 있다. 나무는 녹색(綠), 불은 빨강(赤), 쇠는 흰색(白), 물은 검은 색(黑, 혹은 짙은 청색) 그리고 흙은 노랑(黃)이다. 일본과 대만, 한국에서는 무당들이나 점쟁이들이 음양의 상징이나 『주역』을 사용하는 것을 흔히 볼 수 있다. 동양에서 대부분의 점성술 책은 음양 오행이론에 근거하고 있다. 그들은 아직도 전통적 달력을 사용하는데, 그것은 열 개의 천간(天干)과 열두 개의 지지(地支)를 통해서 60년의 주기를 이루게 된다. 또 일주일의 칠 일도 음양오행으로 이루어져 있다. 즉 일요일은 해, 월요일은 달, 화요일은 불, 수요일은 물, 목요일은 나무, 금요일은 쇠, 토요일은 흙이다. 달리 말하면, 음양의 상호작용이 불, 물, 나무, 쇠, 흙을 만들어내는 것이다. 우리는 백호(음)와 청룡(양)의 그림을 많이 볼 수 있다. 동양에서는 어디를 가든 음양의 상징을 볼 수 있다. 동양의 가구, 문, 건물, 지붕의 기와 그리고 한국의 국기에서조차도 음양의 상징들을 발견하게 되는 것이다. 1988년 올림픽의 주요한 주제는 음양의 상징적 사고에 근거한 대화합의 한마당이었다. 음양의 상징은 동양인의 정신구조 속에 깊이 새겨져 있다. 내가 동양문명 속에서 난 한 사람으로서 그 개념들 안에서 사고를 전개하고 있는 이유도, 바로 내 속에 이 음양의 정신구조가 뿌리 깊게 자리하고 있기 때문인 것이다.[71]

3장
삼위일체적 사고

들어가면서 몇 마디

1장에서 본 바와 같이, 시공간의 제약 속에서 살아가고 있는 인간들이 신의 본성과 같은 신비를 인식할 수는 없다. 그래서 우리가 신에 대해 말하고 또한 말하고자 하는 모든 것은 신 자체에 대한 것이 아니다. 다만 시공간의 제한을 받는[1] 우리들의 실존 안에서 상징이나 이미지를 통해서 신을 우리가 지각하는 것에 관해서만 논의할 수 있다는 한계를 명확하게 인식해야 한다.

일찍이 우리는 지식의 한계와 인식 능력이 제한되어 있다는 사실을 인정했다. 따라서 삼위일체라는 교리는 인간들이 신의 본성이라는 신비에 관해 여러 가지로 상상해 보고 생각한 것 이상일 수 없다는 것을 우리는 분명하게 인정하고 시작해야 한다. "삼위일체"는 신의 본성이라는 실재가 아니라, 하나님이 그리스도 안에서 어떻게 알려지셨는가에 관한 우리의 묘사일 뿐이다. 그것은 하나님 자체를 가리키는 상징일뿐이다. 우리는 이 상징이 최상의 것이 되지 않을 수도 있고 또한 유일한 것이 아닐 수도 있다. 이름 지을 수 없고 표현할 수 없는 하나님을 이름 짓는 것일 뿐이다. 그분은 모세에게 "나는 나다"(출애굽기 3:13-14)라고 말씀하셨다. 따라서 그분의 이름을 짓는 것은 기독교의 탁절한 임무이다. 이런 시도는 쉽게 신의 관념에 관해 잘못된 이해를 만들어낼 수도 있다. 『도덕경』에서 말하는 대로, "아는 사람은 말하지 않으며, 말하는 사람은 알지 못한다"(56장). 그러나 인간들은 신의 실재에 관해 끊임없이 묻게 되는데, 침묵이 이에 대한 최선의 답은 아니다.

비록 신은 이름을 붙일 수 없으며 우리의 인식을 넘어서 있다고 하더라도, 우리는 신에 관해 우리의 상상력을 투사하기 마련이다. 우리는 신을 "아버지", "주님(Lord)", "주인(Master)", "창조주", "임금", "사랑" 혹은 "진리"라고 부른다. 이런 이름들 중에 어느 하나도 하나님을 만족스럽게 묘사하지 못한다. 왜냐하면 이런 이름들은 우리를 오도하기 쉽기 때문에, 신의 실재에 대한 우리의 접근은 늘 상징적이거나 유추적(analogous)이다.[2] 인간이 신을 인식하는 능력을 가졌다는 사실을 부인한 칼 바르트조차도 유추적 상상은 우리의 신학적 과제를 수행하기 위해 없어서는 안 된다고 말했다. 비록 그의 유추는 신앙의 관점(the perspective of faith)에서[3] 정의된 것이기는 해도, 신의 삼위일체성은 우리 인간의 상상에 근거한 유추적 언명이다. 그러므로 이것은 순수한 허구 이상이다. 삼위일체는 매우 의미 있는 상징인데, 이것들이 우리의 심리 구조 속에 깊이 관여되어 있을 뿐 아니라 삼위일체를 의미 있게 만드는 다양한 삶의 정황들(내적이건 외적이건, 혹은 심리적 그리고 사회적 정황) 가운데 드러나기 때문이다.[4] 확실히 삼위일체 교리는 초대교회 신학자들에게 의미가 있었는데, 그것은 그들의 신앙 공동체의 삶과 관련된 문제들에 반응해서 만들어진 것이기 때문이다.

오늘날 우리는 실재로서의 삼위일체보다 삼위일체가 우리에게 어떤 의미를 주는 가를 묻게 된다. 왜냐하면 우리 상황이 변해왔기 때문이다. 나에게 의미 있는 것은 나에게 실재적인(real) 것이다. 비록 그것이 객관적으로 실재적인 것은 아니라고 해도 말이다. 따라서 신의 실재는 신의 의미를 앞서지 않는다. 오히려 신의 실재가 신의 의미에 종속된다. 나에게 의미 있는 것은 미국에서 아시아 기독교인으로 살고 있는 나의 정황을 반영시켜 주는 것이다. 이것은 내 생각에 상응하기 때문에 의미가 있는 것이다. 음양의 상징이 동양인으로서의 내 정신구조 속에 깊이 관여되어 있고 삶 속에서 다양한 문제들을 다루는 나의 사고 형식 속에 드러난다면, 나에게 의미 있는 것은 반드시 음양의 상징적 사고와 상응해야 한다. 비슷하게, 삼위일체는 내가 삼위일체적 개념으로 생각할 때에만 의미가 있는 것이다. 음양의 상징적 사고가 삼위일체적 사유방식이 아니라면, 삼위일체의 개념은 나에게는 의미가 없다. 왜냐하면, 내 사고방식은 음양의 구조에 의해 규정되기 때문이다. 이것이 바로 내가 음양의 상징적 사고가 삼위일체적 사고방식인가 아닌가를 검토하고자 하는 이유이다.

삼위일체적 사고로서의 음양의 상징적 사고

음양의 상징적 사고는 또한 삼위일체적 사고인가? 이 물음에 답하기 위해서, 삼위일체적 사고란 개념으로 가기 전에 음양의 상징적 사고를 간단히 다시 한번 논의해 보도록 하자.

1) 음양 상징적 사고의 기본 특징들

내가 제2장에서 살펴본 대로, 음양의 상징은 우주와 인간을 이해하는 중요한 양태이다. 인간이 동양적 사고에서 우주의 일부로 여겨진다면, 내 접근 방식은 우주론적 인간학인데,[5] 그것은 세계를 이해하는데 있어서 미시-거시적 접근방식과 유사하다. 음양의 상징은 거시 세계와 미시 세계에서 우주뿐만 아니라 인간 현상을 대변한다. 음양의 상징적 사고에 따르면, 세계 안에 존재하는 모든 것은 양극적 구조 안에서만 존재할 수 있다. 음은 양이 상징하지 않는 것을 상징으로 나타내며, 양은 음이 상징하지 않는 것을 상징으로 보여준다. 따라서 음양은 대비의 상징이나 서로를 살려주는 상생적인 것이다. 음이 물을 상징한다면, 양은 불을, 음이 여자를 상징한다면, 양은 남자를 상징한다. 음이 어둠이라면 양은 빛이다. 그러나 세계는 복합적임에도, 세계는 음양의 상징적 표현으로 환원될 수 있다. 극소의 세계에서부터 아무리 큰 것까지라도 음양의 상징적 표현에 의해 나타낼 수 있다. 음양의 상징이 세계 안에 존재하는 모든 것을 대표할 수 있다면, 우리의 사고하는 과정을 이런 상징들의 개념 안에서 묘사할 수 있다. 따라서 음양은 상징적으로 뇌의 반을 나타내게 된다(좌뇌와 우뇌). 이런 점에서, 음양의 상징적 사고는 우리가 신학적 과제를 이루어 가는 데 타당한 방식이 될 수 있다.

음양의 상징적 특성을 이해하고 넘어가지 않으면 안된다. 음양은 그 자체로 실체가 아니고[6] 다만 현실적인 실재들(actual entities)을 지시하는 상징일 뿐이다. 이런 점에서, 음양의 상징적 접근은 과정철학적 접근과는 다르다. 과정철학에서는 세계를 묘사하기 위해 실체들을 사용한다.[7] 음양은 늘 상징적이다. 따라서 엄격하게 말한다면, 음은 어둠이나 여자, 땅이 아니며, 양은 빛이나 남자, 하늘이 아니다. 음은 다만

이런 요소들을 대변하거나 상징으로 표현하는 것뿐이다. 양이 그 반대
되는 것들을 상징적으로 표현하듯이 말이다.[1] 음양은 세계 속의 만물
들을 범주화하는 암호나 상징의 체계로 이해할 수 있다. 음양은 실제적
인 실체들을 지시하는 상징이기 때문에, 음양의 사고방식은 상징적
사고이다. 음양의 철학에 따르면, 사고 자체는 상징적 과정이다. 신이
우리에게 상징을 통해서 알려지게 된다면, 음양의 상징적 사고는 확실
히 신의 실재를 이해하는 데 적합한 도구이다. 음양의 상징적 특성 때문
에, 관계는 실재에 앞선다(a priori). 음양의 상징이 지시하는 실재가
어떤 것인가를 결정하는 것이 관계이다. 나 자신을 예로 들어서 설명해
보겠다. 나는 아버지와 관계에 있어서, 아버지는 양이고 나는 "음"이다.
그러나 나는 자녀들과의 관계에서는 양이고 오히려 자녀들은 나와의
관계에서 음이다. 여기에서 보듯이, 내 존재가 양이냐 음이냐를 결정하
는 것은 어떤 실제적인 실체로서의 "나"가 아니다. 오히려, 나의 상징적
특성을 결정하는 것은 "타자"와의 관계에서 나의 위치이다. 음양은 관계
적 상징이기 때문에, 음양의 상징적 사고는 관계적이다. "실체적" 사고
(실체라는 개념 안의 사고)는 관계적 사고에서 생겨난 것이다. 이것은 음양
의 상징적 사고 속에서 분명하게 드러난다.[2]

---

1) 음양이 상징적 사고라는 것을 자꾸 실재와 동일시하는 오류를 범하기 쉽다. 역자가
   어떤 자리에서 성령을 모성의 이미지로 설명할 기회가 있었는데, 그것을 성령을
   모성으로 어머니로 동일시하는 것으로 생각해서 반론을 제기하는 것을 본 경험이
   있다. 음양을 통해 신의 본성과 삼위일체에 관한 논의를 새롭게 그리고 깊이 있게
   이해하자는 것이 저자의 의도이지, 하나님이 음양이라거나 삼위일체는 음양이론
   에 의해서 완전히 해명하고 대치시키자는 것이 저자의 의도가 아니다. 저자는 이것
   을 반복해서 강조하고 있다. 왜냐하면 그런 오해의 소지가 많기 때문이다. 신학자가
   동양 것을 통해 신학을 한다는 것 자체를 받아들이지 못하는 분들도 많을 것이기
   때문이다. 그러나 열린 마음으로 저자를 따라간다면, 신학이건 동양학이건 인간의
   사유의 산물이기에 공통점과 차이를 늘 가지고 있는 것이다. 그런 열려진 지평에서
   새로운 이해를 진전시켜 나가고자 하는 것이 저자의 의도이다. _ 옮긴이 주

관계가 실체보다 근본적이라면, 관계성은 필연적이다. 음은 양과의 관계에서 양은 음과의 관계에서만 존재하기 때문에, 한 사물이 존재하는 것은 "타자"에 의해서 결정된다. 양이 음이 없이 혼자 존재할 수 없는 것과 마찬가지로, 음은 양이 없이 홀로 존재할 수 없다. 이 상호 의존적인 관계는 음양의 상징적 사고를 관계적으로 만든다. 음양의 상징적 사고 안에서, 절대자는 늘 상대적으로 정의된다. 신의 본성조차도, 그 자체는 상대성을 넘어서지만, 음양의 상징적 사고 안에서는 절대적인 의미로 나타나지 않는다. 왜냐하면 음양의 상징들이 관계적이기 때문이다. 음양의 상징적 사고 안에서, 상대성은 의미가 깊다. 왜냐하면 상대성은 인간 지식과 판단의 한계와 궁극성을 지시해 주기 때문이다. 상대성의 규범은 절대자가 아니나 그것은 믿을 만하다. 따라서, 음양의 상징적 사고는 어떤 절대적 주장이나 교조적 확신을 거부한다. 그것은 다만 상징적 진리에 근거한 신뢰성을 주장할 뿐이다. 신뢰성은 음양의 상생성이 전체를 지향하는 것이기 때문에 가능하다. 제2장에서 말한 대로, 음이 자라면 양이 쇠잔하고, 양이 커가면 음이 줄어든다. 이와 같이 음이 줄어들 때, 양이 팽창하고, 양이 수축할 때, 음이 성장한다. 우리는 일상 생활에서 낮이 밤에 의해 상생됨을 경험한다. 낮이 길어지면 밤은 짧아진다. 밤이 길면 낮은 짧아진다. 낮은 밤을 상생하고 밤은

---

2) 사실 이것은 평범하게 말씀하는 것이지만, 매우 혁명적인 사고의 전환을 요구하는 저자의 주장이다. 서구의 철학사 자체를 단순화하자면, 실체가 무엇인가를 해명하자는 작업이었다고 말해도 지나치지 않다. 그런데 그런 모든 것을 확실한 실체를 통해서 해명하자는 논의들은 모두 존재 우위의 잘못된 발상이라는 지적이 된다. 이것은 현대 과학이나 과학철학적 논의들에서 극명하게 지적되는 것이다. 그런 첨단 학문들의 결론이 음양의 관계적 사고를 입증해준다는 말이 된다. 그러나 저자는 현대 학문들의 논의를 통해서 음양의 철학을 입증해 보이지 않는다. 그것은 각주로 처리될 것임에 틀림이 없다. 저자 자신의 순수한 사고의 과정을 통해서 그것을 입증해 보이고 있다. _ 옮긴이 주

낮을 상생하는 것이다. 상생적 관계를 통해서 우리 지식의 신뢰성은 확보되는 것이다. 음양의 중요한 특징 중의 하나는 각각이 서로를 상생하는 것이며, 음양의 상징은 본질적으로 상생적이지 경쟁적이지 않다. 따라서 음양의 상징적 사고는 상생적인 동시에 통째로 이해하는 철학(holistic philosophy)이다.

결국에 음양의 사고에서 가장 중요한 것은 역(易, 변화)이 모든 존재의 토대라는 관념에 근거하고 있다[8]는 것이다.[3] 음양의 상징적 사고는 변화의 과정이 드러나는 것이다. 역은 음양의 상징적 사고에서 궁극적인 실재이다. 따라서 변화 자체는 알 수 없다. 우리는 세계 속에 드러나는 변화를 음양의 상징적 활동을 통해서만 인식할 수 있다. 우리가 『주역』 안에서 음양의 상징들을 본다면, 역의 중요성은 상생적 관계에서 자명해진다. 음은 부러진 효(--)로 상징되고, 반면에 양은 갈라지지 않은 효(—)로 상징된다. 그것들은 특징에 있어서 상반된다 할지라도, 전체를 위해 서로 완성해나간다. 부러진 선은 약효(弱爻)으로 불리기도 하며, 안쪽으로 자라서 마침내 하나가 되고 안 부러진 선이 된다. 이 안 부러진 선은 강효(强爻)로 불리며, 바깥쪽으로 강하게 나가나 부러져서 부러진 효로 변한다. 이 과정은 계속된다.[9] 음에서 양, 양에서 음으로의 이 변화의 과정에서, 우리는 음은 양이 되고, 양은 음이 되기 때문에 결국에 음은 양이고 양은 음이라고 말할 수 있다. 역(易)은 모든 존재를 상징하는 효을 분화하고 통일시키는 힘 안에서 드러난다. 음과 양이 세계에

---

3) 易이 보통명사 내지는 어떤 경우에는 인격성까지 가진 것처럼 동양에서는 쓰여 왔다. 역자는 처음에는 이것이 매우 생소하였다. 그러나 차츰 이런 생각에 익숙해진다. 서양에서 신을 인격적으로 경험하는 것을 동양인에게 처음에는 낯설 수 있는 것과 마찬가지이다. 서양적 사고를 갖고 본다면 역이 모든 존재의 근원이라는 것을 이해할 수 없을 것이다. 그러나 저자의 논의를 진지하게 따라가면 역의 의미와 실재를 파악할 수 있으리라 기대한다. _ 옮긴이 주

존재하는 만물의 기본 암호라면, 역은 모든 만물의 본질이다. 달리 말하면, 음양의 사고 안에서 변화는 존재론보다 더 근원적인데, 왜냐하면 변화는 스스로를 창조의 과정 안에 드러내기 때문이다.

음양의 상징적 사고의 기본적인 특징을 요약해 보자. 무엇보다 먼저, 음양의 사고는 늘 실재를 절대화하는 인간의 위험성을 지적해주는 상징적 사고이다. 음양의 상징적 사고는 포괄적이고 통째로 이해하는 접근 방식이기 때문에, 상충을 만들어내기보다는 상반된 것들을 조화시키게 된다. 우리가 태극도에서 보는 대로, 음은 양을 포함하고 양은 음을 포함한다. 그러므로 음양의 상징적 사고는 양면긍정(both/and)의 사고이지 양자택일(either/or)의 사고가 아니다. 양면긍정의 사고는 그 포괄성 때문에 양자택일을 배제하지는 않는다. 양자택일의 사고는 실재에 접근하는 서양적 방식이라면, 양면긍정의 사고는 동양적 사유구조의 특이성을 보여준다. 음양의 상징적 사고의 또 하나의 중요한 특성은 존재의 기본 구조로서 관계성을 사용한다는 것이다. 관계성은 실재나 실체의 개념을 없애는 것이 아니다. 왜냐하면 실재나 실체는 관계성에서 생겨나는 것이기 때문이다. 카르마(業)가 여러 요소들을 결합하여 사물을 존재하게 만들어가듯이, 음양의 상징적 사고 안에서 관계성은 세계에 존재하는 다양한 실체들을 만들어내는 원인이다. 최종적으로, 음양의 상징적 사고는 변화가 궁극적 실재이고 모든 창조와 파괴의 과정의 근본이라는 관념에 근거하고 있다. 따라서 음양의 상징적 사고는 늘 역동적이고 유기체적 세계관을 전제한다. 음양의 상징적 사고에 따르면, 서양 철학의 형이상학 체계의 가장 중요한 구조였던 정체적 존재론은 허구이고 우리의 상상 속에서나 존재한다는 것이다. 이렇게 음양의 상징적 사고를 간단히 살펴보고서, 보다 중심적 주제인 삼위일체적 사고, 삼위일체의 상징적 사고로 나갈 것이다. 이 과정은 신의 삼위일체를 이해하는 열쇠가 된다.

2) 음양의 상징적 사고는 삼위일체적 사고

우리가 삼위일체적 사고라고 말할 때 그것은 도대체 무엇을 의미하는가? 음양의 상징적 사고는 어떻게 삼위일체적 사고의 양태라고 말할 수 있는가? 삼위일체적 사고와 음양의 상징적 사고가 어떻게 연결되는지 말하기 전에 삼위일체적 사고방식이 무엇을 말하는지를 먼저 정의해 보겠다.

이미 말한 대로, 신은 인간의 감각과 인식을 초월해 있기 때문에 우리는 신을 이해할 때 우리의 제한된 경험을 통해 만들어진 상징이나 이미지를 통해서만 신을 인식하게 된다. 하나님은 삼위일체로 알려지는데 그것은 신이 그렇게 지각되기 때문이고, 신은 우리의 삶 안에 그렇게 현존하기 때문인 것이다. 신을 삼위일체로 정의하는 것은 기독교의 역사에서 초대교회에서부터 현재의 신학자들에게 이르기까지 가장 곤혹스럽게 여겨져 온 문제들 중의 하나이다. 삼위일체를 문자적으로 이해하는 것은 셋 안에 하나이고 그리고 하나 안에 셋이 있다는 것을 의미한다. 엄격히 말한다면, 하나는 셋이고 셋은 하나이다. 이것은 완전히 어불성설이다(This does not make sense at all). 그러므로 현대 신학자들은 "셋과 하나"의 개념을 무시하고 이것을 "다원성(plurality)과 단일성(singularity)" 혹은 "다양성(diversity)과 통일성(unity)"으로 대치하려고 시도하고 있다. 달리 말하면, 셋은 다원성과 다양성으로 하나는 단일성과 통일성으로 바뀌진다.[10] 삼위일체의 역설적 특징 때문에 하나나 셋이라는 수적 개념은 거의 완전하게 무시되고 있다. 하나를 통일성으로, 셋을 다양성으로 바꾸는 것은 의미 있게 보이며 하나 속에 셋이나 셋 속의 하나라는 역설을 해결해주는 것처럼 보인다. 그러나 상징의 대치는 삼위일체 관념에는 부당한 것이다. 우리가 셋을 다양성으로 바꾼다고 생각해보자. 하나의 하나님은 둘이나 셋, 넷이나 다섯, 수천이나 수만이 될 수도 있다. 이것은 삼위일체 하나님을 믿고 있는 기독교인들에게 혼돈과 당혹감만을 가져다줄 뿐이다. 결과적으로 예수 그리스도 안에 드러난 삼위일체 하나님은 삼위가 다원성으로 대치된다면, 다신으로 변하게 된다. 삼위일체론은 다신관이 아니다. 삼위는 다수로 대치될 수 없다. 삼위가 다수로 대치될 때, 삼위일체 하나님은 수백만의 신들로 나타나는 힌두 신과 다르지 않다.[11] 삼위는 다원성을 포함하나 다원성은 삼위를 포함시키지 못한다. 이것은 정확히 왜 다원성이 삼위성을 대치시킬 수 없는가 하는 이유이다.

그러므로 우리가 삼위일체적 사유가 무엇을 의미하는지 정의하려고 시도할 때, 수를 반드시 짚고 넘어가야 한다. 게다가 동양문명에서 수는 단순하게 계산을 위한 도구 이상이다. 그것들은 수학적 기호 이상의 의미를 갖고 있는 것이다. 심지어는 서양적 전통에서조차, 우리는 수에 종교적 비의적(esoteric) 의미를 부여하고 있음을 발견하게 된다. 예를 들어, 서양에서 많은 사람들은 십삼이라는 수를 불행을 의미한다고 생각해서 피하려고 한다. 그래서 많은 건물들은 십삼 층을 갖고 있지 않다. 칠이라는 수는 유대인에게나 기독교인들에게 심원한 종교적 의미를 주고 있다. 한국에서는 넉 사(四) 자가 죽음을 연상시키기 때문에 피하려고 한다. 게다가 많은 비의적이고 우주론적인 책들은 설명없이 수들로 채워져 있다. 예를 들어, 『주역』은 수의 책이라고 불리는데, 각 수가 고유한 의미와 중요성을 갖고 있다. 『주역』이 만들어지는 기본이 되었던 하도(河圖)와 낙서(洛書)는 검은색 원과 밝은색 원들의 세트로 이루어졌다.[12] 게다가 주역에서 점치는 방식은 서죽(산가지)의 수로 이루어지며, 행과 불행은 수에 근거해서 결정된다. 특별히 한국의 주역으로 불려지는 『정역』(正易)은 수로 시작된다. "십, 오, 일로 말하자면."[13] 이 책의 하편도 역시 수로 시작된다. "십, 일, 일을 말하자면."[14] 본문에서 글자들은 수를 설명하기 위해 쓰여진 것이다. 정역은 한국에서 가장 중요한 우주론서이며 동학이나 증산교와 같은 신종교 운동이 발생하는 근거가 되었다. 이 책에서 수는 문자보다 중요하기 때문에, 정역은 수의 책이라고 불리는 것이다. 이와 같이 내가 2장에서 설명한 음양과 오행 학파는 삶의 모든 영역에 관한 체계를 제공하는 것이다. 예를 들어, 다섯(五)은 음악(5성조: 궁상각치우), 색(오색: 백녹청적황), 인간관계(공자의 가르침에 근거한 오륜),[15] 몸(5장) 따위이다.

　　동양적 관점에서 본다면, 수는 산술적 도구 이상의 의미를 갖는다. 즉 수들은 매우 심원한 종교적 그리고 우주론적인 의미를 갖는 것이다. 이런 점에서, 기독교 신앙을 동양적 관점에서 재해석을 시도하고 있는 송치엔성(宋泉盛)은 나와 의견을 달리한다. 그는, "삼위일체는 셋 속에 하나, 하나 속에 셋이라는 수학적 혼동과는 아무런 관련이 없다"[16]고 한다. 삼위일체가 "셋 중의 하나, 하나 속의 셋"과 아무런 관련이 없다고 말하는 것은 일(一)과 다(多)의 공존이 일으키는 긴장을 유지시키지 않겠다는 것이다. 삼위일체는 정의상, "셋 속의 하나", "하나 속의 셋"을 의미한다. 서양학자들이 수의 영적인 의미를 고집하는 동양적 지혜 전통을 무조건 거부하고 수적 의미의 중요성을 무시하는 것을 무비판적으로 따르기는 쉽다. 신의 본성을 이해하는 규범으로 인간의 이성을 사용하는 사람들에게는, 삼위일체는 "셋 속의 하나, 하나 속의 셋"이라는 수학적 혼동일 뿐이다. 그러나, 신을 이해하는 데 있어서 인간의 제한된 능력을 인정하는 사람들에게는, 우리의 논리로는 범주화시킬 수 없는 신적인 신비와 역설로서 삼위일체를 심각하게 받아들이게 되는 것이다.[17] 현대 사상가들이 "셋 속의 하나, 하나 속의 셋"이라는 삼위일체의 기본적 상징적 의미에서 도피하려고 하는 경향은 하나와 셋 사이에 존재하는 역설을 풀 수 없는 그들의 무능력에서 생기는 것이다. 그러나 "셋 속의 하나, 하나 속의 셋"으로서 삼위일체는 삼위일체의 상징적 의미를 발견하기 위해서는 반드시 버려서는 안 된다. 셋과 하나의 수를 버리는 것은 상징주의를 포기하는 것이다. 상징주의를 포기하는 것은 삼위일체 자체를 버리는 것이다. 이것은 우리가 왜 수적 형식인 "셋 속의 하나, 하나 속의 셋"을 삼위일체의 상징적 의미를 이해하기 위해서 반드시 지켜나가야 하는 이유인 것이다.[18]

서양학자들의 "셋 속의 하나, 하나 속의 셋"이라는 삼위일체의 핵심 개념을 버리려고 하는 경향이 삼위일체의 합리적 성격을 이해할 수 없는 그들의 무능력과 관련된다는 내 지적이 맞다면, 서양학자들의 논리는 수정될 필요가 있다. 그들의 논리가 그들로 하여금 하나가 셋을 포함하고 셋이 하나를 포함한다는 것을 이해하도록 돕지 못하기 때문에, 그들은 삼위일체적 형식을 결국은 포기하기에 이른 것이다. 따라서 삼위일체의 교리를 이해하는 데 문제를 일으킨 것은 수가 아니라 삼위일체적이지 않은 사고방식인 것이다. 이 문제는 수를 다양성 속의 통일성, 다원성 속의 단일성, 공동체 속의 개인이라는 일반적으로 경험될 수 있는 개념으로 바꾼다고 해서 해결되는 것이 아니다. 궁극적으로 그들은 하나와 여럿이 공존하는 역설을 정면으로 다뤄야만 하는 것이다.

"하나가 셋을 포함한다"든가 "셋이 하나를 포함한다"고 생각하는 문제는 배타적 사고와 관련이 있는데, 이것은 아리스토텔레스 논리학, 즉 배중율[4] 논리의 핵심이다. 배타적 사고에서, 일(一)이 아닌 것은

---

4) 아리스토텔레스의 배중율은 간단히 말하면 A는 -A일 수는 없다는 것이다. 즉 어떤 것이고 A이거나 -A여야 하지 이 둘이 다 될 수 없다는 것이다. _ 옮긴이 주

그것 이상이든 아니면 이하여야지 그것일 수는 없는 것이다. 이것이 아닌 것은 반드시 저것이어야 한다. 저것이 아닌 것은 반드시 이것이어야 한다. 달리 말하면, 이것은 양자택일의 "이것이냐 저것이냐"의 논리인데 상극적 이원론에 근거한다. 이 "이것이냐 저것이냐"의 논리에 따르면, 하나님은 반드시 하나이거나 셋이어야 한다. 이런 사고방식에서 하나님은 하나이면서 동시에 셋일 수는 없다. 이것이 삼위일체 논쟁의 핵심이다. 단일신론과 삼일신론은 이 양자택일적 사고방식 안에서는 해결될 수 없다. 아리우스 논쟁과 사벨리우스 논쟁은 이런 관념들로 우리가 계속 생각하는 한 여전히 미결로 남게 되는 것이다. 우리의 이원론적 사고 때문에, 삼위일체는 여전히 역설로 남아 있다. 그러나 삼위일체는 그리스도 안에 나타난 하나님을 우리가 파악한 관념이라면, 하나님 자체는 초월성 때문에 신비라고 하더라도, 우리가 포괄적으로 생각한다면, 삼위일체가 역설적이거나 신비적어서는 안 된다. 이 배타적인 양자택일의 사고가 우리가 삼위일체를 이해하는 것을 가로막는 삼위일체적이지 않은 접근 방법이라면, 어떤 삼위일체적 사고가 "셋 속의 하나이고 하나 속의 셋"인 삼위일체 형식을 이해할 수 있도록 도와 줄 수 있을 것인가? 이 문제에 답하기 위해서, 우리는 동양의 음양의 상징적 사고로 돌아가야 할 것이다.

우리가 본대로, 음양은 포괄적이고 열려진 상징들이다. 음양은 상극적 관계라기보다는 상생적 관계이다. 그것들은 포괄적이기 때문에 음양의 상징적 사고는 삼위일체적 사고인 것이다. 왜 그런지를 설명하겠다. 도표 2에서 본대로, 음은 양을 포함하고 양은 음을 포함한다. 우리가 태극도를 관찰한다면, 음은 그 안에 양인 점을 갖고 양은 그 안에 음인 점을 갖는다는 것을 알고 있다. 이런 점들은 내적인 연결원리인 "속"(in)을 상징한다. 이 점들 때문에, 태극도는 삼위일체를 상징한다.

이 도표는 "셋 속에 하나이고 하나 속에 셋"인 삼위일체적 원리를 드러내는 다음 방식으로 임의적으로 나누어질 수 있다.

둘(음양)이 포함하고 서로 속에 포함될 때, 그것들은 삼위일체적 관계를 만들어낸다. 음양은 관계적 상징이기 때문에, 음은 양이 없이 존재할 수 없고 양은 음이 없이 존재할 수 없다. 게다가 그들이 서로를 포함하기 때문에, 음양은 서로 관계한다. 이 포괄성은 음양의 내적 연결 원리인 "속"(in)이라는 명제에 의해 단순하게 상징된다. 예수께서 "내가 아버지 안에 있고 아버지께서 내 안에 계시다고 한 말을 믿어라"(Believe me that I am *in* the Father and the Father is *in* me, 요 14:11)고 말했을 때, 이것은 사실상 예수께서 삼위일체적 언명을 하신 것이다. 아버지와 아들은 서로 속에 거함(*in*-ness)으로 하나이다. 그러나 동시에 그들은 셋이다. 왜냐하면 이들이 서로 안에(*in*) 거한다고 했을 때 이 안은 성령을

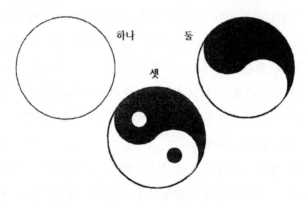

도표 5. 삼위일체적 사유에서 음양과 연결원리

의미하고 이것은 또한 내적인 연결원리인데 스스로는 존재할 수 없다. 이 포괄적 관계에서, 음양의 이 둘의 관계적 상징은 이 "안" 때문에 삼위일체적이다. 이 "안"은 둘을 통일시킬 뿐만 아니라 상생한다. 이 둘이 서로에게 배타적일 때, 그것들은 내적인 연결원리를 무시하는

3장_ 삼위일체적 사고 91

이원론적 사유를 만들어낸다. 이것이 양자택일의 배타적 사고가 단일
신론과 삼위일체를 동시에 만족시킬 수 없는 이유이다. 그러나 음양의
포괄성은 늘 이 "안" 때문에 동시에 하나와 셋일 수 있는 것이다.[19] 관계적
범주에서, 이 "안"은 다른 두 개의 관계적 상징에 대한 제 삼의 요인으로
작용한다. 관계적 범주들을 파악하기란, 우리가 늘 실체와 실재란 관념
안에서 사고하기 때문에, 추상적이고 어렵다. 우리의 실체론적 사고에
서 본다면, 이 "안"은 별로 의미가 없다. 그것은 실체가 아니기 때문이다.
그러나 관계적 관점에서 본다면, 이 "안"은 제 삼의 차원이고 삼위일체의
원리를 만들어낸다. 이 "안"이 없으면, 삼위일체적 사고는 수의 혼돈된
산술이 된다. 달리 말해보면, 이 "안"이 없으면, 아버지가 아들 "안"에
있고 아들이 아버지 "안"에 있는 것이라기보다는 아버지는 아들이고
아들이 아버지이다. 이 "안" 때문에 삼위일체는 산술적 놀이가 아니다.
게다가 이 "안"이 내적 연결 관계이기 때문에, 음양의 상호관계는 삼위일
체적이 된다. 다시, 가장 좋은 예는 태극도인데, 거기에서는 하나와
셋의 관계가 쉽게 나타난다. 하나는 큰 원으로 상징되고 셋은 음과 양
그리고 "음양 안에 있는 음양인 점들"로 상징된다. 음양의 가운데 점들은
내적인 연결원리를 상징한다. 음양 둘을 연결하는 점들 때문에, 둘은
연결된다. 즉 둘은 하나 안에 있고(큰 원) 그리고 하나는 셋 안에 있다.
요약해서 말한다면, 하나는 둘 안에 있고 둘은 셋 안에 있다. 그러므로
하나는 셋 안에 있는 것이다. 음양이 외적인 상징들 안에서 드러난다면,
이 "안"이라는 내적 연결원리는 "그리고"로 알려진 외적인 연결원리로
자신을 드러낸다.[5]

---

5) 연결원리는 영어로는 in인데, 속과 안으로 번역한다. "셋 속에 하나," "하나 속에
   셋"에서는 "속"으로 번역했고, "내가 아버지 안에 있고 아버지께서 내 안에"서는
   안으로 번역된다. _ 옮긴이 주

음양의 상징적 사고는 "그리고" 때문에 삼위일체적 사고가 되는데, 왜냐하면 이것이 음과 양 즉 두 상생적 상징들을 연결하기 때문이다. 이 "그리고"(而)[6] 때문에, 음은 양이 없이 양은 음이 없이 존재할 수 없다. 음이 있는 곳에는 반드시 양이 있어야 하고 양이 있는 곳에는 반드시 음이 있어야 한다. 이 상호의존은 이 "그리고"라는 연결원리 때문인 것이다. 우리가 살펴본 바와 같이, 음양의 상징들은 양면긍정적 (both/and) 사고의 부분인데, 왜냐하면 음양은 늘 함께 있기 때문이다. 양면긍정적 사고는 "양자"(both)를 이어주는 하나의 요인 혹은 원리인 "그리고"(and)를 가지기 때문에, 삼위일체적 철학이다. 동시에 양면긍정은 또한 하나가 된다. 왜냐하면 양자는 연결원리인 "그리고"에 의해서 하나로 연합되기 때문이다. 그러므로 하나와 셋은 양면긍정적 철학에서 공존한다. 요한복음에서 예수는 말씀하셨다. "아버지와 나는 하나이다"(10:30). 이것은 삼위일체적 진술이다. 여기에서 아버지와 아들 이 둘은 "그리고"라는 연결원리 때문에 하나이다. 따라서 음양의 상징적 사유는 양면긍정적 사유이고 이것은 다른 것이 아니라 하나(통일성) 속의 셋(다양성)은 물론 셋(다양성) 속의 하나(통일성)이다.

배타적이고 실체적인 사유에서는, 이 연결원리인 "그리고"는 설 자리가 없다. 배타적인 양자택일적 논리에서는, 연결하는 중간은 제외시켜버린다. 이 논리에서 제삼자는 없게 된다(tertium non datur). 제삼자의 등장은 역설적이다.[20] 게다가, 예를 들어, 실체의 개념에서 사고하는 것은 "그리고"를 실체의 부분으로 인정할 수 없다. "그리고"는 두 존재를

---

6) 영어에서 and 즉 이정용 박사가 음과 양을 연결시켜 주는 연결원리라고 말하는 것은 한문 텍스트에서는 말이을 이(而)에 해당한다고 생각한다. 이 而는 영어의 and 이상의 의미를 가진다. 한어(漢語)에서는 순접만이 아닌 역접의 의미를 가지기도 한다. 이 而자야말로 동양의 대표적 논리 구성인 both/and를 가능하게 하는 단적인 언어적 실례이다. _ 옮긴이 주

3장_ 삼위일체적 사고 93

연결하는 관계 개념이다. 관계적 상징들과 관련해서 생각하는 한에서만, 제삼의 요인으로 생각될 수 있다. 삼위일체 교리에서 오로지 하나의 실체(una substantia)만 있을 때는, "그리고"나 연결원리는 필요하지 않다. 비록 터툴리안의 정식인 "한 실체 세 인격"(una substantia tres personae)이 서구 교회의 정형이 되었을지라도, 동방교회는 라틴 형식에 반대하여, "한 본질 세 실체"(mian ousian treis hypostasis)라는 형식을 사용하였다.[21] 이런 점에서 볼 때, 동방교회에서 실체가 셋인 반면에, 서방교회에서는 실체가 하나이다.

이런 혼동에서, 어거스틴은 라틴적 실체(ousia)와 동방 전통의 실체(hypostasis)가 명칭은 다르지만 차이가 없다고 결론을 지었다.[22] 그러므로 초대교회의 삼위일체적 사유는 실체에 근거하고 있다. 우리의 사고가 실체나 본질적 존재에 근거하고 있을 때, 우리는 연결하는 "그리고"는 실체나 존재의 일부가 아니기 때문에, 우리는 삼위일체적 개념으로 사고할 수 없다. 그러나 음양의 상징적 사고는 관계성에 근거하고 있는 삼위일체적 사고인 것이다. 왜냐하면 "그리고"가 다른 관계적 상징들을 연결하는 관계적 상징이기 때문이다. 이 "그리고"는 우리가 아버지와 아들을 하나로 말할 때는 비실재(nonentity)로 이해할 수 있다. 그러나 이것은 성령이나 삼위일체의 보이지 않는 삼자를 상징한다. 실체적 사유 방식은 이 "그리고"를 존재하지 않는 것처럼 간과하고 있는 것이다. 실제로, 성령이 모든 존재들 즉 만물 가운데 존재하고 있듯이, 이 "그리고"는 세계 안에서 전체의 일부이다. 우리가 일자를 말할 때 우리는 둘을 의미한다. 왜냐하면 일자는 늘 다른 또 하나의 일자와 같이 존재하며, 이것은 "그리고"에 의해 상징된다. 아더 에딩턴(Arther Eddington)에 따르면, "제이의 물리학은 "그리고" 다시 말하면 유기적 연결기관(organization)에 대한 연구이다."[23] "그리고"는 제이 물리학에서 기관을 대변하는 것과 마찬가지로, 이것은 음양을 연결하는 유기적 원리이다. 이 "그리고"가 없다면, 음양의 상징은 양자택일이 되고, 삼위일체적 사고는 이원적 사유가 된다. 둘이 "그리고"가 없을 때, 희망이 없이 나누어지고 분리된다. 그러나 "그리고"를 가질 때, 그것들은 하나에서 통일되고 하나는 셋에서 통일된다. 이것이 삼위일체적 사유이며, 그것이 바로 음양의 상징적 사유인 것이다. 따라서 "아버지와 아들은 하나"라는 삼위일체적 진술이 된다.[24]

　　음양의 상징적 사고가 삼위일체적 사고일 수 있는 것은 양면긍정의 사고이기 때문이다. 이 "그리고"는 양면긍정적 사고에서 연결원리일 뿐만 아니라 이 둘 사이에 존재하는 원리이다. 둘이 존재할 때, 둘이 아닌 것은 삼자인데, 이 삼자는 그 둘 사이에서 존재하게 된다. 양자택일적 논리에 따르면, 중간은 배제된다. 그러나 양면긍정적 사고인 음양의 상징에서는 이 둘 사이의 연결원리를 포함하고 있는 것이다. 중간을 배제한다는 것은 세계가 유기적이며 상호연결된 전체이기 때문에 가능하지가 않다. 우리 시대에, 양자역학에 근거한 새로운 세계관은 음양적 세계관과 일치하며, 거기에서는 중간은 포함되어지는 것이다. "입자와 파동의 이원론은 세계에서 양자택일적으로 보는 사고방식을 종결지었다. 물리학자들은 빛이 입자나 파동이라는 명제를 더 이상 받아들이지 않는다. 왜냐하면 빛은 과학자들이 어떻게 보느냐에 따라서 둘 다이기 때문이다."[25] 중간이 배제될 때, 그것은 이원론적 양자택일의 사고를 만들어낸다. 그러나 중간을 포함시킬 때, 그것은 삼위일체적 사고를 만들어낸다. 중간은 제삼의 요소로 늘 "사이"에서 존재한다. 이 요소는 사이의 성스런 영역으로 "문지방"(liminality)[7])으로 불린다.[26]

─────────────

7) 이 liminality를 무엇이라고 번역해야 좋을지 모르겠다. 둘 사이에 존재하는 연결원리인 "그리고"와 연관되는 새로운 이름이다. 이정용 박사는 성스런 영역이라고 설

모퉁이 혹은 주변의 사람들은 경계선 상에서 국경 선상의 변두리에서 살아간다. 그들이 둘 사이에 존재하고 어느 곳에도 속하지 않는다. 에베렛 스토니키스트(Everett Stonequist)에 따르면, 주변인들은 두 사회적 세계 속에서 살아가는데, 두 세계의 부조화와 조화, 혐오와 매력을 경험하면서 살아간다.[27] 양면긍정의 중간과 같이, 모퉁이와 주변성을 경험하는 것은 비존재(nonbeing)이나 빔(emptiness)을 경험하는 것이다. 그것은 존재한다고 해도, 존재하지 않는 것처럼 다루어진다. 사이에서 존재한다는 것은, 존재하나 인식되지 않는 성령과 같이 존재하는 것이다. 존재하나 존재하지 않는 것처럼 다루어지는 "사이"(between)에 대한 인식은 삼위일체적 사유에서 왔다. 예수께서 세상 속에 있으나 세상에 속하지 않는다고 한 말씀(요 17:14-16)은 그가 삼위일체적 진술을 하고 있다는 것을 의미한다. 이런 말씀을 통해서 볼 때, 예수는 제이의 인격이라기보다는 제삼의 인격이다. 달리 말하면, 그는 자신을 사이에 존재하는 주변인이라고 생각했다. "그가 자기 백성들에게 왔으나 그의 백성들은 그를 받아들이지 않았다"(요 1:11). 그는 왔으나 그러나 인정받지 못했다. 그는 그의 현존 자체가 부정된 제삼의 존재일 뿐이었다. 그는 히브리서에서 영문 밖의 존재로 묘사된다(히 13:12-13). 그는 유대인들에 의해 거부되었다. 비록 그는 유대인이었음에도 불구하고 말이다. 이것은 "사이 안에"(in between) 있는 존재의 역설(the paradox of being)이다. 따라

명하였다. 그래서 성서적 단어인 "모퉁이"라는 단어를 생각해 볼 수 있다. 특별히 기독교적인 의미로만 보아주지 않고 둘 사이를 화해시킬 수 있는 영역에 대한 역어로 생각해 주길 바란다. limen에서 왔다. 이것은 이 박사의 다른 책 『마지널리티』에서 말한 margin of marginality에 해당한다. 이것은 지금까지의 center 이데올로기에 반대하면서 마지널리티의 경험을 강조한다. 그래서 center ideology의 허구를 지적하고 있으며 marginality의 경험을 통해서 margin이야말로 창조적인 변화와 변혁을 가져오는 새로운 중심으로 등장한다고 주장한다. 그러기에 이 모퉁이는 성스런 영역으로 새로운 창조와 변화의 핵인 것이다. _ 옮긴이 주

서, 예수 안에서 우리는 삼위일체적 개념으로 생각한다. 왜냐하면 그는 중재자이거나 제삼자를 대변하기 때문이다.

　우리가 살펴본 대로, 양면긍정적 사유 모델로서의 음양의 상징적 사고는 삼위일체적 사고인데, 왜냐하면 제삼자를 포함하고 있기 때문이다. 이 제삼자는 두 요소들을 연결시킬 뿐만 아니라, 그것들 사이에서 존재한다. 이 둘(양자 모두)은 제삼자 혹은 사이성(betweenness) 때문에 셋이 된다. 그러나 각각은 그들의 상호적인 포괄성 때문에 또한 하나가 된다. 양은 음을 포함하는 것과 같이, 음은 양을 포함하기 때문에 양인 것이다. 따라서 음과 양(이 둘)은 하나이고 하나는 둘이다. 음과 양은 그것들을 하나로 연결하는 연결자를 포함하고 있기 때문에 셋이다. 따라서 음양의 상징적 사고 안에서, 하나는 셋 속에 있고 셋은 이 둘 때문에 하나 속에 있는 것이다. 이 둘이 없다면, 삼위일체적 사고는 가능하지 않다. 왜냐하면 삼위일체는 둘의 완성이기 때문이다. 초대교회 교부들이 신의 삼위일체를 다루면서 겪었던 어려움은 양자성(two-ness)이 하나와 셋의 관계를 이해하는 데 있어서 본질적이라는 것을 이해하는데 실패했기 때문이다.

　마지막으로, 음양의 상징적 사고는 변화에 근거하고 있기 때문에 삼위일체적이다. 내가 말한 대로, 음양의 상징은 변화를 궁극적 실재로 전제하고 있다. 음과 양은 변화의 과정에 대한 상징들이다. 그것들은 정태적이고 실체적 존재론인 그리스 철학과는 근본적으로 다르다. 음양의 관계는 존재론보다는 변화에 근거하고 있기 때문에,[28] 다시 말하면, 그것은 변화는 존재보다 더 근원적이라는 것을 보여 주기 때문에, 삼위일체의 원리는 필연적으로 과정의 하나이다. 우리의 유기체적 세계관에서 변화는 창조적 과정이다. 살아있는 존재는 출산이란 원초적 행위를 통하지 않고는 존재할 수 없는 것과 마찬가지로, 진화와 퇴화의 과정은 변화하는 과정의 내면적 부분일 뿐이다. 양자(음양)가 변화의 과정 가운데 있을 때, 그것들은 과정을 완성하기 위해서 서로를 낳는 것이다. 그리고 그것들이 완성되었을 때, 새로운 과정이 다시 시작되는 것이다. 이런 과정을 잘 드러내 주는 방식들 중의 하나는 동양의 가정이다. 부부(남편과 아내)는 가정의 근본이다. 그러나 그들은 가정을 완성하기 위해서 자식(제삼자)을 필요로 한다. 달리 말하면, 전통적인 동양의 가정은 자식이 없이는 완성되지 않는다. 이런 동일한 전통은 고대 히브리인들의 삶에서도 발견된다. 아브라함은 자식이 없이는 그의 가정이 완성될 수 없음을 깨달았다. 사라가 자식을 낳을 수 없게 되자, 그녀는 아브라함에게 하갈에게 들어갈 것을 요구하고, 자녀를 출산하게 된다(창 16:1-4). 남편과 아내의 관계는 자녀를 출산함으로써(가정의 제삼의 요소) 그 자체가 완성되는 것인데, 이 변화의 과정은 반드시 출산을 필요로 하는 것이다.

이 과정은 『도덕경』에 잘 표현되어 있다. "도는 하나를 낳는다/ 하나는 둘을/ 둘은 셋을 낳는다/ 셋은 만물은 낳는다"(42장). 도는 여기에서 기독교 전통에서 절대자 자체, 즉 하나님 자신을 의미한다. 그것은 우리의 이해를 넘어서 있다. 그러므로 『도덕경』의 1장에서 도는 이름지어질 수 없는, 상징될 수 없는 신비로 묘사되었다. 이 "하나"는 절대자 혹은 신, 즉 기독교 전통에서 신의 개념을 의미한다. "하나"는 절대자를 의미하는데, 그것은 절대자 자체의 산물이다. 둘은 하나에서 나온 것으로 절대자 혹은 변화인데, 음양으로 상징된다. 이번에는 그것들은 셋을 낳는다. 셋이 넷을 낳지 않는다는 것은 매우 중요하다. 오히려 셋은 만물을 낳는다. 노자가 제42장에서 말하고자 하는 것은 분명하다. 셋은 존재의 토대이다. 이것은 완성과 종결의 상징이다. 음양의 변화의 과정은 제삼자 안에서 완성된다.

도덕경 제42장을 이렇게 이해함으로써, 우리는 쉽게 도, 하나, 둘, 셋 그리고 만물이 서로 독립적으로 존재한다고 잘못 이해할 수 있다. 또한 낳는 과정을 실체적으로 이해하기가 쉽다. 그러나 실제에 있어서 이것들은 분리되는 사건들이 아니라, 연속성 안에서 이루어지는 것이다. 이 낳는 과정을 차례로 이루어지는 것이 아니라 동시성적으로 이루어진다. 음양 양자를 분리된 것으로 이해하는 것은 생각할 수 없을 뿐만 아니라 불가능하다. 그것들은 늘 변화의 과정 속에 있는 것이며, 늘 출산에 참여하고 있는 것이다. 창조적이 된다는 것은 셋이 된다는 것이다. 따라서 둘은 동시에 셋이다. 왜냐하면, 그것들은 영원히 그리고 끊임없이 변화의 과정 가운데 있기 때문이다. 음양의 상징은 그러므로 늘 삼위일체적이다. 음양(兩者)이 있을 때마다, 거기에는 셋이 존재하는 것이다. 따라서 삼위일체의 원리에서는 하나는 셋 안에 있는 것이고 셋은 하나 안에 있는 것이다. 이것은 변화의 과정 가운데 있음으로써 가능하다. 삼위일체는 창조적 과정의 계기적 결과가 아니다. 오히려 그것은 출산과 변화(transformation) 속에서 일어나는 본질적 과정을 표현한 것이다.

삼위일체적 사고의 의미와 기독교 삼위일체를 다시 논의함

세계 속에서 모든 것이 음양의 상징이란 개념으로 표현될 수 있다면, 세계 속에 일어나는 모든 일은 삼위일체적 행위들로 생각해 볼 수 있다. 이런 생각은 동양의 삼위일체 개념인 하늘과 땅과 사람에서 시작해 볼 수 있다.[8] 전체의 우주적 과정은 이 우주적 삼위일체의 활동에

---

8) 이것은 동양철학적 용어로는 천지인 삼재라고 불린다. 이것은 부동의 동양철학적 범주이다. 『주자대전』도 이것을 따라 천지인 편으로 분류되어 있다. 모든 사물들에

의해서 이루어지는 것이다. 우주적 삼위일체를 잘 표현한 것으로서는
장재의 『서명』(西銘, Western Inscription)에 잘 나타나 있다. "건(乾)은
아비요 곤(坤)은 어미. 우리 작은 이들은 그들 가운데 함께 들어 있어.
허, 난 하늘과 땅 사이에 있는 실재일 뿐. 내 품성은 하늘, 땅의 뜻에
따라야. 모든 이는 피나눈 형제, 만물은 모두 동료인걸."[29] 이것은 중국
의 삼위일체로 동양적 삼위일체로 널리 알려졌다. 왜냐하면 이것은
모든 우주적 현상에 대한 동양적 이해에 있어서 가장 본질이 되는 것이
기 때문이다. 하늘, 땅, 사람은 모든 존재하는 것들의 요약이요 총체이
다. 하늘은 아비, 땅은 어미, 사람은 그들의 자녀로 형제, 자매요 그리고
다른 모든 창조물들은 동료요 우주 가족의 일원들인 것이다. 이것이야
말로 나에게 있어서는 하나님의 가계, 즉 에큐메네(oicumene)라는 기독
교의 기본적 개념이라고 생각한다. 게다가 우주를 인격화해서 가족적
상징을 사용한 것은 기독교의 삼위일체 개념 성부, 성령, 성자에 매우
근접해 있다. 성부는 하늘의 영역에 연결되고 그래서 하늘에 계신 우리
아버지라고 불리는 것이다. 성령은 보존자(sustainer)로 땅에 연결되고
여성적 의미를 내포하고 있다.[30] 그러므로 모성의 상징인 것이다. 성자
는 자녀 혹은 사람들과 연결되며, 부모에 의해서 낳아지는 것이다. 이것
은 기독교의 삼위일체와 동양적 삼위일체의 모델을 연결시키는 데 매우
유용한 패러다임의 하나가 아닐 수 없다.

다시 장재의 『서명』에 나타나 있는 동양적 삼위일체에 관한 시구로
돌아가 보자. 하늘과 땅, 아비와 어미의 이미지는 『주역』에서 왔다. 『주
역』에 있는 첫 괘는[31] 건(乾)으로 보통 창조성(creativity)이나 하늘

이런 범주로 설명되어질 수 있다. 이것은 비단 중국철학의 특징만이 아니라 우리
한국인의 삶과 경험의 원천적 경험을 지배하고 있는 범주인 것이다. 그래서 한국인
의 무의식적 사유의 고유한 패턴들을 드러내준 신종교 전통에서까지 천지인 삼재
는 대단히 중요하게 쓰이고 있다. _ 옮긴이 주

(heaven)로 번역되고 있다, 반면에 둘째 괘는 곤(坤)인데, 수동성(recep-
tivity)이나 땅(earth)으로 번역된다. 이 두 괘의 상호 작용은 다른 괘들을
만들어내게 되는데, 이것들은 세계 속에 있는 만물들을 대표하게 된다.
달리 말하면, 건과 곤은 만물에 이르는 관문인 것이다. 그러므로 그것들
은 태양과 태음이라고 부른다. 건은 태양으로 세 개의 양인 효들(☰)로
이루어졌다. 이것이 두 겹으로 겹쳐져서 중괘 혹은 대성괘가 된다. 이와
같이 건은 태음으로 세 개의 음인 효들(☷)로 이루어진다. 이것이 두
겹으로 겹쳐져서 중괘 혹은 대성괘가 된다. 태음과 태양은 삼위일체적
인 음(혹은 삼위일체적 모성)과 삼위일체적 양(혹은 삼위일체적 부성)이다.
이것들은 세 개이면서 하나이기 때문에 삼위일체적인 것이다. 건은
양만인 세 개의 효으로 이루어지고 반면에 곤은 음만인 세 개의 효으로
이루어진다. 이런 두 개의 삼위일체적 원리로부터 다른 삼위일체적
원리들 혹은 소성괘들이 만들어진다. 그것들은 장자거나 천둥인 진(震,
☳), 장녀거나 바람인 손(巽, ☴), 차녀거나 불인 리(離, ☲), 차남이거나
물인 감(坎, ☵), 삼남이거나 산인 간(艮, ☶), 삼녀거나 연못인 태(兌,
☱) 등을 포함하는 여섯 개의 괘가 이루어진다.9) 이 여섯 개의 괘들은
자녀들로 부성인 하늘과 모성인 땅의 자식들(천둥, 바람, 불, 물, 산, 연못
같은 여러 요소들로 상징되는)이다.

　　이런 동양적 우주론으로부터, 우리는 삼위일체의 원리가 인격적일
뿐만 아니라 비인격적인 것까지를 포괄한다는 것을 알게 된다. 게다가
공동체성의 기본적 단위인 가정은 삼위일체적 패러다임을10) 상상하는

---

9) 주역에 익숙한 독자들에게는 좀 어색하겠지만, 가능한 번역을 한글세대를 위해서
　　한글로 바꿨다. 물론 이런 원칙이 철저하게 고수되지는 않는다. 차녀, 차남은 보통
　　중남, 중녀로 주역 번역본이나 해설서에서 쓰이고 있는데 일상용어로는 어색해서
　　바꿨다(삼녀, 삼남은 소녀, 소남의 다른 표현). _ 옮긴이 주
10) 패러다임은 보통 範形이라고도 번역되고 있는 것으로 알고 있다. 이 개념은『

3장_ 삼위일체적 사고 101

데 매우 특이한 장점을 가지고 있다. 우리가 동양적 관점에서 기독교의 삼위일체 개념을 성찰해 본다면, 부모 사이에 존재하는 성의 균형이 가능하다.11) 게다가 자녀들(아들과 딸들)은 기독교적 개념인 성자를 대표할 수 있다. 달리 말하면, 하나님의 사람으로서 예수는 동양적 관점에서 받아들여질 수 있는 것이다.32 동양에서 "나"는 "우리"와 언제나 바꿔서 사용할 수 있다. 특별히 한국에서는 그러한데, 내 책은 "우리 책", 내 집을 "우리 집", 내 친구를 "우리 친구", 혹은 내 자녀를 "우리 자녀"로 바꿔 쓸 수 있는 것이다. 나와 우리는 서로를 포괄하고 있기 때문에 교체해서 사용하는 것이 가능한 것이다. 달리 말하면, 나는 우리 속에 있고 우리는 나 속에 있는 것이다. 이런 점에서 한국적 패러다임에서는 삼위일체적 원리가 늘 모든 인간 관계 속에 살아 숨쉬고 있는 것이다.33 이런 포괄적 사고 때문에, 성자의 개념은 동양적 관점에서의 "자녀들"과 서로 바꾸어 사용할 수 있는 것이다. 동양적 사유를 통한 이러한 새로운 해석은 역사적 예수의 유일성을 부인하지 않으면서 신의

과학혁명의 구조』(The Structure of Scientific Revolution)를 쓴 토마스 쿤의 용어로 광범위하게 쓰이고 있는 학술용어이다. 이것은 어떤 세계관이나 가치체계들을 이루고 있는 여러 요소들을 통합적으로 지칭한다. 즉 뉴턴 고전역학의 패러다임이라거나 신과학적 패러다임이라고 말할 수 있다. 여기에서 연원해서 지금은 어떤 체계를 지칭할 때 흔히 쓰인다. 여기에서 삼위일체적 패러다임이라고 했을 때는 삼위일체적 사유를 이루는 제 요소들을 통칭하는 표현이 되는 것이다. _ 옮긴이 주

11) 즉 이것은 다시 말하면, 지금 서구신학계에서는 하나님을 아버지라고 부르던 전통이 거친 도전을 받고 있으며, 어머니로 대체하거나 아버지로 불러서는 안 된다는 주장들이 거침없이 개진되고 있다. 그러나 동양적 관점에서 본다면 하나님은 아버지도 아니고 어머니도 아닌 부모일 뿐이다. 그래서 하나님을 아버지라고 부르는 전통적 관점도 문제가 있고 어머니라고 부르자는 극단적 여성 신학자들의 주장도 비판되어야 한다. 우리가 부모라고 부를 때만, 성적 균형이 이루어지게 되고 이 문제들은 해결될 수밖에 없다. 그래서 "참부모"로 부르자는 통일교적 제안도 어떤 의미에서는 매우 독창적인 제안인 것이며 신학적 논의에서 재평가되어야 한다고 생각한다. _ 옮긴이 주

다원성에 대한 새로운 이해를 가져올 수 있다.

주역의 팔괘적 관점에서 본다면, 우리는 삼위일체의 우주적 차원을 이해할 수 있는 것이다. 서양에서 신의 관념은, 특히 삼위일체는 인간 중심적 관점에서 적용되어 왔다. 인간들에 대한 하나님의 관계가 모든 신학적 작업들의 중심 과제가 되어 왔다. 한 인격으로서의 하나님은 하나님을 이해하는 데 있어서 인간 중심적으로 접근하고 있다는 것을 단적으로 보여주는 것이다. 사람은 다른 피조물보다 높게 여겨져 왔으나, 서구의 개인주의는 각각의 인간들이 존재의 전혀 다른 영역에 속하는 것마냥, 다른 사람과의 각각의 인격적 관계를 끊어온 것도 사실이다. 따라서 어떠한 비인격적이거나 전혀 인격적이지 않은 신-이해들은 전혀 평가받지 못했고 무시되어 왔다. 그러나 동양적 관점 특별히 음양의 상징적 사고에서 볼 때, 인격적이거나 비인격적인 존재들을 포함한 모든 것은 똑같은 원리에 지배를 받게 되는 것이다. 게다가 동양적 삼위일체는 우리에게 하늘과 땅과 같은 비인격적 존재들도 사실상 인간의 원인이요 요소들이라는 것을 가르쳐 준다. 우리는 하늘과 땅의 자녀들이다. 동양적 삼위일체에 따르면, 장재의 글에서 미리 본대로, 하늘은 부성과 바꿔 사용할 수 있고, 땅은 모성과 바꿔 사용할 수 있다. 또한 천둥은 장남과, 바람은 장녀와, 물은 차남과, 불은 차녀와 바꿔 사용할 수 있는 것이다. 이와 같은 포괄적인 음양의 사고는 우리에게 우주론적으로 삼위일체를 이해할 수 있도록 한다. 달리 말하면, 우리가 상징을 통해서 알게 되는 하나님은 인격적 존재 이상이며, 하나님은 비인격적인 존재이기도 한 것이다. 따라서 하나님은 인격적인 그리고 또한 비인격적인 상징에 의해 동시에 표현될 수 있다. 왜냐하면 음양의 상징적 사고는 양면긍정적인 둘 다의 사고이기 때문이다. 신은 인격적이거나 비인격적인 범주를 넘어서 있는 것이다.[12] 하나님을 일자나 타자로 규정하는 것은 단지 우리의 사고방식일 뿐이다. 포괄적 사고방식에서 본다면, 우리는 기독교의 삼위일체를 우주론적 인간학의 관점에서 접근할 수 있다.

이런 새로운 삼위일체의 원리를 이해하고자 하는 접근은 현대과학이 발전시켜 온 새로운 우주관과 상충되지 않는다. 나는 과학자는 아니기 때문에 우주론을 어떤 권위를 가지고 논할 수는 없다.[13] 그러나 내가 말할 수 있는 것은, 새로운 우주론적 모델이 삼위일체의 교리를 실체론적으로 접근할 때는 모호하기만 했었던 신의 다원성과 통일성을 아주 풍부하게 이해할 수 있는 방법들을 제공한다는 것이다. 현대과학이 그리고 있는 우주론은 정체적인 우주론이 아니고 움직이고 있는 또한 역동적인 관계에 근거한 우주론이다. 이런 세계관에서 볼 때, 우리는 음양의 관계와 비슷한 사고방식을 쉽게 원용할 수 있는 것이다.[34] 삼위일체 원리를 대우주적으로 그리고 있는 것이 하늘, 땅, 사람이 삼위일체를 이루는 동양적 삼위일체에서 발견된다면, 소우주적 세계에서는 양자, 전자, 중성자로 알려진 힘들이다. 양자는 양인 +로 상징되고 전자는 음인 -로 상징된다. 이 양자와 중간자 사이에 제삼의 힘 즉 중성적 힘인 중성자가 존재하는데, 이것은 자장(magnetic field) 혹은 전체(0)로

12) 앞에서부터 줄곧 transcend를 "넘어서 있다"로 번역해 왔다. 여러 다른 역어들을 사용할 수도 있지만, 가능한 한 기술적인 용어들을 피하고자 하는 저자의 의도를 따르기 위해서이다. 하나님은 늘 넘어서 있는 존재이다. 우리의 인식과 사유를 넘어서 있다. 그래서 우리는 상징과 이미지를 통해서나 어떤 유추(analogy)를 통해서만 신 자체에 대해서가 아니라 우리가 이해하는 신에 대해 말할 수가 있는 것이다. 결국에 신 자체에 대한 논의는 원칙적으로 인간인 한에 있어서는 불가능하다는 것이 저자의 일관된 주장이다. _ 옮긴이 주
13) 이정용은 신학을 공부하기 전에 오하이오주의 University of Fidlay 학부에서 화학을 전공했다. 또한 1960년대 초에는 신학교에 과학도들이 많이 왔다고 한다. 그런 시대적 분위기와 학부의 과학도적 면모가 이정용의 신학적 전개에서 드러나고 있다. _ 옮긴이 주

상징된다. 여기에서 양자는 양이고 전자는 음이다. 중성자는 중간 혹은 중성으로 제로로 상징된다. 따라서 가장 기본적인 우주를 구성하는 덩어리들은 이런 접근 방식으로 본다면 삼위일체적 체계인 -1, 0, 1이다.[35] 이런 에너지의 단일 단위는 세 가지 다른 힘들로 이루어지는 것이다. 이것을 기독교의 삼위일체 개념에 적용해 보는 것은, 신학적 과업을 수행하는 데 있어서 새로운 도전이 아닐 수 없다.

　　기독교적 삼위일체를 달리 이해해 보는 것은 음양의 사고방식에서 가능한데, 왜냐하면 음양은 변화 과정의 관계적 상징이기 때문이다. 동양적 우주론에 따르면, 역(변화)은 인간의 삶을 포함한 우주의 과정을 이해하는 궁극적 원리이다. 삼위일체가 실체나 실재로 개념적으로 이해될 때, 그것은 논리적으로 하나와 셋을 구별하려는 시도를 함으로써 오히려 역설만이 생겨난다. 그러나 변화의 개념으로부터 이해한다면, 셋과 하나는 상호독립적일 뿐만 아니라 불가불리적으로 하나는 셋 안에, 셋은 하나 안에 연결되어 있는 것이다. 삼위일체가 양식론적(modalistic) 패러다임으로 나타날지라도, 변화의 세 양상은 계기적이라기보다는 동시적으로 현존하는 것이다. 이것은 고전적인 양식론(modalism)이나 종속론(subordinationism)과는 다르다.[36] 음양의 상징적 사고에서 본다면, 성부인 하나님은 변화 자체에 의해 상징되고, 성령 하나님은 변화의 능력에 의해서 그리고 성자 하나님은 변화의 완전한 현현으로 상징화된다. 이런 접근 방식은 바르트식의 양식론 혹은 라너의 특이한 존재방식(distinct modes of subsisting/Subsistenzweisen)과 동일시될 수 없다.[37] 신의 본성에 실체론적으로 혹은 존재론적으로 접근하는 것과는 다르게, 역학(易學, Changeology)은 삼위일체의 개념을 오늘날의 세계관에 의미있고 적절한 역동적이고 상호관련적인 상징적 범주를 제공할 수 있는 것이다.

역 즉 변화는 우주적 실재이고 음양의 상징은 변화의 과정을 대변하기 때문에, 삼위일체적 원리는 또한 세계 속의 모든 활동과 사건들 속에 드러나는 것이다. 니콜라이 베르댜예프(Nicolai Berdyaev)가 말한 대로, "어디에든 생명으로 존재하는 것들에는 "하나 안의 셋"이라는 신비가 존재한다. … 일자와 타자의 만남은 늘 제삼자 안에서 이루어진다. 제 일자와 제 이자는 통일되는데 이것은 이원성에서가 아니라 삼위일체 속에서다. … 통일성 속에 남게 되는 것은 셋이 있기 때문이다."[38] 우리 삶에서 모든 행위와 사건들이 삼위일체적 형식으로 드러난다고 생각한다면, 우리의 존재 근거, 궁극적 실재는 삼위일체적이라고 생각할 수 있다. 이것은 우주적 현상들의 모든 삼위일체적 행위들의 원형으로 경세적 삼위일체(economic trinity)를 받아들일 수 있도록 한다. 창조하고 세계 속에 존재하시는 하나님은 반드시 삼위일체의 하나님인 것이다. 이 귀납적 방식은 우리의 경험에 근거하고 있으며, 명제적 진리의 전제에 근거한 연역적 접근과는 전혀 다르다. 그러나 이 양자의 접근방식은 동일한 결론인 "하나님은 삼위일체 속에 존재한다"에 이르게 된다. 이것은 내재적 삼위일체(immanent trinity)는 경세적 삼위일체(economic trinity)이고 그 역도 가능하다[39]는 칼 라너의 원칙에 동의하게 한다. 이것은 신의 삼위일체에 대한 가장 간단한 이해이고 우리의 삼위일체적 사유의 근거에 대한 세심한 검토가 요청되는 것이다.

비록 나의 역할은 음양의 상징적 관점으로부터 삼위일체를 재해석하고자 하는 것이지 비판적으로 고찰하는 것은 아니지만, 신학자들에 의해 널리 받아들여지고 있는 칼 라너의 원칙에 대한 수정주의적 견해를 제기하는 것은 중요하다고 생각한다. 먼저, 나는 내재적 삼위일체가 경세적 삼위일체이고 그 역도 가능하다는 그의 원칙을 부정하지는 않는다. 그러나 동시에 그것을 아무 조건 없이 받아들일 수도 없다. 동일한 하나님은 경세적인 그리고 내면적인 삼위일체에 동시에 드러난다. 그러나 이 둘 모두 신의 삼위일체이기는 할지라도, 경세적 삼위일체는 내재적 삼위일체와 동일하지는 않다. 늘 삼위일체적 상징은 경험으로부터 나오기 때문에, 내 삶의 경험을 예로 들어 설명해 보겠다. 나 자신의 삶과 내 삶은 내 가족의 삶과 더불어 내 삶이다. 이런 점에서 나는 내 자신의 삶이 내 가족과 함께 내 삶이라는 것(my own life is my life with my family)을 받아들인다. 그러나 내 가족이 없는 내 자신의 삶은 나의 가족과 함께하는 내 삶과 동일하지는 않다. 내 가족과 함께하는 내 삶은 경세적 삼위일체와 상응하며, 타자와 관계라는 새로운 차원을 포함한다. 타자와의 이 관계는 나의 가족과 함께하는 내 삶을 가족 밖에서의 나의 삶(혹은 타자가 없는)과 다르게 만든다. 즉 타자와 관계가 없이 내 가족과 관계만 있는 것은 내재적 삼위일체에 해당한다.14) 세계 속의 신의 현존이 세계에 의해서 전혀 영향을 받지 않는다면, 경세적 삼위일체가 내재적 삼위일체이며 내재적 삼위일체가 경세적 삼위일체라고 생각할 수 있다. 그러나 이런 종류의 변하지 않고 고통을 받을 수 없는 하나님을, 우리는 하나님은 사랑이시기 때문에 생각해 볼 수 없다. 게다가 우리가 삼위일체를 실체로부터가 아닌 관계성으로부터 지각한다면, 라너의 원칙은 받아들일 수 없다.

---

14) 한글로 옮겼지만, 독자들이 이해하기에 원문이 도움이 될 것 같아, 저자가 설명을 시작한 부분부터 원문을 소개한다: My own life and my life with my family are my life. In this respect, I accept that my own life is my life with my family. However, my own life without my family is not identical with my life with my family. My life with my family, which corresponds to the econoimic Trinity, involves a new dimension of relationship with the "other." This relationship with others makes my life with my family different from my life outside the family (or without the "other"), which corresponds to the immanent Trinity. _ 옮긴이 주

음양의 상징적 사고는 경세적 삼위일체와 내재적 삼위일체 사이의 관계성에 대한 수정적 견해를 제공한다. 음양은 그들의 차별적 동일성을 잃어버리지 않고 늘 공존하듯이, 경세적 삼위일체와 내재적 삼위일체는 늘 공존하나 서로 다른 것이다. 내재적 삼위일체와 경세적 삼위일체 사이의 관계를 설명하기 위해서 음양의 상징을 한 번 다시 사용해 보자. 우리가 내재적 삼위일체를 양이라고 한다면 경세적 삼위일체는 음에 해당한다고 생각하면, 이 둘의 관계는 분명해진다. 음양은 서로 포괄적이면서도 다르듯이, 내재적 삼위일체와 경세적 삼위일체는 포괄적이면서 다르다. 내재적 삼위일체는 경세적 삼위일체 속에 있고, 그 반대도 성립한다. 이런 포괄적 관계 속에서, 내재적 삼위일체는 세계로부터 자유로울 수 없으며, 경세적 삼위일체도 신의 삶에서 배제될 수 없다. 이런 동일성의 관계라기보다는 포괄적인 관계에서, 우리는 라너의 원칙을 수정해 보자. 내재적 삼위일체는 경세적 삼위일체 속에 있고, 경세적 삼위일체는 내재적 삼위일체 속에 있다. 이 원칙은 우리로 하여금 통일성은 물론 차별성을 보존할 수 있도록 한다.

신의 삼위일체에 접근하는 것이 귀납적이라면, 달리 말하여 동양적 사유 방식에서 접근한다면, 삼위일체를 이해하는 데 있어서 문화적 차이를 고려하는 것이 매우 중요하다. 우리의 삼위일체적 사유는 우리 자신의 문화와 전통에 의해 조건 지어지는 것이다. 음양의 상징적 사고는 동양적 문화의 산물이고 동양문화에 적절한 것이다. 동양적 문화가 없이, 음양의 상징적 사고는 아무런 의미가 없다. 이와 같이 삼위일체가 동양적 관점에서 검토된다면, 우리는 삼위일체를 드러내기 위해서 동양적 삼위일체의 상징을 사용해야 한다. 나는 삼위일체를 특별 계시의 측면에서가 아닌 동양적 사유의 방식에서 접근하기 때문에,[40] 문화적 상징들을 이해하는 것이 꼭 필요한 것이다. 비록 이런 삼위일체적 문화적 상징들이 기독교적 삼위일체 개념과 동일하지는 않을지라도, 상징들이 삼위일체에 상응할 수는 있다. 달리 말하면, 삼위일체의 동양적 상징은 동양적 삶의 정황(CONTEXT)에서 삼위일체적 사유의 표현이다. 그것들은 기독교적 상징과 바꿔 사용할 수는 없지만, 그것들은 기독교적 삼위일체의 서양적 해석을 상생시켜 주는 새로운 해석을 제공할 수는 있다.

동양적 삶의 정황에서 삼위일체의 형식을 드러내 주는 몇몇 예를 들어보자. 기독교적 형식을 닮은 삼위일체 중의 하나는 불교의 삼신론(Trikaya)에서 발견된다. 하나의 부처는 세 개의 몸을 갖는다. 즉 형태가 없고 영원한 본질로서의 법신(法身, the Darmakaya), 부처의 역사적 현현인 몸 특별히 고타마 싯다르타라는 인물 속에 특별하게 드러나 몸인 현신(現身, the Nirmanakaya), 이 다른 두 몸 사이에 있는 축복된 몸인(報身, the Sambhoyakaya)이다. 이 삼신론은 기독교의 삼위일체와 밀접하게 연관되기는 하지만 동일하지는 않다. 법신은 성부에 해당하고, 현신은 성자에 상응하며, 보신은 성령에 해당한다.[41] 도가적 삼위일체는 동양적 삼위일체인 하늘과 땅과 사람에 해당한다. 기원전 2 세기에 도교에서는 세 신적 존재들이 경배되었는데, 천일(天一), 지일(地一)과 태일(太一)이었다.[42] 이런 세 신적 상징들은 궁극적 존재인 도가 드러나는 것이다. 이런 점에서 이것들은 기독교의 삼위일체에 상응하는 것 같다. 즉 천일은 성부에, 지일은 성령에, 태일은 성자에 해당한다. 한국에는 환인(桓因, 궁극적 실재로 드러나는 하늘적 존재), 환웅(지상에 하강한 매개적 존재), 단군(환웅과 곰이 변한 웅녀 사이에서 탄생한 고대적 인간)에 관한 단군 신화가 있다. 단군은 최초의 인간이고 고조선을 건국한 사람이다. 다시, 하늘적 존재는 성부에 매개적 존재는 성령에, 단군은 성자에 해당한다. 잘 알려진 한국의 신학자인 윤성범은 기독교의 삼위일체를 단군신화에 근거해서 해석을 시도했다.[44] 단군신화와 기독교의 삼위일체 사이의 상응성을 보기보다는, 삶의 정황의 차이를 비판적으로 고찰하지 못하는 경우에는 서로를 동일시하는 유혹에 쉽게 빠질 수 있다. 한국의 샤머니즘에서 우리는 보통 산신으로 알려진, 삼신을 발견하게 되는데, 이것 또한 동양에 존재하는 삼위일체적 사유를 보여주는 예인 것이다.

그러나, 이런 삼위일체적 상징은 성부, 성자, 성령의 기독교적 개념을 대체할 수는 없다. 다만, 우리가 기독교적 삼위일체를 이해하는 데 도움을 주는 상징이나 수단으로 역할을 할 수는 있다. 우리는 기독교의 신을 이해하는 데 동양 종교적 개념들을 사용할 때는 매우 조심해야 한다. 모든 종교는 그 자체적인 독특성과 그 나름의 상징적 의미를 주장하려 하기 때문이다. 그러므로 다음 장들에서 기독교의 삼위일체를 내 나름으로 재해석하기 위해서 종교적 상징들을 세심하게 선택할 것이다.

4 장
성자 하나님

들어가면서 몇 마디

왜 성자 하나님에서부터 시작해야 할까? 전통적으로 우리는 삼위일체를 논의하게 될 때 성부 하나님에서 시작한다. 이 세상을 구원하시기 위해서 아들을 보내신 것은 성부 하나님이시다(요 3:16). 성부 하나님께 죽기까지 순종하신 분은 성자 하나님이시다. 가족들 가운데 아버지는 아들이나 자녀들에 늘 앞서 존재한다. 따라서 삼위일체에 대한 우리의 논의는 아들에서보다는 아버지 하나님에게서 시작하는 것이 정당하게 보인다. 우리의 논리적 사고가 위계적 구조에 근거한다면, 우리는 성부 하나님으로부터 삼위일체에 대한 논의를 시작하지 않으면 안 된다. 왜냐하면 성부 하나님은 가족 가운데 가장 힘 있는 분이기 때문이다. 우리가 삼위일체를 가정적 이미지를 사용해서 이해한다면, 우리는 아들에 앞서는 아버지의 권위를 피할 수는 없다. 그러므로 우리는 아버지의 우선성을 소홀히 해서는 안 된다. 비록 우리가 삼위일체의 논의를

아들이신 하나님에서 시작한다고 해도 말이다.[1]

　　우리가 성부에서 시작하지 않고 성자에서 시작하지 않으면 안 되는 몇 가지 이유가 있다. 무엇보다 먼저, 우리는 아들을 통해서 아버지 하나님을 알 수 있다는 것이다. 우리 기독교인들은 하나님은 예수 그리스도를 통해서 역사 속에 나타나셨다는 것을 믿고 있다. 달리 말하면 성부 하나님은 성자 하나님을 통해서 계시된다는 것이다. 그리스도가 구체적으로 역사 가운데 나타나심은 우리가 하나님을 이해하는 초석이 된다. 삼위일체에 대한 전통적인 접근은 연역적이다. 그러나 우리의 접근은 귀납적이다. 둘째로, 비록 삼위일체적 암시가 신약성서에 들어 있기는 해도, 삼위일체 교리는 초대 교부들에 의해서 만들어졌다. 이런 역사적 관점에서 본다면, 기독론 논쟁은 교회 안에서 삼위일체 교리를 형성시키는 견인차 역할을 했다. 이런 점에서 기독론적인 문제들은 삼위일체 형식에 앞서게 된다. 따라서 기독론적인 쟁점들과 함께 삼위일체의 문제들을 시작하는 것이 합리적이다. 끝으로, 둘이라는 개념(하나님의 양성)은 셋(신의 삼위일체)을 이해하는 열쇠가 된다. 그러므로 삼위일체를 논의함에 있어 인성과 신성의 양성을 가진 성자에서 시작하는 것이 더욱 적합하다. 이것은 우리가 삼위일체적 사고를 논의하면서 음양의 상징적 사고에서 시작했던 것과 같은 근거에서이다. 삼위일체에 대한 전통적 접근은 이 둘 즉 이원성을 심각하게 받아들이는 데 실패했다. 둘은 하나와 셋을 이해하는 열쇠가 된다. 우리는 양성을 가진 그리스도에서 시작하는데, 이것은 셋 안의 하나와 하나 안의 셋을 이해

---

1) 보통 삼위일체 하나님을 지칭할 때, 우리는 전통적으로 성부, 성자, 성령으로 불러왔다. 이 번역에서도 이런 전통적 용어들을 사용하였고 간혹 아들이신 하나님, 영이신 하나님을, 아버지이신 하나님이라고 하기도 했다. 저자의 의도가 삼위일체를 새롭게 해석하자는 것이지만, 또한 전통적 의미들을 완전히 버리자는 것이 아니기 때문에 이런 용어들을 같이 사용하는 것은 의미있다고 생각된다. _ 옮긴이 주

하기 위해서이다.

성육신은 창조 안에서 삼위일체적 과정의 완성

그리스도의 성육신은 우리가 신의 삼위일체의 신비를 이해하는 기초가 된다. 왜냐하면 성육신은 신성을 우리가 상상할 수 있게 하는 상징으로 역할하기 때문이다. 하나님이 인간이 되셨고 우리 가운데 거하게 되셨다(요 1:14). 이 사건에서 신비가 우리에게 계시된 것이다. 따라서 우리는 삼위일체를 이해하는 데 신약성서의 증언인 하나님의 성육신에서 시작하게 되는 것이다.

음양의 상징적 사고는 우주론적인 인간학적 전제에 근거하기 때문에, 우리는 성육신의 개념을 창조와 관련시켜 다시 검토해 나갈 것이다. 우리는 요한복음 1장에서 말씀이나 로고스와 창세기의 창조적 과정을 연결시켜 볼 수 있다. 이것을 통해서 우리는 삼위일체적 사고 안에서 아들과 아버지의 관계를 다시 발견하게 된다. 이런 관계를 검토한 다음에, 우리는 세계 속에 변화가 완전하게 드러난 것인 그리스도의 성육신으로 나가게 된다.

요한복음 1장의 "말씀"이나 로고스는 그리스도의 역동적인 상징이다. 그것은 창조적 과정에서 동사로 사용되었다. 창조 이전의 말씀의 선재는 창조의 대행자일 뿐만 아니라 창조의 행위이다. 만물은 말씀을 통해서 만들어졌고, 말씀은 인류를 위한 생명과 빛의 기원이다(요 1:2, 3). 성자로서 말씀의 성부와의 동일성은 요한복음 1장 1절 내지 3절에서 명백하게 드러났다. 따라서 말씀은 중국어에서 道 즉 궁극적 실재로 번역되었고, 그것은 모든 창조적 과정의 본질이다. 도는 표현될 수 없고 말씀을 넘어서 있다. 도덕경은 도를 표현될 수 없는 속성을 가지는 것으로 시작한다. "말해질 수 있는 도는 영원한 도가 아니다"(1장). 이 도는 무엇보다도 창조적이다. 이것은 삶에 있어서 여러 가지의 창조적 대상들로 비유될 수 있을 것이다. "도는 우물과 같다. 써도 써도 다함이 없다"(4장), "풀무와 같아, 쓰면 쓸수록, 더 많은 것을 만들어낸다"(5장), "위대한 어미와 같아, 셀 수 없이 무수한 세계를 낳는다"(6장), 소립자와 같이 작아서, "전자보다도 작고" 그러나 "셀 수 없는 은하계를 포함한다"(32장). 이런 도와 같이, 말씀은 창조성의 능력이다.

비록 창세기에서 창조 설화가 은유적이기는 해도, 그것은 심원한 진리를 계시하고 있다. 창조의 과정의 각 단계마다 하나님은 말한다. "…있으라"(let there be). 이것은 창조를 만들어내는 말씀이다. 하나님이 말하는 것은 창조적 힘을 갖고 있는 행위이다.[1] 하나님의 말씀은 "불, 즉 바위를 부수는 망치"(렘 23:29)로 비유되고 있다. 이것은 도의 생산적 힘과 비슷하다.

하늘에서 쏟아지는 비, 내리는 눈이
하늘로 되돌아 가지 아니하고 땅을 흠뻑 적시어
싹이 돋아 자라게 하며
씨뿌린 사람에게 씨앗과 먹을 양식을 내주듯이,
내 입에서 나가는 말도
그 받은 사명을 이루어
나의 뜻을 성취하지 아니하고는
그냥 나에게로 돌아오지는 않는다(사 55:10-11).

도와 같이, 말씀은 창조성의 역동적인 행위라는 개념 안에서 이해될 수 있다. 이성이나 로고스란 희랍의 개념은 하나님의 행위나 행동

같은 히브리의 정신 안에서 이해되어야 한다.[2] 게다가 히브리어의 말씀은 다바르(dabhar)인데, 그것은 구조나 형식이라기보다는 창조성의 행위를 말한다. 이런 점에서, 말씀인 성자는 창조주인 성부와 함께 연합될 수 있다. 말씀인 성자가 창조의 행위라면, 창조주인 성부는 창조의 근원이다. 그들은 성령을 통해서 하나가 되고, 성령은 창조 안에서 창조와 재창조의 에너지 즉 통합적인 힘으로 상징된다. 육신이 된 말씀은 그러므로 창조의 삼위일체적인 행위를 의미한다. 우주론적인 인간학적 시각으로 볼 때, 말씀의 화육은 창조의 본래적 질서를 계속해서 회복시키는 창조 과정의 행위로 해석될 수 있다. 사도 바울이 말한 대로, 그리스도는 "보이지 않는 하느님의 형상이시며 만물 앞에 태어나신 분이십니다. 그것은 하늘과 땅에 있는 만물, 곧 보이는 것은 물론이고 왕권과 주권과 권세와 세력의 여러 천신들과 같은 보이지 않는 것까지도 모두 그분을 통해서 창조되었기 때문입니다"(골 1:15-16).

우주론적 인간학의 시각에서 본다면, 인간학은 우주론에 연관되어 있다. 인간의 형태로 하나님이 성육하신 것은 우주적 창조 과정의 일부로 생각하지 않으면 안 된다. 이것이 바로 요한복음은 우주적 창조 과정에서 말씀의 성육신으로 시작해서 성자가 인간의 몸을 입고 오시는 성육신으로 나가는 것이다. 따라서, 요한복음 1장 14절에서는 "말씀이 사람이 되셔서 우리와 함께 계셨는데 우리는 그분의 영광을 보았다. 그것은 외아들이 아버지에게서 받은 영광이었다. 그분에게는 온총과 진리가 충만하였다"로 표현되고 있다. 인간의 본성을 취함으로써, 말씀은 인간, 하나님의 독생자가 된 것이다. 이와 비슷한 생각은 빌립보 교회에 보낸 바울의 편지에서 더 세련되고 심도있게 표현되었다. 아들의 영광은 아버지에게 완전히 순종한 인간의 겸손의 결과로서 존귀하게 된 것이었다. 이 편지를 이렇게 심도 있게 만드는 것은 인간의 모습으로

그리스도가 성육하신 것이 자기를 비우는 과정을 거쳐서 된 것이라는
데 있다. 게다가 그의 영광의 충만은 그가 자기의 본래적 본성을 비웠기
때문에 가능하다.

> 그리스도 예수는 하느님과 본질이 같은 분이셨지만
> 굳이 하느님과 동등한 존재가 되려 하지 않으시고
> 오히려 당신의 것을 다 내어 놓고
> 종의 신분을 취하셔서
> 우리와 똑같은 인간이 되셨습니다.
> 이렇게 인간의 모습으로 나타나
> 당신 자신을 낮추셔서 죽기까지,
> 아니, 십자가에 달려서 죽기까지 순종하셨습니다.
> 그러므로 하느님께서도 그분을 높이 올리시고
> 모든 이름 위에 뛰어난 이름을 주셨습니다.

이 노래에서 우리는 차고 넘침(fullness)[2]으로부터 비우는 과정을
목도하게 된다. 종의 형태가 되었고 이런 비워진 상태에서 다시 올려져
서 차고 넘치는 높은 영광의 자리에 이르게 되는 것이다. 도가의 철학에
서, 충만과 빔은 늘 같이 존재하게 된다. 이것들은 상호보완적 즉 상생적
이다. 음은 양이 없이는 존재할 수 없는 것과 마찬가지로 양도 음이
없이는 존재할 수 없고, 빔은 늘 충만(혹은 충만의 가능성)과 함께 존재한
다. 그러므로 충만은 빔과 함께 "차고 넘침"인 것이다. 도는 비어 있으나
다함이 없는 것이다.[3] "만물은 존재에서 나온다. 존재는 무에서 나온

---

2) fullness에 대한 역어는 "차고 넘침"이라는 우리말과 충만이라는 한자어를 함께 사용
한다. _ 옮긴이 주

다."[4] 다시, 도덕경은 말한다. "도는 어디에서도 발견되지 않는다. 그러나 늘 만물을 살찌우고 완성한다"(41장). 도로서의 말씀은 易으로 알려졌는데,[5] 그것은 끊임없는 빔의 행위이고 차고 넘쳐 가는 과정이다. 음이 자신을 비우고 양을 채움으로써 양이 되는 것과 같이 또한 반대로도, 신의 성육신은 자신을 스스로 비우는 신의 행위로 이해하지 않으면 안 된다. 그러나 동시에 이것은 인간의 충만이다. 바울에 따르면, 인간의 충만은 인간의 영광에 있는 것이 아니라 겸손에 있다. 한편 신의 충만은 부활을 통한 신적 영광에 있다. 우리가 뒤에 다시 보겠지만, 완전한 비움은 그리스도의 죽음에서 이루어진다. "죽기까지." 그러나 완전한 충만은 부활에 와서야 이루어진다.

음양의 상징적 사고에서, 비움과 차고 넘침의 과정은 떼려야 뗄 수 없는 관계이다. 비움의 과정은 충만의 과정에서 나오는 것도 아니고, 그렇다고 충만의 과정이 비움의 과정에서 나오는 것도 아니다. 이 두 과정은 동시에 일어난다. 달리 말하면, 신의 영광에서 비움으로 나가는 과정이 바로 동시에 인간의 겸손이 충만으로 나가는 과정인 것이다. 이것은 없음이 차고 넘침을 비움으로써 차고 넘치는 충만을 이루는 것과 마찬가지이다. 이것은 동시성의 변증법적 과정인데, 우리의 삼위일체적 사고 안에서만 분별해낼 수 있다. 이렇게 동시에 일어나는 비움과 충만의 두 과정은 "있음-자체"(isness-self) 때문에 가능한 것이다. 이것은 신성과 인성을 성자의 성육신 안에 포함한다.

삼위일체를 이해하는 열쇠인 아들의 두 가지 성품

음양의 상징론으로부터 나온 성육신의 인간학적 해석은 예수의 탄생 이야기를 포함한다. 그리스도가 신의 실재의 상징이라면, 예수는 인성의 상징이다. 따라서, 아들이신 하나님은 신성뿐만이 아니라 인성까지 포함하고 계신 것이다. 그는 예수이면서 그리스도이다. 즉 예수-그리스도이신 것이다. 그분은 그리스도로서의 예수와는 구분되어야 한다. 그리스도로서의 예수는 그리스도와 동등하거나 동일시되어야 한다. 그러나 예수-그리스도에서 예수와 그리스도는 동등하거나 동일시어서는 안 된다. 음과 양과 같이, 그들은 다르나 결합되어 하나가 되는 것이다. 달리 말하면, 예수-그리스도는 그리스도 안에 있는 예수이며, 예수 안에 있는 그리스도이다. 빌립보서 2장의 성육신의 이야기가 그리스도의 오심을 예로 든 것이라면, 누가복음 2장의 탄생 이야기는 예수가 세상으로 오시는 이야기이다. 크리스마스 이야기는 그러므로 빌립보서 2장의 성육신 노래의 전면(foreground)으로 이해할 때 완전하게 이해할 수 있다.

빌립보서 2장의 성육신의 노래와 같이, 예수의 탄생은 마리아의 예수 잉태를 영광스럽게 하는 것으로 시작된다. 누가복음 1장에서, 마리아는 그녀에게 임한 하나님의 은혜를 통해 하나님께 영광을 돌린다. "내 영혼이 주를 찬양하며/ 내 구세주 하나님을 생각하는 기쁨에/ 이 마음 설레입니다/ 주께서 여종의 비천한 신세를 돌보셨습니다"(눅 1:47-48). 이 부분은 빌립보서 2장에서 비움의 과정이 일어나기 전에 하나님의 모습에 대한 반응이다. 누가복음에서는 성령이 예수의 수태에 활동하고 계신다. 천사가 마리아에게 말했다. "성령이 너에게 내려오시고 지극히 높으신 분의 힘이 감싸 주실 것이다. 그러므로 태어나실 그 거룩한 아기를 하느님의 아들이라 부르게 될 것이다"(눅 1:35).

이 구절에서 두 힘이 예수의 탄생에 개입하고 있는데, 성령과 지극히 높이신 분의 힘이다. 어머니로서 성령의 역할은 다음 장에서 보겠지만 너무나 중요한 것이다. 삼위일체의 가정적 상징은 지극히 높으신 하나님 아버지, 성령 어머니 그리고 아들로 태어나신 예수이다. 이런 삼위일체의 관계에서, 아들은 아버지와 어머니의 성품을 다 갖게 되는 것이다. 아버지 하나님은 양의 상징으로 어머니 성령은 음의 상징으로 대변되는 것이다. 자식이 태어날 때, 자식은 음과 양을 다 갖는 것이다. 음양의 상징적 사고에서 아들이나 자식의 두 가지 성품을 다 갖게 되는 것을 예로 들어 보자. 이것은 주역에서 잘 나타나고 있다.

「십익」에 속하는 「설괘전」에 따르면, 팔괘는 아버지(하늘), 어머니(땅)와 여섯 자식으로 이루어져 있다. 결국 팔괘는 가족의 여덟 성원들인 것이다. 아버지는 부러지지 않은 효(ㅡ)로 상징되는 양이다. 반면에 어머니는 부러진 효(--)로 상징되는 음이다. 아버지는 완전한 양이고 어머니는 완전한 음이다. 자식들은 음과 양이 결합되어 나타난다. 장남(震, 奮勵, the arousing)은 하나의 양과 두 개의 음으로 이루어진다(☳). 차녀(離, 明智, the clinging)는 하나의 음과 두 개의 양으로 이루어진다(☲). 삼녀(兌, 愉悅, the joyous)는 하나의 음과 두 개의 양으로 이루어진다(☱). 장녀(巽, 順從, the gentle)는 하나의 음과 두 개의 양으로 이루어진다(☴). 차남(坎, 陷險, the abysmal)은 두 개의 음과 하나의 양으로 이루어진다(☵). 삼남(艮, 靜止, keeping still)은 두 개의 음과 한 개의 양으로 이루어진다(☶).[6]

모든 자녀들이 아버지, 어머니와 음과 양의 두 개의 성품으로 이루어진다는 것은 매우 중요하다. 이런 삼위일체의 가족적인 상징인 팔괘는 주역에 따르면 우주 가운데 모든 가능한 현상들의 원형이고 신의 삼위일체를 이해하는 기초가 된다. 예수의 탄생이야기에서 지극히 높으신 분(아버지 하나님), 성령(어머니), 예수(아드님)는 신의 삼위일체를 이루는 데 모두 모여 있다. 이런 누가복음의 예수 탄생에 관련한 넓은 이면의 이야기들에 주목한다면, 우리는 예수-그리스도의 양성을 드러내기 위해서 빌립보서 2장의 성육신 노래에 관련해서 예수의 탄생이야 기를 다시 풀어나갈 수 있다.

　　말구유에서 예수가 탄생하신 것(눅 2:7)은 종의 형태로 자기를 비우 신 성자 하나님(빌 2:7)에 해당한다(correspond). 종은 존재의 가장 낮은 형태를 상징하며, 다른 사람들을 위해 봉사하기 위해서 자기를 비운 것이다. 말구유는 가장 낮은 비천함뿐만 아니라 자기를 비운 무의 상태 를 상징한다. 하나님의 귀중한 선물로 채울 수 있는 빈 그릇과 같으며, 그러기에 하나님의 아들이란 선물로 채워지게 되는 것이다. 이런 비움 의 상징 안에 아들의 현존으로 채워지는 것이다. 따라서, 말 구유는 채워지는 비움의 상징이다.

　　게다가 말구유는 자연 세계를 예수와 연결시키는 기표(記標, a signi-fier)3)이다. 말구유 속의 예수는 인간 세계에만 속하는 것이 아니다. 그는 우주적 질서의 동물 세계에도 속하는 것이다. 다른 동물들과 함께 있는 말구유의 장면은 자연 세계에서 예수의 역할에 대한 중대한 함의를 갖고 있다. 말구유의 예수는 세계 속에 존재하는 모든 창조물들과 함께 계시는 우주적 그리스도를 대변하시는 것이다. 예수 그리스도는 삶의 우주적 인간학의 차원을 이해하게 하는 열쇠이다.

　　한국인의 신관에 있어서 삼위일체적 신화는 말구유의 예수를 잘 드러내 줄 수 있는 것 같다. 이 신화에 따르면, 하늘에 있는 신은 환인으로

---

3) 기표(記標, signifier)와 기의(記意, signified)는 소쉬르의 기호학적 개념으로 우리가 사용하는 기호와 상징에 대한 전문적인 용어이다. 기의는 어떤 기호의 의미작용의 측면, 개념적인 측면을 뜻한다. 기의는 소기(所記, signified)로 번역되기도 하며, 기표(능기, signifier)와는 대대관계를 이룬다. 기표는 능기(能記, signifier)로 번역 되기도 하며, 기호의 감각적, 물질적 요소를 말한다. 이 소기와 능기는 모두 기호학 의 특수 용어들이지만, 포스트모더니즘의 논의를 이해하기 위해서는 필연적으로 부닥치게 되는 개념들이다. 김형효 선생의 『구조주의의 사유체계와 사상』, 『데리 다의 해체철학』 등을 참조하면 도움을 받을 수 있을 것이다. _ 옮긴이 주

기독교 전통에서 하늘에 계신 아버지에 해당한다. 환웅은 성령에, 단군
은 성자에 해당하게 된다. 단군은 웅녀에게서 낳는데 그녀는 예수의
어머니셨던 마리아에 비견될 수 있다. 단군은 하늘의 아들로 곰에게서
태어났으며, 한국인들의 최초의 임금이 되었다.[7] 단군과 같이, 말구유
의 예수는 두 세계 속에서의 그의 현존을 보여준다. 두 세계는 동물의
세계와 인간의 세계이다. 우리는 예수께서 하늘과 땅을 모두 대변하신
다고 볼 수 있다.

말구유의 장면은 우리에게 장재의 「서명」에 나타난 동양적 삼위일
체를 연결할 수 있도록 해 준다.[8]

> 건은 아버지라 곤은 어머니라 부르지
> 우린 작고 작지만 하늘 땅에 섞여져 그 가운데 있어.
> 내 몸은 하늘 땅을 채우는 실재
> 내 성품은 하늘 땅을 이끄는 주재
> 백성들은 내 겨레
> 만물은 내 짝.[4]

말 구유의 장면에서, 모든 피조물, 특별히 동물들은 예수의 동료들
이다. 따라서 예수는 자신을 비워 말 구유를 채웠다. 그리고 인간과
동물의 세계를 하나 되게 하기 위하여 가장 낮은 형태가 되었다. 예수는
인간과 동물은 물론 빔과 충만의 두 가지 본성을 갖게 된 것이다. 이것은
우주론적 인간학의 삼위일체가 그 안에서 완전하게 나타나게 된 것이

---

4) 乾稱父 坤稱母
   豫玆貌焉 乃渾然中處
   天地之塞吾其體 天地之師吾其性
   民吾同胞 物吾與也. _ 옮긴이 주

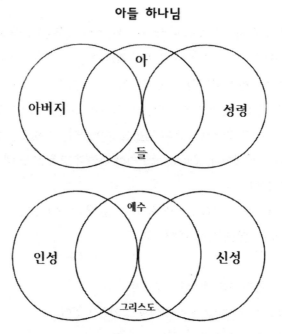

도표 6. 모퉁이성의 모퉁이인 예수 그리스도

다. 즉 하늘과 땅, 사람이 그 안에서 하나로 연합된 것이다.

종의 모양과 말 구유의 상징은 예수에게 모퉁이의 자리(marginal status)를 차지하게 하고 있다. 종의 부모들에게서 종이 태어났다면, 이 것은 별로 중요할 것이 없는 이야기이다. 말구유에서 태어날만한 아이가 거기에 태어났다면, 그것은 별로 중요한 일이 아니다. 성탄절의 이야기를 특별하게 만드는 것은 하나님의 아들이 말구유에 종의 모양으로 태어났다는 것이다. 예수-그리스도의 위대성은 그의 영광과 능력을 비움으로써 그의 권리와 특권을 포기했다는 데 있다. 낮고 천한 사람이 됨으로써, 종의 모습의 사람이 됨으로써, 땅 위에 모퉁이가 된(the margi-nalized)[5] 사람들의 동료가 되었다. 모퉁이가 된 사람이 됨으로써, 예수

5) The marginalized, marginality는 이정용 박사의 중요한 신학적 주제이다. 미국 땅의 코리안 아메리칸의 신학적 주제로 marginality와 the marginalized의 경험을 중요하

는 하늘과 땅의 세계, 아버지와 어머니(성령)의 두 개의 다른 세계를 연결하게 된 것이다. 모퉁이가 된 사람으로서, 예수는 상충하는 두 세계의 "사이에" 자리하게 된 것이다. 그는 이 세계에도 저 세계에도 속하지 않는다.[10] 그러나 동시에 그는 두 세계에 속하기도 하고 두 세계를 초월하기도 한다. 그는 이 두 세계에 있으나 이 두 세계에 속하지는 않는다. 그는 초연하기도 하고 속하기도 한다. 이 세계에 의해 부정되기도 하고 긍정되기도 한다. 그는 그의 백성들에게도 거부되었고, 그분의 제자들에 의해서도 거부되었다.

"그분이 자기 나라에 오셨지만, 백성들은 그 분을 맞이하지 않았다"(요 1:11). 세계는 예수에 의해 창조되었기 때문에, 세계는 예수에게 속한다. 그러나 그의 백성들은 그를 거부하였다. 따라서 예수는 그 자신을 두 개의 상극하는 세계에 놓음으로써, 그는 모퉁이성의 완전한 상징이 되었다.[11]

인성과 신성의 두 성품을 지닌 성자인 예수-그리스도는 모퉁이성의 모퉁이(the margin of maginality), 창조적인 핵이 되어, 두 상극적인 세계를 연합하게 되었다 (도표 6). 무엇보다 먼저, 성자는 아버지와 성령(삼위일체의 모성적 성원)의 모퉁이에 자리한다. 모퉁이성으로서 성자는 아버지와 성령을 모두 포함하나 동시에 두 분과는 다른 분이다. 그는 성부와 성령이 낳으신 분이지만, 그분들 사이에 있기 때문에 그분들과

게 부각시켰다. 이 marginality의 경험은 사회과학적 분석의 대상이 되기는 하지만, 이 박사의 신학세계에서 마지널리티의 경험은 사회과학적 분석의 대상이라기보다는 성서 전체를 흐르는 하나의 도도한 흐름이다. 결국에 구약의 모든 구원의 역사는 마지널리티의 경험을 통한 새로운 중심을 만들어가는 역사였고 예수도 마지널리티의 경험 속에 오신 분이셨다. 결국은 마지널리티의 경험을 통해서만 구원의 가능성과 창조적 변혁인 가능하다. 역자는 marginality를 "모퉁이성"이라고 번역하고자 한다. 이것은 우선 순수한 우리말 속에서 가운데(중심성)와 대비되는 개념이 모퉁이기 때문이다. 또한 성서적 전거가 있기 때문이다. _ 옮긴이 주

는 다른 것이다. 그러므로, 그는 성부와 성령 사이의 연결원리로서 활동한다. 그분은 또한 성부를 성령에게, 성령을 성부에게 열어주는 문이다. 이것이 바로 그분이 하늘과 땅 사이는 물론 성부와 성자 사이의 매개자로서 존재하는 이유인 것이다. 그분은 연결자로 역할을 하기 때문에, 매개자인 것이다.[12] 그것보다도 그분은 성부와 성령을 같이 있게 만드는 중심인 것이다. 그 안에서 인성과 신성은 물론 성부와 성령(성모)이 하나 되는 것이다. 따라서 성자 안에서 삼위일체는 완성된다.

남성이며 여성인, 개인성과 공동체성인 성자

이제 성의 문제에 관련하여 성자의 두 가지 성품을 생각해 보자. 하나님은 성적인 이해를 넘어서 있는 분이기 때문에, 성자 하나님은 배타적으로 남성에게만 속하는 것이 아니다. 하나님이 피조된 범주들을 넘어서 계시는 한 성자 하나님은 남자 이상인 것이다. 이 책의 서두에서 이미 말한 대로, 우리가 생각하는 하나님은 우리가 하나님의 실체를 알 수 없기 때문에, 상징을 벗어날 수 없다. 따라서 하나님은 주어진 우리의 삶의 정황과 경험에 의미를 줄 수 있는 여러 상징들로 인식될 수밖에 없다. 우리가 신성에 부여하는 상징은 늘 우리의 문화적, 사회정치적, 혹은 가정적 조건들에 상대적으로 조건 지어질 수밖에 없다. 하나님의 아들은 성서적 증언에 근거한 기독교 안에서 매우 중요한 상징이 되어왔다. 또한 이 상징은 최근에 여성신학자들이 의문을 제기하기 전까지는 믿는 자들의 공동체에 의해서 받아들여져 왔다. 하나님의 아들을 소피아로 다시 상징화되는 것은 교회 안에서 새로운 논쟁을 만들어내고 있다.[13] 한 사람의 관점에서 볼 때, 아들의 이미지를 딸의 이미지로 바꾸는 것은 어려울 뿐만 아니라 거의 불가능하다. 왜냐하면 아들은 남성의 인격인 예수-그리스도로 역사 안에서 알려져왔기 때문이다. 그러므로, 성자 하나님이 남성 인격이 아니라고 사유하는 것은 무의미하다. 비록 하나님은 성적인 범주를 넘어서는 분이기 때문에, 그는 남성 이상이지 않으면 안 되지만 말이다. 성자가 하나님의 남성적 이미지라고 하더라도, 그분은 남성 이상이며, 인간 이상이고, 우리가 상상할 수 있는 이상이 되는 분이다. 신의 실재라는 관점에서 볼 때, 우리가 성자를 "그"나 "그녀"라고 부르는 것은 아무래도 문제가 될 것은 없지만, 내 관점에서 보라고 한다면, 이것은 상식적으로 볼 때, 성자를 "그"(he)라고 부를 수 있다. 나는 남성의 인격을 가지고 있기 때문에, 성자를 "그"라고 부를 때는 매우 의미가 있다. 많은 여성들은 그를 "그녀"(she)라고 부르는 것이 좋다고 생각할 것이다. 왜냐하면 그들에게는 "그녀"가 더욱 의미가 있을 것이기 때문이다. 삼위일체의 성원인 성자를 성적인 범주로 분류하는 문제가 신의 실재 자체를 건드릴 수는 없다. 그러나 동양의 언어는 성적 지향성을 갖지 않기 때문에, 신에 관한 성적인 문제에 대한 어려움들은 거의 없다.[14] 하나님이 성적 범주들을 넘어서는 한에 있어서는, 우리는 하나님을 배타적으로 여성이나 남성으로 만들 수는 없다. 왜냐하면 신의 본성은 우리의 생각이나 우리의 범주적인 대표에 의존하지 않기 때문이다.

　　그렇다면 성자에 관해서 성의 문제를 논의하는 것은 부적합한가? 우리가 하나님에 대해서 말하는 모든 것이 상징적이라면, 우리는 하나님에 대해 사용하는 상징에 관해 큰 관심을 기울일 필요가 없는가? 어떤 사람들이 자신의 이미지를 신에게 남성이나 여성으로 부여하려고 하는 것과는 무관하게, 하나님은 스스로이고 싶어 하신다. "나는 나다"(I AM WHO I AM, 출 3:14). 그럼에도 불구하고 우리 모두는 하나님의 상징을 갖고 있기 때문에, 우리는 하나님의 상징을 심각하게 받아들여야만

한다. 그러나 우리가 논의하는 것은 하나님의 본성의 성을 논하는 것이
아니라, 우리가 하나님에게 부여한 상징의 성을 논하는 것이라는 것은
분명히 짚고 넘어가야 한다. 하나님은 성적인 지향을 넘어서 있기 때문
에, 우리는 역사 속에 진정한 사람으로 하나님의 아들로 오신 예수님에
게 관심을 집중시킬 수밖에 없다.

성서적 증언에 따르면, 예수가 남성이라는 것은 분명하다. 그는
요한의 증언에 따르면, 독생자였다(요 1:18; 3:16, 18). 그는 남성이었기
때문에, 그가 인류의 반을 차지하는 여성을 어떻게 대변할 수 있는가?
그는 남성과 여성의 두 가지 성품을 가진 것은 아니지 않는가? 이런
문제는 아들의 공동체성과 관련되어 있다.

예수는 남성이었으나 또한 여성이다. 게다가 그분은 남성일뿐만
아니라 여성이다. 남성이 여성이면서 동시에 "남성"일 수 있다고 생각하
는 것은 역설이면서 어불성설이다. 왜냐하면 우리가 "이것이냐 저것이
냐"는 양자택일적 사고로 생각하기 때문이다. 그러나, 우리가 "이것도
저것도"의 양면긍정의 사고로 생각한다면, 이런 진술들 가운데 우리는
어떤 모순도 발견할 수 없다. 음양의 상징적 사고는 "이것도 저것도"의
양면긍정적 사고라면, 우리는 예수가 남성이면서 여성이라는 것을 입
증할 수 있다.

우주론적 인간학의 전제에 근거한 음양의 상징적 사고에 따르면,
인간은 대우주의 소우주이다. 인간(혹은 완전한 인간)인 예수는 예외가
아니다. 그분도 다른 피조물들과 마찬가지로 음양으로 알려진 양극성
의 상호작용이다.[15] 음은 그 자체적으로 존재할 수 없고 늘 양과 함께만
존재한다. 게다가 양도 그 자체로는 존재할 수 없으며, 음과 함께만
존재한다. 우리가 음을 말할 때, 또한 양을 포함한다. 우리가 양을 말할
때, 또한 음을 포함한다. 그들은 공존한다. 음은 여성의 상징이고 양은

남성의 상징이다. 그러므로 남성은 자체로만 존재할 수 없으며 늘 여성과 함께 존재해야 한다. 남성의 존재는 여성의 존재를 전제하고 있다. 이런 점에서, 남성으로서의 예수는 그가 또한 여성이라는 것을 전제한다.

한국에서 무당은 보통 양성을 함의한다. 남성인 무당은 여성 옷을 입고 여성 무당은 남성의 옷을 입는다. 그들은 양성을 나타내기 위해서이다.[16] 무당들은 자신들을 두 개를 하나로 만드는 것으로 상징화한다. 그래서 상반된 것들을 화해시키는 것이다. 우리가 주역에서 음양의 상징을 볼 때, 양성의 상호의존성을 이해하기는 매우 쉽다. 부러진 효(--)나 음은 여성을 상징하고 그 열려짐이 특징이다. 부러지지 않은 효(-) 즉 양은 남성을 상징하고 곧음을 특징으로 한다. 그것들은 사실 상 한 선이 두 가지로 다르게 나타난 것이다. 부러진 효는 안 부러진 효가 나누인 것이지 다른 것이 아니다. 안 부러진 선은 부러진 선이 나눠지지 않은 것이다. 음은 양의 음이고 양은 음의 양이라고 말할 수 있다. 따라서 하나는 결국 "하나"와 "하나"이기 때문에, 둘은 하나가 되는 것이다.[6][17]

"둘 가운데 하나"라는 생각은 주역의 사상(四象)에서 상징된다. 사상은 음이나 양 혹은 둘 다로 구성된다.[18] 소양을 통해서 하나가 둘 가운데 있고 둘이 하나 가운데 있음을 입증해 보겠다. 소양(少陽)은 밑이 음으로 그리고 위가 양으로 구성된다(==). 양은 남성을 상징하고 음은 여성을 상징하기 때문에, 여성은 물론 남성도 남성과 여성의 요소들을 모두 간직하고 있다. 이런 점에서 인간인 예수는 남성과 여성의

6) 이 단락의 마지막 문장은 잘 이해가 가지 않을 수도 있다. 그러나 양효(-) 실선은 하나인데 그 속에는 음효로 갈라지면 두 개로 나누어질 것이 있기 때문에 하나이지만, 하나와 하나로 이루어졌다고 말할 수 있는 것이다. 음효(--)로 볼 때는 나누어져 있으니 두 개로 보이지만 이 보이는 두 개는 결국에 합쳐질 것이므로 하나인 것이다. _ 옮긴이 주

요소들을 가지지 않으면 안 된다. 달리 말하면, 여성성이 그의 남성성 안에 포함되어 있는 것이다.

생물학적으로, 우리는 남성은 여성을 만드는 요소를 갖고 있고, 여성은 남성을 만드는 요소들을 가지고 있다는 것을 발견하게 되었다. 칼 융은 일찍이, "여성을 형성시키는 요소들이 계속 살아있으면서 완전한 남성 기관의 체세포를 통해서 살아 있는 것이 사실이라면, 모든 남자는 다소간 잠재적인 여성적 요소를 갖고 있음에 틀림이 없다"[19]고 말했다. 심리학적으로 말해서, 남성은 남성 속의 여성인 "아니마"(anima)를 갖고 있고 여성은 여성 속의 남성인 "아니무스"(animus)를 갖고 있다. 남성이 점점 늙어 가면서, 아니마는 점점 강해진다. 따라서 늙은 나이가 되어서는, 남성은 거의 여성과 비슷하게 된다. 양이 쇠해지면 음이 자라나듯이, 남자 안에서 아니무스가 쇠하게 되면, 아니마가 자라나게 된다. 반대의 과정이 여성에게서는 일어나게 된다. 그러므로, 남성과 여성의 차이를 신체학적으로 차이를 통해서 절대화하는 것은 잘못이다. 비록 남성은 여성과는 다르다고 할지라도, 남성은 여성을 포함하고 있고 그 반대도 마찬가지이다. 이런 포괄적 관계에서 본다면, 남성으로서의 예수는 여성성을 포함하고 있는 것이다.

우리가 하나를 둘로 간주한다면, 즉 남성성이 남성성과 여성성을 같이 갖는다면, 우리는 삼위일체적 진술을 하는 것이다. 우리가 이미 말한 대로, 삼위일체적 사고는 양면긍정적 사고에 근거하며, 둘이 하나가 되는 것이다. "하나와 하나"인 둘은 셋이 되는데 그것은 그 둘을 연결하는 "그리고"(而)가 하나로 간주되기 때문이다. 둘을 조화로 연결하는 하나로서의 예수는 동시에 남성이면서 여성일 뿐만 아니라 동시에 그 양성을 모두 초월하는 완전한 인간인 것이다. 「도마 복음서」에서 예수는 말한다. "네가 남성과 여성을 하나로 만들 때, 남성은 남성이 아니고 여성은 여성이 아닐 때, 그때에야 "하늘 나라"에 들어갈 수 있다."[20] 다른 때에 예수는 "네가 둘을 하나로 만들 때, 사람의 아들이 될 것이다"라고 말했다.[21] 이와 비슷한 표현은 바울이 갈라디아 교회에 보낸 편지에서도 발견된다. "유다인이나 그리스인이나 종이나 자유인이나 남자나 여자나 아무런 차별이 없습니다. 그리스도 예수 안에서 여러분은 모두 한 몸을 이루었기 때문입니다"(갈 3:28). 예수 안에서 남자와 여자의 배타적인 구분은 사라진다. 그 안에서 남자와 여자는 하나이고, 둘은 하나가 된다. 삼위일체적 사고에서, 남자인 예수는 또한 여자이다. 그 안에서 남자와 여자가 하나가 되는 것이다.

성의 문제는 예수 그리스도의 복수성과 관련이 있다. 예수가 남자면서 여자라면, 그는 단일한 사람 이상이다. 달리 말하면 그는 하나나 동시에 둘이다. 하나는 개체성의 상징이고 둘은 복수성의 상징이다. 예수 그리스도는 개인을 지칭하는 개체적 인격이나 동시에 공동체를 대변하는 민중(people)이다. 그는 삼위일체적 존재이기 때문에 늘 양쪽을 다 취하는 것이다. 그러므로 예수 그리스도를 개체적 인격으로 생각한다면 우리는 삼위일체적이 아닌 사고에 근거하고 있는 것이다. 삼위일체적 사고인 음양적 사고에 따르면, 예수는 양쪽이 다 있는 인격이고 복수인 것이다. 그는 하나나 다수이다. 그는 개체적 인격인 우리 각자를 대변하지만, 공동체인 우리를 대변한다. 왜냐하면 동시에 그는 개체인격이면서 공동체이기 때문이다.

개인이면서 공동체이고 개체성과 복수성을 동시에 나타내는 성자인 예수 그리스도는 동양적 삼위일체에서 쉽게 입증될 수 있다. 우리가 이미 본대로, 장재에 의하면 하늘과 땅은 우리의 부모이고 나의 천성은 하늘과 땅의 두 주재를 갖고 있는 것이다. 모든 사람들은 나의 형제자매인 것이며 모든 존재들은 나의 동료들이다.[22] 여기에서 하늘과 땅은 장재의 부모일 뿐만 아니라 모든 사람들의 부모인 것이다. 달리 말하면, 나와 다른 모든 사람들은 하늘과 땅의 자녀들이다. 개체성인 나와 복수성인 민중은 하나이다. 하늘과 땅, 사람은 동양적 삼위일체를 표현하는 데 쓰여지기 때문에, 사람은 민중일 뿐만 아니라 개인을 의미하는 것이다. 이런 점에서, 동양에서 황제는 하늘의 아들로 인식되는 것이다. 「묵자」에 따르면, "천자는 세계 속에서 가장 영예로운 것이고 세계 속에서 가장 부요한 자이다."[23] 동양적 역사를 통해서 볼 때, 천자나 황제는 동양적 삼위일체를 형성하는 데 있어서 인간성의 전체를 대변하는 것이다. 이와 같은 유추를 한다면, 우리는 기독교의 하나님의 아들이란 개념은 개체적 인간뿐만 아니라 동시에 민중의 공동체성인 것이다.

　동양의 언어에서 단수와 복수 사이가 명확하게 구분이 되지 않는다. 따라서 개체성은 종종 복수성과 바꿔 사용되기도 하고, 아들을 개체적 인격과 민중의 공동체성으로 생각하기가 쉽다. 하나는 늘 전체라는 용어로 이해되기에 이것을 개념적으로 지각하는 것은 가능한 것이다. 예를 들어, 동양에서 대부분의 사람들은 자신들을 개인이 아닌 자신의 가정의 관점에서 생각하게 된다. 다시, 공동체는 국가와 우주까지 확대되어 간다. 달리 말하면, "나"는 소우주로, 동양 철학의 우주론적인 인간학의 전제에 깊이 뿌리를 내리고 있다. 예를 들어, 한국인이 모든 것을 공동체의 시각에서 보는 것은 자연스러운 것이다. 한국인들은 영어의 "our"와는 다른 "우리"를 사용한다. 우리는 개개의 존재들의 집합 이상이다. 한국인들은 우리 차, 우리 집, 우리 아내, 우리 남편, 우리 몸 따위를 사용한다. 간단히 말하면, 우리 안에 나이고 내 안에 우리인 것이다. 이런 개체성과 복수성의 연속 안에서 우리는 쉽게 동시에 개인적 인격이면서 민중의 공동체인 성자의 기독교적인 개념을 생각할 수 있다. 달리 말하면, 성자는 나자렛 예수란 인격이면서 우주적 그리스도인 것이다.

우리가 이 개념을 삼위일체적 사고에 적용하면, 우리는 성자인 예수 그리스도는 삼위일체의 한 성원일 뿐만 아니라 삼위일체 하나님 자신인 것이다. 그 안에서 신의 현존의 복수성이 발견될 뿐만 아니라 그 자신이 신의 존재의 복수성인 것이다. 달리 말하면 성자인 예수는 삼위일체 하나님의 아들일 뿐만 아니라 성자, 성령, 성부인 삼위일체 하나님 자신인 것이다. 간단하게 말하면 성자는 삼위일체 하나님인 것이다. 여기에서 하나는 셋 안에 셋은 하나 속에 있는 것이고, 개체성은 복수성 속에 복수성은 개체성 속에 있는 것이다. 예수 그리스도는 개체적 인간일 뿐만 아니라 모든 인류를 대변하는 것이다.

삼위일체적 행위들인 죽음과 부활

죽음과 부활은 삼위일체적 행위들인데 그리스도는 성자일 뿐만 아니라 삼위일체 하나님이시기 때문이다. 십자가에서 예수의 죽음은 성부의 죽음이다. 성부는 성령 안에서 성자와 하나가 된다.[24] 성자의 죽음이 삼위일체 하나님의 죽음이라면, 그것은 동시에 성령의 죽음인 것이다. 이것은 그러기에 완전한 죽음이고 이 죽음은 영원성과 접촉되며, 그리스도의 죽음은 유일회적인 것이며 다른 모든 죽음들과 다르게 되는 것이다. 이와 같이 그리스도의 부활은 성자의 부활일 뿐만 아니라 삼위일체 하나님의 부활이다. 부활은 하늘과 땅에 있는 모든 창조물들을 완전히 새롭게 하는 완전한 새로움이다. 음이 양이 없이는 독립적으로 활동할 수 없고 신체가 영적인 몸이 없이는 기능을 못하듯이(고전 15:44), 우리는 부활이 없는 죽음을 말할 수 없다. 죽음과 부활은 삼위일체 하나님의 불가불리적 행위이다. 그들은 함께 속해있는 것이며, 죽음

없이 부활이 없고 죽음은 부활 없이 의미가 없는 것이다. 게다가 우리가 죽음과 부활 사이에 간격이 없다는 것을 이해하는 것이 매우 중요하다. 그것들은 떼려야 뗄 수 없기 때문이다. 부활은 죽음 후에 일어나는 것이 아니다. 영원성 속에서는 부활 전에 죽음이 자리하는 것도 아니다. 비록 죽음과 부활이 시간성 속에서 이루어지는 것이긴 하지만 말이다. 따라서 영원성 속에서 부활과 죽음은 동시에 일어난다. 하나님의 죽음은 하나님의 부활 안에서 일어나는 것이다. 하나님의 부활이 하나님의 죽음 안에서 일어나듯이 말이다.

비록 죽음이 삼위일체적 행위 안에서 삶과 혹은 새로운 생명(부활)과 떼려야 뗄 수 없지만, 이원적 사고 안에서 죽음은 삶과 분리할 수는 있다. 일반적으로 관찰해 본다면, 죽음은 부활 전에 일어나는 분리적 사건이다. 성경에서 죽음은 죄의 결과라고 생각되고(창 3:17-19), 삶의 적이며, 그리스도의 부활을 통해서 반드시 극복되어야만 한다(고전 15:54, 55). 여기에서 죽음은 삶과 명확하게 구분되는 사건이다. 새로운 생명 혹은 부활은 그리스도의 부활이 십자가에서 죽으신 지 삼일 후에 일어났듯이, 죽음 후에 발생하는 것처럼 보인다. 우리가 일상적으로 관찰해 보면, 죽음은 새로운 생명에 앞서지 못할 뿐만 아니라, 생명의 사건과는 명확하게 구분된다. 그러나 역설적으로 우리의 관찰은 속고 있는 것이다. 우주론적 인간학의 입장에서 보면, 죽음은 삶과 구분될 수 없다. 삶이 죽음과 독립적으로 존재할 수 없는 것과 마찬가지이다. 삶과 죽음은 서로에 대한 적도 아니고 독립적이거나 떨어진 사건들이 아니다. 이 불가분리성과 상호 의존성은 독립적이고 적대적인 관계처럼 보임에도 불구하고, 우리로 하여금 삼위일체의 관계를 죽음과 부활 사이에서 생각하게 한다.

지금 죽음을 옛 삶의 마지막으로 부활을 새로운 삶의 시작으로 생각해 보자. 음이 양과 다른 것과 같이 죽음은 부활과는 확실하게 다른 것이다. 그것들이 다름에도 불구하고, 순환적 시간의 개념에서 볼 때 그것들은 하나이다. 우리가 지난 해의 끝이 새해의 시작임을 발견하는 것과 같이, 우리는 우리의 옛적 삶의 끝(죽음)이 새로운 삶의 시작(부활)인 것을 깨닫게 된다. 동양적 관점은 인간학보다는 우주론적으로, 직선적 시간보다는 순환적 시간으로 접근하는 것이기 때문에, 새로운 삶인 부활은 옛 삶을 새롭게 하는 갱신으로 이해할 수 있다. 달리 말하면, 동양적인 정신구조에서 부활은 옛것에서 불연속이 아니라 옛것을 갱신하는 것이다. 이것은 삶을 혁신하는 것(trans-formation)이다. 새로운 형태는 옛 형태에서 나올 수밖에 없다. 바울에게 있어서 새로운 형태는 새로운 영적인 몸인데, 옛 형태는 옛적인 육적인 몸이다. 바울은 고린도 교회에 이 신비를 다음과 같이 말한다.

> 내가 이제 심오한 진리 하나를 말씀드리겠습니다. 우리는 죽지 않고 모두 변화할 것입니다. 마지막 나팔 소리가 울릴 때에 순식간에 눈 깜빡할 사이도 없이 죽은 이들은 불멸의 몸으로 살아나고 우리는 모두 변화할 것입니다(고전 15:51-53).

그는 분명히 영적인 몸을 불멸하고 죽지 않는 몸과 육체적인 몸은 없어질 죽어야만 하는 몸으로 연결시킨다. 비록 그가 육체적 몸과 영적인 몸 사이의 질적인 차이를 말하는 것 같지만, 그는 그것들을 분리시키지는 않는다. 그는 말하기를, "썩을 몸으로 묻히지만, 썩지 않을 몸으로 다시 살아납니다. … 육체적인 몸으로 묻히지만 영적인 몸으로 다시 살아납니다. 육체적인 몸이 있으면, 영적인 몸도 있습니다"(고전 15:42-44). 이 구절에서 볼 때, 우리는 썩어질 것과 썩지 않을 것 그리고 영원성과 시간성의 상호 공존을 알게 된다. 죽음이 음에 의해 상징된다면, 부활은 양에 의해 상징된다. 비록 음과 양이 그 특징에 있어서 상반되기는 해도, 그들은 상호 공존한다. 이와 같은 방식으로, 죽음과 부활은 상반되나 서로 공존한다.

음과 양의 상징이 삼위일체적 사고를 대변한다면, 죽음과 부활은 삼위일체적 행위들을 의미한다. 죽음이 음에 의해 상징되고 부활이 양에 의해 상징될 때, 죽음과 부활의 관계는 쉽게 이해된다. 음이 최대에 이르렀을 때, 양은 커지기 시작한다. 예수의 죽음을 음의 최대의 팽창이나 음의 완성으로 이해할 수 있다. 거기에서 양은 커지기 시작한다. 양의 팽창은 부활의 능력을 상징한다. 따라서 죽음과 부활은 음이 최대고 양이 최소인 동일 지점에서 만난다. 음이 최대에 이르러 쇠잔하기 시작하고, 양이 최소에 닿았을 때 자라나기 시작한다. 비록 음(죽음)과 양(새로운 생명)이 동시에 시작된다고 해도, 음은 쇠하는 것이나 양은 자라나는 것이다. 음양의 상징적 사고는 팽창과 수축에 근거한다. 음이 팽창할 때 양은 수축한다. 양이 팽창할 때, 음은 수축한다. 상호 팽창과 수축은 모든 것들을 변하게 만든다.

상호 팽창과 수축을 밤과 낮, 한해의 사계와 관련하여 예를 들어 보자. 해가 한낮에 최고에 이르렀을 때 그 빛은 줄어들기 시작하고, 한밤에는 최소에 도달한다. 동시에 어둠은 낮에 자라나기 시작하여 한밤에 최대에 이른다. 한밤에 어둠은 줄어들기 시작하나 빛은 커가기 시작한다. 이와 같은 방식으로 한 해의 가장 추운 계절인 겨울에 도달했을 때, 더운 기운인 봄이 오고 가장 더운 계절이 될 때까지 자라난다. 따라서 팽창과 수축은 음양의 원리이다. 이런 사고방식을 사용함으로써, 우리는 죽음과 부활의 관계를 이해할 수 있다. 죽음의 힘이 늘어날 때, 부활(다시 사는)의 힘은 줄어든다. 부활의 능력이 늘어날 때, 죽음의 힘은 줄어든다. 이런 종류의 관계에서, 죽음은 한 순간에 일어나는 순간적 사건이 아니다. 죽음은 우리가 태어나자마자 시작되는 과정이다. 달리 말하면, 우리가 생명을 받는 순간에 죽기 시작하는 것이다. 죽음의 힘은 우리가 나이를 먹어가면서 계속 늘어난다. 그것이 최대에 이르렀을 때, 최종의 죽음이 온다. 그러나 죽음의 순간에 새로운 생명은 시작된다. 이것은 부활의 경험이다.

죽음이 탄생의 순간에 시작되는 것과 마찬가지로, 새로운 생명은 죽음의 순간에 시작된다. 새로운 생명(부활)이 죽음에서 시작된다면, 죽음은 절대적인 종말이 아니다. 그것은 삶의 부분이 아니면 안 된다. 왜냐하면, 삶과 죽음은 떨어지지 않기 때문이다. 죽음은 삶 속에 있고 삶은 죽음 속에 있다. 우리가 음양의 포괄적 사고를 적용해 보면 말이다. 이런 사고 안에서는, 죽음은 절대적인 것이 아니고 죽음은 다시 생명을 포함하고 있는 것이다. 절대적인 종말로 죽음을 간주할 때, 죽음은 삶을 포함할 수 없다. 이것은 절대적인 이원론에 근거한 것인데, 이것은 삼위일체적 사고와는 상반된다. 절대적 이원론의 관점에서 본다면, 부활이나 죽음으로부터의 새로운 삶(다시 사는)은 존재하지 않는다. 죽음은 영원한 죽음이다. 죽은 자는 절대적으로 죽은 것이고 새로운 생명은 가능하지 않다. 그러나, 죽은 자들의 부활은 삼위일체적 사고 안에서 가능한데, 그것은 삼위일체적 사고가 제삼의 눈, "타자"의 가능성을 허락하기 때문이다. 태극도에서 우리는 양 속에서 음의 눈을, 음 속에서 양의 눈을 보게 된다. 이런 눈들은 제삼의 눈을 대변하는데, 그것은 음양을 삼위일체적으로 만든다. 음 속의 양의 눈은 죽음 안에서의 새로운 생명을, 양 속의 음의 눈은 삶 속의 순간적인 죽음을 대변한다. 이런 숨겨진 제삼의 눈 때문에, 음과 양의 상징들은 이원적이 아니라 삼위일체적이다. 이와 같이, 죽은 자들의 부활의 관념은 삼위일체적 원리 때문에 가능하다.

그러면 십자가상에서 예수의 죽음은 어떤 의미를 가지는가? 그의 죽음은 일상적인 죽음과 어떻게 다르고 특별한 의미를 갖는가? 그의 죽음은 순결한 죽음이고 보편적인 의미를 갖기 때문에, 유일회적인 것이다. 기독교인들은 그의 순결한 죽음이 구속적이라는 것을 이해한다. 그의 죽음은 처형의 상징인 십자가를 구속의 상징으로 바꾸어버렸다. 이런 변화의 힘이 그의 죽음에서 왔기 때문에, 그의 죽음은 그의 능력의 소진이 아니라 그의 능력의 정점인 것이다. 예수의 사랑의 위대한 힘은 그의 죽음에서 극명하게 드러났다. 이것은 모든 힘과 정열을 무화시키는 일상적인 죽음과는 다르다. 예수의 삶의 전체 사역이 십자가의 죽음으로 모두 모아졌고 능력으로 드러났다. 죽음이 없이는 그의 사역은 불완전했고 실패였다. 이것은 예수께서 그의 제자들에게 "나는 고통을 당하고 죽음을 당해야 한다"고 말한 이유이다. 죽음은 그의 사랑의 사역의 최고의 정점이었다. 죽음은 실패가 아닌 승리였다. 그러므로, 예수는 우리가 우리의 삶에서 죽음에 부여하는 가치를 뒤집어 버렸다. 음양의 상징적 사고에 따르면, 그의 죽음은 삶의 최대의 정점에서 왔다. 우리가 삶의 최대의 정점을 정오로 생각한다면, 어둠인 죽음은 정오에 시작된다. 따라서, 이것은 성서에 기록되기를, "낮 열두 시가 되자 온 땅이 어둠에 덮여 오후 세 시까지 계속되었다"(막 15:33). 이 세 시가 삼일에 유추된다면, 부활은 어둠이 제거된 후에 일어난다. 따라서 생명의 상징인 정오를 덮는 것은 죽음의 상징인 어둠이었다. 어둠은 너무나 능력이 있고 완벽해서 거기에 빛이 전혀 없게 된다. 모든 빛을 삼켜 버리는 블랙홀과 같이, 예수의 죽음은 삶을 삼켜 버렸다. 그의 죽음은 빔(the void)과 같이 생성을 위한 무한한 잠재성을 가지고 있다. 그의 죽음은 일상적인 죽음을 넘어서서 삶의 한계를 접촉하기 때문에, 그것은 특별한 죽음이다. 그의 죽음은 특별하기 때문에, 그의 사역의 열매인 죽음 또한 특별하다. 이런 특별한 열매로부터, 부활의 특별한 형태가 생겨난 것이다. 따라서 새로운 생명인 부활은 단순한 옛적 삶의 갱신이 아니라 전적인 새로운 생명이다(new life). 그 자체를 나비로 변환시키는 유충과 같이, 이 새로운 생명은 참으로 새로운 것이다. 그것이 옛적 삶에서 나온 것이기는 해도 말이다.

예수의 죽음은 그 우주적 차원 때문에 특별하다. 성서의 기자들은 그들의 예수의 죽음이란 현상을 묘사할 때, 보편적이고 우주적인 차원을 사용한다. 이미 위에서 본대로, "온 땅이 어둠에 덮여"(마 27:45)로 기록된다. 그의 죽음의 순간에, "바로 그때에 성전 휘장이 위에서 아래까지 두 폭으로 찢어지고 땅이 흔들리며 바위가 갈라지고 무덤이 열리면서 잠들었던 많은 옛 성인들이 다시 살아났다"(마 27:51-52). 우주의 법칙이 그의 죽음에 의해서 영향을 받았다. 이것 때문에 백부장은 "이 사람이야말로 정말 하느님의 아들이었구나!"(마 27:54)라고 말한다. 예수는 그의 죽음의 순간, 그의 사역의 정점에서 하나님의 아들로 알려졌다. 그는 부활되기 이전에 우주적 그리스도가 된 것이다. 예수의 부활은 그가 우주적 주재(his cosmic lordship)임을 확증한 것이다. 그것은 그의 십자가의 죽음으로 그에게 부여된 것이다. 그의 죽음 때문에 예수는 더 이상 시공간의 제약 속에 묶여 있을 수 없었다. 그는 삼위일체 하나님으로 언제나 어디서나 현존하는 우주적 그리스도가 된다. 따라서 그를 부활하게 하고 우주적 그리스도로 변화시킨 것은 십자가였다. 십자가 위에서 구원의 효용성과 신의 아들임이 모두 드러나게 되었다. 십자가 위에서 시간성과 영원성이 만나고, 신성과 인성이 만나진다. 십자가 위에서 성자와 성부가 성령을 통해 연합된다. 따라서 십자가는 수평선(음)과 수직선(양)으로 만들어지는데, 삼위일체의 독특한 상징이다. 이것은 십자가 위에서 예수의 죽음이 특별하고 구별되는 이유인 것이다.

삼위일체적 과정을 통한 구원

기독교의 삼위일체에서, "구속자"(redeemer)나 "구세주"(savior)는 성자에 대한 잘 알려진 상징이다. 반면에 창조주는 성부에 대한 상징이고 보존자(sustainer)는 성령에 대한 상징이다. 삼위일체적 사고에서 아들은 부모에 대해 늘 상대적이다. 부계사회의 영향을 강력하게 받았기 때문에, 아버지에 대한 아들의 관계는 기독교에 있어서 중심적인 것이다. 구세주인 성자는 그러므로 삼위일체적 사고에서 관계적 상징이다. 성자는 성부에 상대적인데, 그의 구세주로서의 역할은 성부의 창조적 역할에 상대적일 수밖에 없다. 이런 부계사회적 구조에서, 성자는 가정의 머리인 성부에 늘 종속적일 수밖에 없다.

비록 성자가 성부에 종속적이긴 할지라도, 성자는 종교적 헌신의 중심이 된다. 성자는 기독교 신앙에서 성부보다 더욱 중요하다. 이것은 힌두교와 같은 다른 종교들에 있어서도 마찬가지이다. 즉 구원의 신인 시바(Shiva)는 창조의 신인 브라마(Brahma)보다 더욱 중요하다. 대부분의 사원은 시바의 이름으로 건설되며, 브라마는 힌두교 신자들에게는 거의 잊혀져 있다. 힌두교에서와 같이, 구세주 하나님은 기독교인들의 신앙의 삶에서 중심이 되었다. 창조주 하나님은 거의 잊혀져 있다. 달리 말하면, 성자가 기독교적 생활에서 성부보다 더욱 두드러진 것이다.

최초의 공의회가 니케아에서 325년에 삼위일체를 정의하기 위해 열렸을 때, 기본적인 문제는 구원이었다. 아타나시우스는 그리스도의 신성은 구원을 위해서 본질적인 것이라고 주장했다. 기독론의 문제도 이 구원의 문제와 직접적으로 연결된다. 사람들은 구원을 필요로 하면

할수록, 그들은 그리스도를 그들의 구세주로 더욱더 강조해야 했다.[25] 창조의 사역과 구원의 사역이 분리됨으로써, 그들은 창조보다 구원의 중요성을 강조해야만 했다. 그러나 삼위일체적 사고인 음양의 상징적 사고에서, 창조의 사역과 구원의 사역 사이에는 연속성이 있다. 구원의 사역을 성자에게 배타적으로 적용하고 창조의 사역을 성부에게만 적용하는 것을 잘못된 것이다.

다른 사건들은 직선적 시간의 계기 속에서 발생하기 때문에, 구원과 창조의 분리는 유클리드적 세계관에서는 가능하다. 이런 이원적 세계관에 따르면, 창조는 일정한 시간의 계기에 완성되고 그다음에 구원이 오게 되어 있다.[26] 사건들은 차례로 일어나기 때문에, 구원 이전에 창조가 일어났고 창조주가 구세주보다 먼저 오게 된다. 구속은 창조의 사역과는 구분되는 하나님의 분리된 사역으로 생각되기 때문에, 성부 하나님은 성자 하나님과는 구분된다. 이것은 성부와 성자가 떼려야 뗄 수 없는 관계에 있는 삼위일체적 관념과는 다른 것이다.

음양의 상징적 사고에 따르면, 창조주와 구세주는 하나이고 분리될 수 없다. 음이 양이 없이, 혹은 양은 음이 없이는 존재할 수 없는 것과 같이, 창조주는 구세주가 없이는, 구세주는 창조주가 없이는 존재할 수 없다. 이런 관계는 보존자, 성령에 의해서 유지되는데, 성령은 삼위일체적 사고에서 연결원리로 역할을 한다.

비록 성부와 성자 사이에 분리는 없을지라도, 삼위일체에서 기능적 차이의 우선성은 있다. 성부가 성자보다 우선성을 가지듯이, 창조는 구원보다 우선하게 된다. 이것은 존재적인 것이 아니고 기능적인 우선성이다. 창조는 구원에 근본적인데, 구원이 창조에 관계적이기 때문이다. 우리가 히브리 성서에서 창조는 존재하는 혼돈을 질서 지우는 과정이라고 믿는다면, 구원은 창조의 원래적 질서를 회복하는 것이다. 그

원래적 질서는 죄 때문에 왜곡되었다.[27] 구원자인 그리스도는 우주적
혼돈을 바로 잡기 위해서 하늘의 권세와 세력과 주권의 여러 천신들과
투쟁을 벌인다(엡 1:21). 성자의 책임이 성부의 뜻을 이루는 것이라면,
그의 사역은 성부의 창조의 과업을 완성하는 것이다. 구세주의 과업은
창조주의 과업이 되는 것이다. 그러므로 구속은 창조의 일부로 이해해
야 하며, 그것은 성자를 통해서 계속되는 것이다. 따라서 구속은 창조적
과정의 연장인 것이다. 성자의 과업은 성부와 독립적으로 진행될 수
없다. 달리 말하면, 구속은 삼위일체적 행위인 것이다. 그것은 성자의
과업뿐만 아니라 성령을 통해서 성부의 과업도 포함한다.

　구속보다 창조가 우선성을 가짐으로써, 구세주의 사역이 창조주의
사역에 의존하게 된다. 이것은 확실하게 성자가 기능적으로 성부에게
종속하게 된다. 성자는 성부에게 종속되는 것과 마찬가지로, 구세주는
창조주에 속하게 된다. 따라서 초대교회가 성부, 성자, 성령을 병렬시킴
으로써, 그리스도를 성부와 동등하게 만든 것은 잘못인 것이다.[28] 그리
스도는 자신을 성부와 동일시한 적이 없다. 그는 "나는 아버지이다"라고
말하지 않았다. 그는 "아버지와 나는 하나다"(요 10:30) 혹은 "나를 본
자는 아버지를 보았다"(요 14:9)라고 말했다. 그는 성부와의 통일성
(unity)을 말하지 동일성(identity)을 말하지 않는다. 달리 말하면, 성자는
성부 안에 있고 성부는 성자 안에 존재한다. 그들은 하나이나 동일하지
는 않다. 이것이 정확하게 성자가 성부와 동일하게 여겨질 수 없는 이유
인 것이다. 전통적 삼위일체의 상징은 위계적 질서 속에 정리되지 않으
면 안 된다. 왜냐하면, 그것들은 가부장적 가족제도에 속해 있는 것이며
따라서 아버지는 아들보다 우선하기 때문이다.

　성자의 성부에의 종속은 효를 중심으로 하는 유교적 전통에서 잘
살펴볼 수 있다. 이 효도는 사회 속에서 모든 인간관계를 이루는 핵심적

인 덕인 것이다. 한국 신학자인 윤성범은 예수 그리스도와 성부와의 관계를 유가의 효, 부자관계와 비슷하다고 생각했다.[29] 예수 그리스도는 효자이기 때문에, 그는 아버지의 모든 소원을 이루고자 순종했고 완성했다. 심지어는 죽기까지 순종하는 자세를 보였다. 예수는 아버지의 뜻을 이루기 위해서 왔다고 말했다. 그가 체포되기 전에 그는 이렇게 기도했다. "아버지, 나의 아버지! 아버지께는 무엇이든 다 하실 수 있으시니 이 잔을 나에게서 거두어 주소서. 그러나 제 뜻대로 마시고 아버지의 뜻대로 하소서"(막 14:36). 이 기도는 아버지에 대한 그분의 숭고한 효성의 표현이다. 예수 그리스도의 효는 우리가 하나님과의 관계를 회복하는 열쇠가 된다. 달리 말하면, 우리를 구원한 것은 성자의 신적 속성이 아니라 그의 효성(his filial piety)이었던 것이다. 부자의 관계는 삶에서 다른 모든 관계들의 열쇠가 되기 때문에, 부자관계의 완성은 다른 모든 관계의 완성인 것이다. 예수는 이런 부자의 관계를 완성하셨다. 그래서 그를 따르는 우리는 삶의 모든 여정에서 그와 연합함으로써 다른 모든 관계를 조화롭게 이루어 갈 수 있는 것이다. 이런 점에서, 구원은 실체적인 것이 아니라 관계적인 것이다. 구원은 조화로운 관계의 회복이고 그 관계는 창조 안에서 질서 지어진 관계인 것이다. 원래적 관계의 회복은 성자를 통해서 가능하다. 왜냐하면 그는 창조의 대행자일 뿐만 아니라 창조의 능력이기 때문이다.

창조가 혼동으로부터 질서를 창조하는 과정이라면, 구원은 인간의 죄에 의해 만들어진 혼돈과 부조화로부터 질서를 회복하는 창조의 일부인 것이다. 이런 우주론적 인간학의 전제에 따른다면, 죄는 인간관계의 왜곡이상인 것이다. 죄는 우주적 왜곡을 다루어야 한다.[30] 피조물 전체는 고통 가운데 신음하면서 자신들의 질곡을 해방시켜 주기를 고대하고 있는 것이다(롬 8:18-25). 죄가 우주적 인간적 무질서의 원인이다. 또한 죄는 창조주와 피조물의 관계에도 영향을 미치고 창조적 과정을 정지시키는 수단인 것이다. 죄는 창조 이전의 상태인 혼돈으로 이끄는 힘이다. 그래서 죄는 창조의 과정과는 상반되는 존재의 상태이다. 이것은 신의 창조성으로 들어가는 정태적 존재이다. 암과 같이, 죄는 창조성을 붕괴시킨다. 구원은 신의 창조성의 일부이기 때문에, 죄의 분리시키는 힘은 마침내는 구원으로부터 창조를 분리시켜버렸다. 그것들을 분리시킴으로써, 죄는 창조로부터 창조성을 제거했고, 구원을 창조 바깥에서 발견되지 않으면 안 되는 무엇으로 만들었다. 따라서 죄는 창조로부터 구원을 분리시킬 뿐만 아니라, 창조주로부터 구세주를 분리시켜냈다. 이런 방식으로 죄는 신의 삼위일체를 왜곡시켰다. 죄가 세상에 들어오자 그것은 피조물들에게서 조화를 파괴해버렸고, 삼위일체적 삶의 조화를 붕괴시켰다. 훈육되지 않은 자녀들의 발광이 부모들의 삶에 영향을 미치듯이, 세계의 부조화는 신의 삶에 있어서의 삼위일체적 관계에 영향을 미쳤다. 인간의 죄가 만들어낸 신적 삶에서의 소외는 신의 고통으로 나타난 것이다.

구속은 우리가 신의 창조성에 따르거나 귀의할 때 가능하다. 예수 그리스도가 아버지에 복종하고 십자가에 죽기까지 자신을 완전하고 무조건적으로 헌신한 것과 마찬가지인 것이다. 그러므로 그리스도는 우리의 구원의 글의 선구자이며, 우리가 될 수 있는 원형인 것이다. 그리스도가 역의 세계에서 단순하게 "있음"(be)라기보다는 완전한 변화의 상징이라면, 우리는 그를 따라 변화하지 않으면 안 된다. 변화의 흐름에 따라 변화하고 전환되기보다는 그냥 존재하고자 하는 것이 우리의 소원이다. 변화하는 세계 속에서 변화를 거스르는 것은 비현실적인 뿐만 아니라 삶의 질서와는 영 동떨어진 것이다.

죄는 우리의 존재하고자 하는 욕망에 따른 부조화이기 때문에,

자기에게 쉽고 익숙한 것에 집착하는 것을 극복하는 것이 구원이요,
바로 정상적인 창조성을 회복하는 것이다. 변화의 흐름에 맡기는 것이
죄를 극복하는 열쇠이다. 그냥 자신을 맡기는 것은 매우 쉬운 것처럼
보이지만 이것은 자기기만이다. 이것은 가장 실천하기 어려운 것이다.
이것은 우리가 되어야만 하는 것이 되는 것을 의미한다. 그냥 가는 대로
맡기는 것(let go)은 우리가 최초에 존재한 대로의 창조되어진 것이 되는
것이다. 이것은 우리 자신을 완전하고 무조건적으로 변화, 즉 신적인
창조성의 과정에 맡기는 것을 의미한다. 버림으로써만 우리는 구원될
수 있다. 음이 완전하게 양에게 내 맡김으로써 구원되는 것과 마찬가지
이다. 그리스도는 아버지에게 자신을 완전하게 드림으로써 자신의 아
들됨을 실현할 수 있었다. 이와 같이 우리는 우리 자신을 그리스도에게
드려야 한다. 드림/버림(yielding)은 구원의 방법이다. 우리는 비행위를
통해서 가장 능동적이고 활동적이 될 수 있다. 수동성을 통해서 창조적
이 되고, 고통을 통해서 희락하게 되고, 손실을 통해서 이익을 얻게
되는 것이다. 바울이 말한다. "영광을 받거나 수치를 당하거나 비겁을
받거나 칭찬을 받거나 언제든지 하느님의 일꾼답게 살아 갑시다. 우리
는 속이는 자 같으나 진실하고 이름 없는 자 같으나 유명하고 죽은
것 같으나 이렇게 살아 있습니다. 또 아무리 심한 벌을 받아도 죽지
않으며 슬픔을 당해도 늘 기뻐하고 가난하지만 많은 사람을 부요하게
만들고 아무 것도 가진 것이 없지만 사실은 모든 것을 가지고 있습니다"
(고후 6: 8-10). 이 역설은 기독교적인 것만이 아니고 동양적인 관념이다.
"도는 날마다 잃음으로 얻는다. 마침내 안식을 얻을 때까지 잃고 또
잃어. 그냥 가게 두어, 모든 것이 이뤄지리. 세상은 그냥 가게 두는 자들
이 얻으리. 네가 하고 해도, 세상은 네가 얻지 못할 것이리."[31] 그냥
가게 둠으로써, 우리는 모든 것을 변화시키는 변화 자체와 하나가 된다.

이것은 그리스도와 연합하는 것이다. "내가 산 것이 아니요 내 안에 그리스도가 사신 것입니다"(갈 2:20). 그리스도가 자기를 버림으로써(십자가에 죽으심) 승리를 얻은 것과 같이, 우리는 약함 속에서 능력을 발견하기 위해서는 우리를 버리는 것을 배워야 한다. 드림/버림은 삼위일체적 행위이다. 왜냐하면 그것은 조화의 방법이고, 이것을 통해서만 상반된 것들을 조화시킬 수 있기 때문이다. 음과 양이 상반되나 저항보다는 드림/버림 속에서 연합되듯이, 버림의 능력을 통해서 성자와 성부를 연합하게 하는 것이 성령이다.

그리스도는 십자가 위에서 죽기까지 자신을 완전하게 드림으로써 우리에게 구원의 도를 보였기 때문에, 그는 우리의 구원의 선구자이다. 그는 "모든 창조물의 처음 소생"일 뿐만 아니라 모든 창조적 과정의 맨 마지막이다. 그는 알파와 오메가이다. 처음과 끝은 그 안에서 만나게 되는데, 그는 하나이면서 동시에 둘이기 때문이다. 그 안에서 끝은 시작이고 시작은 끝이다. 그 안에서 하늘과 땅은 연합하고 신성과 인성은 하나가 된다. 그에게 돌아감은 그와 연합함이고 이것은 모든 것의 부분이 되는 것인데, "만물이 그 안에서 함께 서게"(골 1:17) 되는 것이다. 버림으로써 우리는 모든 존재의 근원과 중심인 우주적 그리스도에게로 돌아갈 수 있다. 우주적 그리스도는 역설적으로 모든 모퉁이 중의 모퉁이이다. 드림/버림으로써 우리는 마침내 신의 삼위일체적 삶에 참여하게 되는데, 삼위일체 하나님인 성자를 통해서인 것이다.

신의 고통과 사랑의 삼위일체적 자리

신은 고통을 받을 수 없다는 전통적인 견해7)는 이원적이고 정태적

---

7) 이것은 divine apatheia 혹은 divine impassibility라고 부른다. _ 옮긴이 주

인 그리스 철학에 근거하고 있다. 음양의 상징적 사고, 즉 모든 것을 통째로 보는 역동적인 우주론의 빛에서 본다면, 이것은 받아들여질 수 없다. 성부가 성자의 고통을 같이 느낄 수 없다면, 그는 삼위일체적 가정의 일원이 될 수 없다. 게다가, 삼위일체의 개념은 상호의존적이고 포괄적인 관계로 친밀하게 맺어져 있다. 셋 속의 하나이고 하나 속의 셋인 관계이기 때문에 하나에서 일어난 일은 셋 모두에게 일어나게 된다. 아들의 고통은 삼위일체 하나님의 고통이다. 왜냐하면, 성자는 신의 삼위일체적 가정의 일원일 뿐만 아니라 그 자신이 삼위일체 하나님이기 때문이다.

신은 고통을 받을 수 없다는 아파테이아의 전통적 견해는 삼위일체에서 신의 인격들이 다르다는 차이에 근거한다. 삼위일체에서 "인격들"의 차이를 거부하는 자들은 서방교회에서 "성부수난론자"(Patri- passians)로 동방교회에서는 "사벨리우스주의자"(Sabellians)라고 불렸다.[32] 성부수난론은 라틴어 두 단어인 아버지(pater)와 고통(passio)에서 기원한다. 아버지 자신이 고통을 받았다는 것을 의미한다. 아들과 아버지의 차이가 만들어졌을 때, 아들의 고통은 아버지에게 영향을 미칠 수 없다. 그러나 성부수난론이라는 이단설을 피하기 위해서, 신의 삼위일체의 통일성은 거부되어지지 않으면 안 되었다.[33] 삼위일체적 사고는 차이 속의 통일성이고 통일성 안의 차이이기 때문에, 성부수난설은 삼위일체 속에 있는 것이며, 따라서 아파테이아 즉 신은 고통을 받을 수 없다는 개념은 우리가 받아들일 수 없는 것이다.

게다가 아파테이아를 지지하는 기본적 전제는 신은 선의 완전한 것(the perfection of the Good)이라는 그리스적 사고이다. 이 완전한 신성은 합리적 능력을 가지고 사유할 수는 있으나 열정이나 느낌을 가질 수는 없는 것이다. 고통은 열정이나 느낌을 다루기 때문에, 신성의 일부일 수 없는 것이다.³⁴ 신의 고통은 신이 완전할 뿐만 아니라 변할 수 없기 때문에 거부되지 않으면 안 된다. 신이 "부동의 제일의 동자"(the Immovable First Mover)라고 정의될 때, 열정이나 느낌은 늘 변하기 때문에 신성의 일부가 되서는 안 된다. 이 변하지 않고 자족하는 하나님은 고통을 받을 수 없다. 게다가 그리스 관점에 따르면, 고통은 내적인 악이라고 생각되었고, 따라서 고통은 신의 경험의 일부가 될 수 없는 것이다. 따라서 고통을 받지 않는 하나님만이 그리스 철학자들이 생각할 수 있는 신이었다. 이 신은 예수 그리스도 속에 계시된 살아있고 사랑의 화신인 기독교의 하나님은 아니다. 이런 점에서 반-성부수난설 운동은 그리스의 형이상학적 사고와 밀접히 연관되어 있다.³⁷

역사 속에서 늘 능동적으로 역사하는 사랑의 하나님이 변화하지 않는다거나 고통을 받을 수 없다는 것은 어불성설이다. 하나님은 살아계신 역동적인 분으로 자신의 자녀들을 위해서 고통을 감수하신다. 사랑의 하나님의 고통은 악이 아니라 가장 숭고한 선인데, 그것은 대속의 고통이기 때문이다. 페어베언(A. M. Fairbairn)이 말한 대로, "예수 그리스도가 이 땅에 왔다는 진리는 하나님의 고통 안에서만 말해질 수 있다."³⁸ 확실히, 예수 그리스도 속에 나타나신 하나님은 고통받으시는 하나님이다. 이 하나님은 삼위일체이시기 때문에, 성자의 수난은 성부의 고통만이 아니라 성령의 고통인 것이다. 성령은 삼위일체의 한 인격이기 때문에 고통을 같이 받는 것이다. 따라서, 삼위일체적 사고는 신의 고통, 성령의 고통이라는 새로운 차원을 제시한다.

다음 장에서 보게 되겠지만, 삼위일체의 여성 성원인 성령은 동양적 관점의 땅인 어머니와 깊이 연관되어 있다. 잘 알려진 일본 작가인 엔도 슈사코는 예수 그리스도 안에 나타난 하나님의 사랑을 어머니의 사랑과 일치시켰다.³⁹ 동양의 문화에서 어머니의 사랑은 아버지의 사랑보다 더 포용적이고 무조건적이다. 게다가 어머니는 자녀들을 다룸에 있어서, 이성적이라기보다는 감정적이고 객관적이라기보다는 직관적이다. 동양적 관점에서 강조할 것은 성부 수난의 문제보다는 성모-수난 (matri-passian)[8)]과 연관된다. 우리가 성령을 삼위일체의 모성적 측면과 연결시킨다면, 우리는 성령은 십자가에서 성자를 위한 고통을 받고 있었다는 것을 인식할 수 있다. 예수 속의 하나님은 능력에는 약하나 사랑에는 강한 어머니인 하나님과 밀접하게 연관된다. 그 어머니인 하나님은 약함 때문에 아들을 십자가에서 구해낼 수는 없었으나, 자신의 강한 심정(empathy)를 통해서 더 고통을 당하신다.[9)] 성령은 "속"(in) 으로 상징되는 삼위일체의 포괄적이고 연결시키는 성원이기 때문에, 감정에 있어 심정적이고(empathic) 즉 다른 사람의 고통에 참여한다. 사실상 성자는 하나님 즉 성령의 심정(empathy) 때문에 아버지 안에 있으며 아버지는 아들 안에 있다.[40] 열정이나 느낌은 전체 경험의 벡타이기 때문에, 심정이나 내적인 느낌(in-feeling)은 전체적인 자아를 경험하는 것이다.[41] 비록 실제에서 고통의 강도를 등급 매기고, 삼위일체에서 고통의 위계를 분류할 방법은 없다. 성령은 성자의 고통을 신의 심정으로 대변하기 때문에, 성자의 고통을 성부보다는 어머니인 성령이 더

---

8) 여기에서 성모 수난은 가톨릭적인 성모 마리아의 수난이라기보다는 이 교수가 다시 정의한 성령의 수난이다. 물론 그렇다고 해서 성모 마리아의 수난의 배제할 이유는 없다. _ 옮긴이 주

9) 보통 empathy는 감정이입이라고 번역된다. 이 교수는 그의 박사 학위 논문인 "God Suffers for Us"에서부터 신의 사랑을 단순한 sympathy가 아닌 empathy로 해석했고 신의 고통을 신의 사랑의 최고의 표현으로 해석해 왔다. 역자는 empathy를 심정이라고 번역했다. 보통 우리말에서 "심정이 통한다"고 말한다. 즉 다른 사람을 완전하게 이해하고 지적으로만이 아니라 마음이 전이되기까지 하는 단계를 말한다. 물론 인간의 심정적 이해는 제한적이다. 그러나 신의 심정적 이해는 더 근본적이고 결국은 자신의 수난과 고통을 통해서라고 자신의 자녀들을 구원하고자 하셨다. _ 옮긴이 주

강하고 직접적으로 느낀다. 그러나, 이런 종류의 전제는 우리의 제한적인 인과적 사고에 근거한 것이다. 아들은 삼위일체의 하나님이기 때문에, 성자의 고통은 성자와 성부와 성령의 고통 즉 삼위일체의 고통인 것이다. 달리 말하면 신의 삼위일체에서 고통의 직접성과 강도의 정도는 상정할 수 없다. 삼위일체에서 하나의 고통은 동시에 동일하게 다른 분들의 고통이 되기 때문이다. 아들이 십자가에서 죽을 때 성부와 성령도 죽는 것과 같이, 성자가 고통을 당할 때 그들은 같이 고통을 당하는 것이다. 아들의 고통은 셋 안에서 경험되어지는 것이다. 셋의 고통은 하나에서 경험되어지는 것과 같다. 따라서 신의 고통은 삼위일체적 행위이다.

신의 고통은 사랑 안에서만 이해된다. 사랑은 고통의 가장 포용적인 원리이다. 아들을 보내고 십자가에 고통을 당하게 하는 것은 하나님의 사랑이다. 아들의 고통은 하나님의 사랑의 표현 이외에 다른 것이 아니다. 하나님은 사랑 때문에 고통을 당하신다. 이것이 하나님의 고통은 악일 수 없는 이유이다. 반대로, 이 신의 고통은 가장 고도의 사랑의 표현이다. 하나님의 사랑은 창조 안에서 효과적으로 나타났으며, 예수 그리스도 안에서 완벽하게 표현되었다. "하나님은 사랑이시라"(요일 4:8)면, 하나님의 모든 행위는 그의 사랑의 표현이다. 하나님의 창조성은 사랑의 표현 이외에 다른 것이 아니다. 사랑은 창조적이기 때문이다. 신의 현존은 사랑의 행위이고, 하나님은 사랑이시다. 하나님의 창조성은 차단되거나 신의 현존이 거부될 때, 사랑은 소외되는 것이다. 사랑의 소외는 신의 고통 안에서 드러난다. 신의 진노는 사랑의 제한된 형태를 상징하는 성서적 표현으로 신의 고통을 나타내는 것이다. 따라서, 고통과 사랑은 떼려야 뗄 수 없이 연결되어 있으며, 심정적으로 연결되어 있는 것이다.

대속의 고통은 사랑의 관계에서만 가능하다. 모든 사랑의 관계라는 형식에는 고통의 잠재성이 존재하지 않으면 안 된다. 사랑은 고통을 받을 가능성이 잠재하기 때문에, 우리는 사랑할 때 고통의 위험을 감수해야 한다. 이것은 인간이 고통을 두려워하면 사랑할 수 없는 이유이다. 고통의 잠재성은 사랑의 관계 강도가 심화되면 될수록 증가된다. 우리가 더욱더 사랑한다면, 우리는 고통을 더욱더 기대해야 한다. 하나님이 진정으로 세상을 사랑해서 아들이 십자가에 고통을 당하도록 보냈다면, 하나님은 아들을 보내기 전부터 고통을 받았음에 틀림이 없다. 달리 말하면, 갈보리의 언덕 위에 십자가가 서기 전에, 하나님의 심정 속에는 이미 십자가가 있었다. 하나님의 마음은 죄와 악의 세계 때문에 이미 상처로 각인되었다. 십자가는 상처받은 사랑의 상징이고, 세계의 상처를 치료할 수 있는 하나님의 사랑의 표현인 것이다. 이 십가가 안에서 하나님의 상처받은 마음과 인간의 상처가 만나고 서로를 치유하는 것이다. 이런 관계에서 인간의 고통은 신의 고통을 통해서 극복되는 것이다. 신의 상처는 인간의 치유를 통해서만 치유될 수 있다. 인간의 고통과 신의 고통의 관계는 "그리스도의 죽음을 갖고 간다"는 생각으로 표현된다. 바울은 말한다, "우리는 아무리 짓눌려도 찌부러지지 않고 절망 속에서도 실망하지 않으며, 궁지에 몰려도 빠져나갈 길이 있으며, 맞아 넘어져도 죽지 않습니다. 이렇게 우리는 예수의 죽음을 몸으로 경험하고 있지만, 결국 드러나는 것은 예수의 생명이 우리 몸 안에 살고 있다는 사실입니다"(고후 4:8-10).

그리스도인이 가져야 하는 특징은 십자가를 지고 간다는 것이다. 그것은 신의 고통에 참여하는 것이다.[42] 신의 고통에 우리가 참여함으로써, 우리는 고통에서 의미를 발견하게 된다. 우리는 그 안에서 의미를 발견할 때만 고통을 참아낼 수 있다. 그래서, "의미를 가지는 고통은 참아낼 수 있는 것이다."[43] 게다가, "고통은 인내를 만들어낸다"(롬 5:3). 하나님과 함께 고통을 당함으로써, 우리는 우리의 고통을 극복하는 강함을 발견하게 된다. 고통의 관계에서, 바울이 말한 대로, "내가 약해졌을 때, 오히려 나는 강하기 때문입니다"(고후 12:10). 하나님과 함께 고통을 당한다는 것은 우리가 강해질 수 있는 근거이다. 게다가 우리는 하나님과 같이 고통을 당하는 가운데 기대의 소망을 발견하게 된다. 우리의 소망을 통해서 고통 가운데 인내의 열매를 맺는 것이다. 이 열매는 완전한 사랑을 맛보는 것이고, 소외되지 않는 사랑이다. 그것은 평화와 기쁨과 행복 가운데 드러나는 사랑이다. 이것은 성자를 통한 구속의 완전한 상징이다. 성자 안에서 사랑은 고통을 통해 완전해지며, 고통은 사랑을 통해 극복된다. 그 안에서 땅은 하늘로 나갈 수 있으며, 하늘은 땅 위에 포용되는 것이다. 그 안에서 인성과 신성이 만나고 고통과 사랑이 어우러지며, 개체와 복수가 하나로 연합하는 것이다. "그 안에서 만물이 함께 서게"(골 1:17) 되는 것이다.

우리가 다음 장에서 성령 하나님으로 나가기 전에, 삼위일체에서 인격들의 변하는 역할을 살펴보도록 하자. 성부와 성자의 관계에서, 성령은 하나님의 심정으로 역할을 한다. 즉 삼위일체에서의 연결원리이다. 그러나 성자는 성부와 성령의 관계에서의 연결원리이다. 이와 같은 방식으로, 성부는 성자와 성령 사이의 관계에서의 연결원리이다. 우리의 삼위일체적 사고는 관계적이기 때문에, 관계의 변화는 삼위일체의 서열을 바꾸게 된다.

5 장
성령 하나님

들어가면서 몇 마디

비록 성령이 삼위일체의 셋째 성원이기는 해도, 성령의 지위는 매우 모호하고 때로는 별로 중요하지 않게 보이기도 한다. 성령은 성부나 성자의 속성으로 여겨지고, 삼위일체 안에서 어떤 독특한 자리를 차지하지 못했었다. 가부장적 전통 때문에, 성부와 성자는 과거에 삼위일체의 남성 성원으로 성령보다는 주목을 받을 수 있었다. 성령의 성은 명확하게 분류되지 않았다. 성령은 보통 남성 대명사를 사용해서 "그"(he)라고 부르던지 혹은 중성대명사를 사용해서 "그것"(it)이라고 지칭했다. 그러므로 삼위일체 안에서 성령의 자리를 명확하게 하는 것은 매우 중요하다. 앞의 장들에서 미리 제시한 대로, 성령은 삼위일체의 다른 성원들 만큼 중요할 뿐만 아니라, 성자와 성부와는 분명하게 다른 것이다. 동양적 삼위일체적 사유에 따르면, 성령은 "그녀"로 불러야 하며, 어머니로 아버지를 상생하는 자리인 것이다. 어머니 이미지의 성령은 삼위일체 가운데 여성의 자리이며, 오늘날 세계 속에서 여성의 위치의 중요성이 널리 인식되듯이, 매우 중요한 위치인 것이다.[1]

삼위일체 안에서 성령의 추상성은 성령의 편재성과도 관련이 있다. 성령은 어디든 언제든지 있으며, 인격적으로도 비인격적으로도 나타난다. 성령은 바람과 같은 자연현상일 뿐만 아니라, 예수의 이름으로 보내진 보혜사와 같은 인격적 존재인 것이다(요 14:26). 성령의 인격적이면서 동시에 비인격적인 것에 대한 화합은 음양적 사고 안에서 가능하다. 음양의 사고는 또한 양면긍정적 사고이다. 동양에서 기로 알려진 음양의 활동 즉 성령의 포괄성은 모든 존재의 본질이고 생명 에너지이다.[2] 기의 개념에서, 인격적이고 비인격적인 범주의 문제는 쉽게 해소되는데, 기는 반드시 우주론적 인간학의 개념에서 생각되어야 하기 때문이다.

기氣, 물질적 원리의 생명 에너지

성령의 우주적 차원은 기라는 개념으로 나타나는데, 기는 생명 에너지로 생명력을 주는 힘이며 물질적 몸의 본질이다. 기는 언제나 히브리어의 루아흐(ruach), 희랍어의 프뉴마(pneuma)인 영과 거의 동일하다. 히브리어의 루아흐나 희랍어의 프뉴마는 모두 바람이나 숨으로 번역될 수 있다. 루아흐라는 단어는 어원적으로는 공기에서 기원했으며 두 가지 형태로 나타나는데, 자연에서는 바람으로 생물들 가운데에서는 숨으로 나타난다.[3] 산스크리트어에서 프라나(prana)는 숨을 의미하고 생명의 숨을 가리킨다. 후기의 베다 문학에서는 이 생명의 숨은 "영"이나 "영혼"과 바꿔 사용되기도 했으며, 이것은 가슴 속에 있고, 생명을 책임진다.[4] 비록 기로서 영은 인격적이고 비인격적인 범주를 넘어선다고 해도, 신약에서 성령은 인격적 사건들에 더 밀접히 연관되어 있다. 성령은 예수 그리스도 안에서 믿음을 갖는 사람들의 생명을 치유하고 새롭게 하며 성화시키는 생명력이다.

"하나님은 영이시다"(요 4:24)라는 명제에 근거해서 나는 성령을 신의 삼위일체의 한 성원으로 생각한다. 하나님이 영이시라면, 하나님은 "루아흐" 혹은 바람이나 숨이다. 바람은 자연 안에 있는 하나님의 능력을 나타낸다. 하나님을 바람으로 바다를 물러나게 하여 이스라엘 백성들로 하여금 이집트를 탈출할 수 있도록 하셨다(출 14:21; 15:8). 샘의 근원을 말릴 수 있는 것은(호 13:15) 바람이고, 구름을 모아 식물들에게 비를 내리게 할 수 있는 것(왕상 18:45)도 바람이다. 영이신 하나님은 바람 혹은 루아흐로 자신을 자연 속에서 나타내기 때문에, 성령은 한국어나 중국어에서 기(氣)인 것이다. 음양의 운동인 기는 취산(聚散) 즉 모이고 흩어지는 과정을 통해서 활동한다. 음이 흩어질 때 양을 모으고, 음이 모일 때 양을 흩는 것은 바람의 힘이다. 달리 말하면, "음이 기를 모은다면 양은 기를 흩어지게 한다. 여기에 관여하는 기는 똑같다."[5] 바람은 구름을 모아 비를 내리고 또한 구름을 흩어서 맑고 청명한 하늘의 만들어낸다. 비를 통해 자연은 식물들을 살찌우고 보존하며 재생산한다. 따라서 성령의 이미지인 바람은 출산과 영양, 갱신과 변화의 과정을 모두 떠받치고 있는 것이다. 주역에서 손(巽)으로 알려진 바람은 부드러움, 스며듦 혹은 나무를 상징한다.[6] 바람과 같이 성령은 부드럽게 만물에 스며들며, 그것들에 생명력과 생명을 가져다 준다. 구름을 모으고 흩는 바람과 같이, 나무도 자라고 시들게 마련이다. 양이 줄어들 때 음이 팽창하는 것과 같이, 성령은 팽창과 수축, 성장과 쇠퇴, 활동과 정지를 통해 작용하는 변화의 힘이다. 성령인 기는 음양의 활동으로 세계 속에 만물을 변화시키고 새롭게 하는 것이다.

루아흐나 성령은 살아있는 생물들 가운데 있는 숨이다. 숨은 바람이나 공기의 운동 혹은 에테르 이외의 다른 것이 아니고, 이것은 또한 기이다. 바람이 자연에 생명을 주듯이, 숨은 살아있는 것들을 활기있게 한다. 히브리 성경에서 하나님의 숨은 생명을 주는 힘이다(창 6:17; 민 16:22; 시 104:29; 전 3:1; 사 37:6 등). 창세 설화 중 하나에 따르면, "야훼 하나님께서 진흙으로 사람을 빚어 만드시고 코에 입김을 불어 넣으시니, 사람이 되어 숨을 쉬었다"(창 2:7). 이와 비슷한 생각들이 구약과 신약의 다른 곳에서도 발견된다. "나는 목마른 땅에 물을 부어 주고/ 메마른 곳에 시냇물이 흐르게 하리라/ 나는 너의 후손 위에 내 영을 부어 주고/ 너의 새싹들에게 나의 복을 내리리라"(사 44:3-4). 신약에서 사도들은 하나님이 모든 육체에 하나님의 영을 부어 줄 것을 믿었다 (행 2:16-18; 10:45; 롬 5:5; 갈 4:6). 이런 구절에서, 우리는 기, 생명 에너지는 하나님 안에 그 근원이 있고, 살아 있는 피조물들의 생명력인 것을 알게 된다. 인간은 몸 전체를 스며드는 생명의 숨, 영 혹은 기 때문에 살아가며 또한 죽는다. 『황제내경』(皇帝內經)에 의하면, 모든 치유방법은 몸 안에서 생명 에너지인 기의 순환과 연관이 있다.[7] 침, 지압, 마사지의 기술은 건강을 회복하기 위해서 몸 안에서 기의 순환을 고르게 하는 것이다.[8] 치유가 기의 순환과 관련이 있다면, 숨인 성령은 생명을 보존하고 회복하는 힘일 뿐만 아니라 모든 살아있는 것들을 변화시키고 새롭게 하는 힘인 것은 확실하다.[9]

이제 성령의 관념을 다시 파악하고 성령의 두 가지 다른 나타남을 알아보도록 하자. 히브리어의 "루아흐"와 그리스어의 "프뉴마"가 구약과 신약에서 성령으로 번역되었다면, 성령은 자연 속의 바람이거나 살아있는 생명체들 안에서의 숨이다. 달리 말하면, 바람은 자연 속에서의 생명의 힘을 그리고 숨은 생명체 속에 있는 생명의 힘을 상징한다. 바람과 숨은 모두 힘인데, 그것은 음과 양의 운동을 나타낸다. 음과 양의 운동은 기 외의 다른 것이 아니다. 왜냐하면 단수의 기는 음과 양의 활동들의 양태들을 포함한다. 음과 양은 편재하기 때문에, 바람과 숨인 성령은 어디나 언제나 존재한다. 장재의 우주론에 따르면, 기는 모든 것에 퍼져있는 실재일 뿐만 아니라 나눠질 수 없는 단수이다.[10] 이런 기의 개념에 따르면, 바람과 숨의 차이는 단순히 나타나는 양상이 다를 뿐이지 다른 것이 아니다. 기는 모든 생명의 근원이고, 생물들만이 아니라 무생물까지 포함한다. 기가 없으면 생명은 존재하지 못한다. 동중서는 기를 인간에게 공기나 에테르로, 물고기들에게는 물로 설명한다. "우주 안에 음과 양의 기가 존재한다. 사람들은 그것들 안에 잠겨 있어야만 하는데, 물고기가 늘 물속에 있지 않으면 안 되는 것과 같은 이치이다."[11] 기의 개념은 성령의 우주론적인 의미를 깨닫게 해주며 왜 성령이 모든 존재들 속에 포괄적으로 현존하는가를 알게 해준다. 땅은 그 속에 있는 기 때문에 살아있는 유기체가 되고 하늘은 공중에 있는 기 때문에 살아있는 것이다. 기인 성령은 우리에게 신의 내재성 혹은 임마누엘(하나님이 우리와 함께 계신다, 우리 속에 계신다)이라는 생각을 이해할 수 있도록 도와준다.[12]

만물들이 기인 성령 때문에 존재한다면, 존재하는 것은 성령이 없으면 실재할 수 없다. 따라서 성령은 모든 사물들의 본질이고, 성령이 없으면 모든 것은 허깨비인 신기루이다. 게다가 창조성은 성령인 기의 행위이다. 창조 설화에서, 우리는 기나 성령의 창조성을 발견하게 된다. "한 처음에 하나님께서 하늘과 땅을 지어내셨다. 땅은 아직 모양을 갖추지 않고 아무것도 생기지 않았는데, 어둠이 깊은 물 위에 뒤덮여 있었고, 그 물 위에 하나님의 기운이 휘돌고 있었다"(창 1:1-2). 여기에서 휘도는 하나님의 기운은 창조성의 능력으로 활동하는 말씀과 밀접하게 연결된다. 따라서 "성령은 창조 안에서 하나님 자신이다."[13] 기인 성령 때문에,

존재하는 모든 것은 창조적이고 살아 있을 수 있다. 그러므로 영과 물질을 분리하는 것은 불가능하다. 달리 말하면, 영은 물질과 분리될 수 없다. 왜냐하면 물질과 영은 본질적으로 하나이고 존재의 두 가지 양태이기 때문이다. 물질과 영을 분리할 수 없기 때문에, 영 없이 물질을 생각하는 것 혹은 물질 없이 영을 생각하는 것은 착각이다. 이런 생각들은 동양적 사고에만 적용되는 것이 아니라, 힌두교의 "프라나"(prana)에도 적용된다. 힌두교에서, 브라만 혹은 실재의 영과 분리된 물질의 세계는 환영일 뿐이다. 이런 환영의 세계를 마야(maya)라고 부른다.[14] 하나님의 성령인 기는 세계의 자궁이라고 상징화될 수 있으며, 따라서 세계에 존재하는 모든 사물들은 성령에서 기원한다.

우리가 영이나 기를 물질적인 사물들의 씨로 이해할 때, 우리는 쉽게 영을 물질로 환원시킬 위험성이 있다. 이런 이해가 영을 물질로 보게 되는 환원주의적 해석이라면, 우리는 상생의 해석을 해야 한다. 달리 말하면, 물질을 영으로 해석하는 것은 반드시 영을 물질로 해석하는 것으로 상생되지 않으면 안 된다는 것이다. 은유적으로, "에너지는 mc의 제곱과 동일하다"는 공식은 충분하지 않다. 이 공식은 반드시 "영은 ec의 제곱이다"라는 공식으로 상생해야(complement) 하는 것이다.[15] 후자의 공식은 메타포이며 문자적으로 해석할 수 있는 것은 아니다. 이 두 공식들은 물질과 영의 불가분리성을 입증하는 데 유용한 공식들이다. 음과 양이 서로를 포함하므로 반대이나 분리할 수 없는 것처럼, 물질과 영은 다르나 서로 떼려야 뗄 수 없게 연결되어 있다. 달리 말하면, 이원론은 영인 기 안에서는 설 자리가 없는 것이다. 한편 차이를 부정하는 순수한 일원론도 안 된다. 물질은 영으로 환원될 수 없고 영은 물질로 환원될 수 없다. 수(數)가 영(零)으로 환원되지 않는 것과 같이,[16] 물질이 얼마나 정화될 수 있느냐와 관계없이, 물질은 영으로 변화될 수는 없다.

5章_ 성령 하나님 157

이런 점에서, 기인 영은 삼위일체적이다. 즉 영은 이원론을 넘어설 뿐만 아니라 일원론도 넘어선다. "하나님은 영이시다"라는 생각은 그러므로 "하나님은 물질 안에 존재한다"는 생각과 상충되지 않는다. 달리 말하면, 물질은 영 안에 존재하고 영은 물질 안에 존재한다. 음은 양 속에 양은 음 속에 존재하는 것과 같다. 영과 물질을 같이 있게 하는 것은 이 "속"(in)이다. 즉 하나님과 세계, 생물과 무생물이 함께하는 것이다. 이 "속" 자체에서 기인 성령은 하나님 자신(Godself)인 성령인 것이다.

성부와 성자 사이에서 성령은 연결원리인 "속"(in)의 상징인데, 이 것은 성부와 성자를 통일성 속에 있게 하는 성령이다. 성자 때문에 하늘 인 성부와 땅(성모)인 성령이 하나 속에 있게 되는 것이다. 하늘과 땅은 연합되고, 창조주는 성령이 되며, 성령은 창조의 능력이 된다. 성자 속에서, 성령은 하나님의 영이 아니고 하나님 자신이다. 말씀과 하나님 은 예수-그리스도 안에서 연결되어지듯이, 기인 성령과 하나님 자신인 성령은 예수-그리스도 안에서 하나가 된다. 예수-그리스도 안에서 만물의 우주적 화해가 이루어지고, 세계는 더 이상 분리된 실체가 아니 라 신의 창조성의 일부가 된다. 달리 말하면, 성자 속에서, 기인 성령과 신적 실재인 성령이 연합되는 것이다. 그 성자 안에서, 성령은 하나님의 영이고 하나님의 영은 삼위일체 하나님이다.

기인 성령과 신성인 성령의 통일성과 차이를 다시 밝혀보도록 하자. 기인 성령과 하나님 자신인 성령의 통일성은 전자와 후자가 동일하다는 것을 의미하지 않는다. 그것들은 서로 분리되지는 않으나, 확실히 다르 다. 장재의 상상력을 통해서 그들의 통일성을 입증해 보자. 위대한 철학 자인 장재는 그의 우주론에서 기의 궁극성을 입증하려고 시도한다. 그의 유명한 저작인 『초학자를 위한 교본』(正蒙)에 보면, 태허(太虛, the Great Void)는 궁극적 실재로 만물의 원래적 본질이다. 모양이 있는

것도 볼 수 있는 것도 아니다. 태허는 완전히 빈 것이기 때문에 완전하게
실체가 없는 것이라고 하더라도, 사실상 태허는 비존재는 아니기에
나타날 수 있는(visible) 기(에테르)이다. 장재는 말한다. "비존재란 없다.
그러므로 태허는 단순히 에테르를 묘사하는 데 쓰인 것이다. 그러므로
존재하긴 해도 잘 지각할 수는 없다."[17] 우리가 태허를 성령이나 신적인
실재(divine reality)로, 에테르와 기를 성령으로 생각한다면, 신성(the
divine)인 성령과 기인 성령이 연합함을 상상해 볼 수 있다.

가장 널리 퍼져있고 모든 것을 포함하고 있는 생명의 본질인 기가
구체적 형태로 나타난다면, 기와 분리할 수 없는 성령은 모든 다른 형태
로 자신을 드러내지 않으면 안 된다. 나무, 돌, 곤충, 동물, 인간 등에
존재하지 않으면 안 된다. 성령은 모든 사물 안에 활동하고 있으며 우리
생활의 모든 활동들 속에서 역사하고 계신 것이다. 이것은 기독교가
물활론적(animistic)일 뿐만 아니라 범재신론적(panentheistic) 종교라는
것을 보여준다. 그러나 기독교는 물활론이나 범재신론 이상이다. 왜냐
하면 성령은 기일 뿐만 아니라 기 이상이기 때문이다. 성령인 하나님이
기 때문에 기 이상인 것이다. 게다가 기독교의 하나님은 성령일 뿐만
아니라 신의 삼위일체성 때문에 성령 이상이다. 성령은 또한 하나님
안에 있으며, 성자 안에 존재한다. 성령은 기독교를 물환론과 범재신론
적 경향을 초월하게 하는 종교로 만든다.

기氣와 악령들

기인 성령과 하나님인 성령 사이의 관계에서 다루어야 하는 또
다른 문제가 남아 있다. 성령의 활동이 우리의 삶에 있어서 일어나는
모든 사건 속에서 활동하는 보편적이고 우주적인 생명의 힘인 기인

성령과 다르지 않다면, 우리가 어떻게 악의 문제를 이런 생각과 조화시킬 수 있을까? 무엇보다 먼저, 악한 영들이 존재한다는 것을 긍정하기는 어렵다. 그러나 그것들이 존재한다면, 그것들은 기의 성령이 나타나는 것 이외에 다른 것이 아니다. 따라서 그것들은 필연적으로 신적 실재인 성령의 활동과 관련을 갖고 있다. 더욱이 기가 악이라고 믿기는 더욱 어렵다. 왜냐하면 기는 창조적이고 생명을 주는 에너지일 뿐만 아니라 하나님의 영과 연결되기 때문이다. 궁극적으로 음과 양의 관계가 활동하는 과정인 기는 선과 악으로 범주화할 수 없다. 왜냐하면 기는 원래 선과 악 안에 존재할 뿐만 아니라 그것들을 넘어서 있기 때문이다. 이런 점에서 우리가 악이라고 생각하는 것은 어떤 것이든지 기인 성령이 드러난 형태이지 않으면 안 된다. 달리 말하면, 기철학에서는 내재적 악이 존재하지 않는다. 우리가 악이라고 생각하는 것은 어떤 것이든지 늘 외재적인 것이고 상황에 의해 조건 지워진 것이다. 예를 들어, 초기 선교사들이 한국에 와서 샤머니즘의 영은 악이라고 가르쳤다. 그러나 기인 성령은 샤머니즘의 신이기 때문에, 오늘날 민중신학자로 알려진 한국의 신학자들은 샤머니즘의 영은 선하다고 믿는다. 왜냐하면 기인 성령은 샤머니즘의 영이다. 민중신학자들은 민중, 가난하고 억압받는 자들을 치유하는 영으로 샤머니즘의 영을 생각하게 되었다. 샤머니즘에서 기인 영은 상황에 따라서 악한 영이나 선한 영의 형태로 나타난다. 따라서 기인 영은 물과 같아서 특정한 모양을 가지는 것으로 분류될 수 없으며, 다른 형태들로 나타날 수 있는 것이다. 그것이 사람들이 악으로 생각하는 형태를 갖게 될 때, 사람들에게 그것은 악한 영으로 알려진다. 우리가 악한 영으로 생각하는 것은 늘 성령이 연관되는 우리의 상징의 개념에 따라 상대적이다.

　그러나 악령은 우리가 늘 악과 연상하여 생각하는 이미지 속에 기가 나타나는 것에 지나지 않는다. 성서는 세상 끝날에 가까워지면 그리스도의 이름으로 예언하는 거짓 예언자들이 많이 있을 것이라고 증언한다. 예수는 말씀했다. "거짓 메시야와 거짓 예언자들이 나타나서 어떻게 해서라도 뽑힌 사람들을 속이려고 여러 가지 이적과 이상한 일들을 할 것이다"(막 13:22). 베드로는 사람들 가운데 있는 거짓 예언자와 거짓 선생들을 언급한다(벧후 2:1-3). 거짓 선지자와 참 선지자를 구분하는 것은 매우 어렵다. 그들이 모두 선지자의 이름으로 나타나기 때문이다. 이런 점에서 우리가 악과 연상시키는 이미지와 형태에 근거해서 악령을 구분하는 것은 가능하지 않다. 선과 악 혹은 참과 거짓된 선지자들 모두가 똑같은 선지자의 형태로 나타나지만, 그들은 다르다. 내가 지역 교회들을 방문하게 되었을 때, 사람들은 통일교회의 지도자인 문선명이 성령에 의해 계시를 받았는지 아니면 악령이나 사탄에 의해 계시를 받았는지 종종 물어왔다. 똑같은 질문은 텔레비전 부흥사들에 관해서도 물어질 수 있다. 내가 이런 질문들에 대답하게 될 때는 늘 조심스러울 수밖에 없었다. 그런 영적으로 나타난 현상들의 형태만을 가지고 그것이 선한 것인지 성령에 속한 것인지 아니면 악한 것인지 악령의 사주를 받는 것인지를 판단한다는 것은 그리 간단한 문제가 아니다. 따라서 나의 대답은 늘 시사적이고 예수께서 하신 말씀에 근거해서 대답할 수밖에 없다. "너희는 행위(열매)를 보고 알게 될 것이다"(마 7:16). 문선명 씨가 벌이는 일이 성령의 인도를 받았다면, 그 열매는 "사랑, 기쁨, 평화, 인내, 친절, 선행, 진실, 온유 그리고 절제"(갈 5:22)이어야 한다. 이런 방식으로 질문에 답함으로써, 나는 악령의 존재를 인정하게 된다. 이것은 음양의 사고에 모순되는 것처럼 보인다. 음양의 사고는 이원론적 세계관을 거부하기 때문이다.

악령의 존재를 인식하는 것은 악령이 기인 영과 독립적으로 존재한다는 것을 인정하는 것은 아니다. 기는 우주 가운데 가장 포괄적이고 모든 것에 퍼져있는 영의 형태이다. 기 자체가 선과 악을 넘어선다면, 기를 선한 혹은 악한 영들로 구분하기는 어렵다. 그러나 우리가 선한 영을 언급하자마자, 우리는 악령을 말하지 않을 수 없는 것이다. 음은 양과 떼려야 뗄 수가 없기 때문에, 음을 언급하는 것은 양을 말하는 것이다. 이런 점에서, 음양의 세계관은 절대적인 의미에서 비이원론적이고 상대적인 의미에서 이원론적이다. 이런 세계관에서 본다면, 악령의 존재는 상대적인 의미에서 가능하다. 이런 상대적인 관점에서만, 우리는 성서가 증언하는 악령이나 사탄을 생각해 볼 수 있는 것이다.

성경에서 우리는 하나님의 상대편에 서는 사탄적 존재를 발견하게 된다. 이와 비슷한 사탄적 존재가 광야에서 예수를 유혹하고자 나타났다. 예수는 성령에 이끌려 사막으로 악령의 시험을 받기 위해 나가게 되었다(마 4:1). 이 악령은 사탄으로 알려졌고, 이 사탄은 시험이 끝나자 예수를 떠난다(마 4:10-11). 악령이나 사탄은 하나님에게 적대적일 뿐만 아니라 하나님의 계획에도 적대적이다. 바울은 악령들을 악의 "정사", "권세" 혹은 "힘들"로 말한다(엡 6:12).

그러나 비록 바울이 악령들의 존재를 인정했다 하더라도, 그는 성령인 하나님으로부터 악령들이 절대적으로 독립되어 있다는 것을 부정한다(고전 8:4-6). 바울은 하늘에 있는 것이나 땅에 있는 것이나 아무 것도 하나님의 사랑 즉 성령의 가장 고상한 열매로부터 우리를 분리시킬 수 있는 것은 없다고 분명하게 말한다. "나는 확신합니다. 죽음도 생명도 천사들도 권세의 천신들도 현재의 것도 미래의 것도 능력의 천신들도 높음도 깊음도 그 밖의 어떤 피조물도 우리 주 그리스도 예수를 통하여 나타날 하느님의 사랑에서 우리를 떼어 놓을 수 없습니다"(롬 8:38-39). 비록 악령들이 존재한다고 해도, 그들의 존재는 절대적으로 자율적인 것이 아니라 하나님의 사랑인 성령에 의해 제한되는 것이다. 바울에 따르면, 성령으로부터 우리들을 분리시키려고 시도하는 세력들은 악령들로 간주해야 한다.[18] 기인 성령과 하나님의 사랑인 성령은 분리할 수 없기 때문에, 우주적 영적인 기운인 기의 흐름에 반대하거나 그런 흐름으로부터 떨어져 나오려고 시도하는 어떤 것이나 어떤 영적인 힘들은 악령으로 생각하는 것이 안전하다. "타락한 천사"는 우리가 악령을 이해하는 데 도움을 주는 좋은 메타포이다. 즉 세상에서 악을 만들어내는 왜곡된 그리고 부조화하는 세력인 것이다.

악령은 독립된 존재가 아니다. 악령의 존재는 늘 우주적 영에 상대적이다. 우주적 영은 하나님 자신인 성령과 기인 성령의 통일성이다.[19] 이런 부조화된 요소가 어떻게 우주적 성령의 흐름 속에 나타나게 되었는지 나는 모른다. 혹자는 부조화는 인간의 무지 때문이라고 혹자는 그것은 인간성에 있는 이기심 때문이라고 말할 것이다. 그것이 무엇이든 간에, 왜곡이나 부조화의 존재는 변화와 변혁(transformation)의 창조적 과정 속에서 나타난다. 우리가 성령을 변화의 능력이라고 생각한다면,[20] 변화의 자연적 과정을 막는 것은 그 과정이 바로 기의 자연적 운동인데, 악령으로 생각할 수 있는 것이다. 그런 악한 영이 병과 사회적 불의, 정치적 경제적 억압, 생태학적 불균형을 일으킨다. 변화의 조화로운 과정을 통해서 악한 영은 제거되고, 성령의 활동을 통해서 우주론적 인간학적인 균형은 회복되어지는 것이다.

삼위일체적 모성, 삼위일체의 여성 성원

기인 성령은 생명의 살아있는 능력일 뿐만 아니라 모성적 원리의 본질이고, 땅과 밀접한 관련을 갖는다. 인간의 몸이 성령의 전인 것과 마찬가지로(고전 6:19), 땅은 성령의 몸이다.[21] 성부인 하나님이 하늘에 속한다면, 성령인 하나님은 땅에 속한다. 동양의 삼위일체적 사고에서 하늘은 아버지이고 땅은 우리의 어머니이듯이, 우리는 모두 하늘과 땅의 자녀들인 것이다. 땅이 하늘의 상대역인 것과 마찬가지로, 어머니는 아버지의 상대역이다. 하늘과 땅의 합일은 만물을 만들어내며, 어머니와 아버지의 합일은 자녀를 낳게 되는 것이다. 물질적 원리의 본질인 성령은 세계 속에 드러나며, 하늘적 원리의 본질인 성부는 세계를 넘어선다. 성령과 성부인 하나님은 그러므로 동시에 초월적이며 내재적이다. 게다가 성자인 하나님은 초월성과 내재성을 통일시킨다. 이런 점에서 성부와 성자에게 나오는 것이 성령이 아니다. 오히려 성자가 성령과 성부에서 나오는 것이다. 이것은 실재의 두 주요 원리가 성부와 성모인 성령이며, 이들은 논리적으로 성자에 앞서는 것이다.

　　실재의 이 두 주요 원리들은 건괘와 곤괘 두 괘 속에 상징적으로 나타난다. 「서명」에서 장재는 "건은 아버지, 곤은 어머니. 우리 소생들은 이들 가운데서 생겨나. 난 하늘 땅의 울타리 안에 있는 것일 뿐. 내 성품은 하늘과 땅이 주재하는 것이지."[22] 건(64괘의 첫 괘)에서 하늘의 인격화와 곤(둘째 괘)에서 땅의 인격화는 우주론적 인간학의 대전제에 근거한 대우주와 소우주의 관계를 보여준다. 하늘은 아버지의 대우주이고 아버지는 하늘의 소우주이다. 이와 같이 땅은 어머니의 대우주이고 어머니는 땅의 소우주이다. 자녀들은 아버지와 어머니가 낳기 때문에, 하늘 아래 땅 위에 있는 만물들은 우주론적 인간학의 사고에서 인격화된다. 나머지 62괘는 건곤괘가 만들어내는 것 외에 다른 것이 아니다. 첫 괘인 건은 남성적 원리고 태양이다. 여섯 개의 양효로 이루어져 있다. 둘째 괘인 곤은 여성적 원리이고 태음이며 여섯 개의 음효로 이루어져 있다.[23] 이런 두 괘가 순수하게 음효만으로 양효만으로 순수하게 이루어진 반면에, 다른 모든 괘들은 음과 양효의 결합이다.

　여성 혹은 음의 원리로서 곤(坤)과 땅은 암말로 상징된다. 이 괘의 단사(象辭)에 따르면, "땅은 무엇에 따를 수 없이 위대하니(元亨), 암말의 정절과 같이 나가야 한다."²⁴ "수용성(곤)은 땅 즉 어머니" 즉 이런 중심적 상징 이외에, "옷, 솥, 유연성, 평판 저울, 송아지와 함께 있는 암소, 큰 마차, 형식, 다수, 자루 따위이다. 이런 여러 가지 종류 가운데, 이것은 검은색이다."²⁵ 이런 종류의 서술은 우리에게 "땅 어미"의 특징들을 말해준다. 우리를 덮어서 보호해주는 옷과 같고, 우리에게 요리를 통해 음식을 공급해 주는 솥 같고, 유연성의 성품은 온순함을 나타내기도 한다. 평판 저울과 같이 편벽됨이 없다. 송아지와 같이 있는 암소는 다산성을 상징한다. 큰 마차와 같이, 모든 생물과 무생물을 낳도록 실어 나를 수 있다. 형태로서의 곤은 건 혹은 하늘을 나타내는 내용에 수용적이다. 곤의 다수성과 다원성은 하늘의 단수성과 통일성에 대비된다. 모든 생명의 싹은 땅에서 나오는 것과 같이, 곤인 땅은 자루 혹은 나무의 줄기로 거기에서 가지가 나온다.²⁶ 검은색은 깊이의 상징이며 여성적 특징들의 신비를 함의한다. 이런 곤인 성령의 기본적인 특징들을 간추려 보면, 성령은 보존하는 영양을 공급하는 주전자, 온순을 상징하는 유연함을, 공평성을 나타내는 저울, 생식을 나타내는 암소, 포괄성의 마차, 수용성의 형식, 다원성의 다수, 새 생명의 줄기, 신비(어둠의 깊이)를 나타내는 검음, 신비의 자궁, 블랙홀 따위이다. 이런 특징들을 더욱 자세하게 살펴보도록 하자.

　솥은 어머니에게 속하는 또 하나의 상징이다. 대부분의 나라에서 어머니는 가족들을 위해서 음식을 준비하는 것을 책임진다. 솥은 요리를 위해서 쓰이며, 영양을 공급하는 상징이다.²⁷ 여기에서 솥은 영적인 자양분을 섭취하는 것의 이미지로 사용될 수도 있다. 사실상 기인 성령은 물질적 원리의 생명성이다. 영혼에 자양분을 공급하는 것은 몸에 자양분을 공급하는 것이다. 순수하게 음식을 영적으로만 해석하는 것은 잘못이다. 영은 물질과 분리될 수 없기 때문이다. 사실상, 현대의 조류는 성령을 보다 물질적으로 해석하는 것을 선호한다. 성령인 하나님은 밥이다. 김지하가 말한 대로, "하나님은 밥이다."[28] 음식은 영적인 그리고 물질적 생명의 원천이다. "이 빵(음식)은 너를 위해 주는 바 나의 몸이다"(고전 11:24). 그러므로 솥은 음식의 상징이고, 나무, 풀, 동물, 인간과 다른 사물들의 생명의 원천인 것이다. 음식은 솥에서 요리되기 때문에, 이 솥은 모든 사물들을 위해 자양분을 공급하는 것과 변화시키는 것을 나타낸다. 성령의 물활론적 그리고 자양분을 공급하는 능력은 솥 안에서 상징화되는 것이다.

유연함은 성령의 특성이기 때문에, 성령은 늘 온유할 수가 있다. 성령은 강요하지 않으나 계속해서 양보한다. 성령은 부드러운 바람이나 물과 같다. 바람은 벽에 양보하나 궁극적으로는 그것들을 극복해버린다. 물은 바위에 양보하나 마침내는 그 돌을 깎아낸다. 이와 같은 방식으로 성령은 부드럽게 역사하며 부자연스럽고 잘못된 것들을 끊임없이 극복해내는 것이다. 성령의 부드러움은 인내와 기다림을 통해 나타난다. 탕자의 비유에서(눅 15:11-32), 기다리는 아버지는 성령, 삼위일체적 어머니의 메타포이다. 어머니의 부드러움은 아들이 집으로 돌아오기까지 기다리는 것이다. 아버지는 아들을 찾아서 밖으로 나간다. 그러나 어머니는 그가 돌아오기를 기다린다. 동양의 가정에서 자란 나 자신의 경험에 비춰어볼 때, 이 비유는 "기다리는 어머니와 두 아들"로서 이해하면 가장 잘 이해할 수 있다. 동양인들을 신성을 엄격한 아버지에게서 보다는 뜨거운 가슴을 가진 어머니에게서 발견하는 경향이 있다. 엔도 슈사꾸가 예수 그리스도 안에 계시된 하나님은 "자비로운 어머니를 매우 가깝게 닮았다"고 했는데 이것은 정확한 지적이다.[29] 동양인에게 자비한 어머니의 이미지로서의 하나님, 성령인 하나님은 엄격한 아버지 이미지의 하나님보다 매력적이다. 이 자비한 성령은 그러므로 우리에게 성령의 길을 따르도록 강요하지 않으며, 늘 함께 하여 우리가 성령의 뜻을 따르도록 인내하며 기다린다. 성령의 음성은 참으로 침묵의 소리이지 지진이나 우뢰와 같지 않다(왕상 19:12). 성령의 능력은 우리의 강함에서가 아니라 우리의 연약함 속에서 드러난다(고후 12:10). 성령의 부드러움은 약자들을 이끌어 들인다. 동양적 지혜에 따르면, 부드러움은 어머니의 특징일 뿐만 아니라 음의 기본적 성질이다. 음효(--)는 약효로 불리는데, 유연함은 음의 기본적 특성이다. 한편 양효는 강효라고 부른다.[30]

음의 부드러움, 어머니의 자비함은 평평함을 찾게 하는 물로 상징된다. 따라서, 성령 즉 삼위일체의 성원은 공평무사하다. 수평 저울이 고름을 대변하는 것처럼 말이다. 어머니가 모든 자녀들을 차이 없이 사랑하듯이, 성령은 편벽성을 보이지 않는다. 물과 같이 어디든지 스며든다. 바람은 어디든지 불게 된다. 어둠은 지구 어느 구석이나 덮어간다. 물이 흐르는 것을 막는 것은 바위이다. 몰아치는 바람을 산이 막아선다. 심장의 박동을 멈추게 하는 것은 관상동맥의 막힘이다. 공기와 같이, 기인 성령은 늘 현존할 뿐만 아니라 종류나, 계층, 종족, 성에 관계 없이 모든 것에 자신을 내준다.[31] 성령의 공평무사함은 땅인 어머니의 기본적 특징이다. 땅은 모든 것을 차별없이 받아들인다. 성령은 깨끗한 것은 물론 부정한 것까지, 건강한 것은 물론 해악을 끼치는 것까지 선은 물론 악까지 포용한다. 땅은 오염된 물, 해를 끼치고 위험한 화학품들, 핵 에너지에 저항하나 가려내지는 않는다. 성령은 산 것만이 아니라 죽은 것까지 받아들인다. 죽은 자는 땅에 묻히고 산 식물들은 땅에서 나온다.

땅인 어머니는 모든 것을 변화시키고 변혁시키듯이, 모든 것을 받아들인다. 예수 중심적인 접근에서, 기독교는 배타적이고 편파적이다. 그러나 성령 중심적인 접근에서, 기독교는 포괄적이고 공평무사하게 된다. 성령 안에서 예수는 모든 것을 포용하고, 그들이 누구이든 그것들이 무엇이든 관계없이 모든 것을 구속한다. 성령 안에서, 선민이란 생각은 변해야만 한다. 사람들을 선택한 분이 하나님이 아니라 선민이 되기 위해서 하나님을 선택하는 것이 사람들이다. 삼위일체 하나님인 성령을 받아들이는 사람들이 선민이 된다.

　송아지와 같이 있는 암소 혹은 송아지를 밴 암소는 성령의 메타포이고 땅인 어머니의 생산성을 의미한다. 새끼 밴 암소의 이미지는 우리가 그리스도의 성육신을 이해하는 데 매우 중요하다. 이것은 성령 안에 내재하는 자기 생산적인 능력을 의미한다. 달리 말하면, 성령은 마리아 안에 예수를 잉태하게 하는 대리인이 아니라, 성령 스스로가 잉태함의 능력인 것이다. 우리가 성령을 아이를 임신할 수 있는 어머니로서 생각한다면, 성령은 임신할 다른 여성(마리아)을 필요로 하지 않는다. 달리 말하면, 진정한 성자(예수)의 어머니는 인간적 어머니인 마리아 속에 나타난 성령이어야만 한다. 마리아는 대리모이다. 이런 종류의 해석은 가현설적 견해(a docetic view)에 가까워지는 것이긴 하지만, 우리가 성령이 어머니 하나님이고 성부 하나님 즉 남성적 하나님과의 관계에서 자녀를 잉태할 수 있다고 생각한다면 충분히 가능한 이야기이다. 성령, 어머니 하나님은 늘 아버지 하나님과의 관계 속에 존재한다. 왜냐하면 삼위일체이기 때문이다. 그러므로 물어야 할 것은 어머니 하나님과 아버지 하나님 사이의 관계가 아니라, 하나님과 마리아 사이의 관계이다. 교회가 하나님 속에 있는 여성적 요소를 파악하는 데 혹은 어머니 하나님인 성령을 인식하는 데 실패한다면, 교회는 마리아를 하나님의 어머니 자리로 올려야만 했다. 마리아를 신성화하는 것은 비극적인 실수였다.

어머니 하나님인 성령은 아버지 하나님과 하나이기 때문에, 하나님의 자가 잉태(self-conception)는 가능하다. 여성적 원리인 성령은 아버지 하나님에 의해 대변되는 남성적 원리와의 관계에서 존재하기 때문에, 기인 성령은 창조적이다. 이것이 바로 하나님이 창조적인 이유이다. 이것은 하나님이 자기 생산적이고 자기 재생산적이라는 것을 의미한다. 누가복음에 따르면, 삼위일체의 관계는 성자의 개념 안에서 함의되고 있다. 마리아가 천사에게 "이 몸은 처녀입니다. 어떻게 그런 일이 있을 수 있겠습니까?"라고 묻자 천사는 말했다. "성령이 너에게 내려 오시고 지극히 높으신 분의 힘이 감싸 주실 것이다. 그러므로 태어나실 그 거룩한 아기를 하느님의 아들이라 부르게 될 것이다"(눅 2:34, 35). 이 구절은 성령의 드러남과 지극히 높으신 분의 능력 때문에 매우 의미가 있다. 성령이 여성적 신성을 대변한다면, 지극히 높으신 분은 남성적 신성을 의미한다. 달리 말하면, 어머니 하나님과 아버지 하나님 사이의 관계가 마리아 가운데 예수를 잉태하게 된 것이다. 이런 신의 자기 잉태 때문에, 아들은 신성하게 생각되며, 하느님의 아들이라 불리게 된다. 이런 점에서 마리아는 대리모에 해당하며, 이것은 성자의 성의 순수성의 문제를 해결해 줄 수 있다. 성자는 성령, 신성적 어머니에 의해 태어난 것이고, 죄의 몸에서 태어난 것이 아니다. 그러나 우리는 마리아가 대리모 이상이라는 것을 반드시 인식해야 한다. 마리아는 예수께 진짜 엄마이다. 성령과 신체적인 몸은 떼려야 뗄 수 없다. 성령은 몸 안에 있기 때문에, 신의 자기 잉태는 마리아의 몸이 없으면 가능하지가 않다. 따라서 마리아는 신의 탄생의 대리인 이상인 것이다. 마리아는 기인 성령의 일부이기 때문에, 성령은 잉태와 출산의 과정 자체에 완전하게 참여하였다.

새끼를 밴 암소는 성령의 이미지로서, 예수의 성육신을 은유적으로 해석하는 것을 가능하게 한다. 이 메타포는 그러므로 우리로 하여금 신성의 몸인 세계 속에 역사하는 신성의 자기 생산적 능력을 재해석하는 데 도움을 준다.

삼위일체적 공동체의 통합적 성원

큰 마차, 형태, 다수는 모두 성령의 메타포들로 생각할 수 있다. 이런 세 성령의 이미지는 우리에게 삼위일체적 가족에서 어머니의 통합적 기능을 생각하도록 돕는다. 큰 마차는 다수를 포함할 수 있는 수레 혹 움직이는 형태의 것인데, 이것은 다원성을 보여준다. 즉 성령의 포괄성을 상징한다. 한편 이것은 다양한 공동체의 통합적 형식이다. 성령은 공평무사할 뿐만 아니라, 세계 속에 존재하는 모든 종류의 다수를 받아들일 수 있도록 열려 있다. 개방성을 가진 포괄성은 성령이 통합의 능력이기 때문에 가능하다. 마차는 땅이 변하듯이 움직인다. 마차는 땅이 모든 것을 품어주듯이 모든 것을 싣는다. 땅이 큰 마차로 표현되면, 거기에는 모든 식물, 꽃들, 동물, 인간이 같이 살게 된다. 마차와 같이, 땅 어머니인 성령은 모든 것을 보지(保持)한다. 그러므로, 성령은 단순히 존재의 속성이 아니다. 성령은 존재 자체일 뿐만 아니라 존재를 기원시키는 변화의 능력이다. 따라서 성령은 모든 것을 낳고 모든 것을 껴안고 있다. 땅은 다른 종과 유들을 포함하고 있듯이, 큰 마차 이미지의 성령은 스스로의 특성의 차이를 가지는 사물들을 포함하고 있다. 성령은 다른 종류, 모양, 색, 계층, 문화, 표현들을 보지한다. 사물의 무한한 다양성은 성령에 속하며, 이것은 성령이 다른 사물들에 속하는 것과 마찬가지이다. 달리 말하면, 성령의 이미지인 큰 마차는 다수성을 보지

하는 하나의 형태 이상이다. 성령 자신이 다수성이다. 삼위일체에서 셋이 다수성이나 다원성을 의미한다면, 이것은 단순히 성령을 의미한다. 왜냐하면 성령은 다수성이기 때문이다. 아버지 하나님의 내재적 속성이 다양성을 넘어서는 통일성이라면, 삼위일체에서 "하나"는 그에서 속한다. 하나는 셋 속에 있고 셋은 하나 속에 있기 때문에, 성부는 성령 안에 있게 된다. 이것은 통일성이 다수성 안에 있는 것과 마찬가지이다. 이것이 바로 성령의 다원적 특성이 다양한 요소들의 통일적이고 통합적인 능력을 가지는 이유이다.

삼위일체의 여성적 성원인 성령이 자연 안에서 다원적이기 때문에, 성령은 각 실체가 자체의 독특한 개성을 표현할 수 있게 한다. 성령은 다양한 은사들을 허락하는데, 그러나 그것들은 모두 똑같은 성령의 표현들일 뿐이다(고전 12:4). 동일한 성령이 다양한 표현 형식들을 통해서 자신을 드러내기 때문이다. 성령의 다원적 특성은 고린도 교회 공동체에 보내는 바울의 편지에서 단적으로 드러나 있다. 성령의 많은 은사 가운데 사랑의 은사가 가장 위대한 은사이다(고전 13).

내가 몇 년 전 작은 교회를 섬기고 있을 때, 평신도 중의 하나가 예배 후 식사를 하는데 단도직입적으로 도전해 왔다. 그는 내가 가르치고 있던 노드 다코타 대학에서 같이 가르치는 교수였다. 그는 내 설교에는 영성이 부족하다고 말했다. 그래서 나는 무엇이 성령을 의미하느냐고 되물었다. 그는 성령은 큰 소리, 외침, 몸동작을 통해서 드러나는 것이라고 말했다. 그는 아마도 부흥사 식의 근본주의 설교자들의 설교에 익숙하게 길들어져 있었던 것 같다. 나는 그런 종류의 능력은 성령이 드러나는 아주 낮은 단계라고 말했다. 성령이 드러나는 고도의 표현은 신체적 능력이 아니라 사랑이다. 성령의 최고의 표현인 사랑은 배타적이 아니다. 왜냐하면 성령은 포괄적일 뿐만 아니라 개방적이기 때문이다.

성령의 최고의 표현인 사랑은 두 차원이 있는데, 모든 것을 차별없이 끌어안는 포용성이요, 전체 속에서 상반되는 것들을 상생하는 것이다. 사랑의 포용성은 모든 것이 의미를 갖고 중요성을 갖게 한다. 다른 사람의 눈에는 하찮게 보일지라도, 누구든지 자신 안에서는 유일한 존재이다. 사랑은 모든 사람들이 참으로 되어야 할 것이 되도록 만든다. 사랑 안에서 발견되는 것은 참된 자유이다. 사랑은 포용적이기 때문이다. 내가 다른 사람을 사랑한다면, 그러므로 나는 그들을 있는 그대로 그들의 모습대로 받아들일 수 있다. 이것은 성령의 참된 표현이다. 내가 다른 사람이 나와 같이 되기를 원할 때, 나는 그들을 사랑하는 것이 아니다. 이와 같은 종류의 사랑은 성령의 왜곡된 표현으로, 에로스나 자기중심적 사랑인 것이다.[32] 사랑의 다른 차원은 전체성 안에서 상반된 것들의 상생함이다. 이것은 상징적으로 태극도에 표현되어 있는데, 앞의 3장에서 삼위일체적 원리로 살펴본 바 있다.[33] 사랑은 늘 상호적인 것이기 때문에, 일방적인 것이 아니다. 사랑은 사랑하는 사람과 사랑받는 사람이 모두 같이 있을 때, 활동적이 된다. 활동적이지 않은 사랑은 사랑이 아니라 순수한 감정에 근거한 신기루이다. 그러므로 사랑은 그 본질상 늘 삼위일체적이다. 사랑은 서로를 전체를 향하여 변혁시킨다. 그것은 상호의 필요를 충족시켜야 되기 때문이다. 희생적 사랑은 사랑의 숭고한 표현인데, 그것은 매개적 사랑이고 상반되는 것들의 상극적 충돌을 상반되는 것들의 상보적 상생관계로 변화시키는 사랑인 것이다. 이것은 "속"과 "그리고"의 사랑인데, 자신만을 위해서 존재하는 사랑이 아니고 타자를 위한 사랑이다. 따라서 희생적 사랑은 삼위일체적 영의 연결원리 이외의 다른 것이 아니며, 그것은 또한 십자가상의 그리스도의 죽음에서 숭고하게 나타났던 것이다.

성령의 포용성은 사물들의 다양성 속에 표현되고 마차가 사물들의 다수성을 그 안에 포함하고 있다면, 이 성령의 포용성은 그리스도의 사랑 안에서 숭고하게 나타난다. 따라서 모든 것들을 보지하는 전체는 통일성 속에서가 아니라 차이성 속에 존재하게 된다. 자연적인 아름다움은 대칭 속에 있는 것이 아니라 비대칭 속에, 녹여버리는 용광로의 이미지 속에서가 아니라 색조 있는 모자이크 속에 존재하는 것이다. 왜냐하면 아름다움은 성령의 드러남이기 때문이다. 큰 마차 속의 다수성은 나에게 공원을 생각하게 해준다. 그 안에서는 많은 다른 식물들이 자란다. 공원에 앉아 있으면서 나는 큰 나무들, 작은 관목들, 빨간 꽃들, 노란 꽃들, 작은 곤충들, 큰 동물들, 새와 벌들을 보게 된다. 모든 창조물들은 자기 자리가 있다. 이 모든 창조물을 공존하게 하는 것은 성령이다. 큰 마차 안의 다수성의 이미지는 나로 하여금 다문화적 사회를 생각하게 한다. 다문화 사회에서는 많은 다른 사람들이 살게 된다. 검음, 노랑, 갈색, 흰색의 키가 큰 사람, 작은 사람, 부자와 가난한 사람들이 함께 사는 것이다. 다른 것들이 사람들이 공존하도록 하는 성령은 조화의 능력이다. 조화 속에 사물들이 존재할 수 있는 것은 성령 때문이다. 성령의 이미지인 어머니는 자녀들의 조화를 추구한다. 자녀들의 충돌은 어머니의 고통이고 슬픔이다. 이와 같이, 삼위일체적 가정에서, 성령은 아버지와 아들을 조화시키는 중요한 역할을 한다. 이런 조화적 연결 관계에서 삼위일체적 성원들의 차이는 유지되며, 그들의 통일성은 통합없이 간직된다.

땅 어머니인 성령은 큰 마차의 이미지로만이 아니라 형태로 묘사된다. 물론 이 형태의 이미지는 덜 두드러지지만 보다 심원한 의미가 있다. 형태는 구조적 존재의 바로 그 자리(the very space of structural existence)로 내용과 존재로 상징되는 아버지 이미지에 자신을 내주고 반응한다.[34] 형태는 땅 어머니인 성령의 심원한 상징인데, 완전하게 전적으로 모든 사물을 수용할 수 있기 때문이다. 이런 점에서 모든 것을 보지할 뿐인 큰 마차의 상징보다 심원하고, 펼쳐지기만 하는 옷의 상징보다 보편적이다. 이것은 둘째 괘인 곤, 땅이나 어머니가 일반적으로 왜 수용성(receptivity)으로 번역되어야만 하는 이유이다.[35]

여성의 원리인 까닭에 성령은 빈자리와 비슷하다. 이 빈자리는 존재하는 사물들에 자리를 내주어 사물들이 있는 그대로 자신을 드러내게 해준다. 빈자리로서 형태를 잘 드러내 줄 수 있는 예는 그림이 그려질 수 있는 화폭(canvas)이다. 빈자리인 화폭은 그림과는 아무 관련이 없는 것 같다. 그러나 화폭은 그림에 있어서 본질적이다. 이 화폭이 없으면 그림을 그릴 수가 없다. 이것은 그림을 그리는 데 필요한 자리를 제공한다. 이것은 그림을 분명하고 두드러지게 드러내 준다.

그림에서 공간의 중요성을 말해 주는 수많은 이야기들이 있다. 화가가 그림을 그릴 때, 공간을 심각하게 숙고해서 배치해야 한다. 특히 동양 회화에서, 빈 여백은 그림 자체보다 오히려 더 중요하다. 회화를 가치 있게 만드는 것은 빈 여백이다. 1950년부터 1953년까지 한국전 당시에, 많은 미군 병사들은 한국에 와서 동양화를 가져가게 되었다. 한 유명한 한국의 화가가 한 젊은 미군 병사를 알았는데, 그는 회화에 참 관심이 많았다. 한국 화가는 그가 한국을 떠나기 전에 그에게 자신의 가장 좋은 그림을 하나 선물했다. 한 10년이 지나서, 한국 화가는 미국에 와서 이제 군대에서 전역을 한 그 옛 친구의 집에 가게 되었다. 그 한국 화가가 그의 집을 방문했을 때, 그 미국 친구는 그에게 10여 년 전에 가져온 그의 그림을 보여주었다. 한국 화가가 그 그림을 보았을 때, 그는 거의 충격을 받았고 그가 그린 그림에 어떤 일이 일어났는지 심히 슬퍼하게 되었다. 그는 외쳤다. "내 그림이 죽었어. 기운이 떠났는데." "어떻게 그렇게 말할 수 있지?" 옛 미군은 "나는 이걸 표구하느라고

돈을 너무 많이 들였고 그다음에 우리 집에서 가장 좋은 자리에 걸어
놓았어"라고 말했다. 그러나 실망스럽게도 한국 화가는 말했다. "자네
는 모든 빈 여백을 잘라버리고 오직 그림이 있는 부분만 표구를 했네.
이 그림은 여백이 없으면, 기운이 사라져. 기운이 없으면 그림은 죽은
거여."

　여성 원리인 성령은 빈 화폭 형태와 비슷한 것이다. 그것은 두드러
지게 드러나지는 않으나 사물이 존재하는 데 본질적인 것이다. 이것이
바로 성령이 왜 삼위일체 가운데 이름도 없이 알려질 수밖에 없는 이유
이다. 성령은 그림 뒤에, 무대 뒤에, 세계 속에 드러나는 행위들 뒤에
존재한다. 성령은 하나님의 삼위일체적 삶 뒤에 분명하게 존재한다.
형태인 성령은 모든 존재의 이면(background)이다. 성령이 없이는 어떤
것도 존재할 수 없다. 그러나 성령은 빈 형태이고 그것은 존재의 본질,
생명의 근원, 기이다. 성령은 모든 존재의 이면이고 일어나는 행위들
뒤에 있기 때문에, 성령은 성자의 사역을 도우러 오는 보혜사, 변호사로
알려져 있다(요 15:26; 16:7-11). 성자의 구원 사역 뒤에는 성령의 역사가
있다. 성부의 창조 사역 뒤에는 성령의 현존이 있다. 성령은 모든 것을
포괄할 수 있는 빈 형태의 이미지이다. 그러나 그 자체로는 아무것도
아니다. 성령은 모든 것을 포함하기 때문에, 성령의 무(無)는 모든 존재
들의 이면이고 본질이다. 따라서 동양적 전통에서, 무(無)나 공(空)은
"사물 자체"(thingness)보다 더욱 가치가 있는 것이다. 성령 즉 무의 이미
지 혹 빈 형태는 내가 알고 있는 어머니에게서 몸으로 드러난다. 어머니
는 가족들을 위해 모든 것을 한다. 어머니는 가족들을 보존한다. 어머니
는 아버지가 성공하도록 도우나 그것을 통해서 자신을 드러내는 것이
아니다. 어머니는 자녀들을 위해 온갖 일을 한다. 어머니는 자신을 가정
을 위해 비워가는 빈 형태이다. 그래서 어머니는 참된 성령의 이미지이

고, 삼위일체적 행위의 이면이 됨으로써, 삼위일체인 가족을 보지하는 것이다.

　내가 알고 있는 어머니는 오랜 유교적 가부장적 제도의 산물이다. 거기에서 어머니는 수동적 역할만을 했다. 그러므로, 내가 가지고 있는 전통적 동양의 어머니상은 삼위일체적 가정의 성령을 조명해줄 수 있다. 그러나 동양의 여성들도 변화하고 있다. 오늘날 많은 여성들은 사회나 가정에서 수동적 역할에 머무르기를 원치 않는다. 그들은 자신들을 전통적인 가부장적인 구조에서 해방시키기 시작했다. 자신들을 이면에 머무르게 하기보다는 전면에 내세우기를 원한다. 이런 개혁과 서구화에도 불구하고, 전통적 가치는 한국, 일본, 중국인들의 삶에서 여전히 남아있다. 어머니는 사회에서 포용적 역할을 하고 가정의 삶을 책임진다. 아버지와 자녀들의 이면에 자신의 자리를 위치시키는 것이다. 이런 점에서 어머니의 이미지로 성령을 묘사하는 것은 매우 적절하다. 특별히 전통적 동양의 어머니상은 가족을 결속시킨다. 물을 담는 그릇과 같이 말이다. 그리고 그들을 일상생활에서 조화하며 살아가게 한다. 이런 종류의 어머니의 역할은 삼위일체적 삶에서 성령의 기능이다.

　서구적 관점에서 본다면, 행동이나 주장에 더욱 많은 가치를 부여한다. 성령에 수동적인 역할을 부여하는 것은 서구적 관점에서는 문제가 많다. 그러나 음양의 상징적 사고에 따르면, 수용성(음)은 자기주장(양)만큼 가치 있는 것이다. 침묵은 소리만큼, 무위(無爲)는 행동만큼, 양보는 적극성만큼 가치 있는 것이다. 이런 점에서, 모성적 상징으로 성령에 포용적 역할을 부여하는 것을 우리는 적극적으로 받아들일 수 있다.

삼위일체적 삶의 변화시키는 힘

다시 한번 성령의 이미지인 큰 마차로 돌아가 보자. 마차는 움직임의 상이다. 그것은 사물들을 한 곳에서 다른 곳으로 움직이는 데 쓰인다. 마차와 같이 성령은 운동이다. 성령은 우리를 감동시켜 움직이게 해서 어떤 일을 하게 한다. 요단강에서 예수께서 세례를 받으실 때 비둘기 같이 내려온 것이 성령이다(막 1:9-11). 예수를 광야로 내몰아 간 것도 성령이다(막 1:12). 십자가에서 예수가 운명하셨을 때 예수를 떠난 것도 성령이다(요 19:30). 창조 시에 물 위에 운행하고 있던 것도 성령이다(창 1:2). 모든 것은 성령 때문에 움직이고 변화하게 된다. 성령은 운동 자체이기 때문이다. 운동으로서의 성령은 바람이나 숨과 같은 성령의 어원에 분명하게 드러나 있다. 바람은 운동 때문에 존재한다. 운동이 없을 때, 바람은 생겨나지 않는다. 숨도 움직임 때문에 존재한다. 공기의 움직임이 없을 때, 거기에 숨은 없다. 숨이 끊어지는 것은 생명의 끝인데, 숨의 운동은 생명의 본질이기 때문이다. 성령은 생명을 주는 능력이고 세계를 변화시키는 힘이다. 성령은 운동과 변화 자체이지 다른 것이 아니다.

마차가 운동의 상(象)이라면, 그것은 분명히 성령의 이미지를 대변한다. 성령은 운동과 변화 자체를 나타내기 때문에, 성령이신 하나님은 운동과 변화인 것이다. 달리 말하면, 세계 속에 존재하는 모든 것은 역동적이고 유기적인 전체이다. 왜냐하면, 성령이신 하나님이 운동과 변화 자체이기 때문이다. 이것은 하나님은 부동의 동자가 아니라 움직이는 동자, 변화와 운동을 모든 존재와 존재자의 규범으로 만드는 변화의 주체라는 결론에 도달하게 된다.[36] 하나님은 성령이기 때문에, 운동과 변화는 신성에 있어 근본적인 것이다. 성령이 없으면, 하나님은 정태적인 존재론적 개념으로 생각되어질 수 있다. 신성을 역동적이고 살아 있는 생생한 것으로 만드는 것은 성령이다. 따라서, 변하는 것과 변하지 않는 것이 공존하게 하는 것은 하나님의 삼위일체적 속성이다. 성부인 하나님은 원리적으로 영원히 변하지 않으나, 성령인 하나님은 세계 속에서 끊임없이 변하고 있다. 이런 관념은 신유학의 리기(理氣)라는 개념과 비슷하다. 우리는 성부인 하나님이 보편적 원리인 리(理)에 유비 되고 성모인 성령은 물질적 원리인 기(氣)에 유비된다고 생각할 수 있다. 성자 안에서 리와 기는 연합된다. 왜냐하면, 성자는 성부와 성모 사이의 관계에서 연결원리로 역할하기 때문이다.

　변화와 변혁의 성령의 가장 의미깊은 이미지들 중의 하나는 자루이 다. 예를 들면 자루는 나무의 줄기로 거기에서 가지가 나온다. 생명의 모든 형태는 땅에서 자라고 쇠하는 것과 마찬가지로, 땅 어머니인 성령 은 늘 새로워지고 변화하며, 변혁(transform)되고 있는 것이다. 나무의 줄기와 같이, 성령은 새로워지고 변화되는 원천인 것이다. 새로운 가지 가 줄기에서 나오는 것과 마찬가지로, 새로운 생명은 성령으로부터 나온다. 나무는 줄기와 잎을 통해서 자신을 끊임없이 새롭게 하기 때문 에 계속 살아남게 되는 것이다. 이런 갱신이 멈췄을 때, 나무는 죽게 된다. 나무를 살게 하는 것은 성장이나 변화이다. 변화가 나무 속에서나 다른 생명체에서 더 이상 일어나지 않을 때, 그것은 더 이상 계속해서 생명을 유지할 수 없다. 달리 말하면, 갱신과 변화가 생존을 위해 필수적 일 뿐만 아니라 생존의 특성 자체가 변화와 갱신인 것이다. 성령이 바른 변화와 변혁의 능력이기 때문이다. 변화가 점점 느려질 때, 나무는 그 젊음을 잃어가기 시작하고 마침내는 쇠잔해버린다. 여러 종류의 나무 들로 가득찬 공원을 걸으면서, 폭풍에 쓰러진 매우 큰 나무들의 줄기에 썩은 구멍이 뚫려있는 것을 보게 된다. 기가 잘 운행하지 못할 때, 나무의

안이 붕괴되고 이것은 나무 전체를 약화시키고 마침내는 파괴시키게 된다. 우리의 삶에서조차도 기의 흐림이 차단되게 되면, 우리의 정신과 마음이 건강하지 못하게 된다. 갑작스런 죽음은 또한 영의 부족에서 생기게 된다. 따라서, 모든 사물들을 새롭게 하고 다시 생명을 불어넣을 뿐만 아니라 그것들을 변혁시켜 나가는 것은 성령이다.

변혁의 능력은 우리의 존재의 원천일 뿐만 아니라 우리의 삶을 늘 새롭게 갱신한다. 새로운 가지를 내는 나무의 줄기와 같이, 우물은 영적인 능력을 나타내는 이미지로 종종 사용된다. 우물은 재생산의 여성적 상징이다. 우물은 여성의 역할과 밀접한 연관을 가질 뿐만 아니라, 많은 여성적 특징들을 가진다. 우리는 우물과 사마리아 여인의 이야기를 알고 있다(요 4:7-11). 우물은 우리의 힘을 갱신시키고 우리의 약함을 회복시켜 준다. 우리의 갈증을 해갈해 주며, 우리의 몸을 정화시켜 준다. 이런 방식으로, 성령은 우리의 약함을 회복시켜 줄 뿐만 아니라 우리의 영혼을 정화시켜 주며 우리의 삶을 새롭게 한다.

주역에서 발견되는 우물(井, 48괘)이 손(巽) 괘 즉 나무(혹은 바람)와 감(坎) 괘 즉 물로 이루어졌다는 것은 매우 흥미 있다. 손괘와 감괘는 여성적 음의 성격을 갖고 있다. 손괘는 두 개의 양효 밑에 하나의 음효를 가지며(☴), 부드러움, 바람과 나무라는 주요한 특성들을 가진다. 이 모든 특징들은 여성적이고 성령을 상징한다. 감괘는 두 개의 음효 사이에 양효를 가지는데(☵), 음을 나타내며 끝없이 깊음, 물 따위를 의미한다. 물은 성령의 또 하나의 상징인데, 물의 기능은 정화하는 것이고 양육하는 것이다. 정결의례에서는 어디서나 물이 사용된다. 세례에서 물은 성령의 외재적 형태로 죄를 씻어내는 수단이다. 여기에서 물은 새로운 생명을 나타내는 수단으로 사용된다. 요한은 우리는 물과 성령으로 거듭나야 한다고 말한다(요 3:5). 성령은 물이 흐르듯이 움직인다.

물이 만물에 스며들 듯이 성령은 세계 속에 내재한다. 성령은 물이 우리의 육체를 씻듯이, 우리 영혼을 정화한다. 그러나 손괘는 물보다는 성령과 더 밀접하게 연관되고 있다. 바람과 나무, 부드러움인 손괘는 성령의 이미지이다. 손괘와 감괘의 결합인 우물은 그러므로 성령의 탁월한 이미지이다. 두 괘의 결합은 우물의 상징으로 풍수정괘(風水井卦)라고 한다. 이 수풍은 결국 풍수로, 동양에서는 풍수학(geomancy)을 의미하는 개념이다. 즉 건물이나 무덤의 터를 잡는 종합 인문지리학에 해당한다. 이 풍수는 땅 위에서 기의 흐름을 연구하는 학문이다. 풍수는 우물만이 아니라 기의 운행을 상징하기 때문에, 성령의 이미지인 것이다. 이것이 우물, 자궁의 이미지가 또한 성령의 이미지이고 새로운 생명이 여기에서 시작될 수 있는 이유이다.[1]

성령의 이미지인 우물은 한 마을에서 여성의 삶과 밀접하게 연결되어 있다. 전통적으로 여성들은 우물에 물을 길으러 가고 또한 물을 길어서 빨래하고 요리를 한다. 우물은 여성의 사회적 삶의 중심이 된다. 성령의 이미지인 우물은 사회적 삶을 통합하는 힘이다. 우물은 마을 사람들을 모이게 하고 새로운 생명을 준다. 은유적으로, 우물은 성전을 상징하며, 우물에 모이는 마을 사람들은 교인들을 의미한다. 예수는 야곱의 우물에서 사마리아 여인에게, 성령의 이미지인 생명의 물을 주는 사람이다. 그래서 예수는 사마리아 여인에게 말했다. "가서 네 남편을 불러 오너라"(요 4:16). 이 은유적 표현인 교회 안에서 예수는 참된 예배를 말씀하셨다. "진실하게 예배하는 사람들이 영적으로 참되게 아버지께 예배를 드릴 때가 올 터인데 바로 지금이 그때이다. 아버지

---

1) 손(巽)괘와 감(坎)괘는 삼효를 가지는 소성괘이고, 우물(井)괘는 손괘와 감괘가 결합한 중괘(대성괘)로 육효를 가진다. 소성괘는 8괘이고 대성괘 즉 중괘는 64괘이다. _ 옮긴이 주

께서는 이렇게 예배하는 사람들을 찾으신다. 하느님은 영적인 분이시
다. 그러므로 예배하는 사람들은 영적으로 참되게 하느님께 예배드려
야 한다"(요 4:23-24). 성령의 이미지, 우물은 마을 사람들을 모아서 교회
를 이루게 한다.

　　우물과 사마리아 여인의 이야기는 내가 태어나고 자란 고향 마을을
생각나게 한다. 나는 "샘골"이라고 불리는 작은 마을에서 태어났다.
거기에는 물이 솟아나는 유명한 곳이 있었다. 그 샘물이 솟아나는 곳에
우물을 만들었고, 그곳은 마을 사람들의 생활의 중심이 되었다. 여인들
은 아침부터 저녁까지 우물에 나와서 신선한 찬물을 길어 갔다. 이곳은
여인들이 와서 이야기를 하고 그들의 관심사들을 나누면서 곡식도 씻고
빨래도 했다. 내가 고향을 떠난 후 한 40여 년이 지나서 그 마을을 다시
방문하게 되었을 때, 마을은 완전하게 변해 있었다. 그러나 그 우물만은
여전히 남아 있었다. 주역에서 "우물은 마을을 변화시키지만, 우물은
변하지 않는다. 이 우물은 쇠하거나 자라남도 없다. 사람들은 오고 가며
이 우물에서 물을 긷는다"[38]고 기록하고 있다. 우물은 마을을 변화시키
지만, 마을은 우물을 변화시킬 수 없다. 우물이 성령의 이미지라면,
성령은 사람들을 변화시킬 수 있으나 사람들은 성령을 변화시킬 수
없다. 변화의 능력을 가지고 있는 우물은 성령의 영원한 현존과 세계
속에 다함이 없는 영적인 선물을 상징한다. 노자가 말한 대로, "도는
우물과 같다. 쓰고 써도 다함이 없다. 이것은 태허와 같아 무한한 가능성
으로 채워져 있다."[39] 우물과 같이 성령은 늘 사용되나 결코 다함이
없다. 우물은 생명의 물의 메타포인데, 예수가 사마리아 여인에게 약속
한 것이다. 이 생명의 물은 영원한 생명을 주는 성령이다(요 4:14).

　　성령의 변화시키는 힘은 신자들의 중생의 체험으로 나타난다. 예수
와 니고데모의 이야기에서(요 3:1-10) 우리는 교회 생활에서 영적인 탄생

이 얼마나 중요한지를 알게 된다. 물과 성령으로 거듭난다는 것은 보통 세례를 받는 것으로 해석되었고, 세례를 받음으로써 교회의 새로운 일원이 되는 것이다. 이 세례 의식은 탄생을 가능하게 해주는 여성적 이미지와 명백하게 연관된다.[40] 세례를 통한, 물과 성령에 의한 재생은 첫 탄생과는 명백하게 다르다. 첫 탄생은 몸에 의한 낳음이고 둘째 탄생은 세례를 통한(물과 성령에 의한) 것이다. 이와 같이 우리는 바울 서신에서도 이와 비슷한 이원적 경향을 발견하게 된다. 그는 육체와 영혼 즉 신체적 몸과 영적인 몸, 회심 전의 삶과 회심 이후의 삶을 명백하게 구분했다. 이런 차이는 중생이란 관념과 연관되어 논의되는 매우 중요한 쟁점인데, 이원론적 해석 때문에 굉장한 오해가 생겨나게 되었다. 이원론적 해석은 기독교인들로 하여금 실제적인 삶의 정황과는 동떨어진 삶을 살게 만들었다. 성과 속, 하늘과 땅, 영적인 것과 육적인 것 사이의 차이는 삼위일체 원리에 상반될 뿐만 아니라, 동양적 사고의 우주론적 인간학의 관점에서도 받아들이기 어렵다. 내가 말한 대로, 물질적인 것은 영적인 것은 떼려야 뗄 수가 없는데, 영이나 기는 삼위일체의 물질적 원리이기 때문이다. 이와 같은 방식에서, 육체에서 태어난 것은 영에서 태어난 것과 구별되지 않는다. 물론 그것들이 차이있게 다르기는 하더라도 말이다.

요한복음에서 명확한 구분이 이루어진다. "육에서 나온 것은 육이며, 영에서 나온 것은 영이다"(요 3:6). 이런 명확한 구분이 그것들 사이의 구별을 뚜렷하게 만들어 주는 것은 아니다. 예를 들어 음과 양은 명확하게 다르기는 하지만, 음은 여성이요 양은 남성이고 음은 어둠이요 양은 빛이다. 음은 소극적이고 양은 적극적이며, 음은 무겁고 양은 가볍다. 이렇게 음과 양은 상반되지만, 그것들은 나누어지지는 않는다. 사실상 그것들은 전체 속에서 연합되어 있다. 음양의 사고를 사용한다면, 우리는 "육에서 나온 것"은 "영에서 나온 것"과는 확실하게 다르다. 그러나 동시에 이 양쪽은 모두 인간 전체를 만드는 데 본질적이다. 달리 말하면 "영에서 나온 것"은 "육에서 나온 것"을 필요로 한다. 또한 "육에서 나온 것"도 "영에서 나온 것"을 필요로 한다. 그것들은 상반되지만 상생적이다. 이 둘 모두가 인간 전체를 이루는 데 꼭 필요한 것이다. 육과 영사이의 연속성 때문에, "영에서 나온 것"은 "육에서 나온 것"으로부터 자라 나온다. 영에서 난 것은 육에서 나온 것의 변화나 변혁 이외의 다른 것이 아니다.

성령은 인간의 성장과 영적인 형성에 있어서, 한 단계에서 다음 단계로 나가는 변화를 가능하게 하는 것이다. 이런 성장이나 변화 때문에, "육에서 나온 것"은 "영에서 나온 것"이 될 수 있는 잠재성을 갖고 있다. 그러나 이 변화의 과정은 점진적이거나 순간적일 수가 있다. 칭의(justification), 성화(santification), 완전성(perfection)과 같은 신학적 개념들은 영적인 성장의 과정을 묘사하는 데 사용되었다. 우리가 유한한 동안 이 과정은 계속되는 것이다. 이것은 음에서 양으로 양에서 음으로의 변화과정에 비견될 수 있다. 음은 양을 완전하게 극복할 수가 없고, 양도 마찬가지로 음을 극복할 수가 없다. 이와 같이 아무도 완전하게 선하거나 완전하게 죄인만이 될 수는 없다. 인간이 아무리 죄인이라고 해도, 그들은 약간은 선하다. 마른 나무나 줄기라고 해도, 새로운 싹을 낼 수 있는 능력이 있다. "늙은 버드나무라고 해도 싹을 내고, 노인도 젊은 여인을 취할 수 있다. … 늙은 버드나무가 꽃을 피운다면, 늙은 여인이 젊은 남편을 취할 수도 있다."[41] 노인이 젊은 아내를 취할 수 있는 것과 마찬가지로, 고목이 된 버드나무는 새싹을 낼 잠재적인 능력이 있는 것이다. 달리 말하면, 모든 사람은 성인(saints or sage)이 될 잠재성을 갖고 있는 것이다. 성령이 모든 사람에게 현존하기 때문이다. 모든 사물에 존재하는 성령은 죄인과 성인, 육과 영, 악과 선 사이의 연속성을 만들어낸다. 따라서 연속성 자체는 우리를 하나의 극에서 다른 극으로 옮기는 능력이다. "육에서 나온 것"과 "영에서 나온 것"은 성령 안에서 함께 연결되며, 성령은 변환의 원인이며 동시에 과정이다.

마을 사람들을 모으는 우물과 같이, 성령은 사람들을 모아서 공동체를 만든다. 따라서, 성령은 개인들을 변화시킬 뿐만 아니라 사람들의 새로운 공동체 즉 중생한 자들의 공동체를 만들어낸다. 이 공동체는 보편 교회와 비슷한 개념이 될 것이다. 달리 말한다면, 성화의 개념은 개인들에게만 적용되는 것이 아니라 세계 속에서 사람들의 다양한 공동체에도 적용될 수 있다. 개인들은 공동체의 부분이기 때문에, 공동체의 성화가 없이는 개인의 성화도 있을 수 없는 것이다. 전체는 부분의 집합 이상이기 때문에, 공동체는 정치적인 공동체이든 종교적인 공동체이든, 개인들만에 의해서 정화되고 갱신될 수는 없다. 구조적 부정의가 정사와 권세들에 의해 만들어진다면, 성령은 이런 권세들로부터 구조들을 해방시키지 않으면 안 되며, 정의를 구현해야 한다. 정의의 기초는 다수의 규범이 아니라 모자이크의 조화이다. 이 모자이크 속의 정의는 하나의 규범에 근거하는 것이 아니고 많은 규범들의 조화 위에 세워지는 것이다. 모든 공동체는 가난하든 부자이든, 작던 크든, 검든 희든, 남자 혹은 여자이든, 엘리트이든 범인들이든, 이 모자이크의 부분으로 존중되고 영예로운 것이다. 이런 공동체들의 모자이크는 하나님의 통치의 상징이다. 그런 공동체는 군주와 권위적 지도자에 의해 통치되는 것이 아니고, 모든 공동체들이 성령의 능력을 통해서 조화롭게 공존할 수 있도록 하는 겸손한 종에 의해 다스려진다. 땅 어머니인 성령은, 아버지 앞에 만물을 데려가는 성자를 통해서 땅 위의 만물을 다스린다. 성령은 각 개인들을 개성을 가진 서로 다른 존재들로 만드는 것처럼, 또한 각각의 다른 공동체들을 만들어낸다. 공동체들의 서로 다른 다양성은 다른 종족 공동체, 다른 문화 공동체, 다른 사회 공동체, 다른 성 공동체, 다른 종교적 공동체 따위로 나타난다. 이 다양성들은 하나님의 통치 안에서 새로운 모자이크의 부분이 되어 정화되고 갱신될 때, 성령을 통해서 공존하고 전체 안에서 상생될 수 있는 것이다.

영적인 현존은 제도들 안에 제한되어 있는 것이 아니기 때문에, 교회는 그 지평을 제도화를 넘어 확장시킬 필요가 있다. 교회는 성령이 현존하는 곳이면 어디나 존재한다. 성령은 그리스도 외의 다른 존재가 아니기 때문이다. 성령은 세계 속에 내재하기 때문에, 세계는 교회이다. 그러므로 교회는 인간들만을 포함하는 것이 아니고 땅 위의 모든 만물들을 포함한다. 요한 웨슬리가 "세계는 나의 교구다"라고 했을 때, 그의 세계관은 아마도 인간들에게만 국한되었을 것이다. 성령이 우리를 부르는 목회는 인간에게만 국한되는 것이 아니고 땅 위의 만물들을 포함해야 한다. 우리는 땅 위의 성령의 현존과 만물의 우주적 화해를 증언해야 한다. 제도에 의해 족쇄 채워진 교회는 성령의 운동을 제한할 뿐이다. 제도화된 교회가 정말로 정사과 권세들로부터 해방될 때, 교회는 성령의 공동체 안에서 갱신되고 변혁될 것이다. 기인 성령의 자유로운 운행은 교회를 교회답게 만들 것이다. 교회가 교회다워지기 위해서는, 교회는 참으로 세계 속에 있어야 하며, 세계는 교회 속에 있어야 한다. 교회가 성자를 통해서 성령이 갱신하고 변혁시킨 조화의 공동체로 모자이크를 이뤄갈 때, 성부 하나님은 교회 위에 우주적 그리스도의 이름과 역할을 부여할 것이다.

성령의 삼위일체적 기능: 신비와 기적 그리고 엑스타시

성령의 마지막 속성인 땅 어미의 신비(玄, blackness)로 돌아가 보자. 주역에서 곤(坤) 즉 땅은 검은색이고 검음의 깊이인데, 이것은 블랙홀, 자궁의 대우주로 유추된다. 이것은 너무 검어서 빛조차 이것을 통과해 나올 수 없다. 이것은 무저갱과 비슷하며, 거기에는 검음 이외에 아무것도 없다. 이 최고의 검음은 지모 즉 땅 어미로서의 성령의 신비를 상징한다. 검음은 그것의 존재 성격을 인간이 파악할 수 없게 만든다. 이것은 너무 검어서 볼 수 없으며 너무 검어서 상상할 수 없고, 너무 검어서 존재하지 않는 것이다. 이것은 빔(emptiness), 없음(無, nothingness), 불가사의(不可思議, enigama)의 상징이다. 검음은 빔(虛, void)과 신비의 상징이다. 노자는 말했다. "곡신(谷神, the spirit or the spirit of valley)은 죽지 않는다/ 이것을 현묘한 어미라 부른다/ 현묘한 어미의 자궁은 하늘과 땅의 뿌리/ 그녀를 쓴다 해도 다함이 없어라."[42] 신비한 모성인 성령은 그녀의 자궁에 뿌리를 내리고 있는 존재의 근원이고 하늘과 땅을 넘어서 있는 것이다. 이런 점에서, 성령의 신비는 깊이 속에서만 표현된다. 이에 반해, 성부의 신비는 높이에서 표현된다. 성령은 물질적 원리인 기인데, 그러나 물질을 넘어서는 것이다. 성령은 완전히 내재적일 뿐만 아니라 초월적이다. 왜냐하면 성령은 신비한 자궁이고 하늘과 땅에 존재하는 모든 것들의 뿌리이기 때문이다. 성령은 존재의 근거를 넘어서는데, 왜냐하면 자궁은 근거(ground)가 아니고 존재가 존재하는 기초도 아니기 때문이다. 이것은 신비한 모성인 성령이 끝없이 내려감으로써 모든 것을 넘어서는 이유이다. 성부의 무한한 높이와 모성으로서의 성령의 무한한 깊이는 성자 안에서 만나는 것이며 아들 안에서 성부와 성령은 하나이다.

    신비한 모성의 자궁은 하늘과 땅에서 무한한 존재들을 낳기 때문에,
세계 속에 존재하는 모든 것은 땅 어미인 성령이 드러나는 것이다. 성령
은 만물의 깊이 속에 존재한다고 해도, 우리는 어떤 이상한 현상이 일어
날 때만 성령을 인식하게 되는 경향이 있다. 예를 들어 홍해를 가르는
바람의 힘이나 불치병을 치료하거나 엑스타시, 혹은 삶에서 일어나는
기적 등을 통해서 성령을 인식하는 것이다. 성령의 활동을 우리가 생각
할 때, 우리는 이런 기적들에 주의를 집중하고 일상적인 사건들은 무시
해 버리기 일쑤다. 그러나 우리가 성령의 활동인 일상사에 더욱 주의를
기울여야 한다. 왜냐하면 종교적 삶의 본질은 일상사 속에서 하나님의
현존을 감지해 내는 것이기 때문이다. 꽃이 피고 새가 우는 속에서,
해와 달이 뜨는 가운데서, 시끄러운 저자거리나 아이들의 울음 소리
가운데서, 차를 몰고 가는 가운데, 우리는 하나님의 현존을 감지해 내야
한다. 왜냐하면 성령은 모든 것 가운데 계시기 때문이다. 그러나 우리가
일상사에서 성령을 발견하는 데 실패했을 때, 우리는 신비한 성령의
활동인 특별한 사건들을 추구하게 된다. 게다가 우리는 성령이 우리
자신의 관심을 가지는 특별한 사건이나 기적을 베풀어 주시기를 원한
다. 비록 성령은 늘 우리 가운데 계시고 언제나 그분을 우리가 접촉하고
이용할 수 있지만 말이다. 우리의 종교적 삶의 문제는 하나님께 영광을
돌리거나 세상을 위해 일하는 것에 있지 않고 오히려 성령을 우리 자신
의 목적을 위해 사용하는 데서 생긴다. 종교적 삶에서 신비한 성령이
어떻게 특별하게 나타나실 수 있는가 하는 두 가지 예를 들어 보겠다.
이것은 치유와 엑스타시(황홀경)인데 이것은 특별한 사건들로 생각된다.
    우리는 예수의 사역에서 기적적인 치유가 얼마나 중요한지를 잘
알고 있다. 그분은 불치병을 치유하여 많은 사람을 놀라게 했다. 비록
그의 의도는 필요한 사람들을 위해 봉사하는 것이었고 그들의 아픔과

고통을 덜어주는 것이었어도 말이다. 건강을 회복시키고 병을 치료할 수 있는 성령 즉 기의 통로를 연 것은 마술이 아니었고 믿음이었다. 믿음의 치유는 여전히 적절한 것이고 실지로 우리 시대에도 계속해서 나타나고 있다. 예를 들어, 서울 여의도에 있는 중앙순복음교회 조용기 목사는 기적적으로 자기의 결핵을 한 전도부인의 기도를 통해서 치료받은 후에 목사가 되었고 세계에서 가장 큰 교회를 개척했다. 따라서 그는 목회에서 신앙을 통한 치유에 특별히 관심을 기울였고, 구역예배를 통해서도 치유와 다른 성령의 열매들을 경험하도록 이끌었다.[43]

문제는 믿음과 기도를 통해서 치유를 경험하는 것에 있는 것이 아니라, 교회 안에서 부, 권력, 지위를 얻는 데 이런 경험을 사용하는 것이다. 그들의 치유의 경험을 자신의 이익을 얻기 위해 사용하는 많은 사람들이 있다. 믿음의 치유를 사람들을 위해 봉사하는 방법으로가 아니라 자기 자신의 이득을 얻는 수단으로 사용될 때, 성령의 신비적 차원은 상실되는 것이고 종교는 사교로 변질되는 것이다. 사교적 믿음 생활에서, 믿음의 치유는 유사과학이 되고 몸을 치료하기 위해 기의 통로를 자극하는 침술과 비슷하게 되는 것이다. 기와 마찬가지로 치유하는 성령은 아무나 접근할 수 있으며, 많은 사람들에 의해서 자기의 이익을 위해서 사용될 수도 있다. 그들은 강가에서 물을 파는 사람들과 같으며, 모든 사람에게 가운데 이미 역사하고 있는 예수를 파는 자들이다. 성령이 팔린다고 했을 때, 성령은 창녀 같은 신으로 영성의 마약으로 변질되는 것이다. 자본주의 사회에서, 어떤 특별한 사건들은 쉽게 상품화 되어 시장에 내놓게 된다. 우리는 이런 종류의 유혹을 반드시 경계해야 한다. 특별히 궁극적인 실재인 하나님과 관련되어서는 특히나 그렇다. 우리가 다른 사람들을 위해 봉사하도록 부르시는 성령의 능력에 사로잡히거나, 신의 말할 수 없는 신비의 깊이에 압도될 때, 믿음의 치유는 일어나게 된다. 다른 모든 것과 같이, 우리는 성령의 산물이다. 그렇지만 성령은 우리의 산물이 아니다. 이것은 우리가 성령의 선물인 믿음의 치유를 받아들여야 하는 이유이다. 이것은 상품화되는 것이 아니라 신의 은총의 선물로 남아 있어야 한다.

성령의 다른 특별한 선물은 엑스타시인데, 이것이 종교적인 체험에서 가장 중심이 된다. 신비한 모성을 인간이 경험하는 것은 성령의 현존이 우리를 압도하고 매혹시키기 때문에 일어나게 된다. 종교현상학의 태두인 엘리아데에 따르면, 무당은 엑스타시의 전문가들이다. 따라서 그는 샤머니즘을 엑스타시의 고대적 기술이라고 정의했다.[44] 엑스타시는 일상적 의식에서 자아를 갑자기 해방시킴으로써 생기게 된다. 이것은 성령의 갑작스런 부어짐 속에서 신성을 만나게 되는 성스러운 순간이다. 우리가 엑스타시를 경험하게 될 때, 우리는 성령에 잡히게 되고, 성령은 우리의 의식을 압도한다. 이런 짧은 순간에, 우리는 신성의 일부로 우리를 경험하게 된다. 이런 경험에서, 우리는 자신을 존재의 깊이 즉 신비한 모성의 자궁 속에 위치시키게 되는데, 이것은 새로운 탄생을 가능하게 한다. 다마스커스로 가는 길에서 바울은 이런 엑스타시를 경험했다. 이런 순간에 바울은 새로운 탄생을 가능케 하는 성령의 자궁 안에 머물렀던 것이다. 따라서 그는 이런 경험을 통해서 전혀 다른 새로운 사람이 되었다. 불타는 가시덤불 속에서 모세가 하나님을 경험한 것(출 3:1-6), 미리암이 이집트에서 탈출한 후에 춤추고 노래한 것(출 15:1-25), 이사야가 보좌에 앉으신 하나님을 경험한 것(사 6장), 요나가 큰 물고기 속에서 들어간 경험(욘 1:17), 예수께서 요단강가에서 세례를 받으신 것(마 3:13-17), 제자들이 변화산상에서 모세와 엘리야를 본 것(마 17:1-8), 오순절의 체험(행 2:1-13) 혹은 계시록에서 여러 가지 비전들은 이런 사건들에 관여했던 사람들의 삶을 변화시키는 엑스타시의 예들이다.

엑스터시에 들어가는 여러 가지 방법들이 있다. 가장 공통된 방법은 반복적인 노래나 춤이다.[45] 예를 들어, 한국의 샤머니즘에서 샤먼들은 트랜스(황홀경)에 들어가기 위해서 어떻게 노래하고 춤추는가를 배우게 된다. 대부분의 무당들은 여성이고 영적인 중매자인 무당의 역할은 그들이 엑스타시를 경험하는 트랜스에 어떻게 잘 들어갈 수 있는가에 달려있다. 노래하고 기도하는 것을 반복하는 것은 부흥회에서도 실행하는 것이다. 나는 아직도 이런 엑스타시의 경험을 기억하고 있다. 나는 미국으로 오기 몇 주 전에 서울 남산에서 있었던 부흥회에 참석했었다. 내가 이 부흥회에 참석한 것은 6월 초였다. 그것은 천막 집회였는데, 수천 명이나 되는 사람들이 운집해 있었다. 그들은 박수를 치고 노래하며 쉬지 않고 기도를 했다. 먹거나 마시지도 않고 온종일 그리고 온 밤을 그렇게 지샜다. 그리고 이른 새벽 네 시경이 되었다. 동터오는 아침이 되면서, 나는 갑자기 활홀경(트랜스)으로 이끄는 세 가지 냄새를 맡게 되었다. 나 외에는 아무도 그런 냄새를 맡은 사람은 없었다. 첫째 냄새는 죽은 송장의 썩은 냄새와 같은 역겨운 냄새였다. 이것은 너무나 기분 나쁜 냄새였으나 어떻게 이 냄새로부터 도망갈 수 있는 방법이 없었다. 나는 이런 냄새를 피하기 위해서 천막 바깥으로 나갔으나 그러나 어디에서도 냄새는 났다. 나는 천막 안으로 들어와서, 내 옆에 있는 사람들에게 이런 냄새를 맡고 있느냐고 물었다. 그러나 아무도 못 맡는다는 것이었다. 나만 그런 냄새를 맡고 있었던 것이었다. 이런 냄새가 지나가자, 이번에는 향기로운 냄새가 나기 시작했다. 그것은 꽃에서 나는 향기와 비슷했다. 나는 어디에 꽃이 있는가 해서 꽃을 찾아보려고 여기저기를 다 돌아다녀 보았으나, 거기에는 손벽 치고 찬송하는 사람들 밖에는 꽃은 어디에도 없었다. 다시 나는 옆 사람에게 어떤 냄새를 맡지 않느냐고 물어보았다. 그러나 아무도 그런 냄새를 맡는 사람은 없었다. 이런 향기로운 냄새가 지나가자, 이번에는 가장 감미롭고 가장 훌륭한 냄새가 났다. 그것은 내가 맡아본 적이 없는 냄새였다. 그 냄새는 신비하게도 내 온몸으로 스며들었다. 나는 그 냄새가 너무나 기가 막혀서 얼마 동안 그 냄새에 완전히 도취되어 있었다. 그 냄새는 단 몇 분 동안 계속 되었을 뿐이지만, 수천 년의 세월이 흘러간 것처럼 느꼈다. 내가 하늘 높이 올라간 듯이 느꼈고 이 말로 표현할 수 없는 냄새는 나를 어디든지 자유롭게 움직일 수 있도록 만들어 주는 것 같았다. 그런 데 무엇보다 중요하고 나에게 의미 있었던 것은 이런 엑스타시의 경험 자체가 아니었고, 이 경험이 내 인생에 어떤 영향을 미쳤는가이다. 이 경험은 나의 삶을 근본적으로 변화시켰다. 왜 나에게 기독교인이 되었는가 혹은 왜 복음을 전하는 목사가 되었는가 물을 때마다, 늘 이 말로 표현할 수 없는 경험 즉 엑스타시의 경험을 얘기하게 된다. 이것은 가장 귀중한 성령의 선물이었으며, 나를 신성과 접촉하도록 만들어 준 계기였다.

많은 엑스타시 경험의 형태들 가운데서, 방언(glossolalia)은 그룹으로나 공동체 안에서 가장 쉽게 경험할 수 있는 것이다. 신약 성경에서는 오순절에 있었던 방언 현상을 증거하고 있다 (행 2:1-4). 성령이 왔을 때, 사람들은 방언으로 말하기 시작했다. 성령이 그들의 입술을 주장하게 되었을 때, 거기에는 어떤 언어의 장벽도 존재하지 않았다. 방언의 본질은 성령의 능력에 인간의 혀를 맡기는 것이다. 방언에서 인간의 혀는 음 즉 수동적이고 반응하는 짝일 뿐이며, 성령은 양으로 적극적으로 활동하는 창조적인 짝이다. 따라서 오순절 사건에서 성령은 "급하고 강한 바람 같은 소리"(행 2:2)나 "불과 같은"(2:3)에서 양의 이미지로 나타난다. 우리가 성령에 사로잡힐 때, 우리는 엑스타시를 경험하게 된다. 이와 같이 방언에서 우리의 혀는 성령에 의해 주장되는데, 우리는 성령에 수동적이 되기 때문이다.

방언을 말하는 것 자체는 중요한 것이 아니나 그것이 우리에게 어떤 영향을 미치는가가 중요하다. 방언은 우리를 하나님에게로 가까이 나아가게 한다. 왜냐하면 하나님은 영이듯이 성령은 하나님이기 때문이다. 성령에 가까이 나가는 것은 하나님에게 가까이 나가는 것이다. 왜냐하면 성령은 삼위일체적인 하나님이기 때문이다. 그러므로 위험한 것은 방언의 경험 자체를 목적으로 만드는 것이다. 이런 종류의 엑스타시의 경험은 너무 기쁘고 즐겁기 때문에, 우리는 그 안에 계속 머물기를 원하게 되며, 계속해서 또 다시 그것을 경험하기를 원하게 된다. 이런 유혹은 공통된 것이다. 어린이가 뱅뱅 돌면서 엑스타시를 경험했을 때, 그것을 가능할 때마다 다시 경험하고자 한다. 기독교인들도 트랜스에 자꾸 빠지고 싶은 그런 유혹을 받게 된다. 우리는 방언에 쉽게 빠지게 되고 그럼으로써, 사회적 경제적 정의의 실천이나 다른 사람들에게 봉사하는 책임을 잊게 되기도 한다. 엑스타시는 그것이 우리를 성령으로 이끌어 가지 않으면 사실상 아무런 의미가 없다(고전 12:3). 또 다른 유혹은 방언을 말하는 기술을 얻고자 하는 것이다. 이런 기술을 얻게 되면, 우리는 어떤 이익을 위해서 성령을 조종하기를 원하게 된다. 이것은 성령의 자유로운 활동을 제한할 뿐만 아니라 성령의 아름다움을 제한하는 것이다. 방언을 말하는 사람들은 방언을 말하지 않는 사람들에게 자랑하고자 하는 경향이 있다. 이런 종류의 태도는 교회에서 실질적인 문제를 일으킨다. 바울은 고린도 교회에서 실제로 이런 문제에 직면하게 되었다. 그는 방언이 그리스도의 몸인 여러 가지 성령의 은사들 가운데 하나일 뿐이라고 말한다(고전 12:1-11). 그러나 그는 고린도 교회의 회중들을 분열시키는 방언을 말하는 사람들의 배타적인 태도에 직면하기도 했다(고전 14:1-40). 바울은 분명하게 말했다.

"그러나 교회에서 남을 가르치기 위해서는 이상한 언어로 일만 마디의 말을 하느니 보다는 차라리 내 이성으로 다섯 마디의 말을 하고 싶습니다"(고전 14:19).

뉴잉글랜드에 있는 한 한인 교회에서 중고등부가 매우 컸는데, 초여름에 주말 수련회를 가기로 결정했다. 이 수련회를 위해서 방언을 말하고 성령의 체험을 강조하는 근본주의적인 설교자를 초청했다. 이 수련회 기간에, 많은 사람이 어떻게 방언을 말하는가를 경험하게 되었으나, 또한 대다수는 경험하는 데 실패했다. 그 결과, 중고등부는 분열되게 되었다. 방언을 말하는 쪽에서 그들은 방언을 말하지 못하는 쪽보다 영적으로 한 수 위라고 주장했기 때문이다. 결과적으로 과반수가 넘는 학생들이 그 교회를 떠나게 되었다. 지금 그 한인 교회는 매우 배타적이 되어 그 지역에서 다른 학생들과 접촉하지도 않는, 작은 그룹으로 전락하게 되었다. 우리의 유혹은 특별한 사건들을 추구하게 되는 것이다. 성령이 우리에게 부어주는 선물인 방언을 말한다거나 엑스타시를 경험하거나 하는 여러 형태 기적들을 경험하게 하는 것을 추구하게 된다. 그러나 우리가 살고 있는 세계 가운데, 일상사를 포함해서 모든 것이 성령의 선물인 것이다. 일상적인 것들을 성령의 선물로 받아들이는 것은 단지 매우 특별한 사건들을 추구하는 것보다 더 영적으로 세련된 것이다. 침묵 가운데 말하는 성령은 일상적 삶의 정황에서 활동한다. 그리고 일상적인 언어를 사용하는 성령은 좀 별난 신학적 언어를 통해서 말하기도 하신다. 성령은 삼위일체이시기 때문에, 내재적일 뿐만 아니라 초월적이다. 성령은 여성이나 또한 남성적 요소를 갖고 있다. 성령은 검으나 그러나 어둠 속에서 빛나는 빛의 잠재성을 갖고 있다. 왜냐하면 성령은 삼위일체의 이면을 갖기 때문이다. 성령은 땅 어미(지모)이나 또한 하늘 아비 안에 있다. 왜냐하면 성령은 삼위일체의 하나님이기

때문이다. 그러므로 우리로 하여금 성부, 성모, 성자를 경험하게 하는
것은 성령의 현존이다. 그들 중의 하나를 경험하는 것은 동시에 셋을
경험하는 것이다. 왜냐하면 하나는 셋 속에 있고 셋은 하나 속에 있기
때문이다.

결론으로 몇 마디

어떤 배타적이고 절대적인 교리나 주장이 공공연하게 주장되기
어려운 포스트 모던 시대에 살면서, 우리는 성령의 특징인 비합리성,
포괄성, 다원성을 경험하게 된다. 우리는 성령의 시대를 살고 있는 것이
다. 성령의 시대는 성부의 시대나 성자의 시대를 넘어서거나 압도하는
것이 아니고 성자의 시대와 성부의 시대를 포괄하는 것이다.[46] 왜냐하
면, 한 시대는 다른 시대를 포함하기 때문이다. 삼위일체적 사유 속에서
성령의 시대는 성부의 시대이고, 성부의 시대는 성자의 시대이다. 성령
의 시대를 성부의 시대나 성자의 시대와 다르게 만드는 것은 성령의
특징이 세계 가운데 더 적극적으로 드러나는 것이다. 그것은 우리 시대
에 여성적 힘이 적극적으로 나타나는 것을 의미한다. 왜냐하면 성령은
땅 어머니의 이미지이기 때문이다. 여성 해방 운동과 성스런 상징을
새롭게 상정하는 것은 성령의 시대인 우리 시대의 특징을 보여주는
것이다.

성령의 시대는 다원주의를 특징으로 하는데, 성령은 다원주의의
포괄성으로 특징 지워진다. 우리는 다 종족들이 모여 살아야 하는 다문
화적인 지구촌 시대를 살고 있다. 이런 다원주의 시대 가운데, 성령은
그들의 차이를 없애는 것이 아니라 차이를 통해서 조화를 이루게 된다.
성령은 정의와 사랑의 새로운 모자이크를 만들기 위해 일하시는 것이

다. 땅 어머니이신 성령은 우리에게 강요하시지 않는다. 다만 우리를 감동시켜서 다원주의 시대의 위대한 가능성을 향해 우리를 열어가도록 만드신다. 성령은 세상을 향해 교회의 문을 여시며, 교회를 세상의 몸이 되도록 하실 것이다. 성령은 우리에게 우주적 그리스도를 보도록 한다. 우주적 그리스도의 교회는 제도적 교회에 제한되지 않고 세계 속에서 모든 것을 포괄하게 된다.

이런 다원주의와 생태학적으로 대변되는 시대에 살고 있는 우리는 신학적 과제를 다시 생각해야 한다. 그리스도 중심적 시각에서 형성된 배타적이고 절대적인 접근 방식은 반드시 새롭게 수정되어야 한다. 우리의 신학적 중심은 예수 그리스도에서 성부로, 성부에서 성령으로 바뀌어야 한다. 성령 중심적 접근은 다른 접근 방식들을 배제하지 않는다. 왜냐하면 성령은 성부의 창조성을 새롭게 하며, 성자의 구속 사역의 대변자이기 때문이다. 성령 중심적 접근 방식이 다른 접근 방식들과 다른 점은, 그 관점일 뿐이다. 성령의 관점으로부터 볼 때, 신학은 다학문적이어야(multi-ological) 한다. 왜냐하면 다원성은 다원적 사회에서 성령의 내재적 특성들이기 때문이다. 성령은 참으로 내재적이고 우주 가운데 모든 것들을 포괄하기 때문에, 성령에 근거한 신학은 모든 것을 포괄하지 않으면 안 된다. 이 신학은 우주적이고 통전적이며 포괄적인 신학이어야 하는 것이다. 성과 속, 교회와 세계, 기독교와 다른 종교들, 하나님과 우상들, 선과 악 사이의 차이는 전체에 관련된 것일 뿐만 아니라 질적인 것이다. 성은 속보다 더 영적인 것이고, 교회는 세계보다 더 영적인 것이고, 선은 악보다 더 조화로운 것이다. 성령의 관점에서 볼 때, 모든 종교는 같은 성령의 드러남일 뿐이다. 기독교를 기독교답게 만드는 것은 영성의 정도가 아니라 삼위일체의 삼위일체적 차원이다. 성령은 삼위일체의 하나님이시기 때문에, 성령이 성령일 수 있는 것은 성부와 성자 때문이다. 성자는 삼위일체의 하나님이시기 때문에, 이와 같이 성자가 성자일 수 있는 것은 성부와 성령 때문이다. 이와 같은 관계가 성부에게도 적용된다. 성령이 기독교적인 것은 다른 영들보다 우수해서가 아니라, 성령이 성부와 성자와 관계하기 때문이다. 삼위일체적 특성을 가지기 때문에, 성령은 그 내재적 속성 때문에 참으로 내재적일 수 있으며, 성자를 통한 성부 때문에 성령은 참으로 초월적일 수 있다. 따라서, 성령 중심적 접근은 신학에 있어서 삼위일체적 관점 이외에 다른 것이 아니다.

6장
성부 하나님

들어가면서 몇 마디

　전통적으로 성부 하나님은 삼위일체의 가정에서 가장 중요한 성원이고 성자 하나님과 성령 하나님에 앞서서 다루어져 왔다. 여기에서 저자가 접근하는 방식은 이미 밝힌 대로, 인간의 경험에 근거해서 신에 대한 인간적인 지각을 문제 삼는 작업이다. 가정의 상징인 삼위일체는 우리의 가정 제도의 구조를 반영한다. 가부장적 제도가 서구에서 붕괴되면서, 가정에서 아버지의 자리가 동시에 훼손되고 있는 것 같다. 그러나, 삼위일체에서 아버지의 탁월성은 인간 사회의 가부장 제도와는 별로 관계가 없다. 그러므로 나는 성부 하나님이 왜 신의 삼위일체적 삶에서 탁월성을 갖는지를 설명하겠다.

　가장 중요한 문제는 성부의 특징을 드러내는 것이다. 무엇이 아버지의 특징을 삼위일체의 다른 성원들과 다르게 만드는 것일까? 왜 아버지는 삼위일체의 탁월한 성원이 되는가? 내가 성령의 특징을 삼위일체의 여성 성원으로 상세하게 논의한 것처럼, 성부의 이미지를 삼위일체의 남성 성원으로 『주역』의 동양적 관점에서 이런 이미지의 특징을 이해하도록 시도해 보겠다.

신의 삼위일체에서 성부의 탁월성

비록 성부 하나님이 우리의 정황이 조건 지우는 우리의 상상력으로 포착하는 상징이라고 해도, 삼위일체에서 성부의 특징은 변할 수 없다. 성부의 상징은 서구의 가부장적 사회가 붕괴되고 있음에도 불구하고 가장 두드러진 것이다. 가치 체계가 변화하고 있다고 해도 또한 가부장적 제도를 우리가 불만스럽게 생각한다고 해도, 이것들이 성부의 탁월성이라는 사실을 변화시키지는 못한다. 사회적 정치적 변화와 관계없이 성부 하나님은 삼위일체의 탁월한 성원이다. 우리가 성부를 해석하는 것은 변화할 수 있다. 우리가 성부라는 상징에 부여하는 의미는 우리의 삶의 정황에 따라 변한다. 그러나 성자와 관련한 성부의 특징은 동일하게 남는다. 아버지는 아버지이고 아들은 아들이다. 삶의 정황이 어떻게 되든지 말이다. 비록 성부의 탁월성이 늘 그를 아버지로 만드는 것은 아닐지라도, 성부 하나님은 아버지이기 때문에 두드러진 것이다.

왜 우리는 성부는 탁월하다고 말해야 할까? 그는 단순히 그가 아버지이기 때문에 탁월한가? 내 대답은 긍적적이지만, 또한 부정적이다. 먼저 긍정적인 대답을 말하기 전에, 부정적인 대답을 먼저 말해보자. 우리가 신의 삼위일체의 관념을 다룰 때, 우리는 먼저 가정적 상징에 관심을 가져야 한다. 성부는 정치적이거나 사회적 상징이 아니라 가정적 상징이다. 아버지는 자식들과의 관계에서 정의된다. 아버지는 자녀를 가진 사람이다. 삼위일체의 교의에서, 성부는 아들(딸이나 자녀들이

아닌)과의 관련에서 정의된다. 그래서, 아버지의 상징은 늘 삼위일체에
서 아들의 개념에서만 이해될 수 있다. 그러나 탁월성의 정의가 가정
단위 안에서 존재하는 관계 이외의 다른 원인들에서 나올 때, 아버지는
늘 탁월한 성원인 것은 아니다. 많은 경우에 아들들이나 딸들이 아버지
보다 더 탁월하다. 두 자녀의 아버지인 나는 내가 자녀들보다 이 사회에
서 탁월하지 않다는 것을 잘 알고 있다. 내 자녀들이 여러 면에서 나보다
더 귀중하다. 그들은 좋은 학교에서 더 나은 교육을 받았고, 사회에서
더 나은 직장을 갖게 될 것이고, 나보다 더 존경받는 자리에서 일하게
될 것이다. 내 아내는 자기 나름의 방식에서 나보다 두드러진다. 내
아버님은 그분이 나보다 덜 탁월하다고 느끼셨을 것이다. 그분은 내가
받았던 고등교육을 받아보지 못하셨다. 수년을 직업도 없이 사셨고,
자녀들에게 의존하셔서 사셔야 했다. 사회적 규범에 의하면, 많은 자녀
들이 아버지보다 탁월한 것이다. 우리가 똑같은 기준을 적용한다면,
성자 하나님이 성부 하나님보다 탁월하다고 말할 수 있다. 왜냐하면
우리는 성자에 우리를 밀접하게 연관시킬 수 있고, 성자는 십자가 위의
희생을 통해서 우리로 하여금 하나님의 참된 사랑을 알게 하셨기 때문이
다. 이것은 대부분의 기독교인들이 그들의 예배와 삶에서 성자를 성부
보다 더 중요하게 생각하는 이유인 것이다.

　　아버지가 사회 정치적 삶에서 별로 중요한 역할을 하지 못하는
것과는 관계없이, 그는 가정생활에서는 늘 탁월하며, 특별히 자녀들과
의 관계에서는 더욱이 그렇다. 나는 집에 있을 때, 내가 아버님보다
탁월하다고 전혀 느낄 수 없다. 비록 사회적으로는 내가 보다 나은 자리
에 있다고 해도 말이다. 가정의 정황에서, 아버님은 늘 나보다 위에
계셨다. 그가 얼마나 약하든지, 얼마나 가난하든지, 사회에서 얼마나
미소한지에 관계없이, 그는 늘 나보다 탁월하셨다. 돌아가시기까지,

아버지는 탁월하셨다. 심지어는 돌아가셔서도 더욱 탁월하셨다. 그는 부재함에도 불구하고 여전히 탁월하셨다. 자녀들과의 관계에서는, 아버지인 내가 늘 가장 탁월하다. 나는 내가 그들의 아버지이기 때문에 자녀들보다 탁월하게 되는 것이다. 이 탁월성은 그러나 나의 자녀들과의 관계에서 나오는 것이지, 어떤 정신적이고 신체적 조건에서 내가 월등하게 그들보다 나아서가 아니다. 아버지와 자녀들 사이의 의존적 관계는 가정 단위에서 위계질서를 이루고, 이것은 가장 기본적인 축이 되는 것이다. 자녀가 의존적이면 의존적일수록, 아버지는 더욱더 탁월하게 된다. 그들이 독립적이 되면 될수록, 아버지는 덜 탁월하게 된다. 그러나 자녀들이 얼마나 나이가 많거나 성공했느냐에 관계없이, 얼마나 독립적이기를 원하는 가와 상관없이, 그들은 아버지로부터 완전하게 자유로울 수는 없다. 그들은 늘 생물학적 특징(DNA), 심리학적 요인들, 문화적 뿌리 등과 같은 의존적 요인을 갖고 있는 것이다. 이것은 아버지가 늘 자녀들에게 탁월할 수밖에 없는 이유이다. 아버지와 아들의 관계에서, 아버지가 어떤 것을 의도한다면 아들은 반응해야 한다. 동양적 관점에서 아버지는 꼿꼿하게 앉아 있으면 아들은 절을 하게 된다. 이것은 아들에 대한 아버지의 탁월성의 메타포적인 자세이다. 우리가 동양적 경험에서 온 메타포를 사용한다면, 우리는 쉽게 아버지는 신의 가정에서 탁월하다는 것을 상상할 수 있다.

어머니는 자녀들과의 밀접한 생물학적 관계 때문에, 아버지만큼 탁월하다. 우리가 의존 관계에서 탁월성을 정의한다면, 어머니는 아버지보다 더 탁월하다. 유교적 가부장 제도의 영향 속에서는 아버지의 탁월성이 늘 어머니의 탁월성보다 우위에 놓인다. 게다가 아버지와 자녀의 관계는 유교의 가르침에서 다른 어떤 관계들보다 앞서 있다. 이런 이유로, 동양인들의 삶의 정황적 실재를 성찰한다면, 우리는 아버

지의 탁월성을 유교에서 어떻게 해석하고 있는가를 먼저 살펴보아야
하겠다.

아버지는 자녀들과의 관계에서는 늘 아버지일 수밖에 없다. 이것은
아들이 그의 아버지와의 관계에서는 늘 아들일 수밖에 없는 것과 마찬가
지이다. 그가 선하든지 악하든지 성공하건 실패하건, 가난하건 부자이
건 관계없이 그가 자녀를 갖는 한 그는 아버지이다. 단순히 아버지가
됨으로써 그는 탁월하다. 달리 말하면, "아버지"라는 이름만으로도 그
는 자녀들에 대한 탁월성을 부여받는다. 그러므로 이름을 갖는 것은
매우 중요하다. 이름은 단순하게 어떤 자질을 생각함이 없이 딱지 붙이
기 이상인 것이다. 동양적 전통에서 우리는 자녀들에게 함부로 이름을
짓지 않는데, 왜냐하면 이름은 좋아야 하며 친근해야 하기 때문이다.
어린아이가 태어났을 때, 우리는 그 아기에게 이름을 붙이기 위해서
심사숙고해야 한다. 친척에게 또는 친구들에게 상의하고, 때로는 직업
적인 작명가에게 가기도 하며, 오랜 절차를 거쳐서 이름을 짓는 것이다.
정말 좋은 이름을 찾기 위해서이다. 이름을 짓는 것 자체가 가정에서
매우 성스런 일이다. 이름에 옳을 의(義) 자가 들어 있는 사람은 생활에
있어서 반드시 정의로운 사람이 되어야 한다. 이름이 실질적으로 그
사람의 성격이나 특징을 보여주지 못한다면, 그 이름은 후에라도 바꾸
어야만 한다. 그 이름은 그 이름을 가진 사람의 성격이나 특징과 일치해
야만 한다. 이런 관습은 정명(整名) 사상이라고 하는데, 유학의 가르침
가운데 가장 중요한 것이다. 이름이 그 사람을 정확하게 대변해야 하기
때문에, 이름만으로도 상당한 무게를 갖는 것이다. 중요한 직책 즉 공식
적인 명함은 공동체에서 상당한 권위와 특권을 가지는 것이다. 예를
들어, "대통령"이라는 이름은 단순하게 빈 상징(empty symbol)이 아니
다. 그 공식적인 명칭이나 타이틀을 갖는 사람이 그 명칭보다 더욱 중요

하겠지만, 그 명칭 자체가 어떤 권위를 갖고 있는 것이다. 단순한 이미지를 넘어서서 그 이상의 것을 지칭하는 상징과 같이, 이름은 그 사람 자신을 넘어서는 것을 지시하는 중요한 인격적 상징인 것이다. 대통령이라는 명칭이 그 나라 안에서 권위와 탁월성을 가진다면, 아버지라는 명칭은 가정 안에서 권위와 탁월성을 가지는 것이다. 따라서 가족제도 안에서, 아버지는 그가 아버지이기 때문에 탁월할 수 있는 것이다. 게다가 그는 아버지의 특징과 책임을 갖고 있기 때문에, 아버지라고 불리는 것이다.

성부가 성자보다 탁월하다면, 그는 성령보다도 탁월한가? 비록 5장에서 내가 어머니가 성령의 이미지라고 말했을지라도, "어머니"가 성령의 이름은 아니라는 것은 분명하게 밝히고 넘어가야 하겠다. 신의 삼위일체 안에서 성령은 어머니의 이미지로서의 모성적 성격을 갖는다. 그러나 성령이 정확한 이름이다. 이름을 다시 짓는 작업은 그들이 공유하고 있는 이름과 관련되어 있는 여러 사람들과 또한 공동체와의 긴 상의를 거쳐서 이루어져야 한다. 다시 말하면, 이름과 이미지는 서로 다르다. 이미지가 이름이 될 수는 있으나, 이름은 이미지 이상인 것이다. 따라서 성령은 주어진 삶의 정황에서 의미있는 어머니, 땅, 다른 상징들의 개념으로 연상해볼 수는 있다. 성령에 대한 성부의 탁월성을 결정하는 데 있어서, 우리는 우리 일상생활에서 가지는 가정의 이미지를 사용할 수 없다. "성령"이라는 이름은 우리 가족제도의 일원에 속하지 않는다. 우리는 성령을 삼위일체의 여성 성원으로 다시 이미지화할 수는 있다. 우리가 성부를 남성 성원으로 이미지화하듯이 말이다. 가정에서 남성과 여성의 관계는 음양의 관계와 비슷하다. 음은 양보다 우월하지 못하고 양은 음보다 우월하지 못한 것과 같이, 여성 성원은 남성 성원보다 탁월하지 못하고 남성도 여성보다 탁월하지 못한 것이다. 이런 관계에서, 어머니에 대한 아버지의 탁월성을 결정할 수 있는 방법은 없다.

동양적 전통에 있어 지배적인 유교적 전통에 따르면, 아버지의 이미지는 탁월하다. 그러나 샤머니즘이나 도교와 같은 다른 전통들에서는 어머니의 이미지가 탁월해 왔다. 예를 들어, 한국에서 대부분의 샤먼들은 여자였고, 샤머니즘은 여성의 종교로 여겨져 왔다.[1] 20세기 초 일본이 한국을 병합하기까지, 조선시대 500여 년 동안 유교는, 특별히 주자학은 한국의 국가종교가 되었다. 그러나 이런 기간에서조차 여성의 종교인 샤머니즘은 유교를 상생하는 관계에 있었는데, 유교는 보통 남정네들의 종교로 여겨져 왔다. 예를 들어 유교의 의례를 진행하는 동안은, 남성들이 의례를 집전하고 여성들은 뒤에서 준비하는 수동적인 역할을 감당한다.[2] 여성들은 보통 음식을 준비하고 상을 차림으로써 남성들을 돕는다. 그러나 샤머니즘 의례에서는 여성들이 주도적인 역할을 하고, 남성들을 보통 뒷전에 어슬렁거리게 된다. 따라서 아카마츠와 아키바는 전통적인 한국 가정은 종교적 행사에서 "이원적 조직체"(dual organization)라고 말했다.[3] 유교와 샤머니즘은 한국인의 생활에서 공존했기 때문에, 남성 세계는 여성 세계에 의해서 상생되었다. 도덕경에서 도(道)는 여성의 이미지로 시작된다. "이름 지어질 수 있는 것, 만물의 어미라"(1장).[4] "도는 우주의 어미라"(6장). 도는 곡신 즉 여성적 신성을 포괄한다. "세계는 연원이 있으니 세계의 어미라. 자녀를 아느니보다 어미를 알아야 하느니. 일찍이 자녀를 알아도, 돌아가 어미를 보아야 할 것이다"(52장).[6] 도교의 장점은 여성적 가치를 보존하고 있는 것이다.

그럼에도 불구하고 여자아이보다 남자아이를 선호하는 경향은 계속되고 있다. 서구화에도 불구하고, 동양적 관점은 가정에서 여성 성원들보다 남성에 더 많은 가치를 여전히 두는 것 같다. 대부분의 동양 가정에서, 선택하라면 딸보다는 아들을 택한다. 이것은 그들이 아직도 여성 성원보다는 남성을 더욱 중시하고 있다는 것을 보여준다. 그러므로 동양에서는 여성보다 남성을 중시하는 유교적 개념이 아직도 중시되고 있다는 결론에 도달하게 된다. 이런 경향은 동양에서 널리 펴져있는 음양적 사고에 근거하고 있다고 믿는다. 실제로 아버지와 어머니는 모두 자신들의 방식에 있어서 탁월한 것이다. 그러므로 한쪽 성을 다른 쪽보다 존중하는 것은 참된 인간상에 반하는 것이다. 그러나 현재의 동양사회의 삶의 정황에서는 아버지가 어머니보다는 탁월하다. 우주론적 인간학의 관점에 따르면 아버지는 어머니보다 존중되는 것은 하늘이 땅보다 존중되는 것과 같다. 따라서 줄리아 칭이 아버지의 이미지인 하늘은 결정적으로 어머니 이미지인 땅보다 존중되었다고 말한 지적인 정확하다.[7] 하늘은 생명을 부여하고 인류의 최초의 어버이이다. 하늘은 인류와 우주의 유일한 창조자로 간주된다. 후에 땅이 창조의 사역에 하늘과 연합되었다.[8] 아버지의 탁월성은 하늘의 이미지와 연합되어 생겨난 것이다.

　　동양적 사유를 아버지와 어머니 사이의 관계와 신의 삼위일체에 적용하기 위해서는 먼저 구약과 신약의 성서적 증거들로 돌아가 보아야 할 것이다. 인류 창조의 최초의 이야기에서 "당신의 모습대로 사람을 지어내셨다. 하느님의 모습대로 사람을 지어내시되, 남자와 여자를 지어 내시고"(창 1:27)라고 기록하고 있다. 이런 기사에서 여성에 대한 남성의 탁월성을 전혀 언급하지 않고 있다. 그러나 인류의 창조에 관한 둘째 이야기에서 우리는 여성에 대한 남성의 우월성을 볼 수 있다(창 2:21-23). 특별히 다음의 묘사는 여성은 남성의 결과체로 만들었다. "드디어 나타났구나! 내 뼈에서 나온 뼈요, 내 살에서 나온 살이로구나. 지아비에게서 나왔으니 지어미라고 부르리라!"(창 2:23). 이 둘째 기사의 은유적 묘사는 틀림없이 그 당시 가족제도에 대한 히브리인들의 사유에 근거하고 있다. 구약과 신약 전반에 걸쳐있는 신학적 사고에서 강한 가부장적 영향은 여성에 대한 남성 우위적 사고를 만들어낸 책임을 져야 한다. 바울의 여성에 대한 교훈은 명백하게 여성에 대한 남성의 우위를 드러내고 있다. "아내된 사람들은 주님께 순종하듯 자기 남편에게 순종하십시오. 그리스도께서 당신의 몸인 교회의 구원자로서 그 교회의 머리가 되시는 것처럼 남편은 아내의 주인이 됩니다"(엡 5:22-23). 이 진술은 틀림없이 바울의 삶의 정황을 대변한다. 그러므로 우리는 갈라디아서 3:28이나 요엘서 2:28 등과 같은 다른 텍스트들을 문자적으로 받아들여야 할 필요는 없다. 이런 관념들은 우리가 살고 있는 오늘의 정황에서 다시 말해져야만 한다. 서구인들에게 성령을 다시 살려내는 급진적인 재해석이 필요하다. 그러나 동양인들에게는 바울이 말한 것은 여전히 의미가 있고 그들의 문화적 정황을 반영하기 위한 급진적인 재해석이 요구되는 것은 아니다. 내가 이미 말한 대로, 대부분의 동양인들은 여전히 아들을 딸보다 선호하고 있으며, 가정에서 아버지의 탁월성을 믿고 있다. 비록 이것은 음양적 사고에 대한 나의 해석과 완전하게 부합하는 것은 아니다. 음양의 관계에서조차 양은 동양인의 삶에서 늘 음에 앞서 있었다. 예를 들어 주역은 태음인 곤보다 태양인 건에서 시작된다. 양이나 남성은 긍정적이고 음이나 여성은 소극적이다. 양은 창조적이라면 음은 수동적이다. 이런 점에서 양이 음보다 탁월한 것은 동양적 사고의 일부가 되어왔다. 비록 이 둘을 평등화하기 위한 여러 가지 시도들이 있었기는 해도 말이다.

이 책의 목적은 삼위일체를 서구적 관점이 아닌 동양적 관점에서 진술하는 것이기 때문에, 나는 내가 받은 서구적인 영향 때문에 다소간 망설여지기는 하지만, 성부(남성)가 성령보다 탁월하다는 성서의 증언을 받아들이고자 한다. 성령은 어머니 이미지(여성)을 대변한다. 동양적

관점은 현재 동양인들의 정황에 상대적이다. 그리고 동양의 관점에서
시작하는 신학적 시도는 동양인의 정황을 반영해야 한다. 나는 동양에
사는 대부분의 기독교인들이 전통적인 삼위일체에 평안해 할 뿐만 아니
라 하나님의 남성적 특징을 강력하게 지지하는 이유라고 확신한다.
이런 견해들은 초기의 선교사들이 심어준 것인데, 유교의 가부장적
제도가 강하게 지원해왔다. 이것은 음양의 사고와는 상반되는 것이다.
음양의 사고에서는 신의 여성성과 남성성이 서로 상생하도록 한다.

형이상학적 원칙인 리理

동양적 관점에서 성령에 대한 성부의 우위성을 논증해주는 하나의
방식이 있다. 5장에서 이미 말한 대로, 동양철학의 성령은 물질적 에너
지인 기의 관념과 밀접하게 연관되어 있다. 이 기는 만물 가운데 내재하
고 있다. 성령의 이미지인 기와는 대조적으로, 성부 하나님은 리로 상징
될 수 있다. 기가 땅의 원리를 대변한다면, 리는 하늘의 원리를 대변한다.
기는 물질적 원리인 반면에 리는 영적인 도덕적인 원리이다. 만물의
원초적 질서로서 리의 중요성을 강조하기 위해서, 리는 원리들
(priciples)로보다는 원리(the 'Principle')로 번역된다.[9] 비록 리의 관념이
주역의 계사전(보통 '대전'으로 알려져 있다)에 함의되어 있기는 해도, 리
는 주돈이의 『통서』(統書)에 와서야 주도적인 위치를 차지하게 되었
다.[10] 물질적 원리인 기에 반대되게, 주돈이는 리를 형이상학적 원리로
채택했고, 이 원리는 물질적 우주를 넘어서 있다. 리를 탁월하게 하기
위해서 그는 궁극적 실재인 태극의 상징을 리를 설명하는 데 사용했다.
태극은 완전한 리인데, 이것은 플라톤에서 선의 원래적 형식(the pri-
mordial Form of Good)과 아리스토텔레스에서 신의 개념과 유비된다.[11]

만물의 고차적 규범인 리는 만물을 규율하고 패턴화하는 법칙의 개념과 비슷하다.

리와 기의 개념은 신유학을 발전시키는 열쇠가 되었다. 이것은 주희에 와서 완전하게 발전하게 되는데, 주희는 기존에 있던 이론들을 종합해서 신유학의 정통적 기준으로 자신의 학문을 확고히 했다. 주희는 리는 기와 분리될 수 없다고 주장했는데, 리와 기는 만물의 본질이기 때문이다. 그러나 그는 실제로 그것이 가능하지는 않지만, 리를 기보다 우위에 두었다.[12] 여기서 우리는 주희의 관념을 기의 개념인 성령에 대한 리의 상징인 성부의 탁월성을 보여주는 데 적용해 볼 수 있다. 리와 기는 실제로는 분리할 수 없는 것과 마찬가지로, 성부 하나님과 성령 하나님은 떼려야 뗄 수 없다. 이와 같은 방식으로 나는 성부가 성령보다 우월하다고 말할 수는 없다. 왜냐하면 리를 말하면 이것은 다시 기까지 함의하기 때문이다. 그러나 내가 굳이 하나를 선택해야 한다면, 주희나 다른 성리학자들이 했던 대로, 성부가 성령과 관계되어 떼려야 뗄 수 없지만, 나는 성부를 선택해야 한다고 본다. 비록 성령에 대한 성부의 탁월성이 분명하기는 해도, 성령에 대한 탁월성이 두드러지게 나타나는 것은 아니다. 그러나 모든 동양인들이 신유학의 정통적 신앙인들은 아니다. 동양인 중에서 많은 사람들은 불교나 도교 철학에 관심이 있고 이들은 리보다 기에 더욱 관심이 있다. 이것은 대부분의 동양인들이 여전히 성부 하나님이 성령 하나님보다 탁월하다고 보는 성서적 증거를 받아들이고 있다는 내 입장을 확증해 주는 것 같다. 왜냐하면 성령은 하나님의 영일뿐만 아니라 성부에게서 나오신 분이기 때문이다. 성부의 탁월성은 주역에서 여러 가지 이미지로 나타나 있다.

하늘의 원리, 도덕적 영적 원리

아버지의 가장 두드러진 상징은 하늘이다. 반면에 어머니의 상징은
땅이다. 그러므로 주역은 하늘의 상징인 건에서 시작해서 땅의 상징인
곤에 의해서 상생되고 있다. 왜 주역은 곤인 땅보다는 하늘인 건에서
시작할까? 이것은 아버지의 상징인 건이 탁월하다는 것을 의미하는가?
주역에서 괘의 배열은 유학 사상의 영향을 받았다는 것은 충분히 가능한
이야기이다. 주역은 유학에서 가장 중요한 경전으로 여겨져 왔다. 더욱
이 주역은 공자가 태어나기 훨씬 이전에 쓰였고, 그러므로 가부장적
사회의 산물임이 틀림이 없다. 그러나 건 즉 하늘의 상징이 다른 상징들
앞에 오고 다른 상징들보다 탁월한 이유를 정당화할 수 있는 내적인
이유들이 있다. 하늘은 "형이상"(形而上)적인[1] 리의 도에 속하는 반면
에 다른 괘들은 "형이하"(形而下)의 기에 속하게 된다. 형이상적인 것과
형이하의 것들이 서로 떼려야 뗄 수 없을지라도, 형이상이 형이하에
대한 우위성은 견지되는 것이다.[13] 하늘과 땅의 차이는 모든 다른 것들
의 관계의 근거가 된다. 위와 아래, 초월성과 내재성은 서로 다른 명제들
의 차이성이다. "높고 낮음이 가치의 차별화로 연결됨으로 해서, 우월하
고 열등하다는 구별이 만들어지게 되었다."[14] 아버지의 이미지인 하늘
은 자리에 있어 높은데, 하늘은 형이상적이기 때문이다. 이런 점에서
아버지의 자리는 본성적으로 탁월한 것이다.

아버지의 탁월성을 이해하기 위해서, 첫 괘인 건 즉 하늘을 살펴보
자. 건괘는 양괘만으로 이루어졌다. 하늘의 이미지인 아버지는 아버지

---

1) 형이상학적이라고 할 때 꼭 서양철학의 메타피직스(metaphysics)를 떠올릴 필요는
없다. 서양의 메타피직스에 대한 역어를 주역의 계사전에서 취했다. "형이
상"(above-shaped)과 "형이하"(within-shaped)는 주역적 범주들이다. _ 옮긴이 주

의 특징을 이해하는 데 매우 심원한 의미들을 함축하고 있다. "形而上" 즉 "모양을 넘어서 있다"는 형이상학적인 의미 이외에도 최소한 두 개의 구별되는 개념을 가지게 된다. 즉 비인격적인 유형적 하늘의 의미와 임금들 중의 임금인 인격적인 상제(上帝)라는 개념을 가지게 된다. 여기에서 상제는 성부 하나님이라는 기독교적인 개념과 매우 비슷하다.[15]

다시 동양의 삼위일체로 돌아가 보면, 장재는 분명하게 그의 『서명』에서 묘사한다. "건은 아비 곤은 어미. 우린 작고 작지만 하늘 땅에 섞여져 그 가운데 있어. 내 몸은 하늘과 땅에 가득찬 실재. 내 성품은 하늘과 땅을 이끄는 주재."[16] 여기에서 건은 하늘이고 따라서 아버지라 불린다. 곤은 땅이요, 따라서 어머니라 불린다. 건은 하늘의 상징일 뿐만 아니라 아버지의 상징이다. 주역에서 하늘이 대변하는 아버지의 특징을 이해하기 위해서 건괘를 살펴보자.

『단사』[17]에서 건괘는 아버지의 이미지인 하늘의 기본적 특징을 알려준다. "하늘은 비롯됨이고 통함이고 이롭게 함이며, 바로잡음이다."[18] 이 괘의 탁월성은 동양문명에서 사덕(四德)을 포함한다. 이 최고의 네 개의 덕목은 아버지의 이미지인 하늘의 속성이다. 최초의 가장 중요한 덕은 "으뜸이 되는 것"이다. 한문에서 원(元), "비롯됨"(originating)은 문자적으로는 "머리", "위대하다," "숭고한," 혹은 "기원"을 의미한다. 모든 것은 그 기원을 하늘, 즉 아버지의 이미지에 두고 있다. 하늘이 아버지의 이미지라면, 아버지는 만물의 기원이다. 모든 것을 아버지로부터 기원하기 때문에, 그는 위대하고 숭고하다. 그는 만물의 머리다. 즉 가정과 공동체 그리고 세계의 머리인 것이다. 이런 점에서 하늘의 이미지는 확실히 성부 하나님과 비슷하다. 그런데 성부 하나님은 신성(the Godhead)일뿐만 아니라 모든 창조물의 자료이다. 성부 하나님은 모든 존재들의 자료이기 때문에, 최초의 속성은 "모든 존재하는 것들의 제일의 원인"이고 ""창조적임"(하늘)의 가장 중요하고 포괄적인 속성을 갖게 한다."¹⁹ 원(元) 즉 비롯됨은 인(仁)의 원초적 능력을 의미하는데, 이것은 동양문명 속에서 가장 탁월한 덕목으로, 서양에서 아가페라는 관념만큼 중요하다. 원의 관념은 성부 하나님이 인이나 사랑의 기원자로, 성령을 통해서 활동하고 성육신하신 아들 속에서 드러난다. 이와 같은 인은 다른 형태들로도 나타난다. 아버지 속에서 인은 성령을 통해 모성적 사랑의 형태로 나타날 뿐만 아니라 성자를 통해서는 효성(filial love)의 형태로 나타난다.

비록 인이 기독교에서 사랑의 관념과 동일하다 할지라도, 이것은 일상적인 사랑과 동일화될 수 있는 것이 아니다. 이 인은 보통 관대함 (magnanimity) 혹은 은택(benevolence)으로 번역되는데 참된 인간성의 발로인 것이다. 일상적인 사랑의 형태보다 더 심원하고 광대한데 그것은 덜 감성적일 뿐만 아니라 영적이고 도덕적인 차원을 갖기 때문이다. 다시 말하면, 인은 어머니의 사랑과 밀접하게 연관되는 감정적이고 직접적인 사랑보다 더 합리적이고 윤리적인 형태의 사랑을 의미한다. 동양인에게는 사랑의 하나님을 모성적인 이미지와 연관시키는 경향이 있다. 왜냐하면 그들의 사랑의 개념이 인의 개념보다는 더 감성적이고 자발적이기(spontaneous) 때문이다. 그러나 인(仁)인 성부의 사랑도 어머니의 사랑만큼 깊고 실제적인 것이다. 그러므로 아버지는 자녀를 사랑하지 않는다고 생각하는 것은 잘못이다. 다만 아버지의 사랑은 어머니의 사랑과는 달리 표현되는 것이다. 아버지의 사랑은 직접적으로 드러나지 않는다. 그 이유는 아버지의 사랑은 도덕적이고 윤리적인 원리를 통해 매개되기 때문이다. 비록인 인으로서의 사랑은 도덕적이거나 윤리적인 원리들을 넘어서지만 말이다. 아버지의 사랑은 이 세계 속에 드러나는 모든 사랑의 근원이다. 왜냐하면 아버지의 사랑은 사랑의 모든 형식의 기원이기 때문이다. 아버지의 사랑이 아들 안에 드러났을 때, 그것은 효성인 사랑이고 그 사랑은 순종을 통해서 표현된다. 따라서 아버지의 사랑은 완전한 사랑이고 우리의 사랑의 경험을 초월하는 순수한 사랑이다. 아버지의 사랑이 어머니의 이미지인 성령을 통해 드러났을 때, 그것은 모든 것을 연합시키는 가장 감성적이고 포괄적인 사랑으로 드러난다. 그 사랑이 성자를 통해서 드러났을 때, 그것은 우리로 하여금 봉사로 이끄는 희생적인 사랑이고 십자가의 사랑인 것이다.

아버지의 이미지인 하늘의 둘째 속성은 형통케 하는 것(亨, success)이다. 형통케 하는 것은 어떤 사람의 욕망이나 목적을 성취케 하는 것을 의미하지 않는다. 한문의 형(亨)은 문자적으로는 "관통함"(penetrating) 혹은 "스며듦"(permeating)이다. 형의 활동은 물이나 공기에서 발견되는데, 어디나 뚫고 들어간다. 형은 본질적으로 모든 인류에게 인의 기원적인 능력이나 관대한 사랑이 관통되어 있는 것을 의미한다. 인의 기원적 특성의 형은 예(禮)의 관념과 연결된다.[20] 예는 유교의 도덕적이고 윤리적인 원리로 인간의 모든 행위들을 절제시킨다. 그러므로 예는 모든 사람들을 평화 가운데 놓는 조화의 개념이다. 이것이 바로 아버지가 자녀들을 위해서 도덕적이고 영적인 원리를 대변하는 이유인 것이다. 아버지의 관대한 사랑은 모든 자녀들을 협조하고 상호 존중함으로써 조화시키는 도덕적 원리를 통해서 드러나게 된다. 동양 가정의 전통에서 아버지의 현존은 질서와 삶의 규율을 의미한다. 아버지가 없는 가정은 종종 혼돈에 빠지게 되는데 이것은 질서가 잡히지 않기 때문이다. 따라서 "호로자식"이라는 옛말은 아버지가 없이 자라면 제대로 된 행동거지를 갖을 수 없다는 것을 의미한다. 아버지는 세계를 규제하고 규율하는 도덕적 원리를 대변하기 때문이다. 아버지의 특성은 그러므로 가정을 통일시키는 원리인 것이다.

아버지 이미지인 하늘의 셋째 속성은 이(利) 즉 이익을 얻게 하는 것이다. 이(利)는 의(義) 즉 정의의 무기로 알려져 있다. 정의는 그 사람의 특성을 따라 모든 사람에게 부여된 내적인 도덕적 품성이다. 따라서 이것은 사람을 행복하고 의미 있는 삶을 살게 해준다. 한문의 이(利)는 어원적으로 본다면 날카로운 낫의 형태이다. 칼과 벼이삭으로 이루어져 있다. 경제적 이득은 낫을 들어 작물을 추수함으로써 얻게 된다.[21] 이득은 의로움을 테두리 지우는 것에 비견되며, 판단을 의미한다. 우리가 이스라엘에서 의로운 자와 부패한 관리를 탄핵하시는 하나님의 판단을 분명하게 보게 된다. 따라서 아모스는 "다만 정의를 강물처럼 흐르게 하여라. 서로 위하는 마음 개울같이 넘쳐 흐르게 하여라"(암 5:24)하고 말했다. 아버지이신 하나님은 재판관으로 정의의 파수꾼으로 활동하신다. 아버지는 정의를 대변하기 때문에, 그는 자신의 자녀들의 재판관인 것이다.

나는 여전히 2차 대전 동안 일어났던 한 사건을 기억하고 있다. 한국 땅에서 수확한 대부분의 곡식들이 일본 군대를 지원하기 위해서 보내졌다. 한국인들은 거의 굶어죽어야 하는 지경에 이르렀다. 학교에서 돌아와서 형은 너무 배가 고팠기 때문에 자기 밥만 먹은 것이 아니고 동생의 밥까지 다 먹어 치웠다. 동생이 집에 돌아왔을 때, 먹을 것이 하나도 없었다. 어머니는 아버지를 부르더니 이 이야기를 하셨다. 아버지가 이 이야기를 듣고 형을 불렀고 형은 대나무 회초리로 몇 차례 맞게 되었다. 큰 소리로 울면서 형은 도망쳤다. 아버지는 형을 계속 좇아가셨으나 어머니는 형을 끌어안고 더 이상 맞지 않도록 보호하셨다. 아버지는 가정에서 자녀에 대한 체벌을 책임진다. 반면에 어머니는 그들을 보호하고 무조건적으로 받아들인다. 우리가 가정에서 아버지의 이미지를 신의 삼위일체 가운데 성부의 이미지에 적용한다면, 우리는 왜 성부의 가장 중요한 속성 중의 하나가 재판을 통해서 드러나는 의와 정의인지를 이해할 수 있다. 정의란 개념은 분명히 성부의 속성에 내재적인 것이다.

건 즉 하늘의 넷째 마지막 속성은 바로잡음(貞)이다. 한문으로 정(貞)인데, 신탁이나 점복을 의미하는 복(卜)과 조개 껍질(貝)의 합성어이다. 따라서 이 글자의 어원은 참된 지식을 추구하는 것이다. 때로 점복에서 거북의 껍질을 사용하기도 했다. 거북의 껍질로 점을 쳐서 하늘의 뜻을 묻는 것은 진리를 추구하던 인간의 가장 오래된 형식 중의 하나이다. 우리는 거북 껍질이 언제부터 신탁을 묻는 데 사용되었는지 정확하게 알 수 없다. 시경에서 이 책은 보통 기원전 23세기까지 상한선으로 잡기도 하는데, 이미 이런 목적을 위해서 거북 껍질을 사용했다는 언급이 나온다.[22] 거북 껍질이 신탁을 묻는 점복에 사용되었던 이유는 거북이 장수하기 때문에 거기서 생겨나는 가장 신비한 힘이 있다고 믿었기 때문일 것이다. 점복에서 거북의 등에 껍질이 짜개지면서 어떤 날카로운 선들이 생기게 된다. 점술가는 이렇게 생긴 무늬로부터 신탁을 읽어내는 것이다. 이런 종류의 점복은 미래를 예언하기 위해서 이루어졌다. 따라서 바로잡음은 신탁을 통한 교정을 의미한다. 즉 신탁이 정확한 해답을 함의하고 있는 것이다. 그것은 정확한 지식이고 신의 완전한 지혜이다. 따라서 성부의 넷째 속성은 모든 것을 아시는 하나님의 무한한 지혜를 의미한다. 그 하나님은 미리 예정조화된 변화와 변혁의 패턴과 법칙의 근원인 것이다. 이런 성부의 신적 지혜는 우주적 과정을 규율하고 자신의 백성을 바른길로 교육함이 본질적인 것이다.

도덕적이고 윤리적 원리의 근거를 대변하는 아버지의 이미지인 하늘의 가장 중요한 속성들을 다시 정리해 보자. 성부가 세계를 유지시키는 도덕 원리는 관대한 사랑에 깊이 뿌리를 내리고 있다. 이것은 성부

의 아가페의 사랑인데, 모든 진정한 인간성과 인간적 완성을 위한 토대
인 것이다. 이런 사랑이 없다면, 도덕성은 내용없는 패턴이나 형식이
된다. 즉 역동적인 상호관계가 없는 규칙이나 규범에 지나지 않는 것이
다. 이 인(仁) 즉 관대한 사랑 때문에, 성부는 법, 원리들, 정의들(defini-
tions)을 초월하는 것이다. 도덕적이든 비도덕적이든, 살았든 죽었든,
활기가 있든 없든, 아름답든지 밉든지, 모든 것은 하나님의 관대한 사랑
안에서 기원된 것이고, 그래서 모든 것은 창조성과 변화의 근거가 되는
것이다. 이 비롯됨의 원리이며 관대한 사랑인 원(元)은 형 즉 통함을
통해서 효과적이고 성공적이 될 수 있는 것이다. 관대한 사랑이 두루
통함은 균형적 관계의 조화를 통해서 가능하다. 이것은 도덕적이고
윤리적인 행위들과 사회적인 질서들을 규제하고 통제하는 의례와 관습
들 속에서 나타나게 되는 것이다. 성부의 첫째 속성이 관대한 사랑이라
면, 둘째 속성은 세계의 구석구석까지 두루 통하는 조화시키는 힘이다.
하늘의 이미지인 성부의 셋째 속성은 이롭게 함(利)이다. 이것은 둘째
속성인 조화시키는 힘과의 관계에서만 이해될 수 있다. 이롭게 함이
만물 가운데 두루 미칠 때, 이것은 사회경제적인 정의일 뿐만 아니라,
생태학적인 정의까지 포섭한다. 성부 하나님은 그러므로 정의의 하나
님인 것이다. 마지막으로, 성부의 넷째 속성은 바로잡음(貞)이다. 이것
은 신탁을 통한 바른 지식을 의미한다. 그러므로 이것은 신적인 지혜를
대변하는 것이다. 성부의 네 가지 중요한 속성들(the four cardinal attrib-
utes)인 사랑, 조화, 정의와 지혜는 상호관련적이다. 사랑이 없이 조화는
존재할 수 없고, 조화 없이 정의는 존재할 수 없다. 정의 없이 지혜는
불가능하다. 아버지 이미지인 하늘의 이 네 가지 덕은 도덕적 원리를
이루는데, 이 도덕적 원리는 어머니 이미지인 땅의 모성적 원리를 상생
하는 것이다. 도덕적이고 물질적 원리들은 성자 안에서 같이 연결된다.

따라서 성자는 하늘과 땅의 합생(合生, concrescence)이다.

삼위일체의 남성 성원

성부 하나님은 성령 하나님이 어머니의 이미지로 여성 성원임을 대변함에 반하여, 삼위일체의 남성 성원을 대변한다. 남성성은 여성성을 상생하는 것과 같이, 아버지의 이미지인 하늘은 어머니의 이미지인 땅을 상생한다. 설괘전에서[23] "창조성(건)은 하늘이다. 이것은 원이고 왕자이고 아버지이고 비취 옥, 쇠, 추위, 얼음이다. 또한 암적색, 좋은 말, 늙은 말, 야윈 말, 야생마, 나무 열매 등이다"라고 진술한다. 땅인 곤괘와는 대조적으로, 이런 모든 상징들은 남성적 특징들을 대변한다. 하늘의 모양은 돔과 같이 둥글다. 이 돔은 땅 위의 산들의 기둥으로 받쳐진다. 땅은 평평한 사각의 평원으로 묘사된다. 창조의 기사에서도 우리는 하늘에 대한 비슷한 묘사를 찾아볼 수 있다. 하나님은 궁창을 창조하셨다. "하느님께서 이렇게 창공을 만들어 창공 아래 있는 물과 창공 위에 있는 물을 갈라놓으셨다. 하느님께서 그 창공을 하늘이라 부르셨다"(창 1:7-8). 돔과 같이 하늘은 땅 위에 서 있다. 따라서 우주론적 혹은 우주론적 인간학의 관점에서 본다면, 아버지 이미지인 하늘은 어머니의 이미지인 땅 위에서 보아야 한다. 위에 있다는 것이 늘 밑에 있는 것보다 우월하다는 것을 의미하지 않는다. 이런 종류의 가치판단은 가부장적 사회 속에서 만들어진 것에 틀림이 없다. 음양의 사고에서 형이상적인 것은 형이하적인 것보다 결코 우월하지 않다. 양이 음보다 낫지 못한 것과 마찬가지이다. 원은 늘 실제로 사각형보다 낫지 못하다. 양이 음보다 늘 선호되지 못하는 것과 마찬가지다.

그럼에도 불구하고 동양문명은 원의 특징을 강조하는데 이것은 남성적 특징이다. 동양, 특히 한국에서, 남성의 특징을 메타포적으로 원에 비견되며 여성은 모난 사각형(square)에 비유된다. 사람들은 너는 남자로서 "둥글둥글"해야 한다고 말한다. "둥글둥글"은 다른 사람과 모가 나지 않게 잘 어울리는 것을 의미한다. 그러나 잘 어울리는 남성과 대조적으로, 전형적인 여성의 특징은 "모난 사람"이라고 말한다. 이것은 성격이 모가 나서 다른 사람들과 잘 어울리지 못하는 것을 말한다. 이런 종류의 고정관념화된 표현은 동양적 사고의 일부인데, 이것은 고대 문명의 우주론적 사고에서 온 것이다. 둥근 하늘은 남성의 관대함을 나타내는 반면에, 모난 사방형의 땅은 여성의 편협한 마음을 의미한다. 삼위일체 가정에서 남성성을 대변하는 성부 하나님은, 동양적 사고에 따르면, 관대함과 은택의 근거이다.

아버지의 이미지인 하늘은 또한 왕자나 임금을 나타낸다. 아버지인 하나님은 모든 아버지들의 아버지인 것과 같이, 왕인 하나님은 땅 위에서 왕 중의 왕이다. 이것은 하나님이 온 땅의 임금이요 주라는 것은 유대인들의 공통된 생각이었다. 시편 기자가 말한 대로, "하느님은 온 땅의 임금이시니, 멋진 가락에 맞추어 찬양하여라. 하느님은 만방의 왕, 거룩한 옥좌에 앉으셨다"(시 47:7-8). 히브리 성서에서 하나님에 대한 가장 좋아하는 명칭은 왕이나 주이다. 하늘은 아버지나 왕, 땅의 임금으로 이해되기 때문에, 하늘의 아들은 하늘에 대한 중재자가 되었다. 아버지 하나님에 대한 "임금"이나 "주"라는 명칭은 남성 성원들의 정치적이고 사회적인 중요성에 있어서 매우 심원한 의미를 지닌다. 이 능력있는 명칭은 남성 성원에게 속한다. 따라서 가부장적 사회에서 능력과 영광은 남성에게 속하였다. 한편, 여성 성원들은 남성들의 뒤에서 활동했다. 임금, 가정의 남성 성원은 양의 특별한 성질을 가졌고, 이것은 지배의 힘이었다. 그러나 아버지의 능력은 음 안에서 즉 성령의 수용성 안에서는 무화된다(nullify). 그래서 성부 하나님은 삼위일체적 삶의 조화를 유지할 수 있도록, 성자를 통해서 삼위일체에 합류하는 것이다.

신약성서의 증언에 따르면 하나님의 나라는 예수의 가르침의 핵심이다. 하나님의 나라(신의 통치)는 하늘 나라이다. 왜냐하면 성부 하나님과 하늘은 늘 동의어로 사용되었다. 따라서 성부 하나님은 하늘 아버지인 것이다. 이것은 주기도문에서 하나님의 나라는 본질적으로 하늘 아버지의 나라라는 것이 분명하게 나타난다. "하늘에 계신 우리 아버지, 온 세상이 아버지를 하느님으로 받들게 하시며, 아버지의 나라가 오게 하시며, 아버지의 뜻이 하늘에서와 같이 땅에서도 이루어지게 하소서"(마 6:9-10). 하늘 나라는 성자를 통한 신의 초월성의 내재를 의미한다. 아버지의 통치는 어머니의 통치를 압도하지 못한다. 하늘이 땅을 대체할 수 없는 것과 마찬가지이다. 음양의 사고는 하늘의 통치에 의해 땅의 통치가 압도되는 것을 허락하지 않는다. 그들은 조화 속에 늘 공존한다. 공존의 조화에서, 하늘의 뜻은 땅에서 완전하게 실현된다. 이것은 임금의 뜻이 백성들의 생활에서 완벽하게 확증되는 것과 마찬가지이다.

아버지의 이미지인 하늘은 옥과 쇠로 인식된다. 옥은 가장 귀중한 돌이고, 순수성과 단단함을 대변한다. 쇠도 또한 귀중한데, 쇠가 귀중한 것은 단단함 때문이다. 옥의 순수성은 아버지의 도덕 원리의 완전함을 상징적으로 보여준다. 이것은 모든 인간 행위와 자연 운동의 패러다임이 된다. 그러나 옥과 쇠의 단단함은 모두 남성성의 특징이다. 양이나 남성을 만드는 것은 근본적으로 단단함이나 견고함이다. 주역에서 양효는 갈라지지 않은 선인데(一), 이것은 강효라고 불린다. 반면에 음효는 갈라진 선(--)으로 약효라고 불린다.[25] 이와 같이 남성성의 아버지는 종종 완고하고 양보함이 없어서 자녀들과는 본의 아니게 거리감이 생기게 된다. 따라서 동양에서는 사랑의 하나님을 도덕적 원리를 대변하는

완고한 아버지와 동일시하는 것이 사실상 어렵게 되는 것이다. 하늘의
뜻의 완고함은 땅의 마음의 부드러움에 의해 상생되어야 한다. 옥과
쇠의 견고함이 땅과 나무의 부드러움으로 완성되듯이 말이다.

아버지의 이미지인 하늘은 차가움이고 얼음이다. 이것은 방위로는
북서에 해당하며, 후천세계의 질서에서 하늘 즉 건괘의 방위이다.[26]
"이것은 어둠과 빛이 서로 일어나는 것을 의미한다."[27] 이 위치는 해가
서쪽 하늘에서 막 지려는 바로 그 지평선 위를 가리킨다. 빛이 자신을
어둠에 완전하게 내주는 것과 마찬가지로, 남성의 강함은 여성의 부드
러움에 따라 기꺼이 변할 준비가 되어 있다. 아버지가 아무리 완고하다
고 해도, 아들의 죽음에는 울 수밖에 없는 것이다. 그는 아들이 고통을
당할 때, 같이 고통을 당하는 것이다. 강함은 남성성의 외면적 드러남이
지만, 부드러움은 남성성의 내면적 표현이다. 따라서 남성은 내면에
여성성을 보지한다. 이 내면적 특성은 남성성이 최대에 이르렀을 때,
나타나게 된다. 이와 같이, 내면적 삼위일체의 생활은 역동적이며 유기
체적으로 상호 연관적인 것이다. 아버지는 전체의 역동적인 운동에
따라야 한다. 그는 전체의 부분일 뿐만 아니라 전체이기 때문에 절대적
이다. 이런 점에서, 아버지는 자신의 가정 삶에 있어서 완전하게 부재할
수 없는 것이며, 자녀의 고통에서 완전하게 초연할 수 없는 것이다.
그러므로 성부 하나님이 자신의 아들 성자 하나님의 고통과 십자가에
못박힘 속에서 고통을 당하지 않는다는 것은 상상할 수 없다. 따라서
삼위일체에서 전체라는 관념은 성부 하나님의 전통적인 수난불가설
(impassibility)을 다시 생각하지 않으면 안 되게 만드는 이유이다.[28] 양이
음에서 독립적일 수 없는 것과 같이, 삼위일체 가정의 남성성은 그 여성
성과 분리될 수 없다. 성부의 뜻이 아무리 절대적이고 확정적이라 하더
라도, 그는 자신의 삼위일체적 생활에 의존적일 수밖에 없으며, 이 삼위

일체적 삶은 성자와 성령을 포함하는 것이다.

아버지의 이미지인 하늘을 연관시키는 방향에서 생각해 볼 때, 우리는 이것과 연관되는 색을 생각해 볼 수 있다. "하늘의 색은 암적색인데, 이 색은 빛의 원리가 강화된 색이고, 땅의 색은 검정인데 이것은 어둠이 강화된 것이다. 빨강은 사람의 마음과 감정을 분기시키지만, 검정은 마음과 감정을 차분하게 가라앉힌다."[29] 암적색은 피의 색깔인데 이것은 생명과 활동의 근거이다. 붉은 피가 무서움이나 황홀함을 일으키는데, 어떤이들은 그 색을 보는 것을 두려워하는데, 다른 사람들은 이것을 보고 황홀해한다. 붉은 피와 같이, 아버지는 자녀들에게 경원과 매력의 상징이다. 암적색은 해의 색깔이고 빛과 활동성의 근원인 것이다. 그러므로 이 색은 낮의 주재자인데, 이것은 임금이 세계를 다스리는 것과 같다. 태양의 빛은 어디나 비추듯이, 성부의 도덕 원리는 우주 구석구석까지 미친다. 그는 태양과 같이 우주적 주재이다. 태양이 서쪽에서 질 때, 어둠이 빛을 이기기 시작한다. 이때가 밤과 안식의 시간의 시작이다. 빨강은 밤이 깊어 가면서 어둠으로 변화한다. 달은 해에서 빛을 받아 밤을 다스리게 된다. 따라서 달 즉 여성성의 상징은 수동적인 반면에, 남성성의 상징은 활동적인 것이다. 아침이 올 때, 태양은 다시 떠오른다. 해가 늘 비춰듯이, 성부의 영원한 원리는 언제든지 현존한다. 달이 태양에서 빛을 받아 밤을 다스리는 것과 같이, 성부의 영원한 원리를 받아 성자를 통해서 세계를 다스리는 것은 성령이다.

성부의 이미지인 하늘은 "좋은 말, 늙은 말, 야윈 말, 야생마" 등의 여러 말로도 표현된다. 이런 말들은 남성의 특징을 상징하는데, 암말은 여성의 특징을 상징하는 것이다. 말은 힘과 운동성의 이미지들이다. 강한 말들은 굉장히 빠르게 달리고 강한 힘을 가지고 일을 수행한다. 말들의 이미지인 성부는 창조의 사역에서 매우 강하게 쉼 없이 일하시는

것을 우리는 볼 수 있다. 그래서 예수께서 말씀하셨다. "내 아버지께서
언제나 일하고 계시니 나도 일하는 것이다"(요 5:17). 동양적 전통의 가정
에서, 아버지는 들에 나가 일함으로써 가족의 생계를 책임졌다. 동양
국가들에서는 대부분의 노동자들이 남성들인 것도 아직은 사실이다.
아버지의 직업은 말과 같이 들에서 일하는 것이었다. 아버지의 이미지
인 좋은 말은 매일 부지런히 일해서 가족에게 양식을 공급하여 먹여
살리는 것이었다. 좋은 말은 일을 잘하는 말이고 일을 지속하는 것으로
존중을 받았다. 온갖 어려움을 참아내고 때로는 영원한 조화의 질서에
따라 일어나는 자연스런 변화의 흐름을 방해하는 장애물들을 제거해야
한다. 아버지는 또한 야윈 말에 의해 상징된다. 들에서 쉼 없이 일하다
보니 야윌 수밖에 없다. 우리는 때로 왜 성부 하나님이 가족을 부양하기
위해서 말처럼 일을 해야만 한다는 것을 이해하기 어려울 때가 있다.
왜냐하면 권좌에 앉아 있는 성부 하나님은 이런 종류의 묘사와는 전혀
관계가 없는 것처럼 보이기 때문이다. 성부는 임금이요 주이다. 그러나
역설적으로 그는 또한 종인 것이다. 예수 자신이 다른 사람을 위해 봉사
하기 위해서 온 종의 모습으로 오셨듯이 말이다. 일을 잘하고 믿음직한
종인 말은 동양에서는 쉽게 받아들여질 수 있다. 유명한 불교의 보살들
(불교의 성인들)2)은 말로 다시 환생하기를 바란다. 왜냐하면 말은 인류
에 봉사하는 것을 상징하기 때문이다. 해탈된 사람의 궁극적인 목적은
세계를 위해 봉사하는 것이다. 더욱이 열심히 일하는 말의 이미지인
아버지는 일상인들의 경험인 것이다. 내 삶에서 나는 아버지를 존경하

2) 보살(Bodhisattvas)은 대승불교의 이상적 인간상이다. 원래 성불하여 윤회의 사슬
   에서 벗어나 해방되었음에도 불구하고 중생을 제도해서 구원에 이르도록 하기 위
   해서 자신의 해탈을 반납하고 중생을 위해 봉사하는 불교의 성인들이라고 생각할
   수 있다. 기독교적 시각에서 본다면, 보살은 남을 위해 십자가를 지기까지 순종하신
   그리스도의 정신과 상통한다. _ 옮긴이 주

기도 하고 때론 무서워하기도 했지만, 이것은 가정에서 아버지의 힘이나 위치 때문만이 아니라 너무 열심히 일하셨고 자신을 가정을 위해 헌신하셨기 때문이다. 여윈, 늙은, 좋은 말들의 삶과 같이, 아버지의 삶은 가정을 위해 일하시는 가운데 고통과 아픔과 어려움과 투쟁들로 점철되어 있었다. 삼위일체에서 성부는 나의 아버지의 처지와 비슷하다고 생각한다. 성부는 삼위일체의 가정, 성자와 성령을 위해서 말과 같이 일하고 계신 것이다. 또한 야생마에 대한 언급이 있는데, 이 말은 신비한 톱과 같은 이를 가진 말로 경우에 따라서는 호랑이도 찢어버릴 수 있다.[30] 이것은 일상적인 존재를 초월하는 힘과 능력을 가졌음을 알려준다. 이 모든 말들의 이미지를 고려해 본다면, 말들의 이미지인 성부는 자신의 가족을 위한 종이라고 생각한다. 성자는 성부의 과업을 돕고 성령은 성부가 쉬는 경우에도 성부를 대신해서 계속 일하시는 것이다.

이렇게 힘들여 일하고 수고한 결과 열매를 맺게 된다. 아버지의 이미지인 하늘의 마지막 특징은 나무 열매인데, 이것은 열심히 일한 결과이다. 삼위일체 가족의 기쁨은 열심히 일한 결과들을 나누는 데서 생겨난다. 아버지는 자기가 일해서 얻은 열매를 가족에게 가져온다. 그러나 이 열매 자체는 아버지의 상징이 된다. 열매는 가족들이 나누는 것과 마찬가지로, 아버지를 가족들이 모두 같이 나누는 것이다. 아버지는 열매와 마찬가지로, 가족을 위한 영양을 공급하고 기쁨을 제공하는 근원이다. 열매는 가정에 음식을 위해 쓰이는 것과 같이, 아버지는 자신을 가족을 위해 바쳐진다. 따라서 열매의 이미지인 아버지는 가정을 위한 희생적 사랑과 헌신을 의미한다. 십자가에서 성자의 자기희생적 행위는 이런 점에서 아버지의 사랑이 다시 한번 드러난 것이다. 성자의 고통은 성부의 고통이었고, 성자의 죽음은 곧 성부의 죽음이었던 것이다. 삼위일체적 사고에서, 성자의 행위와 성부의 행위는 분리될 수 없으며, 비록 그들의 행위들이 그들이 가지고 있는 차이들 때문에 달리 나타난다고 할지라도 말이다.

열매는 또한 아버지의 이미지인 하늘의 마지막 특성인데, 열매는 순환적 변화의 마지막을 장식한다. 열매는 중노동의 끝이고 또한 안식의 시작이다. 열매의 이미지인 아버지는 중노동 후에 쉼을 얻는다. 쉬는 것은 초월적이 되는 것을 의미한다. 나무에서 떨어짐으로써, 열매는 더 이상 나무의 일부가 아니다. 나무는 우주를 상징한다. 그러나 쉼은 동시에 활동을 전제한다. 나무에서 떨어진 열매는 중노동이 요구되는 또 하나의 변화의 주기를 돌기 위한 준비를 시작하는 것이다. 이런 점에서 성부의 사역은 쉼이 없이 영원히 계속되는 것이다. 성부의 쉼은 또한 그의 활동이다. 왜냐하면 그의 쉼 가운데서 성령을 통해서 활동하기 때문이다. 성령은 성부가 성령 안에 있듯이 성부 안에 존재한다. 역설적으로 성부의 사역과 쉼은 하나이나 다른데, 그것은 그가 삼위일체의 하나님이기 때문이다. 그의 쉼과 활동의 특성은 음(쉼)과 양(활동)의 역동성으로 상징화되며, 그것은 그의 창조성인 것이다.

창조성의 원천

성부의 여러 속성들 가운데, 창조성은 그의 최대의 역할이다. 그러므로 성부는 창조자라고 불리며 성자는 구속자로 불린다. 건 즉 하늘은 아버지의 이미지인데, 창조성(the Creative)이라고 번역된다.[31] 창조성은 창조주의 이미지인데, 성부는 창조성의 원천이기 때문이다. 주역에서 하늘 즉 창조성은 창조의 능력으로 채워져 있다. 따라서 이 괘의 상(象)에서는, "하늘의 운동은 힘으로 꽉 차 있다"고 말한다.[32] 이 힘은 용을 상징하는데, 이 용은 서구에서의 용의 개념과는 전혀 다르다. 동양에서 용은 선의 원천일 뿐만 아니라 힘의 근원이다. 중국에서 용은 황제의 상징으로 사용되는데 이것은 용의 범상한 능력 때문이다.3) 동양적 전통에서, 용은 전기를 충전하는 능력의 상징으로 천둥과 폭우 가운데 나타난다. 반 리웬(Van Leeuwen)에 따르면, 야훼라는 이름은 번개와 천둥을 만드는 강력한 힘에서 비롯되었다.33 하나님에 대한 또 하나의 이름은 엘(El)인데, 이것은 힘의 개념을 보여준다. 히브리어의 단어 엘 혹은 엘로힘(Elohim)의 문자적인 뜻은 "힘이 세다" 혹은 "위대하다"는 뜻이다. 이 위대한 힘은 창조의 원천이다. "한 처음에 하느님(Elohim)께서 하늘과 땅을 지어 내셨다"(창 1:1). 이것은 히브리 성서의 하나님의 개념과 동양적인 창조적 힘인 하늘의 개념은 서로 상관된다는 것이 분명하다. 다시 말하면, 성부 하나님은 주역에서 용의 이미지와 밀접하게 연관된다.

서양 사람들이 성부 하나님을 용의 이미지로 생각한다는 것은 매우 어렵다. 왜냐하면 용은 서양인들에게는 악을 의미하기 때문이다. 요한 계시록에서 하나님은 사탄을 대변하는 용과 전쟁을 벌이신다(계 12:7-17). 서양에서 용은 적 그리스도, 괴물, 악마, 혼돈의 주관자를 의미한다. 그러나 동양적 관점에서 보면, 용의 개념은 거의 완전하게 반대가 된다. 용은 은택을 베풀 뿐만 아니라 신적 존재이고, 용의 능력은 일상적인 창조성을 초월한다. 이런 이유 때문에, 대부분의 전통적인 회화나 그림에서 동양인들은 용이나 호랑이를 즐겨 그린 것을 볼 수 있다. 용은

---

3) 동양에서 용은 임금의 신체나 사용하는 기구들을 지칭할 때 쓰였다. 임금의 얼굴은 용안이라고 부르고 임금이 앉는 의자는 용상이며, 임금의 의복은 용이 그려져 있는 용포이고 임금의 옥쇄에도 용이 그려져 있다. 그러나 기독교와 서구적 전통에서 용은 매우 부정적 의미로 사용되어 왔다. 즉 사탄의 상징이 되었고, 창조설화에 나타나는 혼돈과 공허의 근거는 용으로 대변되기도 했다. _ 옮긴이 주

탁월한 양 에너지를 대변하고, 호랑이는 탁월한 음 에너지를 대변한다.
그럼에도 불구하고 대부분의 동양인들이 기독교인이 될 때, 특별히
근본주의적인 기독교인들은 용 그림을 갖고 있는 가구나 그림들을 내다
버린다. 그들에게 용은 사탄을 상징하는데, 왜냐하면 성서가 그렇게
증언하기 때문이다.

　나는 한국에서 진주로 만든 예쁜 찻상을 가져왔다. 그 상의 중간에
아름다운 용과 호랑이가 그려 있다. 어느 날 한 기독교인 친구가 와서
그 상을 보고는 충격을 받았다. "어떻게 너는 용을 네 거실에 들어오게
할 수 있지?"라고 심각하게 물었다. 나는 "난 용을 선하고 창조적인
힘의 상징하는 것으로 믿는 동양인이다. 사실상 나는 용을 성부의 이미
지로 생각하기를 원한다. 성부 하나님이 내 거실에 앉아 있는 것이 뭐
잘못됐나?" 그는 불편해서 일찍 가버렸다. 그는 결코 우리 집을 다시
찾아오지 않았다. 나는 삼위일체를 동양적인 관점에서 해석하기를 원
하기 때문에, 내가 자라고 경험한 전통에서 가져다 사용하는 이미지들
은 매우 다른 의미들을 가지고 있다. 신의 창조성인 용의 이미지는 특별
히 서양문화의 영향을 받은 대부분의 기독교인들이 받아들이기는 상당
히 어렵다. 서양과 동양 사이의 이런 상충과 충돌을 해결할 수 있는
가장 좋은 방법은 용을 실재는 존재하지 않으나 문화에 의해서 만들어진
신비한 상징으로 생각하는 것이다. 따라서 동양의 용은 성경에서 발견
되는 서양의 용과는 전혀 다르다. 이런 용의 이미지에 대한 예비적 이해
를 가지고, 용의 창조적 힘의 원천인 건 즉 하늘, 아버지의 이미지로
돌아가 보자.

　건괘의 초효는 "용이 잠겨 있다. 행동해서는 안 된다"이다.[34] 창조적
힘은 밑에서 나오는 것이기 때문에, 초효는 숨은 용이고 이것은 활동하
지는 않으나 잠재적으로 창조성을 갖고 있는 것이다. 이것은 창조적

에너지는 모든 존재의 깊이에 숨어 있다는 것을 알려준다. 역동적인 세계관 속에서 행동은 잠재적으로 무위(無爲) 속에서도 나타나는 것이다. 이것은 양이 음 속에도 존재하는 것과 마찬가지이다. 행동은 매우 자연스럽고 완전해서 그것이 행동으로 드러나지도 않아야 한다. 물고기는 매우 완벽하게 수영을 하기 때문에 물고기가 수영을 하고 있다고 생각하는 사람이 없는 것과 마찬가지로, 성부 하나님은 숨은 용과 같이, 그의 행동은 드러나지 않으며 깊이 속에 있는 단순한 현존에 의해서 행동으로 나타나게 되는 것이다. 성부 하나님은 행동하는 것이 필요하지 않다. 왜냐하면 그 자신이 행동이기 때문이다. 성부는 깊이 속에 즉 영적 현존의 상징 속에 존재하시기 때문에, 그분은 참으로 내재적이다. 그러나 그분의 내재성은 그분의 속성이 하늘 아버지이기 때문에 또한 초월성인 것이다. 따라서, 그분은 어디에나 계신다. 따라서 시편기자는 노래한다.

> 하늘에 올라가도 거기 계시고
> 지하에 가서 자리깔고 누워도 거기에도 계시며,
> 새벽의 날개 붙잡고 동녘에 가도,
> 바다 끝 서쪽으로 가서 자리를 잡아 보아도
> 거기에서도 당신 손은 나를 인도하시고
> 그 오른손이 나를 꼭 붙드십니다(시 139:8-10).

삼위일체적 사고 때문에, 성부의 무위는 성자에서 행위로 드러나고 성령 안에서 활동하게 되는 것이다. 숨은 용인 창조의 능력은 늘 깊이에서 활동하고 있으므로 이용할 수 있다는 것을 알려준다. 신의 창조성이란 드러나지 않는 힘이 없으며, 이 힘이 없이는 우리는 창조적이 될 수 없다. 우리의 창조성은 세계 속에 있는 성부 하나님의 창조적인 현존 때문에 가능한 것이다. 왜냐하면, 그분은 우리의 창조성의 원천이기 때문이다.

건쾌의 초효는 또한 창조성의 과정을 의미한다. 창조는 "형태가 없는 빔"과 "깊이의 현전"에서 시작되는데, 창세기의 시작에는 이렇게 묘사된다. "한 처음에 하느님께서 하늘과 땅을 지어내셨다. 땅은 아직 모양을 갖추지 않고 아무것도 생기지 않았는데, 어둠이 깊은 물 위에 덮여 있었고"(창 1:1-2). "모양을 갖추지 않았고" 혹은 "어둠이 깊음 위를 덮었고"와 같은 표현은 숨은 용에 대한 시적인 묘사로 보인다. 이런 형태가 아직 없고 어둠 가운데 혹은 깊음 가운데, 창조적인 잠재성은 숨어 있다. 창조의 이야기는 원래적 혼돈 혹은 원래적 빔에서 시작된다. 이것은 순수한 무(sheer nothingness)나 존재의 완전한 부정(the complete negation) 이상이다. 창조가 "잠긴 용" 즉 원래적 혼돈에서 시작된다면, 우리는 "무로부터의 창조"(creatio ex nihilo)라는 전통적 관념을 재검토해야 한다. 무로부터의 창조는 창조 이전에 존재하는 것들이 있을 가능성이나 어떤 다른 독립적으로 존재하는 자료들이 있을 가능성을 부정하는 것이다.[35] 양자택일의 "이것이냐 저것이냐"의 관점에서 보면, "무"(nihilo)는 존재에 대한 순수 부정으로 이해될 수 있다. 그러나 양면긍정인 "이것도 저것도"의 음양의 사고에서 본다면, 비존재나 무는 존재 혹은 창조성의 뿌리 속에 잠재되어 있다. 비존재나 무는 주역에서는 메타포적으로 "잠긴 용"으로 묘사되고 있는 것이다. 다시 말하면, 창조주인 하나님은 잠긴 용의 이미지로 존재의 근원인 비존재로 이해될 수 있다. 그래서 노자가 말했듯이, "만물은 존재(有)에서 오지만. 모든 존재(有)는 무(無)에서 온다."[36] 비존재나 무가 숨어있는 아버지의 이미지라면, 성부 자신은 모든 창조의 유일한 원천이다. 사실상, 하나님은 자신으로부터 세계를 창조하였는데, 그는 잠긴 용으로 상징화되기 때문이다. 따라서 그는 창조성의 원천이다.

잠긴 용은 둘째 효에도 나타난다. "용이 들판에서 보인다." 둘째 효는 세계 속에서 창조성이 실제로 드러남이다. 깊이에서부터 이것은 창조의 첫째 행위인데, 창조의 과정은 둘째 단계로 나아간다. 여기에서 보이는 형태는 형태가 없는 빈 것에서 발전되어 나온다. 이 단계에서 사물은 깊이에서 넘쳐 나오는 것이다. 초효와 둘째 효는 땅에 해당하기 때문에,[37] 용의 출현은 땅의 창조를 의미한다. 우리는 창조의 기사에서 마른 땅이 드러나는 것을 알고 있다. "하느님께서 "하늘 아래 있는 물이 한 곳으로 모여, 마른 땅이 드러나거라" 하시자 그대로 되었다. 하느님께서는 마른 땅을 뭍이라, 물이 모인 곳을 바다라 부르셨다"(창 1:9-10). 이런 창조의 단계에서 우리는 삼위일체의 원리의 중요성을 깨닫게 된다. 순수 양(여섯 효가 모두 양인 건괘)의 창조적 에너지가 창조자로서 성부에 기원한다면, 땅의 실제적인 창조성은 땅 어머니의 이미지인 성령에 속한다. 따라서 땅 위에 있는 용(건괘의 둘째 효)의 이미지인 땅의 창조적 능력은 성부 속에서 기원하나 성령에 속하게 된다. 왜냐하면, 성부는 삼위일체 속에서 성령이기 때문이다. 이와 같이 성부의 창조성은 성자 안에서 나타나는데, 우리가 셋째 효에서 보게 된다.

셋째 단계에서, 용의 이미지에 있는 성부의 창조적 능력은 대인(大人) 안에서 활동하게 되는데, 대인은 삼위일체 안에서 성자와 비슷하다.[38] 인간세계에 속하는 셋째 효는 이렇게 묘사된다. "군자는 종일 일하고 일한다. 그러나 밤에는 쉬게 된다." 이 효는 창조의 능력이 인간을 통해서 작용하게 되는지를 보여준다. 인간은 창조적이다. 왜냐하면, 성부의 창조성은 만물에서는 잠긴 용으로 잠재적일 뿐인데 땅 위에서는 밭에 나타난 용과 같이 적극적으로 드러나는 것이다. 아버지와 같이,

아들(혹은 인간)은 모든 종류의 식물들(창 1:11-12)의 창조와 모든 종류의
동물들(창 1:24-25)의 창조를 돕기 위해 열심히 일한다. 이런 피조물들은
인간 세계에 속하게 되는데, 이것은 셋째 효가 하늘과 땅의 중간인 인간
에게 속하는 것과 마찬가지이다.

넷째 효에서 용의 이미지 속에서 성부의 창조적 에너지는 바다에서
활동하게 된다. 넷째 효에 대한 단사(象辭)는 "깊음 위에 뜀"(躍在淵)이
다. 용의 힘은 물의 깊음 위를 도약하는 잉어 속에 잠재되어 있다. 전설에
따르면, 작은 잉어가 용으로 변화되어서 하늘로 올라가고 비와 천둥의
신이 된다고 전해진다. 이 전설은 어려운 환경 가운데서도 최고의 자리
에까지 올라간 사람들의 입지전적인 이야기를 말할 때 사용된다. 우리
가 이 이야기와의 관계에서 살펴볼 때 중요한 것은 작은 물고기가 크고
힘 있는 용으로 변화하는 창조적 변환이다. 물고기는 물 즉 음의 세계에
속하나, 용이 되는데 용은 가장 힘 있고 완전한 양의 에너지의 이미지이
다. 다시 말하면 양이 아무리 순수하고 위대하다고 할지라도, 음은 늘
양 속에 잠재해 있다. 용의 이미지인 성부의 창조성은 물의 깊이, 음의
세계에서 시작되어 양의 세계인 하늘로 솟구쳐 오른다. 이와 같은 방식
으로, 성부의 창조적 힘은 성자를 통해서 성령 안에 존재한다.

다섯째 효와 여섯째 효는 하늘의 영역에 속한다. 다섯째 효는 치자
의 자리로 생각하는데, 그 자리가 창조의 과정에서 매우 획기적인 중요
성을 갖기 때문이다. 상전(象傳)의 소상(小象)에서 다섯째 효는 "하늘을
나는 용"(飛龍在天)이라고 말한다. 여기에서 용은 최절정에 도달한다.
창조의 능력이 완전하게 나타났고 완전하게 펼쳐졌다. 이 단계에서
양의 힘이 최대에 이른 것이다. 우리는 종종 동양화로 그려진 화폭에서
구름 속을 나는 용을 보게 된다. 날 수 없는 용은 완전하게 나타난 용이
아니다. 비행기는 날기 위해서 만들어졌듯이, 용은 하늘을 반드시 날아

야 한다. 삼위일체적 사고에서, 성부의 창조적 힘은 그가 하늘의 영역 즉 완전한 초월의 영역에 도달했을 때 완전하게 드러나는 것이다. 아버지의 기능은 하늘적인 것이다. 엄마의 역할은 땅적인 데 비하여 말이다. 하늘의 기는 용(양)의 이미지이나 땅의 기는 호랑이(음)의 이미지이다. 따라서 공자는 말하기를, "물이 젖은 곳으로 흐르고, 불은 마른 곳으로 향한다. 구름(하늘의 기)은 용을 따르고 바람(땅의 기)은 호랑이를 따른다"고 했다.[39] 용이 아버지의 창조성의 이미지이듯이, 호랑이는 성령의 힘의 이미지이다.

그러나 용이 그 최대의 힘을 넘어서기를 원할 때, 교만해진다. 따라서 여섯째 효 즉 마지막 효는, "교만한 용은 후회한다"이다. 창조성이 한계에 온 것이다. 창조성 자체의 기원은 성부 하나님을 대변하는 궁극적 실재에 근거하고 있다고 해도 말이다. 용의 이미지인 창조성은 성부에서 비롯된다고 할지라도, 그 자체가 성부 하나님은 아니다. 역설적으로, 창조성은 성부 하나님의 것이나 성부 하나님과 동일시될 수는 없다. 성자 하나님이 성부 하나님에게 속하나, 성자가 성부 하나님 자신으로 동일시될 수 없는 것과 마찬가지이다. 창조성은 성부 하나님의 역할이기 때문에, 그는 창조성, 용의 이미지를 초월한다. 따라서 창조성과 하나님을 동일시하는 잘못된 동일화는 용을 후회하게 만든다.

이 잘못된 동일화를 통해 창세기에서 타락 이야기를 이해할 수 있다. 하나님과 같이 되는 것은 아담과 이브의 욕망이었으나 결국에 이것은 그들을 뒤에 후회하게 만든다. 그들은 금단의 열매를 취함으로써 그들이 가지고 있는 한계를 넘어서 보고자 했다. 이것이 죄의 원인이었고 이것 때문에 그들은 하나님의 현존으로부터 소외되게 떨어져 나가게 만든 것이다. 성부 하나님 이외에 누구도 성부가 될 수 없다. 성부의 모든 이미지는 결코 성부 하나님이 될 수 없다. 왜냐하면 그것들은 단순

히 성부 하나님의 실재를 가리키는 상징일 뿐이기 때문이다. 따라서
성부 하나님은 독특하시고 유일한 분인데, 그분은 전적으로 초월적이
며 동시에 전적으로 내재적인 분이시기 때문이다. 자기 자신 이상의
것이 되고자 시도한 용은 떨어지게 된다. 따라서 마지막 효는 "머리가
없는 용의 무리가 있다"(見群龍無首)이다. 용의 머리들, 모든 양의 효들
이 나누어지는 형국이니, 건 즉 하늘이 곤 즉 땅으로 변하게 된다. 여기에
서 우리는 창조의 과정이 세계를 변화시키고 변환시키기 위해서 계속
반복되는 것을 볼 수 있다. 창조성의 원천인 성부 하나님은 자신을 변화
시킨다. 따라서 성부 하나님은 창조성의 원천일 뿐만 아니라 세계를
영원히 변화시켜가는 창조성 자체인 것이다.

　　창조주를 피조물과 다르게 만드는 것은 창조성 자체가 아니라 창조
의 과정이다. 창조주는 창조성을 일으킨다. 그러나 창조물은 그 창조성
을 모방할 뿐이다. 창조주는 창조되지 않은 것에서 나오나 창조물은
창조된 것에서 나올 뿐이다. 창조주의 행위는 늘 원초적(primordial)이나
창조물의 행위는 늘 결과적일(consequent) 뿐이다. 삼위일체에서 원초
적 행위는 신성(Godhead) 안에 존재하고 늘 직접적이며, "매개되지 않는
다"(im-mediated). 왜냐하면 성부 하나님은 성자 하나님이고 성자 하나
님은 성령 하나님이기 때문이다. 그러나 창조주와 창조물의 관계는
창조의 과정에서 성자 하나님에 의해 매개된다. 성자 하나님 안에서,
창조주는 자신의 정체성인 창조주임을 잃지 않으면서 창조물이 된다.
또한 창조물은 자신의 정체성인 창조물임을 잃지 않으면서 창조주의
사역에 참여하게 된다. 따라서 창조성 안에서 하늘(창조주)과 땅(창조물)
모두는 연합되는 것이다. 창조주는 창조의 주체인 반면에, 창조물은
창조의 대상이다. 창조주는 창조성의 비롯됨(origin)이고, 창조물은 창
조성의 결과이다. 하늘과 땅 혹은 하늘과 땅 위의 모든 만물들은 모두

창조성 안에서 연합하게 되기 때문에, 창조주는 삼위일체의 통일원리로서 작용하는 것이다.

삼위일체의 통일원리

성부 하나님을 삼위일체 가족의 통일원리로 만드는 것은 성부의 창조성의 이상에서 온다. 성부의 도덕 원리는 인간의 행위와 자연적 운동들을 질서 지우는 능력이다. 게다가 그는 우주 안에서 모든 창조의 과정과 드러남의 원초적 기원(the primordial origin)을 상징한다. 그것들이 나온 기원으로 다시 돌아감으로 해서, 그들은 성부 즉 영(靈)의 이미지에서 다시 연합된다. 거기에서 창조와 종말이 만나고 분기한다. 가족적 생활의 통일원리인 아버지는 모든 가족을 조화 속에 밀고 당기게 하는 중심과 같다. 그러나 관계들을 변화시키고 변환시키는 역동적인 과정에서, 중심은 늘 같은 것으로 유지되는 것이 아니다. 중심은 늘 변이나 모퉁이에 의해 만들어지는 것인데, 중심들이 깎여져서 다시 모퉁이가 되듯이, 창조적인 모퉁이들이 중심이 되기 때문이다. 중심화와 모퉁이화함(marginalizing)의 과정은 통일성의 역동적인 원리이다.

성부의 창조성과 도덕 원리는 하나이다. 창조성은 혼돈으로부터 질서를 만들어낸다. 따라서 구속은 원래적 질서를 회복하는 것을 의미한다. 성부의 도덕 원리는 창조의 원래적 질서와 일치되도록 인간의 행동을 규제한다. 창조는 존재의 질서(ontic order)를 그리고 도덕성은 기능적 질서를 다룬다. 창조와 도덕 원리의 기원과 원천인 성부 하나님 안에서, 존재와 기능적 질서가 하나 되는 것이다. 질서를 만드는 것은 사실상 통합의 과정이고, 혼돈은 소멸해가는 과정이다. 따라서 성부는 통일원리를 상징하며, 이 통일원리는 세계와 자신의 가족을 질서지어

가는 것이다. 여기에서 통일성은 단순한 연합(union)이 아니라 연결원리(the connectional principle)를 통한 질서지움이다. 예를 들어, 삼위일체 안에서 성부는 성령의 연결원리를 통해서 성자와 연합하게 되는 것이다. 그러나 통일원리가 없는 연결원리는 삼위일체적 가족 가운데 질서와 조화를 창출해낼 수 없다. 사실상 성부의 통일원리는 성자와 성령에게 연결원리의 힘을 실어주는 것이다. 통일원리는 모든 것들을 삼위일체적 관계의 원초적 질서로 이끄는데, 삼위일체적 관계는 세계 속에서 모든 관계의 토대이다. 원초적 질서는 다른 것들을 변환시킴으로써 자신들을 변환시키는 영원한 형식에 유비된다. 확실히 삼위일체는 자연 질서는 물론 인간의 가족, 사회, 국가의 원초적 질서인 것이다. 성부 하나님은 성령을 통해서 내재적이기 때문에, 성부의 원초적 질서는 어디에서나 발견된다. 이 질서는 고정된 법칙으로 우리로 하여금 이 법칙에 맞추도록 강요하는 것이 아니라, 살아있는 역동적인 원리로서 우리 삶을 성부의 통일시키는 능력으로 질서지우는 것이다.

동양에서 내 가족 생활의 경험을 통해서 볼 때, 아버지는 법칙과 질서의 상징 이상이다. 아버지는 우리가 그것에 따라 행동하지 않으면 안 되는 바로 그런 법칙과 원칙들의 구현(the embodiment)이다. 아버지가 자신 속에서 자신 됨과 그가 우리들로부터 기대하는 것은 가족을 위한 원리이다. 그는 질서지움과 통일시키는 원리의 원천일 뿐만 아니라, 바로 그 원리 자체인 것이다. 아버지가 없을 때 우리 가족은 종종 혼돈이 일어나게 되었다. 어머니는 내가 형들에 대해서 가지는 분노를 제재할 수가 없었다. 아버지가 어디 가셨을 때, 대부분의 다른 아이들과 같이 나는 형들과 논쟁하고 다투기 일쑤였다. 그러나 아버지가 돌아오자마자 우리는 서로 논쟁하거나 다투기를 그치고, 질서로 돌아갔다. 나에게 아버지는 우리를 제재하기를 원하는 권위적이고 능력 있는 인물이상이었다. 그는 어쨌든 우리의 참된 본성에 있는 원칙적 질서와 통일성을 나타낸다. 우리는 아버지를 무서워했는데, 우리가 질서를 깼기 때문에 그랬던 것이지, 아버지가 우리와 함께 계신 까닭에 아버지를 무서워한 것은 아니었다. 의구심과 두려움이 만든 것은 아버지의 현존이 아니라 우리들이 질서를 깬 것이었다. 아버님에게 질서를 지우고 통일시키는 원리를 구현한 것은 틀림없이 성부 하나님의 도덕과 존재론적 통일성의 원초적 성품이 만들어낸 결과였다. 내가 말했듯이, 통일성(unity)은 질서 때문에 이루어지는 연합이 아니다. 질서가 통일성이 부족할 때, 질서는 차이를 없애버리는 동질성(uniformity)이 된다. 차이를 유지시키는 조화는 질서를 갖춘 통일성 때문에 가능하다. 이것은 왜 성부 하나님이 통일시키는 원리의 원천일 뿐만 아니라 질서지우는 원칙의 원천인 까닭이다. 원천이 끊어졌을 때, 원칙은 단지 빈 형식으로 법칙과 질서의 처방으로 기능할 뿐이다. 성부가 세계에서 제거되어질 때, 법칙과 질서가 그를 대체하게 된다. 예수께서 그의 가르침을 통해서 공헌한 가장 위대한 점은 사람들에게 그들과 같이 존재하는 성부 하나님을 깨닫게 한 것이다. 예수의 모든 생각과 행동은 성부 하나님에 대한 그의 성찰의 결과였다. 그의 고통, 불안, 사랑, 투쟁, 고통과 십자가 위에서의 죽음 등은 또한 성부의 양보할 수 없는 뜻에 대한 성자로서 순종하는 응답이었다. 예수는 성자 하나님이 붙들고 있는 원리가 원초적 통일성과 질서에 대해 절대적이고 필연적임을 알고 계셨다. 예수는 "아버지, 나의 아버지! 아버지께는 무엇이든 다 하실 수 있으시니 이 잔을 나에게서 거두어 주소서. 그러나 제 뜻대로 마시고 아버지의 뜻대로 하소서"(막 14:36)라고 기도했다. 게다가 예수는 성부 하나님을 "아빠"라고 부름으로써 성부 하나님을 세상에 친근하게 가져왔다. 하나님 아버지를 우리에게 가깝게 오게 함으로써 예수는 우리의 원초적 특성이 무질서가 아닌 질서요, 연합이 아닌 통일성임을 인식하게 하셨다.

통일원리의 상징인 성부 하나님은 만물 가운데 존재하는 중력의 중심에 비유될 수 있다. 중력의 지구 중심은 모든 것을 질서로 이끈다. 중력이 없으면 사물들은 자기 마음대로 움직여서, 혼돈에 빠지게 된다. 지구 위에서와 같이, 중력의 중심들은 우주 가운데 달에도, 화성에도, 목성에도, 수백만의 별들 가운데도 존재한다. 각 실재들은 자기 자신의 중력의 중심을 가진다. 그러나 모든 이런 중심들이 또한 하나의 유일한 중심에 이끌리게 되는데, 이 유일한 중심은 시간의 영점으로 종종 알려지는데, 그것을 향하여 우주 가운데 모든 행성들은 끌어당겨지게 된다. 우주의 빅뱅이론에 따르면, 우주의 형성은 시간의 영점에서 우주의 형성은 폭팔과 함께 시작되었다. 질량이 완전하게 확장되었을 때, 우주는 영점을 향해 수축하기 시작한다고 예상된다.[40] 우주의 원초적 기원이 시간의 영점이라면, 그것은 모든 중심들의 중심이고 창조의 원천에 유비된다. 그러면 우리는 이 영점을 성부 하나님이 이미지로 생각할 수 있을까? 그분은 물론 창조의 원천일 뿐만 아니라, 우주 가운데 모든 중심들 중의 중심이다. 소우주적 그리고 대우주적 세계관에서 볼 때, 중심은 모든 실재들에게서 발견된다. 인간은 인간 자신의 중심을 갖고, 동물은 그들 자체의 중심, 나무는 나무의 중심, 내가 이 책을 쓰고 있는 컴퓨터는 자체의 중심을 갖는다. 중력의 중심은 땅속에서 발견되는 것과 같이, 중력의 중심은 먼지의 한 점 속에서도 발견된다. 중심은 어디서나 발견되고 우주를 질서지운다.

우리 인간들의 관계에서 같은 종류의 중심은 인간 개인 자신에게서 뿐만 아니라 공동체 안에서도 발견된다. 중심은 여러 사회들, 민족들, 세계 가운데 존재한다. 한 민족의 중심이 그 나라의 대통령이나 총리에 의해서 상징화된다면, 그 사람은 그 나라를 질서지우고 통일시키는 책임을 지고 있는 것이다. 가정생활에서, 아버지는 가부장적 사회의 중심을 대변한다. 이 가부장적 상징이 현대 일반 가정의 중심이 될 수 있을까? 서양에서 남성 성원인 아버지가 가부장적이지 않은 가정의 중심이 되어야만 하는지는 회의적이다. 그러나 동양에서, 가정생활의 중심은 여전히 아버지이다. 유교의 가치가 동양에서 계속되는 한, 그리고 아버지가 창조성의 원천으로 생각되는 한, 그는 동양 가정의 중심이다. 우리가 이미 밝힌 대로, 유교의 가부장적 제도는 동양에서 현대화와 산업화에도 불구하고 계속되고 있다. 모든 인간관계의 열쇠인 노인들을 존중하는 것과 효도의 관념 그리고 딸보다는 아들을 갖기 원하는 남아선호사상은 동양에서 여전히 계속되고 있다. 게다가 성경에서 기록하고 있는 대로, 성부 하나님이 창조주의 상징인 한 신적 삼위일체에 있어서 성부의 중심적 위치는 훼손되기 어렵다. 그가 창조성의 원천이고 모든 존재와 당위의 비롯됨인 한, 그의 창조에서는 물론 가정에서 그의 중심적인 위치는 논란의 대상이 되기는 어려운 것이다. 아버지 하나님의 중심성은 아들이신 하나님에 대한 논리적 우선성(logical priority)에서 오는 것이다. 성부 하나님이 성자이신 그리스도의 아버지인 한, 성부는 성자보다 앞서게 되는 것이다. 성자가 성령을 통해서 성부의 뜻을 이루기 위해 보내진 한, 성부는 삼위일체의 중심이다. 중력의 중심과 같이, 성부는 모든 사람을 그의 가정 안에 보지(保持)한다. 이것은 성부가 삼위일체의 통일적 원리를 대변하는 이유인 것이다.

성부의 유별난 특징은 순수하게 그가 남성이라는 관점에서 정의되는 것은 아니다. 그의 남성성은 그의 독특한 특징들 가운데 하나이긴 하지만, 그러나 그를 참으로 다른 삼위일체의 성원들과 다르게 만드는 것은 모든 사람들을 통일하는 그의 중심성인 것이다. 그의 중심성은 그의 도덕 원리와 창조 원리에 기인하는데, 이 도덕 원리는 조화 가운데 행동들을 통일시키고, 창조 원리는 질서 가운데 실체들을 통일시킨다. 중심성은 성부의 독특한 특징임에도 불구하고, 이것은 전적으로 그에게만 배타적으로 속하는 것은 아니다. 삼위일체적 사고에서, 성부는 성자 안에 존재하고, 성자는 성령 안에 존재한다. 성부에게 특이한 것은 성령에게서는 물론 성자에게서도 마찬가지이다. 따라서 중심성은 성령에게서는 물론 성자에게도 속하게 된다. 성자는 그가 성부와 성령(어머니) 사이에 존재하는 한 중심이다. 성령은 지구의 중심성을 그리고 땅 위에 만물들을 낳는 자궁의 이미지를 대변하기 때문에 중심적이다. 성자의 중심성은 동양적 삼위일체 속에서 인간 존재를 대변하는데 하늘과 땅 사이의 자리인 중심의 위치를 차지하게 된다. 따라서 그의 창조성의 기능은 하늘과 땅, 아버지와 어머니를 매개하는 것이다. 한편 성령의 중심성은 중심성을 대변하는 성부의 내재성에 기인한다. 이런 점에서, 중심성은 성부에게만 속하는 것이 아니라 성자와 성령에게 동일하게 속하는 것이다.

음양의 사고에서, 모든 것은 변하고 자신을 변화시킨다. 중심은 계속되는 터(a steady locus)가 아니다. 중심은 실재나 관계가 변하듯이 변한다. 따라서 중심은 창조성과 변화의 과정에서 계속 다시 재정의되는 것이다. 우리는 변화하는 현상들의 행위들을 다시 통합하고 다시 통일시키는 재중심화의 개념으로 성장과 쇠퇴를 생각해야 한다. 성부의 중심성은 성령을 통해서 다시 모퉁이화하고 성자 안에서 다시 중심화되는 것이다. 세포가 새로운 세포를 만들기 위해서 자신이 분열되어야 하는 것과 같이, 재중심화는 창조와 변화의 과정에서 필연적으로 요구되는 것이다. 계속되는 분열과 새로운 중심의 형성은 음양의 행위에 비견된다. 양 즉 실선(—)이 분열되고, 이것이 음 즉 분열된 선(--)으로 변하게 되는데 이것은 실선의 분리 이외의 다른 것이 아니다. 여기에서 우리는 실선이 갈라져서 두 개의 강한 선이 되는 것을 보게 되는데, 이것이 그것들을 성장하게 하고 다시 나뉘게 하여 네 개의 선들이 된다. 이런 방식에서 무한한 변화와 변환이 가능해진다.[41] 그러나 우리가 주의 깊게 관찰한다면, 양이나 실선의 분열은 그 선의 중심(-*-)에서 일어난다. 다시 말하면, 실선의 중심이 두 실선의 모퉁이가 되는 것이다. 두 작은 실선이 성장해서 두 개의 양 (—, —)이 될 때, 모퉁이들은 중심들(-*-, -*-)이 된다. 여기에서 우리는 중심이 모퉁이가 되고, 모퉁이가 중심이 되는 창조와 변화의 과정을 깨닫게 되는 것이다. 삼위일체적 사고에서, 성부의 중심성은 성령에 의해 모퉁이화하며, 성령의 모퉁이성은 성자 안에서 재중심화한다. 이런 원초적으로 신의 생활에서 나타나는 삼위일체적 행위는 변화와 변환의 세계에서 자신을 계속 드러내는 것이다.

결론으로 몇 마디

성경의 기록에 어렴풋이 드러나 있는 삼위일체의 전통적 교리는 가부장적 사회에 살던 사람들의 창의적 상상에 근거해 있고, 그들 자신들의 가정 구조의 이미지를 따라서 모형화된 것이다. 우리가 새로운 시대를 열어갈 때, 우리는 전통적인 삼위일체를 비판적으로 재평가하는 것이 요구된다. 가부장적 사회는 서양에서는 깨지기 시작했을지라도, 가정제도는 계속되는 것 같다. 비록 이혼율의 증가, 편모 편부 가정에 대한 공적 부조의 증가, 가정 폭력과 같은 문제들이 대두되기는 한다고 해도 말이다. 가정 제도를 대치시킬만한 것은 따로 없다. 동양에서 가정생활의 급격한 변화가 없는 한, 전통적 문화 가치들은 가부장적 사회를 유지시켜줄 만큼 여전히 강력할 것이다. 오늘날의 가정생활에서 필요한 것은 아버지, 어머니, 자녀들의 이미지를 변화시키는 것이 아니라, 그 이미지들을 우리가 살고 있는 시대정신에 맞게 재해석하는 것이다. 삼위일체에 관한 진정한 문제는 가정적 이미지나 성부의 성이 아니다. 나에게 진정한 문제는 삼위일체의 여성 성원의 결핍이었다. 이것이 내가 성령을 삼위일체 가정을 형성하는 데 본질적인 어머니로 재해석을 시도한 이유이다. 어머니가 없이 가정은 존재할 수 없고, 어머니가 없이 아들이나 자녀들은 있을 수 없다. 어머니가 없이는 아버지도 있을 수 없는 것이다. 아버지가 없이는, 건전한 가정도, 자녀들도, 어머니도 있을 수 없다. 편모나 편부의 가정은 아버지, 어머니, 자녀들의 기본적인 가정 구조를 결코 대치시킬 수 없다. 동양적 전통에서, 자녀가 없이는 가정은 불완전하다. 따라서, 삼위일체의 구조는 인간 공동체에 근본적일 뿐만 아니라 삶의 원초적인 단위라고 여전히 믿고 있다. 신의 삼위일체는 인간 가정의 원형이고 세계 속의 만물들의 기본 단위인 것이다.

7장
신의 삼위일체 서열

들어가면서 몇 마디

    6장에서 우리는 신의 삼위일체의 생활에서 질서와 통일성의 중요성을 말했다. 이것이 바로 인간 생활의 원형이다. 7장에서는 삼위일체의 성원들이 신의 생활의 신비에서 어떻게 상호 연결될 수 있는가를, 실존적 삶의 정황으로부터 우리의 상상력을 통해 그려보고자 한다. 물론 신적 존재들—성부, 성자, 성령—이 신의 내면적 삶에서 어떤 패턴을 적용하고 있는지를 정의하는 것은 우리의 능력을 넘어서는 일이다. 신학자들이 신의 행위들의 가능한 패턴들을 사변적으로 고찰하는 것이 신학의 합법적인 과제인 양 인식한다면, 이것이 다소간 바보스런 짓이라는 것을 잘 알고 있다. 이런 종류의 탐구가 합법적이든 그렇지 않든 간에, 신학자들은 늘 신의 삶의 내적 행위들을 탐구하는 것에 황홀해하면서 빠져 왔다.

    사실상 삼위일체에 관한 신학자들의 가장 엄격한 논의 중에 하나는

성부, 성자, 성령의 서열을 다루는 것이었다. 라틴 교회와 그리스 교회의
분열은 신의 삼위일체에서 서열의 문제를 해결하는 데 불만이 있어서
생겨났다. 라틴의 교부들은 삼위가 동등한 인격들의 삼위일체적 공동
체로 보았고, 성부, 성자, 성령을 "병렬로"(side by side) 놓았다. 한편
그리스 교부들은 삼위의 위계적 서열을 선호했고, 그래서 세 인격들을
"직렬로"(one after another) 놓았다. 이 장에서 삼위일체 상호관계의 정확
한 서열화의 문제를 제시하는 것, 즉 삼위를 동등하게 보아야 하나 아니
면 위계질서로 보아야 하나, 혹은 "병렬로" 놓아야 하나 "직렬로" 놓아야
하나를 논의하는 것은 내가 의도하는 바가 아니다. 비록 나는 삼위일체
를 동등성, 상호성, 공동체성의 개념으로 해석하고자 하는 여성신학적,
해방신학적 해석을 선호하긴 하지만,[1] 신의 삼위일체의 서열에 관한
내 접근방식은 동양적 배경을 갖고 있기 때문에 독특한 것이다. 즉 나는
신의 삼위일체의 서열에서 우주론적이고 유기체적인 세계관뿐만 아니
라 위계적 차원을 동시에 전제한다.

동양과 서양의 삶의 정황적 차이 때문에, 삼위일체에 대한 동양적
이미지화를 전통적 서양의 이미지화와 비교하는 것은 거의 불가능하다.
나는 동양적 정황에서 온 이미지를 가지고 신의 삼위일체의 세 인격들
사이의 내적인 관계를 이해하고자 시도할 것이다. 이것은 서양 전통적
정황과는 전혀 다른 것이다. 내 이미지화[1])는 전혀 다른 삶의 정황에서

---

1) 이미지화는 imagination의 역어이다. 상상이라고 번역될 수 있으나 이것은 어떤 근
  거도 없는 공상으로 이해될 수 있기 때문에 이미지화라고 번역하고자 한다. 신의
  삼위일체에 대한 실재는 저자가 누누히 반복해서 밝히고 있듯이 우리의 인식을 넘
  어서는 것이기 때문에, 우리는 imagination을 통해서 우리의 이해구조 안에서 그려
  볼 수 있는 것이다. 물론 그렇다고 해서 이런 작업이 근거없이 이루어지는 것이 아니
  라 우리의 삶의 정황에서 나온 전통적이고 뿌리깊은 사고와 종교적 경험의 틀 속에
  서 이루어지는 것이기 때문에 매우 근거있는 작업이다. 즉 이미지화는 신의 실재에
  관해서 우리는 직접적으로 접근할 수 없기 때문에 우리의 이미지 작업을 통해서

왔기 때문에, 신의 삼위일체에 대해 내가 이해하는 바는 서양의 전통적 견해와는 분명하게 다르다. 신의 생활은 신비이고 우리의 이해를 넘어서는 문제이기 때문에, 우리는 그것이 우리에게 어떤 의미를 주느냐를 추구해야 하는 것과 같이 우리는 우리의 정신의 이미지화에 근거해서 그런 관계들을 그려볼 수밖에 없는 것이다. 내가 이 책의 처음에서 밝혔듯이, 내 의도는 비교 연구가 아니고 동양적 관점에서 신의 삼위일체에 대한 대안적 해석을 내놓은 것이다. 이것은 동양의 문화적이고 역사적인 조건에 깊이 뿌리를 내리고 있는 것이다. 나는 내 견해를 서양의 전통적 견해들과 비교하는 것에는 별로 흥미가 없기는 하지만, 종종 내가 생각하는 바를 제시하는 데 도움이 될 때는 언급하고자 한다. 나는 동양적 관점에서 특히 음양의 사고의 틀에서 이미지의 구성을 가져오는 것이기 때문에, 삼위일체의 서열을 이해하는 것은 보편적으로 적용될 수는 없다고 본다. 내가 이 장에서 시도하는 것은 누구든지 그들 자신의 관점에서 신의 서열을 이미지화해보기 위한 하나의 촉매의 역할을 해보고 싶은 것이다.

Patreque, Filioque, Spirituque 같은 기술적인 용어들은[2] 우리가 성부와 성자, 성령의 관계들을 이해하는 데 많은 도움을 준다. 즉 그것들은 성부와 성령에게서 나오는 성자를, 혹은 성부와 성자에게서 나오는 성령을, 성자와 성령에게서 나오는 성부를 묘사하기 때문이다. 그러나 "유래하다"(proceed)는 삼위일체의 공동체성이 개개 성원들로 이루어진다는 것을 전제하고 있다. 음양의 사고에서, 개개인들이 공동체를 위한 기초가 아니다. 오히려 공동체는 개인들을 위한 기초인데,

---

접근해 가는 것이다. 다만 저자의 독특한 입장은 동양적 종교경험들을 신의 삼위일체 해석에까지 원용하는 것이다. 이것이 가능한가를 논하는 것만으로도 수많은 논의가 이루어질 수 있으나 저자의 의도를 파악하고 따라가는 것이 매우 중요하다고 생각된다. _ 옮긴이 주

왜냐하면 전체가 부분들보다 앞서기 때문이다. 게다가, 하나가 다른 것들에서 "유래함"을 신의 삼위일체에서 서열로 정의할 수는 없다. "상호내주"(perichoresis)라는 개념이 개인주의나 고립주의를 극복하기 위한 방식으로 삼위일체의 사귐을 표현하는 데 사용되기는 했을지라도, 그것은 여전히 "인격은 역동적으로 관계 속의 개인으로 생각된다 할지라도, 개인이란 인격의 관념을 전제하고 있다."[3] 게다가 삼위일체의 서열은 늘 성부, 성자, 성령으로 생각되었다. 이 서열은 서구 전통에서는 뒤집어질 수가 없다. 내가 이 장에서 하고자 하는 바는 동양의 종교적이고 문화적인 전통에서 온 관점에 근거해서 신의 삼위일체의 다른 많은 서열들을 제공해보고자 한다. 삼위일체의 교리가 우리 자신의 이미지화에 근거한 지적이고 신학적 구성 이외의 다른 것이 아니라면, 신의 삼위일체의 서열은 우리의 삶의 경험에 근거하고 있는 것이다. 삼위일체는 가정의 이미지이기 때문에, 나는 동양의 다양한 종교적 문화적 전통에 근거해서 가정생활의 다른 이미지들을 사용해 보고자 한다. 동양에는 많은 종교적 전통들이 있기 때문에, 우리는 이런 많은 다른 전통들을 보여주는 삼위일체적 생활의 다른 서열들을 이미지화해 볼 수 있다.

성부, 성령, 성자

이 서열은 정말로 동양적인데, 이것은 하늘, 땅, 인간의 동양적 삼위일체에 근거하고 있기 때문이다. 하늘은 아버지의 이미지이고 땅은 성령의 이미지이며, 인간은 성자의 이미지이다. 천지인의 삼재(三才)는 아주 옛날부터 동양인들의 일부가 되어 왔다. 이 삼재는 전설적 특징을 가지고 있고 문화적 유형의 형성에 있어서 지대한 공헌을 해왔다.

그것들은 삼황(三皇)이라고 불리며, "천황, 지황, 인황"이다.[4] 그들의 전설적 이미지들은 동양인들의 구조적 정신이다. 장재의 유명한 에세이 『서명』은 이 삼위일체적 원리 구조를 위한 기초를 제공한다. 건 즉 하늘은 아버지, 곤 즉 땅은 어머니 그리고 나는 이 둘에서 나온 존재이다. 아버지는 하늘의 이미지로, 성령은 땅의 이미지로, 성자는 아버지와 어머니의 소산인 사람들의 이미지로 상징화되는 것이다. 이 유형론은 동양적인 것만이 아니라 우주적 질서에 근거한 가장 보편적인 가족제도인 것이다. 일찍부터 아버지는 하늘과 어머니는 땅과 밀접하게 동일화되어 왔다. 기독교적 전통에서조차 하나님을 하늘 아버지라고 부른다. 다른 종교 전통들에서는 하나님은 땅인 어머니로 알려진다.[5] 삼위일체가 우주의 원형이고 우주가 천지인의 개념으로 볼 수 있다면, "아버지, 어머니, 자녀"의 패러다임은 우주의 기본 단위를 이해하는 데 가장 기본적인 것이다. 다시 말하면 가정 구조는 우주의 기본 단위이고 공동체 삶의 소우주이다.

삶의 기본 단위인 가정은 아버지와 어머니, 자녀로 이루어진다. 이 가정의 가장 핵심적인 단위가 다른 단위들과 결합할 때, 우리는 아시아를 포함한 제삼세계 국가들에서 흔하게 볼 수 있는 대가족의 구조가 생겨나는 것이다. 핵가족의 단위인 기본 서열은 원초적 세계관에 근거한 것이고, 거기에서 하늘은 위에 땅은 아래에 인간은 하늘과 땅의 소산인 것이다. 우리의 실제적인 가정생활에서 이런 동일한 구조가 유지된다. 동양적 전통에서 아버지는 하늘의 상징, 어머니는 땅의 상징, 인간은 그들의 자손이다. 이런 전형적인 동양적 가족 구조에서 아버지는 어머니보다 위이고, 어머니는 자녀보다 위이다. 나는 이런 위계적 서열이 동양 사회에서 그들의 우주론 때문에 유지되어 왔다고 믿고 있다. 우리가 가정에서 다른 많은 서열들을 상상해 볼 수는 있을지라도, 이 서열은 가장 기본이 되는 것임에는 틀림이 없고 동양의 가족생활에서 다른 서열들을 위한 토대가 되는 것이다.

따라서 우리가 어머니와 성령을 대치하고 인간을 성자와 대치한다면, 앞 장에서 본대로 우리는 다음의 정식에 도달한다. 성부, 성령, 성자. 이 서열은 성경과 상반되는가? 어떻게 우리는 성령을 성자 앞에 위치시킬 수 있을까? 어떻게 성령은 삼위일체의 둘째 자리에 설 수 있는가? 위의 서열에서 진정한 문제는 성자와 성령 사이의 자리 이동이다. 삼위일체의 전통적 서열에서 성령은 늘 마지막 자리를 차지하고 있었고, 종종 익명의 성원 혹은 삼위일체의 가정에 완전히 속하지 못하는 이상한 성원으로 간주되었다. 성령은 종종 성부와 성자에게서 혹은 성자를 통해 성부로부터, 흘러나오는 속성으로 생각되었다. 성령은 삼위일체의 독립적 성원으로 존재한다기보다는 하나님의 영 혹은 성자의 영으로 인식되기도 했다.

이런 우주론적 서열(성부, 성령, 성자)는 삼위일체의 성경적 서열일 뿐만 아니라 전통적 서열보다 더 합리적이기도 하다. 성경적 증언에서 본다면, 하나님은 영이시다. 하나님과 성부가 성경에서 예배의 전통에서 동의어로 사용된다면,[6] 성부가 성령보다 논리적 우선성을 가지는 것은 명확하다. 성령의 현존은 하나님의 임재를 전제하기 때문에, 성령은 하나님(혹은 성부)의 영이다. 우주론적 관점에서 본다면, "바람"이나 "숨"과 "영"이란 단어들의 동등성은 성자가 역사 속에 출현하기 이전에도 인식되어 왔다. 비록 신의 삼위일체의 내적인 삼위일체적 삶에서 이 세 인격의 존재는 영원 속에 있는 것이기는 하지만 말이다. 우주론적 관점에서 본다면, 그리스도가 이 땅에 출현하시기 이전부터 "바람"이나 "숨"이란 관념은 영이 존재한 증거이고 영의 존재의 역사인 것이다. 따라서 우리의 시공간의 관념에서 본다면, 성자의 출현보다 성령의 현존이 우선성을 가지는 것을 우리 삶에서 경험할 수 있다. 성령은 세계에 생명을 주었고, 둘째 인간 창조 이야기에서 특별히 최초의 인간 아담에게 생명을 주었다. 인간은 땅의 진흙, 즉 땅에서 이루어졌고 생명의 숨을 쉬었다(창 2:7). 후에 성자에 의해 대변되는(고전 15:45) 최초의 인간 아담에게 생명을 준 것은 바로 생명의 숨, 성령이었다. 둘째 아담의 상징인 그리스도가 최초의 아담을 대변한다면, 그는 흙에서 왔고 하나님의 성령을 숨쉰 것이다. 우리는 성자는 성령을 따라왔다고 결론지을 수 있다. 이 서열은 우주론적 패러다임에 근거한 것이고 구속론적 패러다임과는 다르다.

동양의 가정에서 성령의 이미지인 어머니는 늘 아들에 앞서 나온다. 자녀를 낳고 기르는 것은 어머니의 몫이었다. 아버지는 아들과 소원해지는데, 어머니가 아버지와 아들 사이에 있기 때문이다. 부자의 관계는 그러므로 어머니에 의해 매개된다. 따라서 신적 삼위일체의 이 서열에서, 어머니의 이미지인 성령은 성부와 성자 사이의 매개자로 역할을 한다. 내 가정생활의 예를 들어 본다면, 어머니는 늘 아버지와 나 사이의 화해자였다. 내가 가정에서 도덕 원리인 아버지에게 거역했을 때, 아버지는 화가 나셔서 벌을 내리시게 되었다. 어머니는 그 벌이 가혹한 것을 아시고, 아버지에게 말씀드려서 벌을 감하게 하셨다. 어머니는 아버지와 나 사이에서 중재자의 역할을 맡았고, 우리 둘을 모두 만족시키기 위해 애쓰셨다. 어머니는 가장 효율적인 중재자였는데, 그것은 어머님이 아버지와 아들을 모두 잘 알기 때문이었다. 어머니는 아버지를 남편으로 잘 알고, 나를 아들로 잘 아셨다. 우주론적 관점에서 본다면, 어머니는 내가 나기 전부터 어머니였기 때문에 아버지보다는 나를 잘 아신다. 어머니와 아들과의 친밀한 관계 때문에, 어머니는 아들 앞에 그리고 아버지의 뒤에 위치하는 것이다. 우주론적 관점에서 본다면, 성령은 중재자의 역할을 수행한다.

  음양의 사고는 우주론에서 비롯된 것이기 때문에, 그것은 삼위일체의 우주적 서열을 지지한다. 주역에서 하늘 즉 건은 아버지를, 땅 즉 곤은 어머니를 다른 괘들은 하늘과 땅의 소산인 자녀들을 대변한다. 이런 점에서 성자를 상징하는 자녀들은 삼위일체 성원의 마지막 자리이다. 삼위일체에서 성부 즉 하늘의 이미지는 최초이고, 땅의 이미지인 성령은 두 번째이다. "성부-성령-성자"의 서열은 동양적 우주론의 관점으로부터 볼 때 규범이 된다. 이 서열에서 성령(어머니)에 대한 성부의 우선성은 가부장적 제도보다는 우주론에 더욱 관련된다. 그러나 가부장제는 우주론에서 나왔다기보다는 역사의 산물이다. 역사가 우주론의 일부이지라도(인간 사회는 창조된 질서의 컨텍스트에서 존재한다), 그것이 늘 우주론적 원리와 조화되는 것은 아니다. 정의롭지 못한 사회와 정치 제도는 우주의 조화 원리에 상반되는 것이다. 가부장제는 그런 정의롭지 못한 인간 역사의 부산물이다. 우주론적 인간학의 관점은 동양적 사유의 근본이기 때문에, 가부장제에 대한 우주론적 정당화는 있어야만 하는 것은 필연적이다. 이것이 역사 안에서 일어난 억압 구조들의 하나라고 할지라도, 그러나 가부장제는 한시적인 조류일 뿐이며, 우주적 과정 안에서 물러갈 것이다. 그럼에도 불구하고 아버지, 어머니(성령), 자녀(아들)의 삼위일체적 상징주의는 영구히 우주론에 뿌리 박고 있는 것이다.

  음양의 사고를 사용해서 우리는 삼위일체의 서열을 위한 괘를 구성해 볼 수 있다. 두 개의 양효(═)는 노양 즉 완전한 양으로 아버지를 상징한다. 이와 같이, 어머니(성령)는 노음 즉 완전한 음으로 이해되기 때문에, 두 개의 음효(══)로 상징되는 것이다. 아들은 여전히 성장해야 하기 때문에, 그는 소양으로 상징되는데, 한 양효와 한 음효로 이루어진다(☳). 이 결과는 42번째 익(益)괘이다.

바람風 巽

번개雷 震

도표 7. 익괘 (42)

이 괘의 상은 모든 면에서 이익을 얻을 수 있다는 것을 보여준다. "이익을 얻는다, 어떤 방향으로 움직이든지 이롭다."[7] 이 괘는 진보와 성공의 때를 가리킨다. 리처드 빌헬름에 따르면, "이때는 하늘과 땅이 결합해서 많은 생명들을 잉태하고 낳게 되는 때와 비슷하다."[8] 하늘과 땅의 결합이나 아버지와 어머니의 결혼은 생명을 낳고 자식을 얻게 되는 것이다. 따라서 이 괘는 이익을 의미하고 가정에서 자식을 얻는 것을 가리킨다. 이것은 동양적 삼위일체의 전형으로, 하늘은 아버지요 땅은 어머니이며 우리는 하늘과 땅의 소산인 것이다.[9] 이런 점에서 이와 같은 삼위일체의 서열은 동양적 사고를 입증해주는 것이며, 인간을 우주론적으로 이해하고자 하는 방향인 것이다. 따라서 이런 서열은 우주론적 관점에서 본다면 동양적 사고의 규범인 것이다.

성부, 성자, 성령

이것은 대부분의 기독교인들에게 잘 알려져 있는 신의 삼위일체의 전형적 서열이다. 이와 같은 삼위일체의 서열은 기독교의 예배와 교리에 깊이 뿌리를 내리고 있다. 신의 서열을 위에서 살펴본 우주론적(창조 중심적인)으로 접근하는 방법과는 대조적으로, 이 기독교의 전형적 서

열은 더 구속론적으로 접근하는 것으로 보인다. 이 서열이 수직적으로
혹은 수평적으로 나란히 놓이건 간에, 기독교의 전통에서는 하나의
규범으로 자리해 왔던 것이다. 이것은 구속사와 구원의 중요성을 강조
하기 때문에, 성자는 성부와 성령 사이의 관계를 이해하는 열쇠가 되는
것이다. 성자는 하늘과 땅 사이의 매개자이고 성부와 성령(어머니)의
중간에 서는 것이다. 신적 생활의 화해자로, 성자는 확실히 세계의 화해
자로 서게 되는데, 신적 삼위일체의 생활은 세계의 삶의 원형이기 때문
이다. 구원의 특별한 중요성은 기독론과 삼위일체론 사이의 논쟁들
가운데 위기에 놓인 적도 있었다.[10] 따라서 구속은 기독교의 전통적
서열에서 중심적 위치를 차지하게 되었던 것이다.[2)]

구속사 중심적인 접근이기 때문에, 신의 삼위일체의 전통적인 서열
은 요한복음과 밀접한 관련이 있다. 요한복음에서, 예수는 성령 즉 보혜
사를 보낼 것을 약속하시며, 성령은 예수께서 죽으신 다음에 예수님의
사역을 대신하신다(요 14:1-31). 성령 즉 보혜사는 성부가 성자의 이름으
로 보내는 분인데, 사도행전의 오순절 사건에서 분명하게 드러나신다
(행 2:1-47). 성부를 성자가 따르며 성자를 성령이 따른다는 것은 신약성
서의 증언을 통해서 본다면 분명하게 나타난다. 게다가 각 위의 권위는
이런 서열을 따라 종적으로 놓이게 된다. 비록 라틴교회가 삼위의 동등
성을 확증하고자 수평적으로 "나란히" 서열을 배치하였지만 말이다.

신학자들이 삼위일체에서 삼위의 동등성을 기독교 신앙의 규범적
해석으로 주장하기 위해 얼마나 애쓰는가와는 관계없이, 그들이 이것
을 성경적 증언을 통해 입증하는 데는 어려움이 있다. 복음서에 따르면

---

2) 위의 번역에서 redemption은 구속으로, salvation은 구원으로 번역하였다. 역자도
정확하게 이 두 개념의 차이를 집어내기는 어렵지만 구속은 하나님의 구속사에 초
점이 모아진다면, 구원은 개인적인 구원이란 점에 초점이 모아진다고 보면 무리가
없으리라 생각한다. _ 옮긴이 주

특별히 요한복음에 의하면, 성부가 성자를 보내셨고 성자보다 크신 분이라는 것은(요 14:28) 자명하다. 그러므로 성부, 성자, 성령 삼위가 동등하다는 관념은 성경적 증언에 근거한 것이 아니고 동등한 권리 주창자들과 민주사회의 열망에 근거한 것이리라. 실천적으로, 모든 인간의 참된 평등성은 존재하지 않는다. 소수 인종들과 많은 여성들은 억압받고 있으며, 계층 구조는 없어질 수가 없고, 유토피아는 오늘날 정의롭지 못한 사회 속에서 고통을 당하는 이들의 꿈일 뿐이다. 우리가 진정으로 우리가 살고 있는 현 상황을 성찰하기를 원한다면, 너무 이상 적이 되어서는 안 된다. 우리는 소그룹이나 공동체부터 대부분의 정부 의 강력한 부서들에 이르기까지 모든 분야에서 위계적 질서가 존재한다 는 것을 인정하지 않으면 안 된다. 나는 분명하게 모든 인간들의 본질적 평등성을 인정하지만, 공동체적 삶에서 기능적 위계를 또한 인정하지 않으면 안 된다고 생각한다. 나는 개인적으로 아시안, 특히 중국인, 일본인, 한국인은 사회와 공동체 삶의 기능적 위계질서를 믿는 현실적 인 사람들이라고 생각한다. 이런 점에서 동양적 관점은 신약성서에서 증언되는 신의 서열의 기능적인 위계질서를 큰 충돌없이 받아들일 수 있는 것이다. 따라서 동양적 관점으로부터, 삼위일체에서 삼위의 법률 적 동등성에도 불구하고 "한 위격이 다른 인격을 따라야 하는" 신적 서열의 기능적 위계를 받아들일 수 있다. 음양의 사고는 양자를 모두 받아들이는 사고이기 때문에, 삼위일체에서 삼위의 기능적 위계와 법 률적 동등성은 모두 받아들여지는 것이다.

신의 삼위일체의 전통적 서열인, 성부-성자-성령은 확실히 가부 장적 가치에 근거를 두고 있는 편벽된 것임에는 틀림이 없다. 그것이 신약성서의 증언에 근거하고 있음에도 불구하고 말이다. 이런 가부장 적 사회의 이해관계는 그 해석 방법에서도 분명하게 드러나 있다. 신의 삼위일체의 이런 서열이 해석될 때, 성부와 성자, 삼위일체의 남성 성원들은 삼위일체의 제일, 제이의 위격으로 알려진다. 제삼위는 거의 완전하게 무시되는 형편이다. 비록 영이라는 히브리 단어인 루아흐(ruach)가 여성임에도 불구하고,[11] 성령은 완전하게 신의 삼위일체에서 여성 성원으로 인식되지 않았다. 게다가 과거에는 성령의 여성성은 오히려 종종 저지되기도 했고, 성령은 오히려 남성 성원이거나 비인격적인 존재로 여겨지기도 했다. 성령은 성부의 영, 그리스도의 영, 혹은 공동체의 영으로 인식되었다. 나는 신학자들이 과거에 성령의 여성성을 인식하기를 꺼려했던 것은 그들의 가부장적 사고의 반영이라고 믿는다. 그러므로 나는 신의 삼위일체의 해석에서 가부장적 사고의 영향을 극복하기 위해서 성령의 여성성을 강조하고자 하는 것이다. 게다가 성령을 가부장적 사회의 부정적이고 균형적이지 않은 여성적 이미지로 정의하기보다는, 음양적 사고에서 긍정적인 여성성의 이미지를 성령에 부여하고자 한다.[12] 삼위일체의 여성 성원인 성령의 긍정적인 이미지가 주어진다고 해도, 이 서열에서 가부장적인 영향을 완전하게 제거할 수는 없다. 왜냐하면 이 서열의 배치는 여성 성원인 성령을 마지막 자리에 놓고 있기 때문이다. 성부와 성자 즉 남성 성원들을 여성 성원인 성령 앞에 놓는 것은 가부장적 사회의 서열을 반영하고 있는 것이다.

일반적으로 동양 사회는 여전히 가부장적이기 때문에, 성부-성자-성령의 삼위일체 서열은 가장 대중적인 것이다. 내가 위에서 말한 대로, 동양 사회는 유교의 깊은 영향 속에 있으며, 유교는 인간의 종교(religion of men)로 생각된다. 도덕적이고 윤리적인 체계인 유교는 동양 사회에서 여전히 광범위한 영향력을 갖고 있고 공동체적 삶에 깊은 뿌리를 내리고 있다. 동양에서 서구화와 민주적 가치의 강력한 영향에도 불구하고, 유교적 가치는 여전히 사회생활의 핵심가치를 제공하고 있다.

미국에 사는 동양인들조차 그들의 태도나 사고에 있어서 여전히 유교적인 것이다. 그들의 일상생활과 사업관계에 있어서 유교적인 태도와 교양은 미국에 있는 차이나타운과 한인 사회에도 두드러지게 나타나고 있다. 유교적 가부장제는 특별히 그들의 인간관계와 사고방식에서 근본적으로 나타나고 있다. 따라서 성부-성자-성령의 서열은 여전히 동양인들의 가정생활에서 가장 영향력이 있다. 유교의 가르침에 따르면, 부자 관계는 모든 인간관계의 근본이다. 유교 안에서 인간의 행동들과 사회를 규제하고 조화시키는 오륜(五倫) 가운데서[13] 부자 관계가 가장 중심적(central)이다.

예를 들어, 미국 사회에서 가장 기본적인 관계로 인식되는 부부관계는 동양 가정에서는 오히려 이차적이고 부자 관계에 따른 상대적이다. 부자 관계는 효성에 의해 강화되기 때문에, 아들이 아버지에게 순종하는 것은 동양인의 생활에서 모든 다른 관계들의 기본이 되는 것이다. 삼위일체에서도 부자 관계가 강조되고 있기 때문에, 성령은 이 서열에서 거의 무시되는 것이다. 성령은 부자 관계가 모든 것을 지배하는 가정에서는 별 영향력을 가질 수 없다. 어머니가 유교적 구조에서는 국외자인 것과 마찬가지로, 어머니의 이미지인 성령은 삼위일체 가정에서 특이한 성원이다. 동양에서 여성은 사회적이고 정치적인 기능 속에 참여하여 완전한 권리과 특권을 누릴 수 없고 다만 대부분 부차적인 자리나 감당하게 되기 때문에 여전히 고통을 당하고 있다. 그들의 상황은 점차로 개선되고 있으나, 더욱 오랜 시간이 걸릴 것이다.

성부-성자-성령의 서열은 유교의 종교적 기능을 반영하고 있다. 유교는 조상을 제사하는 의례를 중시하는 특징을 갖고 있다. 비록 조상 제사가 유교에서만 배타적으로 시행된 것은 아니었지만, 제사를 형식화하고 그것을 종교적 생활의 중요한 부분으로 강화시킨 것은 유교였

다.[14] 가정에서 장손이나 가장 나이 많은 연장자는 사제로서의 역할을
수행했다. 여성들은 보통 제수를 준비하고 제상을 장식하고 자녀들을
돌봄으로써 남자들을 도왔다. 이런 점에서 여성 성원들은 그들의 봉사
를 통해서 의례에 간접적으로 참여했다. 부자의 관계는 조상제사에
본질적인 것인데, 유교의 전통에서는 남성만이 사제로서 역할을 감당
할 수 있기 때문이다.[3] 이런 점에서 우리는 유교가 어떻게 성령은 성부
와 성자에게 종속적이 되는 해석을 제공하는가를 살펴볼 수 있다. 이것
은 전통적인 교회의 삼위일체 성원에 대한 서열 속에서 성령이 푸대접을
받는 것과 마찬가지인 것이다. 이런 종류의 해석은 동양에서도 음양적
사고에 의해 변화되어야 하는데, 바로 그 음양적 사고가 삼위일체적
사고인 것이다.

성부-성자-성령의 서열을 주역의 음양적 사고로 이해하는 작업을
시도해 보자. 이것을 중괘 즉 대성괘를 이루는 소성괘에 근거해서 살펴
보고자 한다. 소성괘에서 규범적 서열은 아버지-어머니-아들이다. 중
심의 위치를 차지하는 것은 아들인데, 아들이나 자녀는 가족 구조에서
아버지와 어머니 사이의 중심에 자리하기 때문이다. 우리가 성령을
어머니나 땅의 이미지로 생각한다면, 성부는 하늘의 이미지이고 성자
는 자녀의 이미지이다. 사람의 이미지가 하늘이나 땅과 달리 특이한

---

3) 사실상 유교에서의 남존여비를 비판하지만, 대부분의 세계 종교들에서 사제직을
남성들이 거의 독식하고 있었던 최근까지의 상황을 살펴본다면, 유교만이 가부장
적 제도의 대표인 냥 비판하는 것은 그 공정성에 심각한 문제가 있다. 유교가 가부장
적이 아니라는 것이 아니라, 동양 사회에서는 유교만의 종교적 삶이 아니었고 불교
와 샤머니즘의 전통을 통해서 여성의 종교적 역할의 능동성과 적극성은 상당한 부
분 허용되었다는 것을 생각해 볼 수 있다. 유교의 이런 관용성은 현재의 종교 다원주
의의 정신의 일부를 미리 갖고 있었다고 적극적으로 평가해 주어야 할 부분이 아닐
까? 물론 이런 역자의 주장은 유교에 대한 노스텔지어라고 여성학자들은 금방 반박
해 오겠지만, 나는 그런 부분이 유교에 있었으며 이런 부분은 앞으로 계속 발전되어
서 긍정적인 유교상을 만들어내는 밑거름이 될 수 있다고 본다. _ 옮긴이 주

것은 그 중심적 위치 때문이다. 달리 말하면, 인간은 가운데 위치하기 때문에 인간일 수 있는 것이다. 기독교의 인간 해석에서, 하나님의 이미지를 다른 것들과 다르게 만드는 것은 존재의 특별한 실체 때문이 아니라 우주에서 차지하는 그 자리의 중심성 때문이다. 소성괘나 대성괘를 이루어지는 가운데, 인간을 대변하는 성자는 중심에 자리하는 효를 구성한다. 그러므로 대성괘에서 아들은 삼사 효를, 아버지는 오육 효를, 성령 즉 어머니는 일이 효를 차지한다. 대성괘를 이룸에 있어서, 성부는 노양 즉 두 개의 양효로 상징되어 나타나고, 성자는 소양 즉 자라는 양으로 양효와 음효로 상징되어 나타나고, 성령은 노음 두 개의 음효로 상징되어 나타난다. 이렇게 모여지면, 우리는 53괘인 점(漸, 진보)를 얻게 된다.

바람風 巽

산山 艮

도표 8. 점괘 (53)

　　이 괘는 성부-성자-성령의 삼위일체 서열을 대변한다. 이 괘의 상은 "진보. 젊은 여자의 결혼은 행운을 가져온다. 고치면 이롭다."[15] 주역에서 이 괘는 젊은 쌍의 결혼을 묘사하는데, 창조적 에너지의 진보를 의미할 뿐만 아니라 가정에서 아들의 보호를 의미한다. 따라서 점괘의 초효는 "야생 거위는 점차로 물가로 나아간다. 젊은 아들이 위험에 처해 있다"로 되어 있다. 야생 거위는 창조적 에너지를 의미하는데, 점진적으로 나아가는 것이다. 젊은 아들은 죽음의 위험(십자가상)에 처해 있다.[16] 더 많은 음양의 에너지가 나올수록, 음양의 소산인 아들은 더욱 위험에 처하게 된다. 따라서, 삼위일체의 중심에 자리하는 성자는 연결원리로 역할을 수행하는 것이다. 아들의 희생을 통해서, 세계의 창조성은 완성을 향해 나가게 된다. 연결의 터전이 됨으로써, 아들은 자신을 드려 하늘과 땅의 화해를 이루는 것이다. 연결원리가 된다는 것은 무(無)가 된다는 것이다. 무가 됨으로써 아들은 다른 존재들의 관계를 회복시킨다. 따라서, 유교와 전통적인 서구의 해석과는 다르게, 이 서열을 해석하는 열쇠는 성자이고 성자를 통해서 성부와 성령이 완전하게 자리하는 것이다. 그러므로 음양의 사고에서 볼 때, 이 전통적 서열이 성령을 통한 성부와 성자로 해석되는 것은 받아들일 수 없다. 오히려 성자를 통한 성부와 성령(어머니)로 해석되어야 하며, 성자는 연결원리로서 역할하는 것이다. 성부와 성령을 매개하는 것은 성자이고, 성자는 이 패러다임의 중심이다. 이런 종류의 해석은 가부장적 사회의 영향을 받지 않고 이런 서열을 전체적으로 이해하는 데 도움이 된다.4)

성령, 성부, 성자

이 성령-성부-성자의 서열로 배치하는 것은 성서적 전거를 통해서

---

4) 역자가 저자의 요지를 정리해 보면, 이제까지 전통적인 해석을 성부와 성자의 관계를 성령을 통해서 매개하는 것으로 보았는데, 이것은 가부장적 전통의 영향으로 성령을 무시하는 그런 결과를 낳았다. 그러나 동양적 사고 즉 역적 세계관에서 본다면, 오히려 성자가 성부와 성령(어머니)을 매개하는 연결원리이다. 그래서 성부-성자-성령의 서열은 성자를 통해서 성부와 성령이 화해하고 조화하게 되는 것으로 해석되어야 한다. 그렇게 된다면 성령의 위치가 여성의 자리로 확고하게 자리잡게 되며, 아들인 성자 또한 자기희생을 통해서 성부와 성령을 매개하는 중심적인 역할을 하게 되는 것이다. 즉 삼위일체의 어느 누구도 소외됨이 없는 상태가 되는 것이다. _ 옮긴이 주

입증하기는 힘들고 또한 삼위일체에 대한 서구적 전통적인 해석에서도 인정받기 어렵다. 그러나 삼위일체의 상징이 인간의 상상적 능력에서 온 것이고 인간의 경험에 어차피 근거하고 있다고 본다면, 이런 종류의 서열을 상정해보는 것도 불가능하지는 않다고 보고 싶다. 이런 서열은 어머님에 의해 주로 길러진 많은 동양인의 경험에 근거해서 본다면, 가정생활에서 진정한 권위는 어머니에게 있는 경우가 많다. 우리 집에 서는 아버지가 가정사에 전적으로 개입하지 않으셨기 때문에, 가족에 속한 성원들이 위와 같은 서열을 갖는 것을 나는 쉽게 이해할 수 있다. 아버지의 직업은 집 밖으로 나가는 것이었고 공무원으로 일하시는 것이 었다. 아버지의 주요 책임은 우리 가족의 생계를 위한 수단을 제공하는 것이었다. 내가 어렸을 때, 아버지는 내가 일어나기도 전에 아침 일찍 집을 나가셔서 내가 자는 밤늦게 집에 들어오셨다. 나는 아버지를 뵙지 못할 때도 많았고 아버지인지 모를 때도 있었다. 내가 자라서는 아버님 은 집에 계셨는데, 그러나 그때는 내가 자신의 진보를 위해 외국에 나가 공부하느라 집을 떠났다. 많은 동양인들은 가정에서 단순하게 아버지 를 명목상의 우두머리로 생각했던 공통된 경험을 갖고 있는 것 같다. 아버지는 종이호랑이라는 속담도 있다. 게다가 아버지나 남편은 바깥 사람 즉 외인(外人)이라고 부르고 어머니나 아내는 내자(內子) 혹은 안사람이라고 부른다. 달리 말하면, 아버지의 자리는 집 밖인 것이다. 가정은 어머니나 아내의 영역이다. 아버지는 집에 왔을 때, 가정의 주인 으로 행동한다. 그러나 가정의 실질적인 운영의 권한은 어머니에게 있다. 어머니는 사소한 일보부터 가정의 경제를 운영하는 가장 어려운 일까지 모든 것을 책임진다. 가족들을 위해 어떻게 용돈을 지급하고 무엇을 사야 하는가는 전적으로 어머니의 최종적 결정에 의존하게 되어 있다. 다시 말하면 진정한 권한이 어머니에게 있다는 것이다. 이런 내

경험은 오늘날까지도 대부분의 동양 가정의 전형적인 특징이라고 믿는
다. 나의 경험과 대부분의 동양인의 경험에 비추어 볼 때, 우리가 어머니
를 가정생활에서 성령의 상징이라고 생각한다면, 성령-성부-성자의
서열은 성부-성령-성자의 서열보다 실제적이고 현실적이다.

　　이런 종류의 배치는 어머니가 가정의 진정한 주인이라는 것을 보여
주는데, 이것은 도교의 가르침에 깊이 뿌리 박고 있는 것이며, 유교의
가부장적인 체계와는 반대되는 것으로 여겨진다. 생활의 형식적인 측
면에서는 어버지가 가정의 주인이지만, 그러나 실제적인 측면에서는
어머니가 주인이다. 동양 문화에서 유교와 도교는 조화를 이루면서
공존해왔다. 유교는 양을 대변하고, 반면에 도교는 음을 대변한다. 양의
강점은 외적인 일들에서 나타나고, 음의 강점은 내면적인 일들에서
나타난다. 양은 밖으로는 강하지만, 내적으로는 약하다. 반면에 음은
내적으로는 강하지만, 밖으로는 약하다. 사회적이고 정치적인 활동들
은 동양 사회에서 바깥 생활의 일부로 여겨지기 때문에, 그것은 양 즉
남성의 영역에 속한다. 이와 같이 가정적인 활동은 안과 관련되고 음
즉 여성의 영역에 속한다. 따라서 이런 활동들이 가정생활에 속하게
될 때, 어머니가 통제하게 되는 것이다.

　　도교는 동양 문화의 음에 해당한다. 궁극적 실재인 도는 어머니의
상징과 밀접하게 동일시된다. 『도덕경』 1장에서 다음을 발견하게 된다.

　　말할 수 있는 도는 불변하는 도가 아니요,
　　이름지어 부를 수 있는 이름은 불변하는 이름이 아니다.
　　이름없음, 이것이 하늘과 땅의 시작이요,
　　이름지음, 이것이 만물의 어머니이다.[17]
　　道可道非常道　名可名非常名

無名天地之始 有名萬物之母

어머니는 도의 상징이기 때문에, 어머니는 아버지보다 강하다. 여성이 남성을 굴복시키듯이 말이다. 따라서 도덕경은 말한다. "여성성은 늘 남성성을 이긴다(牝常而靜勝牡, 61장).[18] 남성성과는 다르게 여성성은 도와 같이 신비하고, 영원하고, 만물의 근원이다.

> 골짜기 신은 죽지 않아
> 이를 신비한 여성됨이라 불러
> 바로 신비한 여성됨의 문
> 이걸 천지의 뿌리라 부르지(6장).[19]
> 谷神不死 是謂玄牝
> 玄牝之門 是謂天地根

어머니는 중심이고 가정생활에서 자녀의 뿌리이다. 다음 구절은 어머니의 중요성을 보여 준다.

> 먼저 에미를 알아야
> 애들을 알게 되지
> 먼저 애들을 알아야
> 되집어 그 에미를 지킬 수 있는 법(52장)[20]
> 旣得其母 以知其子
> 旣知其子 復守其母

도교는 그러므로 아버지 위에 어머니를 찬양한다. 도교에서 어머니

는 유교에서 아버지에 해당한다. 게다가 도교에서는 어머니와 자녀의
관계가 어머니와 아버지의 관계 혹은 남녀관계보다 더욱 중요하다.
이런 관점에 따르면 어머니의 주요한 역할은 자녀를 낳는 것이고, 어머
니는 남편보다는 자녀와 더 밀접하게 관련을 맺고 있다. 따라서 성령(어
머니)-성부-성자의 서열은 성부를 통한 성령(어머니)과 성자로 이해되
어야 한다. 이런 배열에서 성부는 성령과 성자의 관계를 매개하는 연결
원리인 것이다. 우리가 도덕경에서 보듯이, 유교에서 여성 원리가 소홀
히 취급되듯이, 남성 원리는 도교에서 완전하게 무시된다. 도교에서
아버지는 가정생활의 이면이 되는 반면에, 어머니는 탁월한 역할을
하게 된다.

도교는 동양의 가정생활에 깊이 연관되어 있기 때문에, 기독교의
성부는 동양의 기독교인들의 어머니와 밀접하게 동일시될 수 있다.
내가 앞 장에서 언급했듯이, 일본의 소설가 엔도 슈사쿠는 예수를 사랑
한 성부 하나님은 동양의 정신 속에서는 모성적 하나님으로 가장 잘
묘사될 수 있다고 말했다. 신의 삼위일체의 이런 서열 속에서 어머니의
이미지인 성령은 여성적 원리의 힘으로 성부를 극복하게 된다. 여성적
원리는 강함이 아닌 부드러움이고 힘이 아닌 자비이며, 공격성이 아닌
수용성이다. 어머니인 성령은 물로 상징화된다. 물은 부드럽고 약하게
보인다. 그러나 모든 것 속에 스며들며, 돌이나 쇠조차 부숴버린다.
성령은 하지 않으면서(無爲) 만물을 다스린다.[21] 성령은 깎지 않은 통나
무 같이 있으면서도, 가정의 머리일 뿐만 아니라 나라의 머리이다.[22]
성령은 지도력과 인간의 자질들을 효율적으로 관리할 수 있는 것을
제공한다. 도교의 모성 개념을 받아들이는 것은 "가정이나 그룹, 교회나
학교, 군대나 사업장, 정치나 행정조직에서 지도자의 자리에 서고자
하는 누구에게나 매우 가치 있는 일이다."[23]

삼위일체에서 성령이 제일의 위격이 되는 것은 성서적 전거를 통해 입증하기는 매우 어렵다. 성령이 어떻게 모든 창조성의 근원으로 인식되는 성부를 대치할 수 있을까? 성부는 삼위일체의 모든 성원들의 토대가 되지 않는가? 단지 이면으로 혹은 익명의 성원으로 인식되는 성령이 어떻게 신의 삼위일체에서 가장 중요하고 강력한 성원이 될 수 있을까? 이런 질문에 대한 내 대답은 성서의 전거들이 나타나는 컨텍스트 즉 삶의 정황과 관련된다. 유교인들이 아버지의 이미지를 가정과 사회, 나라의 머리로 투사하는 것과 같이, 가부장적 사회의 사람들을 아버지의 이미지를 어머니나 성령의 이미지 위에 격상시켜 놓았다. 비록 성부의 하나님의 이미지가 성서적 전거에 있어서 중심적이라고 할지라도, 그분은 인간 생활의 실질적 경험과는 동떨어져 있다. 성부의 자리를 종종 차지하는 것은 율법이다. 비록 미국에서 많은 사람이 기독교인이라고 말하지만, 그들의 실질적인 경험에 있어서 성부는 잊혀져 있다. 이것은 힌두교의 창조주 하나님인 브라만이 잊혀져 있는 것과 마찬가지이다.[24] 성부가 비록 신성(the Godhead)으로 형식적으로 인식된다고 할지라도, 성부는 신의 활동의 이면일 뿐이다. 따라서 실제로, 성령은 기독교인들의 생활에 있어서 성부보다 더욱 활동적이고 중요하다. 또 구원자인 성자가 우리의 예배와 신앙에서도 중심적으로 강조된다. 따라서 성령(어머니)–성부–성자의 서열은 정통적인 해석과는 공존하기 어려움에도 불구하고, 우리의 삶의 실질적인 경험 속에서 이해될 수 있는 것이며, 연결원리로 역할하는 성부를 통해서 성령과 성자가 자리하는 것이다.

음양의 관계를 사용해서 성령(어머니)–성부–성자의 서열을 괘로 재구성하기 위해서 같은 원리를 이용해 보자. 전에 해본 대로, 소양(少陽)인 아들로 시작해서 노양(老陽)인 아버지는 중간에 노음(老陰)인 어머니를 가장 위에 놓으면 된다. 결과적으로 우리는 다음의 괘 즉 풍괘를 얻게 된다.

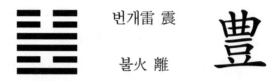

번개雷 震

불火 離

도표 9. 풍괘 (55)

이 괘는 넉넉함이나 충족됨을 의미한다. 괘사는 말하기를, "풍은 형통함이니… 해가 정오에 있는 것과 같다"(豊亨… 宜日中).[25] 비록 이 구절이 많은 다른 방식으로 해석될 수 있다고 해도, 우리는 이것을 가정 생활의 관점에서 이해하게 된다. 넉넉함은 어머니에 의해 이루어지는 것이다. 어머니는 정오에 떠 있는 해와 같다. 어머니는 가정의 중심이 되고 가정은 많은 음식과 영적인 축복으로 부요하고 충만하게 된다. 어머니는 정오에 뜬 해와 같아 가정에 있는 모든 사람을 계몽하고 기쁘게 한다. 어머니에 해당하는 오륙 효를 읽어보자. 오효는 "천둥 번개가 만드는 광명이 오면, 경사와 영예가 있을 것이다"(來章有慶譽).[26] 이 구절은 어머니의 가정에 대한 독특한 공헌을 말하고 있는 것 같다. 마지막 육효는 "그녀의 집은 기우는데 쇠락하는 집을 보지 못하도록 둘러쳤다."[27] 여기에서 음이나 어머니의 힘이 최고에 이르렀을 때, 기울기 시작한다. 마지막 효에서 힘이 어머니로부터 아버지에게로 바꿔서 이전의 서열인 성부-성령(어머니)-성자를 만들어내게 되고, 그것은 다시 현재의 서열인 성령(어머니)-성부-성자로 바뀌어진다. 이런 방식에서 이 두 가지 서열들은 상생적일 뿐만 아니라 함께 연합한다.

성령, 성자, 성부

이 서열에서 성령이나 어머니의 이미지는 삼위일체에서 제일위이다. 그러나 성자는 성부와 자리를 바꿨다. 성부는 지금 제삼위가 되었다. 반면에 성자는 삼위일체에서 제이위가 되었다. 그러므로 성자와 성부의 자리에 특별히 관심을 기울일 것이다. 이런 패러다임에서 나는 모계의 가정 구조의 발생을 본다. 거기에서 어머니는 아들에게만 상위가 아니라 아버지에게서도 상위이다. 게다가 아들은 아버지보다 강력하다. 비록 실재에 있어서는 아들은 단순히 어머니와 아들을 연합하게 하는 연결원리로 역할을 하지만 말이다. 아버지 앞에 아들을 위치시키는 것은 논리적인 모순일 뿐만 아니라, 도덕적인 타락을 의미한다. 사실상 이것은 동양에서 효도 문화의 긴 전통에 대한 반역이다. 어떻게 우리는 이런 우리의 가정생활에서 이런 패러다임을 허락할 수가 있을까? 게다가 우리가 우리의 경험에서 우리의 상상력을 발휘하는 것이라면, 이것은 가능하지 않다. 세계를 명확한 도덕원리를 가지고 통치하는 하나님이 신의 삼위일체에서 이런 서열을 허락할 수 있다고 생각한다고 해도, 우리의 경험상에서 이것을 상상해낼 수는 없다. 그러나 이런 서열은 우리가 생각하는 대로 그렇게 불합리하거나 분개할 것만은 아니다.

이 배열은 서양에서 쉽게 생각해볼 수 있는 것이다. 왜냐하면 아버지와 아들의 자리는 서양에서는 엄격하게 정의되어 있는 것이 아니다. 게다가 서양에서 젊은이는 노인보다 더 가치있게 여겨진다. 아들은 아버지보다 젊고, 따라서 그는 아버지보다 더욱 매력적이고 아마도 보다 귀중하다. 서양에서는 노인은 젊어지기를 바란다. 수많은 자원들이 젊음을 유지시키고 또한 젊고 건강한 외모를 보이기 위한 기술을 발전시키기 위해 사용된다. 따라서 젊은이인 아들은 제이위를 차지하는 반면에, 노인인 아버지는 가정에서 제삼위를 차지하는 것이다.

그러나 동양에서 노인은 매우 존중되며 젊은이보다 가치있게 평가된다. 아들은 결코 아버지의 자리 위에 놓일 수 없으나 아들은 사회에서의 영향력과 젊음의 덕으로 아버지보다 더 강력할 수는 있다.5) 두 분이 모두 생존에 계셨을 때의 아버지와 형의 관계를 통해 이런 예를 구체적으로 생각해 보겠다. 형이 한창 나이 때, 사회에서 갖는 지위 때문에 형은 꽤나 영향력있는 인물이었다. 게다가 형에게는 자라서 탁월한 인재들이 된 여러 자녀들이 있었다. 아버님은 형 집에 대가족의 일원으로 함께 사셨는데, 아버지는 생계를 자신이 유지할 수 있을 직업도 갖지 못하고 계셨다. 형식적으로 아버지는 형보다 늘 위에 계셨지만, 사실상 가정과 사회에서 위치 때문에 형이 아버지보다 위에 있었다. 이런 경우에 나는 성령-아들-아버지의 이 서열은 아들이 완전하게 성숙한 성인이 되거나, 아버지가 은퇴하여 아들 집에 있게 될 때 가능하다고 생각한다. 공식적으로, 아버지는 아들보다 위이지만, 실제로는 아들이 아버지보다 위에 있는 것이다.

사실상 이런 패러다임은 샤머니즘에 의해 인정될 수 있는데, 샤머니즘은 보통 동양에서 여성의 종교로 간주된다. 샤머니즘은 중국, 한국, 일본에서 특별히 중요한 토착종교이다. 오늘날 샤머니즘은 남한에서는 여전히 매우 활발하게 활동하는 산 종교이다.[28] 이것은 여성 종교이기 때문에 거의 모든 샤먼들은 여성이다. 게다가 샤머니즘은 가정 종교인

---

5) 이 박사는 미국에서 오래 계셨기 때문에, 한국에서 노인 존중이 지속하고 있는 것처럼 묘사하셨지만, 사실상 많은 부분 한국도 서구적 가치를 지향하게 된 것을 부인할 수 없다. 그렇지만 가치체계의 근저에는 노인에 대한 존경과 감사를 보낼 수 있는 사회라고 믿고 싶다. 그렇지만, 사회적으로 세대교체가 정치적 구호로 등장하는 것을 보아서도 40대 기수론이 먹혀들었던 예로도 한국은 젊음을 지향하는 가치의 변화가 폭넓게 일어나는 것만은 사실이다. _ 옮긴이 주

데, 과거에 여성은 가정생활의 중심을 차지하고 있었기 때문이다. 샤머니즘에서, 유교에서 남성이 제사를 주관하는 사제의 역할을 감당하듯이, 여성이 사제의 역할을 감당한다. 한국의 남쪽 지방에서, 대부분의 샤먼들은 대대로 세습되고 있다. 어머니 샤먼의 권위를 세습하는 것은 보통 딸이다. 이런 점에서 여인이나 어머니는 가정을 다스리고 이끌어가는 권위를 가지고 있다. 반면에 남성이나 아버지는 바깥 사람이다. 샤머니즘에서 아버지의 역할은 여러 의례에서 어머니를 돕는 것이다. 어머니가 종교적 의례들을 주관하기 때문에, 샤머니즘은 확실히 성령(어머니)-아들-아버지의 서열을 제시하며, 이것은 유교의 패러다임에 상반되는 것이다.

샤머니즘은 또한 신령의 종교로 알려졌는데, 신령은 여러 형태로 나타날 뿐만 아니라, 가정에 축복과 불행을 가져온다. 샤먼을 움직여서 춤을 추고 노래하고 트랜스에 빠지게 하는 것은 신령이다. 샤머니즘을 엑스타시의 원시적 기술로 만드는 것은 신령이다.[29] 신령은 모든 종류의 병과 불행의 원인일 뿐만 아니라 병을 치료하고 불행을 행복으로 바꿀 수 있는 능력자이다. 이런 신령들을 통해서 샤먼은 충돌과 혼란을 제거하고 가정과 공동체 생활에 질서를 회복시켜 준다. 많은 샤머니즘의 의례들은 악한 영들을 쫓아내고 선한 영들을 달래는 데 목적이 있다. 샤머니즘은 신령의 종교이기 때문에, 신령은 권위적인 위치를 차지한다. 따라서 샤머니즘은 성령-성자-성부의 패러다임을 제공한다.

샤머니즘은 가정종교이고 가정을 외부에서 오는 여러 악한 세력들로부터 가정을 보호하는 데 관심을 기울이기 때문에, 악령들의 침입에 가장 약하고 상처받기 쉬운 자녀들은 샤먼의 매우 핵심적인 관심이 된다. 그러므로 가정생활에서 자녀들은 중심의 위치를 차지한다. 성령-성자-성부의 서열에서 성자는 자녀들을 대변하기 때문에 중심에 자리한다. 자녀들은 그들의 중심적인 위치 때문에 어머니와 아버지에 의해서 보호된다고 해도, 그들은 또한 아버지와 어머니가 함께 조화 속에 연합하도록 돕는다. 자녀들의 존재는 어머니와 아버지 모두를 평화와 조화 가운데로 이끈다.

우리가 성령-성자-성부의 서열을 대변하는 괘를 만들어 본다면, 우리는 태괘 즉 11괘를 얻게 되는데, 이것은 "평화"를 의미한다.[30] 이 괘에서 아버지를 대변하는 노양(老陽)은 맨 밑에 위치하고, 아들의 상징인 소양(少陽)은 중심을 차지하고, 성령이나 어머니를 상징하는 노음(老陰)은 가장 위를 차지한다.

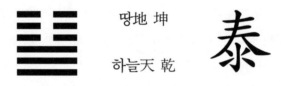

땅地 坤

하늘天 乾

泰

도표 10. 태괘 (11)

이 괘는 평화의 상징인데, 그 안에서 아들이 어머니와 아버지를 같이 끌어당기고 있기 때문이다. 음효들로 대변되는 무게있는 원리가 내려오는 경향성을 가진다. 그러나 양효들로 묘사되는 가벼운 원리는 올라간다.[31] 가벼운 것은 올라가고 어둡거나 무거운 것은 내려온다. 가벼움과 무거움의 원리들은 중간에서 만나고, 이 중간은 아들이 상징하는데 젊고 가벼운 원리이다. 이런 점에서 이 괘의 중간 위치는 가정생활의 평화를 이해하는 데 열쇠가 된다. 다시 말하면 어머니와 아버지를 위한 평화와 조화를 회복시키는 것은 아들이다. 어머니가 권위의 위치를 갖는다고 해도 말이다. 아들은 다시 어머니와 아버지, 땅과 하늘, 신령과 물질 사이의 화해자요 매개자이다. 아버지와 어머니 사이의 평화는 아들을 통해서만 가능하다.

　이 서열이 우리에게 말해 주는 것은 가정은 어머니가 권위있는 자리에 있을 때 평화가 온다는 것이다. 아버지가 어머니 위에 위치한다면, 가정은 더 이상 평화롭지 못하다. 이것은 12괘인 비(否)괘로 정체이다. 우리가 이 괘를 본다면, 11괘의 반대이다. 즉 하늘이 땅의 위에 있다. 가벼운 원리는 올라가고 무거운 원리는 내려오기 때문에, 그들은 서로 만날 수 없다. 사실상 그들은 연합하는 것이 아니라 분열된다. 따라서 이 괘의 상은, "하늘과 땅이 연합하지 못하고, 정체하는 상이다."³² 이 괘에서 가운데 자리인 아들은 어머니와 아버지를 끌어당길 수 없다. 아버지가 너무나 강력하기 때문이다. 어머니가 가정사를 이끌어갈 권위를 가지지 못하기 때문에, 가정은 혼란에 빠진다. 동양적 관점에서 가정은 어머니 때문에 보존된다. 앞에서 말한 대로, 어머니는 안사람이며 가정을 어떻게 유지하는가 알고 있다. 아버지는 바깥 사람으로 사회와 정치 세계에서 활동한다. 따라서 성령(어머니)-성자-성부의 서열은 삼위일체적 삶의 평화와 질서를 의미한다.

성자, 성부, 성령

　이 서열은 가정 구조에 대한 동양적 개념에 완전하게 대립된다. 아버지 위에 아들을 놓는 것은 유교적 관습의 관점에서는 생각할 수가 없을 뿐만 아니라 도덕적 의식의 관점에서도 받아들이기 어렵다. 아버지가 아무리 능력이 없고 약하다 하더라도, 아버지는 가정에서 아버지가 된다는 것만으로도 아들 위에 있게 되는 것이다. 아들이 자신을 아버지 위에 놓게 될 때, 가정은 위험에 빠진다. 아들이 아버지를 반역하게 될 때, 도덕적이고 윤리적인 원리는 왜곡된다. 아들이 아무리 성공적이

라 할지라도, 그는 늘 아버지를 자신 위에 놓아야 한다. 아들이 공적으로
는 아무리 가장 높은 지위를 차지하고 모든 사람 위에 군림하는 힘을
갖게 된다고 하더라도, 가정생활에서는 아버지의 자리를 넘어설 수는
없다. 전통적인 유교와 가부장적 구조에서, 아들은 가정에서 아버지의
자리를 차지할 수 없다. 성자-성부-성령(어머니)의 서열은 가능하지
않다는 것은 무엇을 의미하는가? 이것은 동양 전통에서는 생각할 수
없는 것일까? 우리가 동양에서 가정과 공동체 생활을 규율하고 조화시
키는 형식적이고 규범적인 도덕의식을 생각해 볼 때, 이 서열을 받아들
일 수 없다. 그러나, 우리가 이 서열을 역동적이고 유기적 세계관인
음양적 원리에서 생각해 볼 때, 가정 안에서 이런 서열을 생각해 보는
것은 가능하다.

　아들이나 자녀가 아버지나 어머니 위에 자리하게 될 때, 아들은
더 이상 자신의 생계를 위해서 아버지나 어머니를 더 이상 의존하지
않는다. 아들은 완전하게 자라서 자녀들의 아버지의 역할을 하게 된다.
비록 아버지, 어머니와 함께 산다고 해도 말이다. 이런 패러다임에서
아들은 아버지와의 관계에서 아들이나, 그 아들은 그의 자녀들과의
관계에서는 아버지이다. 따라서 여기에서 아들은 아들 이상인 것이다.
비록 아버지가 은퇴하셔서 자기 아들의 가정으로 와서 사신다고 해도,
아버지는 형식적으로 가정의 호주이다. 달리 말하면 할아버지는 여전
히 그의 아들의 가정의 호주이다. 그러나 실제적인 힘은 아들이 아버지
가 되었기 때문에 그 아들에게로 옮겨진 것이다. 따라서, 성자-성부-성
령(어머니)의 서열은 기능적인 관점에서는 생각할 수 있을 뿐만 아니라
또한 실제적인 상황에서도 받아들일 수 있다. 내가 전에 설명한 대로,
아버지가 노인이 되셔서, 가정의 호주를 물려주고 장자의 집으로 들어
가게 된다. 형식적인 의미에서 아버지는 여전히 가정의 호주이다. 비록

아버지가 그의 자리를 아들에게 자발적으로 물려 주었기 때문에, 아들
을 압도하는 실질적인 권위와 현실적인 힘은 갖고 있지는 않을지라도.
이런 점에서 아버지는 명목상의 호주인 것이다. 실제에서는 그는 더
이상 호주가 아니다. 왜냐하면 아들을 그의 자리까지 올려주기 위해서
자발적으로 자신의 자리를 포기했기 때문이다. 이것은 어느 아버지에
게나 매우 어려운 일이다. 그러나 그가 아들과 가정을 사랑하기 때문에
가능한 것이다. 이런 종류의 사랑은 기독교 전통에 깊이 뿌리를 내리고
있다. 예수 그리스도 안에 나타난 아버지 하나님의 사랑은 이런 종류의
사랑인 것이다. 예수 그리스도는 이런 사랑을 가지고 자기가 사랑하는
자들 아래로 자신을 낮췄다. 그는 주인임에도 불구하고 종이 되었다.
이와 같이 아버지는 아버지의 본성상 아들 위에 있으나 자신을 아들
아래에 놓은 것이다. 아버지는 예수 그리스도 안에 나타난 동일한 사랑
으로 아들을 사랑하셨기 때문이다.

　　비록 아버지가 자발적으로 가정의 호주의 자리를 아들에게 물려주
었을지라도, 명목상의 호주는 그가 아버지이기 때문에 계속 유지되는
것이다. 달리 말하면, 성부-성자-성령의 서열은 늘 성자-성부-성령의
서열을 상생하는(complement) 것이다. 전자는 아들과의 관계에 있는
아버지의 본성상 불변하는 것이지만, 후자는 가정생활의 기능적 효용
성 때문에 가변적인 것이다. 따라서 후자는 늘 전자를 전제해야만 가능
한 것이다. 음이 양을 전제하고 있듯이 말이다. 아들이 비록 가장으로
활동을 한다고 하더라도, 그는 여전히 아버지에게 효도해야 하는 아들
인 것이다.

　　성자-성부-성령(어머니)의 패러다임은 불교의 실천이란 관점에
서도 의미가 있다. 중국, 한국, 일본에 도입된 불교가 대승불교라고
하더라도, 불교의 실천의 근본은 전통적 동양의 가정생활의 근본과는

매우 다르다. 불교는 인도에서 기원했고, 브라만교의 가르침에 대항해
서 일어나긴 했지만, 인도인의 생활 방식을 받아들인 것이다. 힌두의
관점에서 인생의 네 단계 중 가장 중요한 것의 하나는 포기의 삶인
것이다.[33] 아버지가 늙고 아들이 결혼을 해서 자신의 가정을 이루게
될 때, 아버지는 집을 떠나 숲으로 가서 수도승이 되는 것이다. 붓다의
위대한 포기는 우리가 힌두교의 삶의 단계의 관점에서 본다면 아직
성숙되지 못한 것이다. 그는 아들이 아직 유아일 때 집을 떠났다. 따라서
그는 가정을 책임지는 단계를 완성하지 못했다. 그의 집을 떠나고자
하는 결심은, 그러나 불교의 특별한 특징을 이루는 것이다. 붓다의 모범
을 따라서 많은 불교 신자인 아버지들은 가정과 공적인 생활을 은퇴하고
승단(僧團) 공동체의 삶에 합류한다.[34] 그래서 아들이 가정에서 아버지
의 자리를 잇게 되는 것이다. 이런 종류의 신앙의 실천은 중국인들이나
다른 동양인들에 의해 정죄되었는데, 자신의 가정의 생활에 대한 책임
을 제대로 이행하지 않은 때문이었다. 가정생활에서 떠나는 것을 포함
한 세속의 탈피라는 불교의 관념은, 유교인들이나 전통적인 동양인들
이 불교적 삶의 방식을 반대했던 가장 큰 이유 중의 하나였다. 유교인들
이나 전통적 동양인들은 가정생활을 공동체적 삶의 가장 성스런 단위로
생각했다.[35] 아버지가 가정생활에서 벗어날 수 있는 것은 아들이 가장의
역할을 수행해서 가계를 책임질 수 있다는 것을 전제한다. 가정의 호주
를 물려줌으로써, 아버지는 아들와 성령(어머니)의 매개자 혹은 연결원
리가 된다.

　우리가 하나님은 영원히 불변한다고 믿는다면, 신의 삼위일체의
서열은 또한 불변한다. 고전적 서양의 사유에서, 신의 삼위일체에서
성부의 성자의 서열을 바꾸는 것을 생각해 볼 수가 없다. 불변하는 하나
님은 변하는 신적인 서열이란 개념과 공존할 수 없는 것이다. 그러나

음양의 사고에서 본다면, 변화는 궁극의 실재이다. 따라서 궁극적 실재인 하나님은 모든 것을 변화시키는 변화 자체로 생각해 볼 수 있다. 하나님은 따라서 "변화하는 변화자"이거나 "움직이는 동자"이다.[36] 하나님이 세계를 변화시키기 위해서 변화한다면, 음양의 관계를 통한 변화의 패턴은 하나님 자체 안에서 일어나는 변화에 의해 궁극적으로 조건 지워진다. 세계 안에서 성장와 쇠퇴, 팽창과 수축, 행동과 정지의 과정은 삼위일체적 생활 안에서 신적 행위의 단순한 반영일 수 있다. 성자가 그의 힘을 펼쳐나갈 때, 성부는 그의 힘을 거두어들인다. 음이 자라면 양이 줄어들 듯이 말이다. 음양의 상호작용을 통한 우주적 행위가 함축하고 있는 것은 신의 삶을 상상해 볼 수 있는 유용한 방법이다. 아들이 자라면서, 전 가족에 대한 아들의 영향력의 영역을 늘어난다. 한편 아들이 모든 것을 책임질 수 있는 성인이 되었을 때, 아버지는 그의 책임을 넘기게 된다. 따라서 신의 행위의 패러다임은 성부-성자-성령으로부터 성자-성부-성령으로 변화된다.

가정생활에서 아들의 영향력이 커가는 것은 31괘인 함(咸, Influence) 괘에 명확하게 그려져 있다. 앞에서 사용한 것과 같은 방식으로, 우리는 아들을 소양(少陽), 아버지를 노양(老陽) 그리고 성령(어머니)를 노음(老陰)으로 대체해 볼 수 있다. 이 효들을 모으면, 우리는 함괘를 얻게 된다.

늪澤 兌

산山 艮

도표 11. 함괘 (31)

이 괘의 괘사는, "함은 성공을 가져온다. 올바르게 계속하면 상서롭다. 여인을 얻는 것은 행운을 가져온다"(咸亨利貞 取女吉)이다.[37] 이 괘는 구혼과 결혼을 상징하는데 이것은 가정의 근본이다. 결혼한 아들은 가정을 책임져야 한다. 따라서 아들의 영향력은 전체의 구조에 미친다. 첫째로, 이것은 몸으로 상징되는 가정 구조의 맨 밑에 영향을 미친다. 그래서 초효는 "영향이 큰 발가락에 미친다." 이효는 "영향이 다리의 정강이에 미친다." 삼효는 "영향이 허벅지에 미친다." 오효는, "영향이 젖꼭지에 미친다." 마지막 효는 "영향이 턱, 볼, 혀에 미친다."[38] 아들의 영향력은 가장 낮은 데서 시작해서 가장 높은 곳에서 끝난다. 거기에서 아들은 가정의 호주가 된다. 이와 같은 방식으로 신의 영향은 하나님의 아들인 그리스도의 목회, 십자가에 못 박힘, 부활에 완전하게 나타난다.

성자, 성령, 성부

이것이 신의 삼위일체의 성원들을 묘사하기 위해 사용해온 패러다임이다. 왜냐하면 이것은 인간의 경험의 실존적인 상황을 대변하기 때문이다. 신의 본성을 우리가 이해하는 데 가장 좋은 자리는 예수 그리스도인데, 그는 신성과 인성이 하나 되신 분이다. 하나님이 인간의 정신에 추상적이고 전적으로 세계에서 초월되어 있다면, 신의 실재에 대한 인간의 모든 상상은 우리가 신이면서 동시에 인간으로 생각하는 그분, 역사적인 인물로부터 나올 수밖에 없다. 하나님이 역사의 그리스도 안에 참으로 나타나셨다면, 그리스도는 하나님이 누구신지를 이해하는 열쇠인 것이다. 따라서 우리가 신에 대한 이미지를 알게 된 것은 성자의 성육신이다. 하나님은 참으로 그리스도 안에 몸이 되어 오셨고 그분은 역사 안에서 우리와 같은 한 분으로 사셨기 때문에, 우리는 신의 실재를 이해하기 위해서 그분과 그분의 삶의 이미지를 사용할 수 있다. 이것이 우리가 신의 삼위일체를 이해하기 위해서 그리스도에서 시작하는 이유인 것이다. 예수는 하나님을 "아빠, 아버지"라고 부르셔서(마 14:36), 성자와 성부 사이의 친밀한 관계를 보여 주셨다. 예수 스스로 "아빠"라고 말한 것은 신의 생활의 삼위일체적 관념을 지칭하는 데 매우 의미심장하다. 따라서 기독론은 즉 그리스도의 신성과 인성은 삼위일체 교의를 구성하는 기초인 것이다. 삼위일체 교의의 역사적 발전에서조차, 우리는 기독론의 문제가 삼위일체를 이해하는 열쇠였던 것을 발견할 수 있다. 하나님의 아들인 예수 그리스도는 그러므로 삼위일체 교의를 정의하는 출발점이다. 게다가 예수는 성령 즉 보혜사를 세상에서 자신의 현존을 대신해서 보내신다고 약속하셨다. 이 예수의 약속은 신의 삼위일체의 가능성을 정당화 시켜주는 충분한 이유가 된다. 이런 점에서, 성자-성령(어머니)-성부의 서열은 신성의 역사적이고 성서적인 이해에 기초하고 있다.

하나님의 아들인 예수 그리스도는 세계 속에 성육하심으로 인해서 신의 삼위일체를 이해하는 기초가 되셨다고 할지라도, 우리는 성자를 성부와 성령 위에 놓을 수 있을까? 신의 삼위일체의 성원들이 나란히 놓이고 동등하게 생각될 수 있다면, 성자-성령-성부의 패러다임은 아무런 문제도 만들어내지 않는다. 그러나 우리가 성자를 성령(어머니)과 성부 위에 놓을 때, 우리가 앞의 패러다임에서 본대로, 이것은 우리가 성자의 위치를 그의 기능이란 개념에서 본 것이다. 우리가 바로 앞의 삼위일체의 서열에서 논의해 본 바와 마찬가지로, 이것은 우리 인간의 경험으로부터 생각해볼 수 있다. 아들이 성숙해서 결혼하여, 아버지와 어머니가 은퇴할 나이가 될 때, 아들은 가장으로 역할을 할 수 있다. 이런 종류의 패러다임은 동양의 대가족 제도에서 가능하다. 부모님이

늙으셨을 때, 그들은 종종 어린아이와 같이 되기도 하고 그들의 영적인 생활을 위해서 자신을 다 바치기 위해서 가정의 책임으로부터 자유로워야 한다. 바로 앞의 서열에서와 마찬가지로, 이 서열은 가정에서 아들의 힘과 책임이 가장 큰 영향을 미치는 것을 보여준다.

　삼위일체의 이 서열을 앞의 서열과 다르게 하는 것은 성부와 성령의 자리이다. 이 서열에서 성부는 가장 낮은 자리에 놓인다. 반면에 어머니의 이미지인 성령은 중간에 놓이게 된다. 기능적으로 아버지는 가장 힘이 없고 중요하지도 않다. 그는 아들에 의존하고 있기 때문에, 자신의 무능력 때문에 쉽게 좌절하고 고통을 받게 된다. 이런 특별한 상황 가운데 어머니의 이미지인 성령의 역할은 결정적이다. 성령은 강력한 아들과 유약한 아버지 사이의 매개자의 자리에 있다. 성령의 역할은 아들로 하여금 아들로서 자신의 본질적인 한계를 인식하고, 아버지에 대한 존경과 영예를 보여야 한다는 것을 알려주어야 한다. 한편 어머니는 아버지로 하여금 가정에서 늙고 은퇴한 사람으로서의 기능적 한계를 인식하게 해야 한다. 그녀의 매개적 역할이 실패할 때, 가정은 무정부적이 되고, 거기에서 힘이 도덕원리를 지배하게 된다. 이런 반역의 위험은 어머니의 이미지인 성령에 의해 저지된다. 성령은 아들이 가지는 힘과 아버지가 가지는 도덕 원리 사이의 화해자로 역할을 한다. 이런 구조가 무너질 때, 혹은 역할의 변화 때문에 가정의 폭력이 발생할 때, 가정에서 비극이 생겨난다.6) 아버지가 더 이상 아버지가 아니고 아들이 아들이 아닐 때, 새로운 적응이 생겨나야 한다. 이런 적응을 만들어내는 것이 어머니로서의 성령이다. 능력이 없는 자가 강하게 되고 능력있는 자가 약하게 될 때, 가정생활에서 가장 위험한 지경에 이르게 된다. 성자–성

---

6) 이런 측면들을 확대·과장한 것이 프로이트의 "아들의 부친 살해설"이라고 볼 수 있을 것이다. _ 옮긴이 주

령-성부의 서열이 묘사하는 상황은 가장 억압적이고 남을 괴롭힐 수 있는 성자와 성부 사이의 관계로 성령에 의해서만 조절되어질 수 있다. 이런 상황은 오래 지속되지는 못한다. 왜냐하면 더 신뢰할 만한 관계로 이행하는 단계이다.

이런 패러다임의 조건을 볼 수 있는 괘를 다시 구성해 보자. 노양(老陽)인 성부는 맨 밑이고, 노음(老陰)인 성령은 중간, 소양(少陽)인 성자는 노양으로 변할 수 있는 준비가 막혀 있는 상태로 맨 위에 자리한다. 이렇게 구성된 결과 우리는 60괘인 절(節, Regulation)을 얻게 된다.[39]

물水 坎

늪澤 兌

節

도표 12. 절괘 (60)

이 괘는 어머니 이미지인 성령의 중요성을 강조한다. 즉 성령이 중심을 차지하고 있다. 이것은 아들과 아버지 사이의 관계에 영향을 미치는 힘을 조절하는 것이 성령인 어머니의 기능인 것이다. 아들이 아버지 위에 있기 때문에, 아들의 힘은 제한되어 있다. 아버지는 아들 아래에 있기 때문에, 아버지의 역할 또한 제한되지 않으면 안 된다. 가정의 평화와 균형을 보존함에 있어서, 어머니의 이미지인 성령은 아들과 아버지 모두에 있어서 조절의 역할을 수행하는 구체적 체현으로 (embodiment) 행동하지 않으면 안 된다. 달리 말하면, 성령은 여기에서 아버지와 아들의 연결원리로 역할을 한다. 따라서 이 괘의 괘사는 절제로서의 성령의 역할을 묘사하고 있다. "절제는 형통함이다. 고통을 당하면서 절제하는 것은 계속될 수 없는 것이다"(節亨 若節不可貞).[40] 절제가 성공적이기 위해서는 반드시 관대함으로 이루어져야지, 강압으로 이루어져서는 안 된다. 관대함은 어머니의 본성이다. 따라서 절제는 어머니의 이미지인 성령의 행위이다. 이런 절제의 행위는 반드시 아버지에 의해서 받아들여져야 하는데, 왜냐하면 아버지는 불행한 상태에 있을 뿐만 아니라 가정에서 가장 낮은 자리에 있기 때문이다. 질서와 평화를 가정에서 유지하는 것은 성령을 통해서 자신의 태도를 조절할 수 있는 능력에 주로 달려 있다.

따라서 이 괘의 전체상은 아버지의 조건과 태도에 집중되고 있는 것이다. 초효와 이효는 아버지의 조건을 묘사한다. 초효는 "문밖이나 뜰 밖으로 나가지 않는다." 이것은 아버지가 공적인 일들에 더 이상 관여하지 않고 은퇴하는 것을 의미한다. 이효는 같은 아버지의 상황을 보여준다. "집문 밖으로 나가지 않는다." 아버지는 원래 주요한 역할이 집 밖으로 나가서 일을 벌이는 것이었는데, 집 안에서만 있어야 하니 그는 더 이상 같은 사람이 아니다. 그의 활동은 제한되어 있고, 그의 몸은 약해져 있는 것이다. 사람이 노인이 된다는 것은 가정적인 사람이 되는 것이다. 삼효는 그런 아버지의 태도를 묘사한다. "절제하지 않으면, 후회하게 된다." 아버지는 자신을 새로운 상황에 적응시켜야 한다. 그는 아들에 대한 자신의 지도적인 위치를 포기해야 한다. 그는 마침내 가정에서 가장 낮은 자신의 자리를 받아들여야 하는 것이다. 따라서 사효는 "평화로운 절제는 성공을 가져온다." 절제함이 받아들여졌을 때, 평화가 온 집안을 감싸게 된다. 오효는 "부드러운 절제(甘節)는 성공을 가져온다." 가정은 다시 평화와 안식이 있게 되고 절제가 우호적으로 받아들여지기 때문에, 행복으로 가득 차게 되는 것이다. 그러나 이런 부드러운 절제가 가정생활의 계속 변화하는 관계 속에서 장기간 지속될 수는 없다. 엄격한 절제가 반드시 필요하게 되는데 왜냐하면 기능의 변화로 인해서 생겨나는 무질서와 무정부적 상태를 규제해야 하기 때문이다. 따라서 마지막 효는 "엄격한 절제. 그러나 계속되면 불행을 가져온다." 새로운 질서의 순환이 이루어지면서, 옛 질서의 순환은 무너진다. 이런 방식에서 성자-성령-성부의 서열은 성부-성자-성령의 서열로 변화되고, 가정은 한 세대에서 다음 세대로 발전해 가는 것이다. 이런 가정의 패러다임의 계속적인 변환은 궁극적 실재를 변화 자체로 이해하기 때문에 가능한 것이다.

삼위일체적 서열들의 상호관련성

삼위일체의 여섯 가지 다른 서열들은 인간 경험에 근거한 상상력에 순수하게 근거해 있으며, 신의 삼위일체의 내적 삶과는 연관성이 없다. 내가 여기에서 시도한 것은 내가 동아시아의 가정에서 경험한 가정 구조의 패턴을 즐기면서 그것들을 신의 삼위일체의 삶에 적용해 본 것이다. 비록 하나님이 우리의 개념화를 초월해 있다 하더라도, 하나님의 내적 삶을 묘사하려는 어떤 시도든지 단순하게 나의 지적인 호기심의 산물로만 간주해서는 안 된다. 오히려 나는 나 자신의 경험을 통해서 신의 생활의 의미를 발견하기 위해 노력하였다. 하나님이란 나에게 어떤 의미를 가지는가? 동양인인 나에게 신의 삼위일체는 무엇을 의미하는가? 신의 삼위일체에 대한 나의 상상력은 내 가정생활의 의미 속에 뿌리를 내리고 있다. 신의 삼위일체의 서열들은 내 삶의 경험의 의미있는 이미지들이다. 그러므로 이 장에서 내가 시도하는 것은 신의 서열의 실재와 동일시되는 것은 아니다. 그러나 하나님이, 그리스도가 인간 속에 나타난 것과 같이 진정으로 내재적이라면, 우리의 경험과 신의 경험 사이에는 유추적 관계가 반드시 존재한다. 우리의 가정적인 상징은 신의 가정에 유추적 의미를 가질 수 있는 것이다. 의미와 진리는 상호의존적인 것과 같이, 우리의 가정생활과 신의 삼위일체의 실재에 관한 상상력은 떼려야 뗄 수 없다. 비록 그것들이 동일하지는 않는다 하더라도 말이다. 따라서 내가 이 책에서 이제까지 해온 것들은 어불성설이 아니다. 내 삶을 신적인 것과 연결시키는 의미가 있는 것이다.

삼위일체의 이 여섯 가지 서열들은 세 인격들의 모든 가능한 수학적 순열이다. 전통적으로, 삼위일체의 신적 성원들에 대한 서열화 방식은 단 하나밖에 없었다. 즉 성부, 성자, 성령의 서열이었던 것이다. 그들은 "나란히" 횡적으로 놓는 방법이나, "차례로" 종적으로 놓는 방법 중에 양자택일을 해야 했다. 성부는 제일의 인격이고 성자는 제이의, 성령은 제삼의 인격이었다. 이런 계기는 성서적 전거에 근거하고 있다고 이제까지 믿어져 왔다. 그러나 이것은 내가 믿기로는 반드시 성서적 해석에 영향을 미친 가부장적 제도에 근거하고 있다. 비록 나 또한 가부장적 가치에서 완전히 자유로울 수는 없다. 나는 여전히 가부장적 제도의 영향 아래에 있는 동양 문명에 속해 있다. 그러나 나의 접근방식은 신의 삼위일체에 대한 더 포괄적 상상력을 제공해줄 수 있다. 나는 삼위일체의 관념을 우주론적 인간학의 입장에서 접근해 나가기 때문에, 나는 삼위일체의 여섯 가지 다른 서열들 혹 패러다임들에 도달할 수 있었다. 우주론적 인간학은 실재에 대한 동양인들의 접근 방식으로 서양철학적 접근과는 전혀 다른 것이다. 이런 여섯 패러다임들이 음양이나 혹은 땅과 하늘과 결합될 때, 삼위일체의 세 성원들 사이의 관계의 원형으로 여섯 가지 다른 패러다임들이 존재하는 것이다.

동양에서 가장 오래되고 가장 진정한 우주론적 책인『주역』에 따르면, 삼위일체는 하늘과 땅, 인간의 결합인 소성괘의 상징에 상응한다. 하늘은 순수 양효들로 구성되고(☰), 땅은 순수 음효들로 이루어지는데

(☰), 이것만으로는 삼위일체의 상징, 소성괘를 완성하지 못한다. 그것들의 여섯 가지 다른 소성괘들과 결합하였을 때, 음양의 관계는 완성되고, 거기에는 팔괘가 생겨난다. 이 팔괘는 우주 안의 만상을 대변한다.[41] 그것들은 우주의 원형적 패턴들이기 때문에, 삼위일체는 우주론적 관점에서 하늘, 땅, 인간의 소성괘(trigram)적 형성과 상응한다. 이런 상응에 기초해서 나는 삼위일체 안에서 여섯 가지 가능한 패러다임 즉 관계의 원형들을 드러내 본 것이다. 따라서 음양의 우주론에서, 인간의 상상력은 관계의 여섯 가지 다른 패턴들을 발견하게 된다. 그것들은 삼위일체에서 가능한 관계의 패턴이기 때문에, 그들 나름의 방식에서 특이한 것이다. 그러므로 우리는 하나의 패턴이 다른 패턴들보다 낫다고 말할 수 없다. 어떤 하나의 구성은 특이한 상황을 낳는 것이고 그것은 다른 상황과 비교될 수는 없다. 인간의 삶에서 가정 안의 일련의 관계의 배치들이 있는 것과 마찬가지로, 하나의 가정의 형태가 다른 형태들보다 우월하다고 평가하기가 어렵다. 게다가, 우리는 모계적 가정이 가부장적 가정보다 우월하다고 말할 수도 없다. 이런 역동적인 전체 안에서, 이런 패턴들은 고정되어 있는 것이 아니다. 그것들은 상호 의존적이고 또한 서로를 보충대리(complement)하고 있는 것이다.

삼위일체의 여섯 가지 모든 서열들은 서로들과 불가분리의 관계를 맺고 있다. 왜냐하면 그들은 상호 포괄적이기 때문이다. 음이 양 속에 있고 이와 반대도 마찬가지인 것과 같이, 예를 들어 성부-성자-성령의 서열은 성자-성부-성령의 서열 안에 있는 것이다. 그것들은 동일한 실재의 서로 다른 구조적 배열 이외의 다른 것이 아니다. 삼위일체적 가정의 생활에 대해 우리가 무엇을 상상하여 내든가 간에, 이 세 모든 성원들은 그 안에 포함되어 있다. 삼위일체의 서열들은 세 인격들 사이의 상호 작용의 패턴들 이외의 다른 것이 아니다. 그들은 상호 포괄적이고 상호 관련되어 있다. 우리가 하나의 서열을 말할 때, 우리는 또한 다른 서열을 말하고 있는 것이다. 우리는 다른 것이 없이는 존재할 수 없기 때문이다. 우리는 성부만을 삼위일체 안에서 생각할 수 없다. 성부는 성자이면서 성령이기 때문이다. 이와 같은 방식으로, 우리는 삼위일체 안에서 성자만을 생각할 수 없다. 왜냐하면, 성자는 또한 성부이고 성령이기 때문이다. 삼위일체의 세 성원은 불가분리의 관계에 있기 때문에, 그들의 관계들은 늘 상호의존적이다.

삼위일체의 서열들은 관계에 의해서 결정되는데, 이 관계들은 또한 그들의 역할을 명확하게 규정해준다. 각 서열은 관계적 범주에 속한다. 관계적 범주는 각각의 특이한 역할을 정의해 준다. 예를 들어 나는 성부-성자-성령의 서열을 존재의 관계 단위로 보고 싶다. 우리가 삼위일체를 "차례로"의 종적인 계기라는 개념 안에서 보게 될 때, 그것은 위계적 관계이다. 그러나 우리가 삼위의 인격의 동등성을 인정한다면, 같은 서열은 "나란히" 횡적으로 놓이는 것으로 이해할 수도 있다. 그러나 삼위일체의 단위에서 그들의 동등한 존재를 인정한다고 할지라도, 거기에는 기능적 위계질서가 있고, 그것은 역할을 감당하기 위해서 불가피한 것이다. 기능적 위계질서는 존재의 내적 본성에서보다는 관계에 의해 정의된 자리에 의존하고 있다. 예를 들어 성자-성령-성부의 서열에서, 성자는 다른 인격들과의 관계 때문에 기능적으로 가장 높은 위치를 차지한다. 그러나 성자는 본질적으로나 정의(定義)상으로 이 서열에서 가장 낮은 위치를 차지하는 성부에 미치지 못한다. 이 서열에서는 구속(redemption)의 역할이 강조되었는데, 성자는 구속자를 대변한다. 때에 따라 필요한 역할이 달라짐에 따라서 관계는 계속 변화하게 된다. 게다가 관계가 변화할 때, 역할도 변화한다. 역동적이고 유기적인 삼위일체적 가정생활 가운데, 관계는 변화하는 세계의 요구에 맞추기 위해서 계속적으로 변하게 된다.

내 가정생활의 경험에서 얻는 예들을 통해서, 일상적 행위에서 요구되는 필요에 따라 생겨나는 관계의 변화에 대한 예증을 해보겠다. 우리 가족이 집의 내부를 꾸미는 문제를 놓고 의논하게 되었을 때, 새로운 관계가 생겨나고 새로운 서열이 만들어지는데, 거기에서는 어머니가 주도적인 자리를 차지하게 된다. 그러나 우리 가족에 자동차를 다뤄야 하는 문제가 생겼을 때, 이 새로운 요구는 우리의 관계와 구조를 변하게 하는데, 거기에서는 아버지가 주도적인 자리를 차지하게 된다. 이와 같은 방식으로 영어로 의사소통을 해야 하는 문제에 직면하게 되었을 때, 가정에서 누구보다 영어를 잘하는 것은 자녀들이기 때문에, 그들이 주도적인 위치를 차지하게 된다. 여기에서 우리가 특수한 문제들을 다룰 때에, 가족들의 관계가 어떻게 변화하고 새로운 서열이나 패러다임들이 어떻게 생겨나는지 볼 수 있다. 하나님이 세계 속에서 진정으로 사랑이시며 완전히 내재적이라고 한다면, 즉 내재적 삼위일체는 경세적 삼위일체에 있는 것이라면, 불변하고 고정된 신의 삼위일체의 서열은 생각할 수가 없는 것이다. 신의 삼위일체의 서열들은 계속적으로 변화하고 신의 생활의 활동을 상호적으로 완성시킨다면, 하나님은 세계를 변화시키는 하나님 자신을 변화시켜야 한다. 그러나 하나님의 변화 자체는 그 변화의 영원한 원형이기 때문에 변화할 수 없는 것이다.

삼위일체의 서로 다른 여섯 서열들 가운데는 또한 상호 간의 포괄성이 존재한다. 신의 삼위일체의 생활에서, 하나의 서열은 다른 서열들을 포함하고, 역도 성립한다. 예를 들어 제일의 서열, 성부-성령-성자는 다른 서열들에 대해 배타적이지 않다. 그것은 다른 서열들을 포함하게 되는데, 제이의 서열인 성부-성자-성령, 혹은 제삼의 서열인 성령-성부-성자이다. 비록 각 서열이 그 나름의 독특한 정체성을 갖고 있다고 할지라도 말이다. 즉 제일의 서열인 성부-성령-성자는 제일의 서열인 성부-성자-성령과 제삼의 서열인 성령-성부-성자를 포함한다. 비록 그들은 포괄적이긴 할지라도, 그 서열들은 동일한 특징을 가지지는 않는다. 예를 들어, 제일의 서열에서 성령과 성자의 관계는 제이의 서열에서 성령과 성자의 관계와 같지 않다. 왜냐하면 다른 성원들과의 관계 때문에 그런 것이다. 그러므로 포괄성은 삼위일체에서 각 서열의 독특한 특성을 없애지 못하는 것이다. 하나의 서열이 다른 서열들을 포함할 때, 그것은 그것들을 연결하여 보편적인 지평을 얻는다. 그래서 전체의 일부가 되는 것이다. 이런 종류의 관계를 가장 잘 생각할 수 있는 좋은 방법은 삼위일체의 서열을 우리 몸에서 DNA의 구조로 생각해 볼 수 있다. 그것은 그 자체에서는 독특성을 가지나 또한 전체와 연결되는 것이다.[42]

최종적으로, 삼위일체의 모든 서열들은 동시에 서로 간에 연관되고 있는 것이다. 하나의 서열의 행위는 다른 것들의 행위와 분리되지 않는다. 그것들은 서로 간에 동시에 연결되어 있다. 과거, 현재, 미래가 신의 삼위일체에서는 하나이다. 게다가 성부와 성자와 성령은 하나이다. 그들은 삼위일체 안에서 셋이나 하나이다. 이것은 우리가 상상력을 통해서 이들 세 인격들이 신성 안에서 다르나 동시에 동일하게 어떻게 행동하는가 하고 생각할 수 있는 것을 넘어서 있다. 우리는 공간과 시간의 관념을 우리가 지각하는 것을 이해하기 위해서 사용해야 하기 때문에, 우리는 시공간을 넘어서는 신의 행위들을 인식할 수 없는 것이다. 성부 하나님이 성자 하나님이고 성령 하나님이라면, 성부의 행위는 반드시 성자의 행위이고 성령의 행위여야 한다. 그러나 동시에, 성부의 행위는 그를 삼위일체의 다른 성원들과 차이 나게 하는 독특한 특징 때문에 반드시 달라야만 한다. 게다가 하나의 패러다임(삼위일체의 서열)은 동시에 다른 패러다임들과 연결되어 있을 뿐만 아니라 그것들 안에 역설적으로 포함되어 있다. 이것을 예증해줄 수 있는 유추는 없다. 미생물학의 DNA의 모델조차도 이런 역설을 우리에게 생각하게 만들지 못한다. 하나의 패러다임은 다른 모든 다른 패러다임들 속에 들어 있고 그 역도 성립한다. 그러나 동시에 하나의 각 패러다임은 뚜렷하게 구별되는 다른 것이다. 신의 생활에서 차이와 동일성의 공존은 음양의 사고에서 상상해볼 수 있는 것인데, 이미 앞에서 살펴본 대로 양자공취적 사고일뿐만 아니라 삼위일체적 사고인 것이다. 삼위일체적 사고에서, 삼위일체는 의미가 있다. 그러므로 내가 이 장에서 시도한 삼위일체의 서열들이 모두 삼위일체를 더 잘 이해하는 데 공헌할 수 있다는 잘못된 인상을 주고 싶지는 않다. 오히려 내가 한 것은 우리 자신의 문화적 역사적 삶의 정황에서 삼위일체의 의미를 분간해내는 데 우리의 상상력을 새롭게 열어나가는 하나의 예를 만들어 보고 싶었을 뿐이다.

8장
삼위일체적 삶

들어가면서 몇 마디

내가 이 책에서 정의하고 있는 삼위일체는 어떻게 해서든지 여러 모로 우리의 삶과 연관된다. 그러므로 삼위일체가 우리의 삶과 어떤 연관 관계를 가지는가를 이 장에서만 시도한 것은 전혀 아니다. 신의 삼위일체와 관계지어 말하는 모든 것은 나 자신의 삶의 경험과 다른 사람들의 삶의 경험에서 나온 생각에 근거하고 있다. 게다가 이 책에서 시도하는 것은 우리 자신의 삶의 경험과 관계가 없는 삼위일체의 실체를 정의해서 설명하고자 하는 것이 아니라 삼위일체가 우리 삶에 어떤 의미를 주는가를 찾아보고자 하는 것이다. 우리 삶의 여러 영역에서 삼위일체적 사고방식의 중요성에 대해 주의를 기울일 필요가 있다. 삼위일체가 인간의 삶에 아무런 연관성을 갖지 않는다면, 그것은 아무런 의미가 없는 것이다. 게다가 내재적 삼위일체가 경세적 삼위일체 안에 있는 것이고 그 역 또한 성립한다면, 삼위일체와 인간의 삶은 떼려야 뗄 수 없는 관계에 있는 것이다. 우리 삶 자체가 삼위일체적인 것이지 다른 무엇이 삼위일체인 것이 아니다.

그러나 삶의 모든 영역들을 논의하는 것은 불가능하기 때문에, 이 장에서는 교회 생활, 가정생활, 공동체 생활과 같은 우리 삶에 있어서 중요한 영역들을 선택적으로 다룰 수밖에 없다. 교회, 가정, 공동체적 삶은 시간과 영원 속에서 우리의 삶을 위치시키고 있다. 이런 주제들은 각각 한 권씩의 책을 써야 할 만큼 광범위한 것들이다. 그러나 내가 바라는 것은 이런 생각들을 발전시켜 후학들이 자신의 작업을 할 수 있도록, 각각의 주제에 관해 내 단상들을 제시하는 것이다. 나는 하나의 촉매자의 역할을 하는 것으로 만족하겠다.

교회 생활의 영역에서, 교회 생활(congregational life), 성례전, 예배, 기도와 명상 등에서 삼위일체적 패러다임을 논의해 보고자 한다. 삼위일체는 삶의 기본 단위인 가정 구조에 근거하고 있기 때문에, 우리가 살고 있는 시대에 있어 가정생활에서 삼위일체 원리가 함의하는 것이 무엇인가를 밝혀보고 싶다. 우리는 윤리적으로 종족적으로 다원 사회에 살고 있기 때문에, 다원성과 통일성의 삼위일체적 원리가 함의하고 있는 것은 우리의 공동체적 삶에 있어서도 매우 중요하다. 거의 모든 우리의 세계 내적 행위들은 삼위일체적 행위라고 이해해도 무리가 없다. 삼위일체적 삶은 시간과 영원을 동시에 포함하게 된다. 왜냐하면 시간은 영원 속에 있고 영원은 시간 속에 있기 때문이다.

삼위일체적 교회 생활

교회가 삼위일체적인 것은 하나님이 삼위일체이시기 때문이다. 교회는 하나님이 부르신 성도들의 공동체이다. 따라서 하나님의 사람들인 교회는 그리스도의 몸이고 성령의 전이라고 불린다.[1] 그러나 성도들이 자신들을 하나님의 자녀들(성부 하나님의 자녀)이라고 생각할 때, 종종 그들은 또한 그리스도의 몸이고 성령의 전이라는 것을 잊는다. 달리 말하면, 그들은 하나님의 자녀인 동시에 그리스도의 몸(성자의 몸)이며 성령의 전인 것이다. 반드시 삼위일체적으로 생각해야만 하는 것이다. 그들이 자신들을 하나님의 자녀들이라고 생각할 때, 동시에 그리스도의 몸이고 성령의 전임을 생각해야 한다. 이와 같이 그리스도의 몸을 생각할 때는, 반드시 하나님의 자녀임과 성령의 전임을 또 생각해야 하는 것이다. 기독교인은 삼위일체적으로 생각하고 행동해야 하는데, 그것은 교회가 삼위일체적이기 때문이다. 교회를 삼위일체적으로 이해하기 위해서는 삼위일체적 사고방식이 요구된다. 삼위일체적 사고는 통째로 이해하는 통전적 사고이고, 양면긍정적 사고로 음양의 관계에 기초한다. 교회는 삼위일체적 공동체이기 때문에, 교회의 성원이 되는 관문인 물과 성령으로 받게 되는 세례는 삼위일체의 이름인 성부, 성자, 성령의 이름으로 받게 되는 것이다. 예배는 교회 생활에 가장 근본적인 것으로, 보통 송영(doxology)으로 시작하는데, 성부, 성자, 성령께 영광을 돌려드리는 찬송이다. 게다가 우리는 축도를 "예수 그리스도의 은혜와 성부 하나님의 사랑과 성령의 교통"(고후 13:13) 안에서 받게 되는 것이다.

교회의 가장 중요한 기능 중의 하나는 예배를 통한 봉사이다. 대부분의 신자들의 마음에는, 예배는 보통 이원적으로 인간이 찬양, 감사, 고백 그리고 다른 적절한 행위들을 통해서 하나님께 응답하는 것으로만 생각한다. 이런 식으로만 예배에 접근해 가는 것은 매우 인간 중심주의적인 사고로 경세적인 삼위일체의 우주적 영역을 매우 제한시키는 것이다. 우주론적 인간학적 전제를 깔고 있는 동양적 삼위일체의 관점에 따르면, 교회에서 행해지는 어떤 예배든지 그 예배의 범위는 우주적이어야 한다. 달리 말하면, 삼위일체적 공동체인 교회는 삼위일체적 행위 즉 하늘의 행위, 땅의 행위 그리고 사람의 행위가 필요하다. 예배의 행위는 반드시 삼차원적이어야 한다. 우리 사람들은 하늘과 땅의 소산이기 때문에, 우리는 반드시 예배 행위가 우리를 대변하는 성자의 "이름으로" 혹 성자를 "통해서" 하늘과 땅 즉 성부와 성령(성모)을 향해야 한다. 우리가 하늘에 계신 아버지가 성육된 성자를 통해서 땅적인 성모(성령의 이미지) 속에 내재적이라고 믿는다면, 땅의 일들 혹은 여성적 원리를 포함하지 않는 예배는 불완전하다. 이것은 산이나 나무, 혹은 바위들이 우리의 예배의 대상이어야 한다는 것을 의미하는 것이 아니다. 하늘, 별, 해, 달이 우리의 예배의 대상이 될 수 없듯이, 땅 위의 사물들도 우리의 예배의 대상이 될 수는 없다. 그러나 하나님이 진정으로 세계 속에 내재한다면 그리고 우리가 하늘과 땅의 소산이라면 그리고 다른 피조물들이 우리의 동료들이라면, 우리는 예배 경험 속에 땅을 배제해서는 안 된다. 경세적 삼위일체에서, 우리는 이원론적 개념으로는 생각할 수 없다. 하늘은 성스러운 것이고 땅은 세속적인 것이라고 생각해서는 안 된다. 이런 종류의 이원론은 양면긍정적 사고에서는 생각해볼 수 없다. 왜냐하면 양면긍정적 사고는 근본적으로 삼위일체적이기 때문이다. 하늘과 땅과 사람들은 반드시 예배 행위 안에서 하나가 되어야 하는 것이다.

세례는 교회의 성례전 중에서 가장 중요한 것 중의 하나이다. 전에 말한 대로 세례는 삼위일체적인데, 이것은 세례가 성부, 성자, 성령의 삼위일체의 이름으로 행해질 뿐만 아니라, 세례 자체의 성질에 있어서 삼위일체적이기 때문이다. 예수의 세례의 상황은 마가복음 1:9-11에 있는 삼위일체 형식의 이미지를 우리에게 보여 준다.

그 무렵에 예수께서는 갈릴래아 나자렛에서 요르단 강으로 요한을
찾아 와 세례를 받으셨다. 그리고 물에서 올라 오실 때 하늘이 갈라지
며 성령이 비둘기 모양으로 당신에게 내려 오시는 것을 보셨다. 그 때
하늘에서 "너는 내 사랑하는 아들, 내 마음에 드는 아들이다" 하는 소
리가 들려 왔다.

신의 삼위일체의 세 성원들은 이 세례의 장면에서 모두 관여하고
있다. 성부는 성령을 통해서 성자를 맞아들이고 있다. 성부는 하늘에
의해, 성자는 물에 계신 예수에 의해, 성령은 내려오는 비둘기로 상징화
되고 있다. 예수 옆에는 우주적 중요성의 세 상징인 하늘과 물, 비둘기가
자리하고 있다. 하늘은 양을 대표하고 물은 음을 그리고 비둘기는 하늘
(양)과 땅(음)의 소산인 피조물들을 대표한다.

따라서 세례는 경험의 우주적 차원을 포함할 뿐만 아니라 삼위일체
원리가 드러나는 행위이다. 몸을 물에 담그는 것은 우리의 이전의 삶이
죽는 것이고 물에서 나오는 것은 그리스도 안에서의 새로운 삶을 의미한
다. 세례는 옛 삶에서 죽음으로 죽음에서 새로운 삶으로의 변화를 의미
한다. 이것은 모든 것을 변화시키는 음과 양의 관계와 유비된다. 죽음은
음의 이미지이고 생명은 양의 이미지이다. 양은 음이 되고 음은 다시
양이 되듯이, 생명은 물속에서 죽고 다시 새로운 생명으로 살아난다.
이런 과정에서, 옛 양(옛 생명)은 음(죽음) 때문에 새로운 양(새 생명)이
된다. 죽음은 세례를 받는 시간에 생명을 새롭게 하는 연결원리가 된다.
이 삼위일체적 행위는 교회 생활에 있어서 계속 반복되어야 한다. 음과
양이 변화의 과정 가운데 계속 교체되어 나가듯이 말이다. 달리 말하면,
삼위일체적 행위인 세례는 단 한 번에 모든 것이 이루어지는 것이 아니
다. 새로운 생명이 옛 생명이 될 때, 세례는 다시 행해져야 한다. 이런

방식으로 세례는 교회를 새롭게 하는 과정으로 반드시 반복되어야 하는 것이다.1)

세례의 반복이라는 행위는 교회 생활 전체를 통해서 발견된다. 특별히, 성탄절과 부활절에는 기족교인들은 삶-죽음-새 생명이란 삶의 주기를 경험한다. 이 주기의 가장 강렬하고 실질적인 사건은 부활절 동안 회중들 가운데서 경험되어진다. 예수의 수난, 십자가에서 그리스도의 실질적 죽음 그리고 그리스도의 부활의 증언은 부활절에 참여하는 삼위일체 하나님의 삼위일체적 경험을 보여준다. 그리스도의 수난은 사람들의 종으로 오신 그분의 사역의 삶 전체를 드러내 준다. 그의 십자가상의 죽음은 우주적 허무주의인 죽음에 도달하는 비극적 종말이다. 그의 부활은 모든 성도들에게 새로운 생명에 대한 소망이다. 교인들은 변화의 주기적 행위에 상징적으로 참여함으로써 그들 자신의 변화를 체험하게 된다. 부활절의 변화를 개인적으로 경험하는 것은 우주적 갱신과 연관되어 있다. 그러므로 부활절은 추운 겨울에서 따뜻한 봄으로 이행하는 계절에 맞게 된다. 겨울의 오래된 옛 생명의 죽음과 봄에 새로운 생명으로의 부활은 삶-죽음-새 생명의 우주적 주기를 제시해 주는 것이다.

성탄절 기간 동안, 회중(교인)들은 그리스도의 탄생을 상징적으로 경험하게 된다. 성령에 의한 예수의 잉태와 새로운 아들의 탄생, 성부의 독생자는 삼위일체적 행위이고 성도들에게는 우주적 의미를 준다. 예를 들어 누가복음의 예수 탄생 설화는 요한복음 1장이나 빌립보서 2장

---

1) 이것은 세례는 한 번만 시행될 것이 아니라 계속 시행되어야 한다는 의미는 아니다. 우리가 세례를 통해서 죽음과 부활을 경험하는 이 변화의 과정은 우리의 삶 속에서 계속 일어나야 한다는 말이다. 구원의 사건은 한 번에 일어나는 사건이기도 하지만, 삶의 과정에서 계속되는 사건이어야 하듯이, 세례도 우리의 삶 속에서 연속되는 사건이어야 한다는 것을 저자가 주장하고 있는 것이다. _ 옮긴이 주

의 그의 성육신의 우주적 차원과 연관된다. 요한복음 1장에서 말씀과 아들은 하나님과 함께 있었고, 세상에 왔으며, 육신이 되어, 사람들 가운데 사신 것이다. 빌립보서 2장에서도 똑같은 동기가 발견된다. 그리스도는 하나님의 형상이었으나, 자신을 비워 종의 형상이 되었다. 그는 죽음 다음에 부활하여 하늘과 땅 위 그리고 땅 아래 있는 모든 것들의 주가 되었다. 빌립보 2장에서 보는 바와 같이, 부활절 주기는 성탄절 주기에 보태지게 된다. 성육신 이야기에서(in the story of the incarnation) 성령의 이미지로 비둘기와 같은 신이 강림하는 것은 삼위일체 의 첫째 행위이다. 땅 위에 신의 실재가 들어오는 것은 삼위일체의 둘째 행위로, 세례에서 물에 잠기는 것과 비슷하다. 삼위일체의 최종적 행위 는 그리스도의 탄생에서 드러난다. 이것은 세례 시 물에서 나오는 것을 통해서 새로운 생명과 부활을 경험하는 것과 비슷하다. 다시 우리는 성육 전의 삶, 자기를 비우는 과정을 통해서 옛 삶의 죽음 그리고 땅 위의 새로운 삶의 똑같은 삶의 주기를 경험하게 된다. 따라서 삼위일체 적 행위는 교회 생활에 근본이 되는 것이다.

아마도 교회 생활의 핵심은 성만찬인데, 이것은 교회 전통에 따라 여러 형식이 있다. 비록 성만찬이 죄, 특별히 원죄를 용서해 주는 성스런 수단이기는 할지라도, 성만찬의 실질적인 이해는 친교(코이노니아), 기 념과 봉사의 삼위일체적 행위에 근거한다. 코이노니아는 예수의 몸을 이루어가도록 사람들을 모으는 하나님의 사랑에 기초하고 있다. 사랑 은 이 예식에 사람들을 모으기 때문에, 성만찬은 보통 애찬식이라고도 부른다. 성만찬의 핵심은 잔치나 먹고 마시는 것에 있는 것이 아니고 예수 그리스도 안에 드러난 하나님의 사랑이다. 성만찬에서 우리는 우리 가운데 계시는 하나님의 현존을 경험하게 된다. 코이노니아는 배타적 공동체가 아니다. 그것은 열려진 공동체인데, 왜냐하면 하나님의 사랑은 모든 사람들에게 열려져 있기 때문이다. 성만찬은 모든 이들에게 열려진 초청이다. 왜냐하면 하나님은 모든 이들을 사랑하시기 때문이다. 성만찬의 둘째 삼위일체적 행위는 십자가 위에서 죽으신 예수 그리스도를 기념하는 것이다. "이것을 행하여 나를 기념하라." 따라서 성만찬에서 우리는 하나님의 사랑으로부터 성자의 삶과 인격으로 옮겨 간다. 기념하는 힘은 우리로 하여금 예수께서 사시고 죽으시던 시간으로 돌아가게 한다. 그리고 그 오래전에 일어난 사건에 참여하게 하고 경험하게 하는 것이다. 성만찬의 셋째 행위는 성령의 능력을 통한 봉사이다. 성만찬이 애찬식 혹은 감정적인 과거의 기념에 그친다면 이것을 별로 큰 의미가 없는 것이다. 그러나 성만찬의 중요성은 세상을 향한 봉사에 있다. 따라서 선교적 명령이 성만찬의 결론에 놓이게 된다. "주님을 사랑하고 봉사하기 위하여 평화 속에 가십시오." 사랑에 의해 힘을 받은 봉사는 하나님의 사랑에 대한 우리의 응답이다. 따라서 하나님의 사랑은 코이노니아의 토대이다. 성자 예수의 삶과 죽음은 기념을 통해서 회상된다. 그리고 우리가 감당해야 하는 봉사는 성령의 능력에 의해 행해져야 한다. 이 삼위일체적 행위들은 분리될 수 없는 것이다. 그것들은, 셋 속에 하나이고 하나 속에 셋이듯이, 하나이다. 이런 삼위일체적 행위들이 없으면, 성만찬은 멜로 드라마나 잔치에 불과하다.

　　동양적 관점에서 본다면, 성만찬은 조상 제사와 밀접하게 연관된다. 일찍이 초기의 기독교 선교사들은 조상에게 제사하는 것을 우상 숭배라고 정죄하였다.2) 비록 조상 제사가 선교사들에 의해서 조상 숭

---

2) 조상 제사의 문제는 중국과 한국 선교사에서 매우 비극적인 사건들과 순교 사건들을 가져왔던 단초가 되었다. 물론 제사 문제는 선교사들의 동양 문화에 대한 평가를 단적으로 보여주는 예이기도 하다. 사실 중국의 가톨릭 선교사에서 예수회 신부들은 동양 문화에 대한 우호적인 접근을 시도했으며, 천주교 교리들을 유학을 통해서 전하고자 하였다. 물론 이것은 예수회 신부들이 중국 문화를 공부하고 연구한 토대

배로 번역되었다 하더라도, 제사는 죽은 조상들에 대한 기념 예배에
더 가깝다. 성만찬 예배와 같이, 이것은 죽은 자를 기념하는 예배 이상이
기는 하다. 이 조상 제사는 유교적 가르침에 의해서 강력하게 주장되었
다. 『효경』에서는 "부모를 살아 계실 때는 존경과 애정으로 모셔야 하고,
돌아가신 다음에는 살아계실 것처럼 생각해서 슬픔과 경건함으로 모셔
야 한다. 이것이 바로 효도하는 것으로 우리의 임무인 것이다."[2] 기독교
인들이 동양인들이 제사를 이해하는 것처럼 성만찬을 이해하는 것이
가능할까? 성만찬의 삼위일체적 행위에서는 예수를 기념하는 것은 단
순하게 그분의 삶과 죽음을 회상하는 것만이 아니고, 그분이 사신 것처
럼 그분에게 봉사해야 하는 것이다.

조상 제사에 대한 동양적 관점은 성만찬에 대한 새로운 통찰을
가져올 수 있다. 조상 제사가 가족 행사인 것처럼, 성만찬도 가정 안에서
행해질 수 있다. 조상 제사는 후에 가정과 종족에까지 확대되었는데,
그러나 그것의 시행은 원래 가족에 제한되었다.[3] 가족 안에서 행해지는
성만찬에 대한 강조는 우리로 하여금 가정의 성스러움을 깨닫도록 할
뿐만 아니라, 조상 제사에서 삼위일체적 행위(코이노이아, 기념 그리고
봉사)가 존재한다는 것을 인식하게 될 것이다. 유대교에서 유월절
(Passover)와 같이, 성만찬은 유대교의 신앙의 유월절 전통에 뿌리를
두고 있으며, 여기에서는 가정의 가장이 제사장처럼 행한다. 물론 이것

위에서 가능했다. 대부분의 중국철학서들이 예수회 선교사들의 라틴어 역으로 서
구에 소개된 것만 보아도 이런 사실은 자명해진다. 그러나 이런 예수회 선교사들의
노력은 선교의 열매로 이어지지 못했다. 그 후에 교황청에 의해 선교정책 자체가
수정되고 다른 수도회로 선교 주도권이 넘어갔다. 즉 동양 문화를 사탄시하고 정죄
하는 선교방향이었다. 이것은 문화 충돌을 일으켰고 수많은 순교자들을 한국, 중국
과 일본에서 양산하게 되었다. 물론 여기에는 여러 복합적 요인들이 작용한 것도
사실이지만, 이런 선교 정책의 변화가 결정적 요인으로 작용한 것도 사실이다. _
옮긴이 주

은 교회로부터 성만찬을 없애자는 것이 아니라, 기독교적 삶에 있어서 가정에 대한 새로운 차원을 시도해보자는 것이다.[4]

만약 성만찬이 가정 속에 도입된다면, 삼위일체의 가족적 상징은 우리가 신적 신비를 상정하는 데 매우 실질적이 된다. 이런 깊이와 신비에서 성만찬은 신적 친교, 신적 기념, 신적 봉사 등 신의 내적 삶에 연결된다. 신적 친교는 신 자체 속에 깊이 뿌리를 두고 있는 삼위일체의 시원이 없는 통일성과 사랑의 떼려야 뗄 수 없는 삶으로 상상될 수 있다. 이 사랑은 모든 사랑의 원천이고 우리 소망의 근거이다. 신적 기념(commemoration)은 신의 수난과 신의 죽음의 경험을 내적으로 회상하는 것으로 생각할 수 있는데, 말하자면 십자가상의 성자의 죽음이 우리의 구원의 원천이요 우리의 새로운 삶의 기초가 되는 것이다. 최종적으로, 신적 봉사는 성령의 현존을 통해서 세계 속에 드러난 구원의 행위가 계속되는 것이다. 이런 내적인 삼위일체적 행위들은 성만찬을 우리가 이해하는 원형들로 볼 수 있다. 따라서 성만찬에서 우리에게 주어지는 것은 이미 신적의 삶에 있어서 이미 정돈되어 있던 것이다.

설교는 개신교적 생활에 있어서 중심이 되는 것이다. 설교는 삼위일체적일 수 있을까? 우리는 대부분의 설교가 세 개의 주요한 주제를 가진다는 것을 알고 있다. 그러나 설교가 좋은 설교가 되기 위해서 세 개의 주제를(혹은 소주제) 가져야 하는 것은 아니다. 그러나 오랜 설교의 경험을 통해서 볼 때, 나는 좋은 설교는 세 개의 요소를 가져야 한다는 것을 깨달을 수 있었다. 이 서로 다른 요소들이 완전하게 표현되어서 서로 연결되어 하나가 될 때, 나는 설교의 삼위일체적 모델이라고 부를 수 있다고 생각한다. 이런 세 요소는 상황적 관심, 말씀의 현존 그리고 행위에의 결단 등이다.

상황적 관심은 설교를 듣는 회중들의 분위기와 태도와 연관된다.

설교를 듣는 회중들이 이 설교의 주제가 자신들의 삶의 정황에 적합하거나 매우 중요하게 연관될 수 있다고 생각하지 않는다면, 그 설교는 효과적이지 못하다. 회중은 여러 관심과 필요를 갖고 있으나 이런 것들은 분산되어 있기 쉽다. 그러므로 설교자는 어떤 절대적인 명제를 사용하는 것을 피해야 한다. 비록 회중들이 그것을 들으려고 한다고 해도 말이다. 이런 주제나 관심들이 열린 상태로 사랑으로 제시될 때, 설교는 성공적일 수 있다. 따라서 삶의 정황에 대한 관심은 친교나 사랑의 공동체와 밀접히 연관되어 있는데, 이것은 설교를 통해 자꾸 일깨워지고 발전되어야 한다. 하나님의 사랑은 설교의 벡터(기본 변수)이다.

설교의 둘째 본질적 요소는 말씀을 회중 가운데 현존하게 하는 것이다. 이런 점에서 설교는 단순하게 성경을 강해하거나 인용하는 것 이상이어야 한다. 설교는 세계 속에 그리스도의 증거를 말하거나 전하는 것 이상인 것이다. 설교는 예수께서 말하신 것 혹은 예수께서 우리로 하여금 세상 가운데서 행하기를 원하시는 것을 이해하는 것 이상이어야 한다. 설교에서, 설교자는 점점 사라져야 하고, 그리스도가 회중 앞에 드러나야 한다. 설교자는 자신을 자꾸 모퉁이로 보내야 하며, 그리스도가 가운데 서게 해야 한다. 설교자는 예수께서 전면에 드러나게 하기 위해서 자신은 자꾸 뒤쪽으로 빠져야 한다. 형이상학적으로, 그리스도가 회중에게 드러나게(visible) 하기 위해서, 설교는 설교자를 안 보이게(invisible) 하는 것이다. 삼위일체적 설교에서 그리스도는 회중 안에 몸이 되어야 하며, 말씀은 그들의 마음과 정신을 깨우쳐야 하는 것이다.

좋은 설교의 셋째 중요한 요소는 회중으로 하여금 행위를 결단하도록 돕는 것이다. 이런 말씀을 실천하는 헌신과 충성이 없는 설교는 불완전한 것이다. 그리스도를 향한 이런 개인적인 헌신만으로 충분한 것은 아니다. 이런 헌신은 반드시 세계를 향해 봉사하고 행동하고자 하는 결심을 동반해야 한다. 이것은 개인적 헌신을 위한 수단으로서 제단 앞에 나와 기도하게 하는 부흥회의 방식을 의미하는 것은 아니다. 이런 것은 자칫 순전히 감정적인 응답으로 변질되기 쉽다. 행위에의 결단은 감정적인 차원 이상의 것이어야 한다. 이런 헌신과 결단은 개인적이고 인격적인 것 이상이어야 한다. 이것은 반드시 공동체적인 헌신이어야 하며 전체 회중의 헌신으로 성령에 의해 이루어지고 강화되지 않으면 안 된다. 이것이 성령에 의해서 이루어지는 것이 아니라면, 이것은 교회라는 건물의 벽을 넘어가지 못하게 된다. 세계를 향해 봉사하고자 하는 결단은 반드시 세상 안에서 행해져야 한다. 왜냐하면, 이런 결단을 지속시키는 분이 성령이시며, 성령은 이 세상에서 존재하는 모든 것들의 생명의 본질이기 때문이다.

그러므로 삼위일체적 설교는 하나님의 사랑에 뿌리를 둔 삶의 정황에 대한 관심, 성자의 성육신을 통한 말씀의 현존, 성령의 능력을 통한 행위에의 결단이 있어야 한다. 설교 안에서 이런 세 요소들은 하나로 묶여야 하는데, 즉 셋이 하나 속에 있고 하나가 셋 속에 있듯이 말이다. 설교에서의 삼위일체의 원리에 상응하는 세 개의 공리들이 있다. 모든 설교에는 윤리적이고 합리적인 공리가 반드시 있기 마련인데, 이것은 정신의 기능과 밀접히 연관되어 있다. 또한 감정적 공리가 있는데 이것은 마음의 기능과 연관된다. 또한 정의적 공리가 있는데 이것은 낮은 배(abdomen)의 기능과 연결된다. 좋은 설교는 반드시 이런 세 공리를 통합하고 있어야 한다. 윤리적이고 합리적인 공리는 주류적 교회 전통(the mainline church)에서 대부분 강조되고 있다. 많은 신학 학파들에서는 최근에 설교에서 이런 합리적이고 윤리적인 중요성을 강조한다. 윤리적이고 도덕적 문제들에 있어서 수미일관한 합리적 논증은 신학교에서 시키는 훈련의 중요한 부분을 차지한다. 주류적 교회 전통의 대부분의 설교들은 기독교 신앙의 윤리적이고 도덕적인 가르침을 다루고 있다. 확실히, 어떤 도덕적 과제나 합리적 일관성을 갖지 않는 설교는 좋은 설교라고 보기는 어렵다. 삼위일체적 관점에서 볼 때, 합리적이거나 도덕적인 공리는 성부의 활동에 속한다.

얼마나 설교가 이런 합리적이고 도덕적인 가르침을 잘 다루고 있느냐와 상관없이, 감정적인 공리를 가지고 있지 않은 설교는 좋은 설교가 될 수 없다. 이 감정적 공리는 설교를 어떻게 전하느냐에서만 발견되는 것이 아니라 그 내용에서조차 발견되어야 한다. 감정의 요소는 우리가 설교하는 설교의 스타일에서도 발견되어야 한다. 이것은 종종 설교에서 이야기나 시의 형식으로 나타나게 된다. 우리가 살고 있는 이 시대의 주류적 교회 전통에서 행해지는 대부분의 설교는 이런 감정적 공리가 부족하다. 이것이 없으면, 설교는 생명력을 잃게 되는데, 왜냐하면 감정적 요소는 사물들을 살아 움직이게 하는 성령의 감동을 통해 가능한 것이기 때문이다.

끝으로, 정의적(volitional) 공리는 좋은 설교의 본질적 요소이다. 내 경험에 비추어 볼 때, 많은 평신도들은 설교의 효과를 설교자의 진지성이나 확신에 근거해서 판단하는 경향이 있다. 설교를 학자적 토론이나 사변적 논의와 다르게 구별해주는 것은 정의적 공리이다. 설교를 통해 제시하는 우리의 명제가 우리의 확신에 근거하지 않으면 안 된다. 비록 그것이 절대적인 명제이어서는 안 됨에도 불구하고 말이다. 확신에 찬 진술은 절대적인 명제와는 다르다. 왜냐하면 확신에 찬 진술은 잘못의 가능성을 포괄하고 있는 진지성의 표현이기 때문이다. 설교의 정의적 공리는 성부와 성령(성모)을 매개하시는 성자에 대한 우리의 믿음에 근거한 것이다. 따라서 삼위일체적 설교에서, 윤리적 공리는

성부 하나님에게 그 근거가 있으며, 감정적 공리는 성령의 감화를 통해
서 온다. 이 감정적 공리는 성자 하나님에 대한 우리의 믿음에 근거한
정의적 공리를 통해서 모든 것을 조화하게 이끄는 것이다. 따라서 삼위
일체적 설교는 통째로 이해하는 통전적 설교인데, 그것은 우리의 정신
과 마음과 우리의 모든 힘을 모아 하는 설교여야 하기 때문이다.

　　삼위일체적 교회 생활에 있어 마지막으로 명상을 살펴보아야 하겠
다. 명상은 교회 생활에 있어서 영혼의 역할과 같다. 그것은 교회에
있어 생명력과 소망의 원천이다. 따라서 교회의 생명력은 명상의 생명
력이지 다른 것이 아니다. 명상을 멈추면, 교회의 생명력은 고갈된다.
기도는 명상을 말과 생각으로 교류하는 것이다. 기도는 하나님과 교류
하려는 우리의 노력이다. 이것은 하나님과 사람 사이의 대화이다. 많은
다른 형태의 기도가 있을 수 있지만 오로지 하나의 명상만이 있다. 청원,
감사, 간구, 회개, 축도 등의 기도가 있다. 대부분의 기도들이 아들의
이름으로 아버지께 드려지는 것이기는 하지만, 성령이 늘 우리의 기도
가운데 현존하시는 것이다. 우리는 보통 삼위일체의 형식으로 기도를
시작하고 끝내게 된다. 가장 뚜렷한 예는 축도에서 발견되는데, 삼위일
체 하나님의 축복을 간구하는 것이다. 명상은 삼위일체적이기 때문에,
모든 기도는 삼위일체 형식으로 이루어지게 되어 있다.

　　기도와 명상을 명확하게 구분하는 것이 불가능하기는 하지만, 명상
은 기도의 내적 부분이요 기도는 명상의 외적인 표현이라고 할 수 있다.
명상은 말과 생각을 넘어서 있는데, 이것은 명상이 모든 사물들이 만나
지는 존재 자체에 도달할 수 있는 근본적인 태도와 마음이기 때문이다.
따라서 명상은 말과 언어, 깨달음으로 드러나는 모든 생각과 표현 형식
의 근본인 것이다. 침묵이 모든 소리의 원천이라면, 명상은 소리가 없는
것이다. 기도하는 것이 신의 현존을 감지하는 것이라면, 명상은 이런

감각을 넘어서서 신의 현존에 직접 도달하는 것이다. 명상은 존재의 깊이이나, 기도는 깊이에서 존재를 끌어 올려 드러나게 하는 활동이다. 명상이 없는 기도는 신약에서의 바리새인의 기도와 마찬가지이다. 현대 교회의 삶에 있어서 진정한 위기는 명상의 결핍에서 온다고 나는 생각한다. 명상이 부족할 때, 기도는 형식적이고 수사학적으로 세련된 것일 뿐이다. 이런 종류의 기도는 영이 살아 있는 기도가 아니며 진지한 기도일 수 없는 것이다. 교회가 명상을 수련하는 데 진정 관심을 기울여야 할 때이다. 따라서 기도는 명상의 동시적 표현의 하나여야만 하는 것이다.

명상은 보통 "요가"(Yoga)라고 부르기도 하는데, 이것은 "멍에"(yoke)와 어원적으로 같은 데서 왔다. 문자적으로 본다면, 명상은 우리를 신에 멍에 지우거나 연결시키는 것이다. 신에 도달하는 여러 형태의 명상 기술들이 동양에서는 발전되어 왔다. 그것들 가운데는 독송(chanting), 가부좌(asana), 상징에 집중하는 만달라(mandala) 따위가 집중하는 도구로 사용되어 왔다. 소리(독송)를 반복하는 것은 소리없는 상태에 도달하기 위한 것이고, 가부좌는 자신을 우주의 중심에 위치시키기 위해서 사용하는 것이며, 만달라는 상징의 세계를 넘어서기 위한 것이다. 이런 진정한 명상에서는 우리의 다섯 가지 감각 기관이 정지하고 명상하는 사람이 행동하지 않는 상태에 도달하는 것이다. 즉 생각이 일어나지 않는 단계인데, 가히 무의 경지라고 하겠다. 이런 종류의 명상은 신비주의 전통에 깊이 뿌리를 내리고 있는 것이기도 하지만, 이것이야말로 종교 생활의 본질이요 생명이라고 할 수 있다. 오늘날의 교회가 과거의 기독교 안에 있는 신비주의 전통을 되살려내든가 아니면 동양의 명상 방법들로부터 배우지 않으면 안 된다는 것이 내 확신이다. 교회 안에서 여러 명상 방법들은 소개하는 것은 이 장에서 하고자 하는 바를 넘어서는 것이기 때문에, 다만 명상이 가지고 있는 삼위일체적 사유들만을 간단히 언급해 보려고 한다.

삼위일체적 사고에 따르면, 물론 그것은 내가 제시해본 음양의 관계에 근거하게 되는데, 이원론은 "그리고"나 "속"(안)이라는 연결원리에 의해 다리 놓아지게 된다. 명상이 인간과 신을 연결하고 다리 놓으며 멍에 지우는 것이라면, 명상은 삼위일체적 사고에서 연결원리 이외에 다른 것이 아니다. 성령이 전통적인 삼위일체 형식에서 성부와 성자를 매개하는 연결원리이듯이, 명상은 신과 인간을 연결하는 원리인 것이다. 소리가 인간을 신으로부터 분리한다면, 명상은 이런 분리를 없애는 침묵을 창조한다. 우리의 사유가 신으로부터 우리를 분리시킨다면, 명상은 이런 분리를 없애는 무념과 생각을 멈춘 단계를 창조하는 것이다. 우리가 우리를 신으로부터 분리시키는 감각적 이미지에 깊이 매여 있다면, 명상은 이런 이미지를 넘어서게 한다. 따라서 연결원리로서의 명상은 신으로부터 우리를 분리시키는 모든 것들을 제거시킬 뿐만 아니라 우리를 신과 다시 연결시키는 조건들을 창조한다. 그러므로 명상 안에서, 우리는 신의 삼위일체란 공동체에 참여하게 되는 것이다. 우리는 신의 삼위일체적 삶 속에 있게 되는 것이다. 우리는 신적 삼위일체의 삶 속에 있게 되는데, 이것은 연결원리인 명상이 우리로 하여금 그 속에 머물도록 하기 때문에 가능한 것이다. 우리가 신적 삼위일체 안에 있게 될 때, 우리는 세상에서 떠나지 않고 인간적 삶을 넘어서게 되는 것이다. 하나님이 세상을 초월해 있으면서 세계 속에 내재하시는 것과 마찬가지로 말이다. 따라서 명상 안에서 우리는 세계를 넘어서 있고 동시에 세계 안에 존재하는 것이다. 진정한 명상의 상태에서, 우리는 바울처럼 "내가 산 것은 내가 아니요, 내 안에 그리스도가 산 것이라"(갈 2:20)고 고백할 수 있는 것이다. 나는 또한, 나는 세상 속에 있으나 세상에 속하지 않았다고 말할 수 있는 것이다.

삼위일체적 가정생활

가정은 존재의 기본 단위이다. 신의 존재조차도 아버지, 아들의 가족적인 이름을 가지고 있고 이것은 기독교적 삼위일체 개념을 형성시켰다.[5] 아들이신 예수 그리스도는 성부 하나님을 아버지 혹은 아빠라고 불렀는데, 이것은 신적 삶에 있어서 가정의 중요성을 이해하는 기초가 된다. 비록 신의 삼위일체의 이런 이름들이 "창조주"(Creator), "구원주"(Redeemer), "보존주"(Sustainer) 같은 명칭으로 대체된다고 할지라도, 이런 명칭들이 삼위일체의 가족적 이름을 온전히 대변해 줄 수는 없다. 예를 들어 "창조주"는 세계와의 관계에서 성부의 역할을 묘사하지만, 성부의 역할은 창조주 이상이다. 왜냐하면 성부는 또한 이집트에서 이스라엘 백성을 억압으로부터 해방시킨 해방자이기 때문이다. 성부가 가족적 삶 바깥에서 사용될 때, 아버지의 메타포는 가족에 그 근원이 있기 때문에 그 의미를 잃게 된다. 성자의 구원자로서의 행위가 세계와의 관계에서 정의된다고 할지라도, 성자의 이름은 또한 구속자나 구원자 이상의 의미를 가진다. 따라서 가족적 명칭들이 신약이나 초대교회의 교부들이 쓴 것과 마찬가지로 신의 삼위일체에서 근본적이라고 한다면, 이런 이름들을 어떤 다른 것으로 바꾸는 것이 가능할 수 있을까? 교부들은 가정이 삶의 기본 단위라고 생각했기 때문에 가족적 명칭들이 하나님에게 속한 것이라면, 우리는 가정을 삶의 기본 단위로 더 이상 보지 않기 때문에 삼위일체를 다시 생각하고 다시 이름 붙이는 것이 가능한가? 하나님의 이름들이 가부장적 사회의 상상력에 의해 조건 지워진 것이라면, 사회가 변했기 때문에 우리가 다시 이름을 붙이면

되는가?

신의 삼위일체를 우리 시대의 환경과 조건에 맞게 다시 수정하거나 재해석하는 것은 가능하다. 그러나 기독교의 정체성을 변화시키지 않는 한 하나님의 이름을 바꾸기는 사실상 너무 어렵다. 기독교가 하나님을 아버지라고 부른 예수 그리스도의 가르침과 인격에 기초하고 있다면, 그의 하나님과의 관계가 가부장적 사회에서 조건 지워진 것이라고 할지라도, 그의 하나님과의 관계를 변화시키는 것은 매우 어렵다. 예수 그리스도는 가부장적 사회에서 나오신 분이건 혹은 그렇지 않은 것인가에 관계없이, 그분이 하나님을 아버지로 이해한 것은 기독교의 하나님 이해에 근본적인 것이다. 게다가 동양적 전통에 따르면, 이름 바로잡기(整名, the rectification of a name)는 하나님의 삼위일체적 명칭을 생각하는 데 있어서도 매우 중요한 문제이다. 그 이름이 아버지라면, 그분은 반드시 아버지의 속성을 가져야 한다. 그렇지 않으면 아버지나 아들이라고 부르는 것이 가능하지가 않다. 예수께서 하나님을 아버지라고 불렀다면, 하나님은 아버지의 속성을 반드시 갖지 않으면 안 된다. 신의 이름의 중요성은 구약과 신약에 잘 나타나 있다. 사람들은 하나님의 이름으로 거짓 맹세를 할 수가 없었다. 왜냐하면 하나님의 이름을 망령되이 하는 것은 죄였기 때문이다(레 19:12). 우리는 예수의 이름으로 기도하게 되는데, 예수는 아버지의 이름으로 오셨기 때문이다(요 5:43). 예수의 이름은 모든 이름 위에 주어진 것이기에, 모든 이들은 예수의 이름 앞에 무릎을 꿇을 수밖에 없다(빌 2:9-10). 하나님을 예수께서 아버지라고 부른 것을, 우리가 다른 이름으로 바꾸는 것이 정말 가능한가? 예수는 하나님을 아버지라고 부르고 하나님을 아버지로 순종했으며, 아버지를 대신해서 죽으시기까지 하셨다면, 우리가 하나님의 이름을 어떻게 바꾸겠는가? 왜 예수는 하나님을 부모라고 부르지 않았을까? 예수께서 모계 사회의 전통에서 나오셨다면, 그는 하나님을 아마도 어머니라고 불렀을 것이다. 예수가 동양 사회에서 나오셨고 어머님의 사랑에 깊은 영향을 입었다면, 아마도 하나님을 어머니라고 불렀을 수도 있다. 그럼에도 불구하고, 예수는 어떤 시대와 장소의 제약을 받으신다. 기독교가 역사적 종교인 한에 있어서는, 우리는 역사가 조건지워 놓은 실재를 우리는 무시할 수 없다. 달리 말하면, 예를 들어 우리가 "아버지"라는 이름을 "어머니"로 바꾸는 것은 기독교를 비역사적인 종교로 만드는 것이다.

신적인 삼위일체에서 성 문제를 다룰 때의 해결책은 무엇일까? 하나님의 이미지를 가정의 여성 성원으로 바꾸는 것은 가부장적 사회가 만들었던 동일한 문제가 또 생기게 된다.[6] 다른 하나의 해결책으로서, 나는 삼위일체적 가정의 여성 성원으로 성령을 심각하게 고려할 것을 제안하고 싶다. 이 성령을 아버지를 상생하는 어머니로 다시 이미지화함으로써 하나님의 삼위일체 가정은 완성된다. 이 이미지는 예수와 하나님 사이의 기본 관계를 변화시키지 않고 필요한 균형을 가능하게 해준다. 게다가 성령의 여성성을 다시 인식함으로 해서, 삼위일체의 가족적 상징은 완전하게 회복된다. 그러므로 우리는 가정을 존재의 기본 단위로 재확인하게 되며, 가족은 신의 삼위일체적 삶 자체에 깊이 뿌리를 내리게 되는 것이다.

존재의 기본 단위인 가정이 우리 삶의 원형으로 신 안에 나타나게 된다면, 우리는 가족제도가 신의 가정을 반영하고 있기에 소홀히 할 수 없는 것이다. 이것은 신의 가족의 원형이 인간적 상황의 매개가 없이 하늘에서 만들어진 것이라는 것을 이야기하고자 하는 것이 아니다.[7] 하나님의 가족적 이미지가 인간의 상황에 의해 조건 지워진 것이긴 하지만, 이것은 기독교가 시작되면서 만들어진 이미지로, 융의 개념을 빌리자면, "원형"(archtype) 혹은 "집단적 무의식"(collective unconscious-

ness)이라고 볼 수 있다. 물론, 그의 원형적 모델조차 인간의 삶의 정황에
의해 영향을 받은 것이긴 해도, 우리는 상황적 접근을 피할 수 없는
것이다. 이렇게 상황적으로 접근해 나가기 위해서는, 현재의 가정이란
컨텍스트가 신의 삼위일체의 가정적 삶을 해석하는 기준이 될 수밖에
없는 것이다.[8] 예를 들어, 우리는 신의 가정적 삶이 우리의 가정생활이
불안정하기 때문에 불안정한 것이라고 말할 수는 없다. 우리가 우리
가정경험을 통해 신을 규정할 수는 없기 때문이다. 현재 형태의 우리의
가정적 삶은 신의 삶의 규범이 될 수는 없는데, 왜냐하면 신의 삼위일체
의 가정적 삶이 우리의 가정생활의 원형이기 때문이다. 따라서 하나님
의 과거의 가정적 이미지는 우리의 가정의 원형이 되었고, 그렇기 때문
에 그 이미지를 바꾸는 것은 거의 불가능한 것이다. 신의 삼위일체의
원형을 바꾸는 것은 삼위일체의 정체성 자체를 바꾸는 것이다. 그러므
로 우리가 가정을 이해하는 기준은 신의 삼위일체일 수밖에 없다.

　삼위일체가 우리의 가정생활의 원형이라면, 우리는 신의 삼위일체
의 빛 앞에서 우리의 삶을 재조명해 보아야 한다. 성부 하나님이 성자
하나님을 사랑했듯이, 우리는 또한 건전하고 양육하는 부모의 사랑으
로 우리 자식들을 키워야 한다. 부모의 사랑의 모델은 우리를 향한 하나
님의 사랑의 메타포로 사용되어 왔는데, 부모의 사랑은 자녀들이 경험
할 수 있는 최초의 사랑이기 때문이다. 하나님의 부모적 사랑은 우리가
세상에서 경험할 수 있는 어떤 사랑보다 앞서기 때문에, 우리가 사랑하
는 것이 가능하다. 그러므로 하나님께서 우리를 먼저 사랑하셨기 때문
에, 우리는 서로를 사랑해야 한다고 말할 수 있다. 혹은 단순히 "하나님
이 먼저 우리를 사랑하셨기 때문에 우리도 사랑을 합니다"(요일 4:19).
부모의 사랑이란 관점에서 볼 때, 하나님은 우리의 존재의 근원이고
부모의 원형인 최초의 부모의 이미지이다. 신의 삼위일체의 가정적

이미지는 인간 가정의 원형이고, 이것은 우리가 현재의 우리의 가정생활을 이해하는 기준이 된다. 인간은 하나님의 형상으로 지음을 받았기 때문에, 우리의 가정은 가정이신 하나님을 반영하고 있는 것이다.

신의 삼위일체의 가정적 생활은 인간의 가정의 원형으로 우리의 사회적 정치적 조건을 초월한다는 것을 설명해왔다. 왜냐하면 신의 삼위일체의 생활은 창조 속에 반영된 것이기 때문이다. 달리 말하면, 신의 삼위일체(신의 가정)와 인간의 삼위일체(인간의 가정) 사이의 상관관계는 우주론에 근본적으로 나타나 있다. 신의 삼위일체의 가정적 삶은 인간의 삶에 나타나 있을 뿐만 아니라, 동물과 다른 피조물의 세계에도 나타나고 있는 것이다. 우리는 대부분의 인간 밑에 있는 종들이 남녀의 배우자와 자손이란 가정의 형태를 가진다는 것을 발견하기 시작했다. 심지어는 원자 아래의 차원에서조차, 우리는 원자의 핵이 존재의 기본 단위인 가족의 형식을 가진다는 것을 발견하게 되었다. 따라서 가족의 형태는 인간에게만 제한된 것이 아니다. 이것은 우주 안에 존재하는 만물들의 존재의 기본 단위인 것이다. 이런 점에서, 삼위일체의 가정적 삶은, 생물이든 무생물이든 관계없이, 만물 가운데 나타난 하나님의 이미지와 비슷한 것이다.

우주론적 인간학의 전제에 기초해서 본다면, 동양적 삼위일체는 우주 속에 나타난 하나님의 이미지인 삼위일체와 밀접히 관련을 맺고 있다. 이미 말해온 대로, 동양의 삼위일체는 하늘과 땅과 사람(다른 존재들을 우리의 형제, 자매로 받아들이면서) 즉 우주 가족으로 시작된다. 하늘은 아버지이고 땅은 어머니이고 사람들과 다른 존재들은 하늘과 땅의 자손들이다. 이것은 "가정적 삼위일체의 대우주적 짝들인 하늘, 땅, 사람들"인 것이다.[9] 가정의 삼위일체적 형태는 유기적이고 역동적인 세계관에 근거한다. 세계를 유기적이며 살아있는 것으로 만드는 것은 그 생산성에 있다. 자손을 낳는 것을 통해서, 유기체는 성장하고 살아남게 된다. 따라서 음양, 남성과 여성은 출산을 통해서 자신들을 완성해 간다.[10] 이것은 왜 가정이 이항적(binitarian) 제도가 되지 않으면 안 되는 까닭이다. 자녀가 없으면 가정은 동양적 전통에서 완성되지 못한다. 이런 정신은 구약에서도 잘 나타나 있다. 아브라함은 자신의 자녀를 갖기를 원했는데 이것은 일부일처제적 이상보다 강력한 것이었다. 그러므로 그는 부인의 하녀에게서 아들을 잉태하게 되었다.

역동적이고 생동적인 우주론에서 본다면, 아버지, 어머니, 자녀들의 세 인격들 즉 삼원성은 가족 구조의 본질적 요소들이다. 따라서 가정의 기본 구조는 삼위일체적이다. 이것은 모든 존재의 기준이요 원형이다. 가정은 원자와 같이 존재의 기본 단위인 것이다. 누구든지 이런 근본적인 구조적 단위를 벗어나서 존재할 수 없는 것이다. 달리 말하면, 원형적 공동체성의 삼위일체의 단위는 고독한 삶으로 이끄는 개인 존재보다 더욱 기본적인 것이다. 가정은 최소한 세 성원을 포함하는 하나의 단위인데, 서로를 포함하고 있는 것이다. 이런 점에서 하나(하나의 단위)는 셋(성원들)이고 셋은 또한 하나이다. 그런 삼위일체적 가정의 구조는 창조적 과정과 진화의 원형이다. 모든 우주적 과정은 삼위일체적 가정을 배태하고 있는 것이다.

그러나 삼위일체적 가정 구조 안에서, 앞의 7장에서 제시한 대로 다양한 관계의 질서들이 있다. 이런 세 인격의 내적인 관계는 평등하나, 그들의 역할은 다르기 때문에 위계적 질서를 만들어내게 된다. 이런 위계질서는 질서와 효율적인 활동을 위해서 불가피하다. 따라서 삼위일체 가족의 질서와 역할은 때에 따라 삶의 변화되는 상황에 맞추기 위해서 변하게 된다. 그러나 아버지(남편)와 어머니(아내), 자녀들로 구성된 삼위일체 가정의 기본 단위는 변할 수 없다. 이것은 인간과 모든 존재들의 삶의 원형적 패러다임적 단위이기 때문이다. 이런 모범적인 관점에 따르면, 여성 성원을 포함하지 않는 전통적인 신의 삼위일체에 대한 해석은 불완전하다. 따라서 성령의 이미지로 여성으로 해석함으로써, 삼위일체의 가정적 패러다임을 완성할 수 있다.

이런 패러다임을 기본으로 해서, 우리 세대의 가정 구조의 문제를 집중적으로 살펴보도록 하자. 현대 가정 구조에 있어서 동서양의 차이를 일반화 시키는 것은 위험하기는 하지만, 동양의 가정이 부모와 자식 사이의 종적 관계가 강하게 나타난다면, 서양에서는 부부 사이의 횡적인 관계가 중심이 된다고 보는 것은 큰 잘못은 아니다. 가정 구조에서 종적 구조의 문제는 가부장적 제도와 연관되어 있으며, 가계를 계속 이어 가는 데 깊은 관심을 기울인다. 한편 횡적 관계는 민주제도와 관계가 있고 각자의 자아를 실현하는 데 깊은 관심을 기울인다. 종적인 관계를 강조하기 때문에, 동양의 부모들은 그들 자신들보다는 자식의 복지와 성공에 더 많은 관심을 기울인다. 한편 횡적인 관계를 강조하는 미국의 부모들은 자식들의 문제보다는 자신들의 관심과 이익에 더욱 관심을 기울인다. 물론 이런 일반화는 예외인 부모들에게는 적용되지 않는다. 그러나 삼위일체적 구조를 반영하는 이상적인 가정은 종적이고 횡적인 관계들을 결합해야만 한다. 이것들이 결합되었을 때, 가정은 부부 사이의 상호이해를 완성시켜 갈 뿐만 아니라, 자식들의 관심사를 충족시켜 줄 수 있다. 그러나 이런 관계를 충족시켜 줄 수 있는 이런 특별한 지침이나 필요한 가이드 라인을 제시하는 것은 이 장에서 다룰 수 있는 범위를 넘어서 있다.

게다가 횡적이고 종적인 관계를 조화시키는 새로운 구조는 가정생활에서 공동체성을 강조하는 동양적 전통과 개인성을 강조하는 서양적 전통이 결합되어야 한다. 동양 사회에서, 공동체 의식은 개인의식보다 종종 강하게 나타난다. 공동체는 개인보다 더 중요한 것이다. 공동체의 기본 단위로서 가정은 개인 성원들이 뿌리를 내리고 있는 토대가 되는 것이다. 달리 말하면, 가정은 삶의 가장 기본적인 단위이기 때문에, 각 개인들은 가정을 위해 살다가 죽는다. 따라서, 공동체성은 개인보다 앞서는 것이다. 이미 3장에서 언급한 대로, 한국에서 예를 들어 "나의 엄마", "내 아내", "내 남편", "내 집"이라고는 거의 말하지 않는다. 우리는 보통, "우리 엄마", "우리 아내", "우리 남편", "우리 집"이라고 말한다.[11] 우리 엄마는 우리 가정의 엄마라는 말이 된다. 왜냐하면 개인성은 가정이란 단위보다는 이차적인 문제이기 때문이다. 여기에서 우리는 영어의 "We" 이상이다. 그것은 단순한 복수성 이상인데, 왜냐하면 그것은 단순한 다자의 결합이 아니라, 나누어질 수 없는 개인 존재의 기본적 단위이다. 달리 말하면, 이것은 "다수 속의 하나", "하나 속의 다자"를 의미하는 삼위일체적 개념에 가깝다. 그러나 미국 가정생활에서 개인성은 공동체성을 압도한다. 그것은 가정을 만드는 것은 개인이지, 개인을 유지하는 것은 가정이 아닌 것이다. 달리 말하면, 서양에서 개인들은 가정 구조의 기본이다. 또 다시, 이상적 가정의 형태는 신의 삼위일체의 원형을 반영하고 있는 것이며, 동양의 공동체성의 강조와 서양의 개인성의 강조가 이상적으로 결합되는 것이다. 공동체성인 하나와 개인성을 의미하는 셋이 가정의 삼위일체적 원리를 가능하게 한다. 하나는 셋 속에 있고 하나 속에 셋이 있을 때, 신의 삼위일체의 원형이 가정생활에서 완전하게 실현된다.

오늘날의 가정이 직면하고 있는 심각한 문제는 삼위일체적 성원의 부재인 것 같다. 신적인 삼위일체가 우리 가정의 원형이라면, 아버지, 어머니 그리고 자녀의 공존은 이상적인 가정을 위해서 본질적이다. 그러나 이 세 인격들의 공존이 우리 가정생활을 가능하게 하는 것이 아니다. 가정은 남자 혼자나 여자 혼자로 시작되기는 한다. 가정이 확립되려면 두 구성원이 있어야 한다. 음양의 관계와 같이, 초기 형태의 가정은 부부로 이루어진다. 둘의 관계는 사랑으로 굳게 맺어지는데, 사랑은 삼위일체적 사유에서 연결원리이다. 성부와 성자는 성령을 통해서 연결되는 것과 같다. 성령은 연결원리로 작용하는 것과 같이, 가정은 사랑으로 연결된다. 사랑은 결혼과 가정생활의 처음에 에로스의 형식으로 나타날지라도, 에로스의 사랑은 점차적으로 변화하여 아가페의 사랑이 된다. 아가페의 사랑은 받는 것보다 서로 주는 사랑이다. 사랑을 줌으로써, 가정의 성원들은 사랑을 받는다. 이것은 부부를 결합하는 서로 주고 받고 상생하는 사랑이 자식에게서 드러나게 된다. 자식은 그래서 중심을 차지하게 되는 것이다. 주역의 소성괘로 표현되는 것과 같이, 밑에 있는 효는 땅이나 어머니를 의미하고 위에 있는 효는 하늘이나 아버지, 가운데 효는 인간, 하늘과 땅의 자식을 상징한다. 가운데에 위치한 자식은 부모의 애정을 받게 된다. 그러나 동시에 자식들은 그들 둘 다를 결합한다. 후에, 자녀가 자라서 어른이 되자, 그들은 가정을 떠나 자신들의 가정을 이루게 된다. 따라서 그 가정은 자녀는 없다. 부부 중의 하나가 죽을 때, 가정은 하나의 구성원만으로 이루어진다. 이런 방식으로 인간의 가정에서 세 인격들이 늘 공존하는 것이 가능한 것은 아니다. 그러나 신의 가정에서조차도, 하늘이 없었던 때가 있었다. 성자가 십자가에서 못 박혔을 때이다. 인간의 가정은 영원한 것이 아니고 일시적이다. 그래서 늘 하나에서 셋으로 셋에서 하나로 이행단계에 있는 것이다.

가정은 하나에서 셋으로, 셋에서 하나로 이행하기 때문에, 혼자 있는 가정은 신의 가정의 원형을 반영하고 있는 이행단계에 있는 것으로 생각할 수 있다. 내가 "혼자 있는 가정"이라고 말할 때, 혼자 살고 있는 하나의 사람을 의미한다. 혼자 있는 가정은 아내나 남편이 될 수 없다 할지라도, 그 사람은 이행 단계의 가정이다. 이 혼자 있는 가정은 영원한 형태는 아니고 일시적으로 신의 삼위일체를 드러내고 있다. 더욱이, 이 이행단계의 가정은 신적인 삼위일체의 충분한 표현이다. 삼위일체 는 하나와 셋의 공존을 동시에 의미하듯이, 단일성은 삼위일체성의 잠재성일 뿐만 아니라, 삼위일체의 완전한 표현이다. 하나는 셋 속에 있고 셋은 하나 속에 있듯이, 혼자 있는 가정에도 셋의 잠재적인 성원들 이 존재한다. 따라서 "혼자 있는 가정"은 아직 가시적 형태로 나타난 것은 아니다.

편모나 편부의 가정은 삼위일체의 가정의 이행적 단계이다. 편부나 편모가 자녀들은 갖고 있어도 남편이나 아내가 없기 때문에, 이것은 불완전한 드러남이다. 따라서 이런 가정은 편모나 편부와 자녀들 간의 종적인 관계만 존재하게 된다. 이런 종적인 관계에서, 그들 사이에 드러 나는 사랑은 분별화된 사랑이다. 부모는 자녀를 자녀로서 사랑하고 자녀는 부모를 부모로서 사랑한다. 부모의 사랑은 자녀를 양육하는 사랑이지만, 자녀들의 사랑은 효도하는 사랑이다. 그들의 사랑이 분화 되지 않고 그들의 관계가 더 이상 종적인 것이 아닐 때, 가정은 혼돈에 빠지게 되고 가정에서는 갖가지 문제들이 생겨나게 된다. 따라서 편부 나 편모 가정에서, 종적인 관계는 분화된 사랑의 영역 안에서 지켜져야 만 하며, 그것은 부모와 자녀를 연결하는 원리로 작용해야만 한다.

자녀들이 없는 가정은 삼위일체 가정 구조의 이행 단계에 있다. 이런 구조에서 삼위일체의 가정은 제삼자가 있지 않기 때문에, 삼위일 체의 가정은 완전하게 나타난 것은 아니다. 자녀가 없기 때문에 이런 가정은 부부 사이의 횡적인 관계로만 이루어진다. 먼저 말한 대로 이런 가정에서 상호 관계는 사랑에 의해 맺어진다. 그 사랑은 에로스로 시작되어 아가페의 사랑으로 끝나게 된다. 부부는 자녀들이 탄생할 때, 아버지와 어머니가 된다. 부부와 자녀들 간의 종적인 관계는 삼위일체적 가정 구조를 완성하는 어머니와 아버지의 횡적인 관계에 더해지게 된다. 비록 모든 가정이 삼위일체의 구조를 완성하는 것은 아니지만, 모든 가정은 이행 단계에 있고 신의 삼위일체를 반영하고 있는 것으로 생각된다. 어떤 가정들은 다른 가정과 같이 이상적으로 삼위일체적 구조를 보여주는 것은 아니지만, 그럼에도 불구하고, 그것들은 신적 원형을 드러내고 있는 것이다. 이것들 중에 어느 것도 신적 삼위일체를 완전하게 반영하는 것은 아니나, 우리는 이상적 가정은 신의 삼위일체의 가정생활에 깊이 뿌리를 내리고 있는 생활의 기본 단위라는 것을 잊어서는 안 된다. 가정으로서의 하나님은 그 위에 우리의 가정이 우리의 세계가 지어지는 원형인 것이다.

우리의 신학적 사고에 깊은 영향을 미치는 것은 우리 시대에도 변하지 않는 가족생활의 상태이다. 오늘날 결혼은 반 이상이나 깨어지고 있다. 통계 수치는 이런 가정들이 겪어야 하는 비극과 감정적인 격랑에 관해서는 거의 말하지 않는다. 특별히 아무 죄도 없는 어린이들이 이혼과 가정 폭력의 희생양들이 되고 있다. 가정이 깨어지는 것은 나라와 세계를 결국에는 파괴할 정도로 가공의 힘을 가진 핵폭발과 같다. 가정의 파괴는 배우자들 사이의 상호에 대한 헌신이나 서로에 대한 사랑이 부족하기 때문이다. 그러나 가정파괴의 가장 근본적인 문제는 가정의 구조와 관련이 있다. 부부에 의해서 만들어진 헌신이 얼마나 강력한가에 관계없이, 그들이 서로를 얼마나 사랑하는가에 관계 없이, 견고한 기초에 서 있는 좋은 구조를 갖지 못한다면, 결혼이나 가정은 성공적일 수 없다. 모래 위에 서 있는 집이 비바람과 폭풍, 홍수를 견딜 수 없는 것과 같이, 상호의 계약에 의해서만 서 있는 가정은 심각한

위기들을 견뎌내기 어렵다. 달리 말하면 가정이 단순하게 부부 사이의 횡적인 관계에만 의지해 서 있다면, 그것은 좋은 기초에 서 있는 것이 아니다. 필요한 것은 가정을 삼위일체적 원형 위에 세우는 것이다. 그것은 신과 인간 사이의 종적 관계를 통해 접근할 수 있는 것이다. 따라서, 하나님 가정의 깊이에 도달할 수 있는 것은 상호 간의 헌신뿐만 아니라 명상이다. 이것은 인간 가정의 기초가 되어야 한다. 인간 가정이 명상을 통해서 신적 가정을 감지하게 될 때, 성적인 사랑은 아가페적 사랑으로 변화하게 되며, 경쟁의 분위기는 전체를 상생하는 분위기로 변하게 된다.

가정이 신적 삼위일체를 반영하는 생활의 단위라면, 가정보다 더욱 신성한 어떤 조직체도 있을 수 없다. 지금은 기독교 안에서 가정의 신성성을 다시 찾아야 할 때이다. 비록 가정이 생활의 가장 신성한 단위라고 할지라도, 교회는 이런 가치들을 인식하지 못하고 있다. 가정은 신의 삼위일체의 성전이고 코이노니아의 원형적 표현인 것이다. 성스러움을 경험하는 것은 가정 안에서 이루어져야 하며, 신적인 삼위일체의 현존이 거기에서 강력하게 나타나야 한다. 가정 단위의 연장으로서 교회는 반드시 가정의 성스런 행위들을 잘 지지해 주어야 한다. 예를 들어, 내가 말한대로, 교회는 가정에서 성만찬의 제도를 가장이 수행하도록 함으로서 가정생활을 성스럽게 만드는 데 기여할 수 있다. 평신도가 성례전의 수행에 참여하게 만드는 것은 만인 사제설의 프로테스탄트의 원칙에 충실한 것이다. 성례전을 사제들만이 수행하는 사제들의 독단은 가정의 신성함을 소멸시키고, 성례 행사에 평신도가 완전하게 참여할 수 있는 권리를 박탈하는 것이다. 제도적 교회는 가정을 세속적 영역으로 선포하고 교회만을 신성한 영역이라고 말하는 경향이 있다. 이런 점에서 교회는 간접적이긴 하지만 가정 구조가 점점 열악해지는 것에 일부의 책임을 져야 한다. 가정의 거룩함을 교회가 인식함으로써, 가정 생활의 연대를 강화시켜 줄 뿐만 아니라 가정과 어디에서나 평신도 목회를 격려할 수 있다.[12] 우리는 가정이 최초의 기독교인들의 교회였으며, 가정이 "하나님의 가정"의 이미지라는 것을 기억하지 않으면 안 된다.[13]

세계 속의 삼위일체적 생활

삶이 기본 단위로서 삼위일체적 가정은 세계 속의 사회와 공동체적 삶을 이루고 있는 기본적인 건물군이다. 사회는 가정이 단순하게 모여 있는 것만이 아니고 가족 단위들의 모자이크와 같다. 사회가 가족 구조의 연장일 때, 사회는 대우주적 차원의 가족이 된다. 한편 사회는 다양한 가족 단위들의 모자이크로 이해할 수 있다. 사실상 사회는 대가족이면서 동시에 많은 가족들의 모자이크이다. 대가족 이미지인 사회는 가족 생활의 특징과 비슷한 많은 특징들을 갖고 있다. 사회의 성원들은 다르나 함께 연결되어 있다. 그들은 같은 성원들이라는 점에서는 평등하나, 사회가 효율적으로 돌아가기 위해서는 기능적인 위계질서를 받아들여야 한다. 교회를 그리스의 몸이라고 표현하듯이, 몸의 메타포를 써서 사회를 생각해 보는 것을 좋은 시도이다. 몸과 같이 사회는 많은 다른 성원들을 가지고 있으나, 모두 전체의 공통된 목적을 위해서 협력해서 일해야 한다.

일찍이 몸의 각 부분들과 그에 따른 기능상의 차이는 상호연결되어 있으며, 이것은 결국 사회의 위계적 질서를 만들어냈다. 인도에서 직업에 근거한 사회적 정책의 점진적인 발전은 세 가지 기본 카스트로 발전되었다. 즉 사제 계급인 브라만, 통치계급은 크샤트리아, 상인 계급인

바이샤이다. 이런 세 계급에 덧붙여져서 종인 수드라가 있다. 사제 계급
은 머리, 통치계급은 가슴, 상인 계급은 몸통에 해당한다. 종인 수드라는
다리에 해당한다. 이런 비슷한 구조는 플라톤의『공화국』에서도 나타
난다. 상층 계층은 지혜자 즉 철인들이고, 중간은 힘 있는 기사들과
통치자들이며, 가장 낮은 계급은 다수의 대중들이 차지하는데 이들은
통치자들을 위해 봉사한다. 동양에서 이와 비슷한 계급의 범주들이
발달하였다. 양반, 평민 그리고 종들이다. 사대부는 인간의 머리에 해당
하고, 평민은 몸통, 종들은 다리에 해당한다. 이런 사회적인 계층화는
삼위일체적 기능을 보여주고 있으며, 이것은 공동체 생활의 본질적인
측면이다. 그러나 이런 구조들은 삼위일체의 왜곡된 이미지를 보여주
는 것이다. 왜냐하면 기능적 차이는 권력과 기득권이라는 영구한 구조
를 만들어내게 되었던 것이다.

　　우리 시대에 서구 자본주의 사회에서도 이런 계층적 분화를 목격하
게 된다. 이런 분화는 부를 기초로 해서 일반적으로 이루어지고 있다.
상부 계층은 중산층보다 부자이고 중산층은 하층민들보다 많은 부를
거두어들인다. 비록 부는 사회 계층화를 결정하는 결정적인 요인들이
기는 하지만, 계층과 기능은 일반적으로 상호 연결되어 있다. 상부 계층
은 통치자로 역할을 하며, 하층민들은 지배받는 사람들의 역할을 한다.
이런 두 계층 사이에 이들의 균형을 잡아주는 중간층이 있다. 중간층은
가운데에 위치하며, 사회의 삼위일체적 구조 속에서 연결원리로서 역
할을 한다. 중간층이 부재할 때, 균형은 파괴되고 사회는 불안전해진다.
지배 계층과 피지배층 혹은 부자와 가난한 사람들, 엘리트층과 대중들
사이의 갈등과 충돌은 중산층의 부족에 그 원인이 있다. 음양이 제삼자
때문에 서로를 상생해 준다. 이 제삼자는 태극 이미지 안에서 "양 안의
음", "음 안의 양"으로 대변된다.[14] 전체를 위해 기능하는 한 사회는

제삼자를 통해서 상층과 하층 사이의 상생적 관계를 제공한다. 삼위일체적 사유는 우리 정부의 구조에도 나타나고 있다. 행정, 사법, 입법을 담당하는 삼부에 의해서 권력의 균형이 잡히게 되는데, 이것이야말로 정부가 영구한 형태를 취하게 되는 열쇠로 보인다. 따라서 삼위일체적 원리는 인간 사회의 사회정치적 생활에서 주도적 역할을 하게 된다.

사회를 대가족 제도의 이미지로 생각하는 것 이외에, 많은 가정 단위들의 모자이크로서 생각할 수 있다. 물론, 사회는 다른 가정들이 모여서 이루어졌고, 이 가정들이 최초의 부족을 이루게 되었다. 따라서 다른 부족 사회들은 모여서 종족이나 문화적 집단들을 이루게 되었다. 우리가 사회를 유교적 범주를 사용해서 설명한다면, 우리는 가정의 전통은 마을의 전통이 되고, 그것은 결국에는 나라의 대전통이 된다. 이런 점에서 종족성은 대가족을 결속시키는 것 이상이며, 대가족은 우리가 살고 있는 복수·다문화 사회를 이루게 된다. 하나의 세포가 분열을 통해 배로 불어나서 많은 세포를 이루는 몸을 만들어 가듯이, 우리 사회는 계속 증가하고 삼위일체적 진화를 하고 있는 것처럼 보인다. 최초의 가정의 신비한 측면을 우리는 창세기에서 발견하게 되는데, 가정은 사회의 기원이 되었다. 아담과 이브 그리고 그들의 자녀들은 최초의 가정을 이루게 되었다. 최초의 첫째 아들인 가인은 결혼하여 에녹의 아비가 되었고, 에녹은 다시 결혼하여 이랏의 아비가 되었다. 아벨은 가인에 의해 살해되었으나 셋째 아들인 셋이 결혼하여 에노스를 낳게 되었다. 이런 방식으로, 아담부터 노아까지 세대가 계속되었으며, 인구는 결혼을 통해서 계속 증가되었다.

어린이가 자랐을 때, 그들은 결혼하여 자신들의 가정을 이루게 되었다. 다시 그들의 자녀가 자라서 그들의 가정을 만들게 된다. 이런 방식으로 세포가 증가하듯이, 가정이 불어나고 종족을 이루게 되었으

314 삼위일체의 동양적 사유

며, 마침내는 세계적인 공동체가 탄생하게 되는 것이다. 이런 가정이라
는 관점에서 볼 때, 사회는 수많은 가족들의 모자이크인 것이다. 지구상
의 모든 가족들은 성서적 증언에 따르면, 신의 삼위일체의 이미지, 즉
원형적 가정의 DNA를 갖고 있는 것이다. 사회라는 궁극적 건물의 덩어
리는 개인이 아니며 공동체, 즉 삼위일체적 가정 공동체이다. 따라서
사회는 역사상의 수많은 가정들의 모자이크이다. 이것은 신의 삼위일
체 가정을 대변하고 있다. 보프는 정확하게 지적했다. "세계와 역사의
궁극적 원리는 개별적인 개인이 아니고, 하나님의 가정 - 신적 공동체이
다. … 따라서 삼위일체는 닫혀져 있어서는 안 되며 서로 교유하여 인간
의 삶의 성전을 만드는 것이다. 삼위일체는 우리 안에 그리고 우리의
역사 속에 거하는 것이며 우리 각자를 신을 닮아가게 하는 것이다."[15]
　　우리가 세계를 신의 삼위일체적 가정의 실현이라고 이해할 때,
"신의 가계" 혹은 "신의 가정"인 세계는 특별한 의미를 갖게 되는 것이다.
대 삼위일체 가정은 많은 다른 삼위일체적 가정들을 포함하게 된다.
이것은 몸에 비유될 수 있는데, 몸은 커다란 유기적 기관일 뿐만 아니라
같은 기관 안에 수많은 살아있는 세포들의 모자이크이다. 몸은 하나이
지만 많은 부분들로 이루어져 있듯이, 우리가 오늘날 살고 있는 세계는
하나의 지구촌 사회이지만 많은 종족과 문화적 집단들의 모자이크이다.
"하나이나 다수"라는 관념은 삼위일체적 원리에 근거하게 되는데, 왜냐
하면 세계 속의 모든 것은 신의 삼위일체를 보여주는 것 이외의 다른
것이 아니다. 하나는 통일성을 셋은 삼위일체적 원리 안에서 다수를
대표한다. 따라서 다원적 사회는 삼위일체적 사회이다. 왜냐하면 다원
주의는 "하나이나 다수"를 의미하고 이것은 "다수 속의 하나" 혹은 "하나
속의 다수"를 의미한다. 다원사회에서 살기 때문에, 우리는 삼위일체적
세계에서 삼위일체적 삶을 경험하는 것이다.

삶의 기본 원리가 삼위일체적이라면, 가장 효과적으로 우리의 삶을 살아가는 방법은 삼위일체적 사유 방식을 따르는 것이다. 다원주의적 삶을 다루는 단일신론적 접근 방법은 실패할 수밖에 없다. 다원적 공동체에서 나오는 문제는 삼위일체적인 문제이고 이것은 삼위일체적 사유를 통해서 효과적으로 해결될 수 있다. 그러므로 삼위일체적 관점에서 삶의 몇몇 문제를 생각해 보겠다. 다원사회에서 생기는 문제는 너무 많기 때문에, 종족, 성, 계층, 완전한 사회, 시간 개념 등의 영역에 한정해서 논의해 보겠다.

다른 종종적 인종적 집단은 다원 사회의 일부이다. 예를 들어 미국에는 많은 종족과 아종족적 집단들이 있다. 멜팅팟(melting pot)이라는 개념은 틀림없이 다원적 이상이라기보다는 단일신론적 이상에 근거하고 있다. 왜냐하면 신의 창조의 기본 설계로서 종족적 인종적 차이들은 중요하게 여겨지지 않기 때문이다. 삼위일체의 원리가 창조의 기본인 한에서, 그 차이들은 전체 안에서 존재하지 않으면 안 된다. 창조의 차이는 셋이란 상징적 표현 안에서 발견되는데, 창조의 전체성은 하나의 상징적 표현이다. 종족적 인종적 현존의 차이가 배타적이고, 종종 혹은 민족중심주의적인 대변에 의해서 부인된다면, 조화가 깨어지고 분화된 요소들이 사회 안에서 일어나게 된다. 삼위일체적 원리 안에서, 셋 사이의 차이는 본질적이다. 성부가 성부인 것은 그분이 성자나 성령과 다르기 때문이다. 성자는 성부와 성령과는 다르기 때문에 성자인 것이다. 게다가 성령은 성자도 성부도 아니기 때문에 다른 것이다. 이들의 차이가 부정된다면, 그들은 삼위일체의 성원들로서의 그들의 정체성을 잃어버리게 된다. 이와 같은 방식으로, 동양계 미국인들은 아프리카 출신 미국인이나 유럽계 미국인들과는 다르다. 이들의 차이는 신의 삼위일체 안에서 세 인격들의 차이를 반영하는 것이다. 달리 말하면,

우리는 다르게 창조된 것이다. 따라서 종족적 민족적 차이의 부정은 존재적 범죄이고, 죄의 근본적 형태인데 이것들이 하나님의 창조적 설계를 부인하기 때문이다.

그러나 종족적 차이만을 단순하게 인식하는 것은 삼위일체적 사회를 창조하는 데 충분하지 않다. 삼위의 동등성이 삼위일체의 본질적 요소들이 되는 것과 같이, 다른 종족적 민족적 집단의 동등성은 세계 속에서 삼위일체적 삶을 위한 정언명령이다. 우리가 흑인이거나 백인이거나, 우리가 황인족이거나 홍인종이거나, 우리 모두는 하나님의 가계의 일원들이다. 우리는 서로에게 형제요 자매인 것이다. 사회는 가정의 연장이며, 우리의 가정은 신의 삼위일체의 가정적 이미지의 반영이다. "피를 나눈 형제 자매들"로서 사람들 그리고 동료들인 다른 창조물들은 이미 동양의 삼위일체에서 인식된 바 있다.[16] 우리는 그들이 피부색이 다르고 문화적 경향이 다르다고 해서 우리의 형제자매들임을 무시하면 안 된다. 우리는 편견없이 차이를 어떻게 감사할 수 있는지를 배워야 한다. 우리가 세계 속의 모든 종족적 민족적 집단들의 동등함에 철저하지 못하다면, 우리는 조화와 평화 속에 살 수 없다. 이런 헌신은 모든 민족은 지상의 최초의 가정에 그 기원을 두는 피를 나눈 형제요 자매들이라는 생각으로부터 나와야 한다.

계보학적인 연구는 세계 속의 모든 사람들은 우리의 형제요 자매라는 생각을 강화시켜 주는 가장 좋은 방법들 중의 하나이다. 나의 딸은 초등학교에 다닐 때 가계도를 그려오라는 숙제를 받았다. 그 애는 학교에 대가족을 그려가기를 원했다. 나는 우리 집 족보에서 발견할 수 있는 모든 정보를 주었다. 그 애는 가계도를 우리 가족의 시조에까지 거슬러 올라갔다. 수백 년 전으로까지 말이다. 그러나 그 애는 우리 가족의 시조는 우리 민족의 시조임을 깨닫게 되었다. 그것은 다른 종족에서도 마찬가지이다. 이렇게 공부한 연후에 그 애는 우리 가계의 시조를 추적하는 과제를 포기했다. 그러나 이 과제를 통해서 그 애는 우리 모두는 한국인이든 일본인이든, 중국인이든, 유럽인이든, 아프리카인이든 피를 나눈 형제 자매들이요, 모두 최초의 가정에서 나왔다는 것을 깨닫게 되었다. 이것을 발견한 것은 그 애가 다른 민족들과 관계를 맺는 데 있어서 혁명적인 경험이 되었다.

모든 민족이 형제요 자매로서 동등하다는 발견은 삼위일체 안에서 각 위의 동등성에 근거한다. 그러나 기능적인 위계질서는 삼위일체 원리의 일부이다. 그것은 종족적 민족적 성향과 관계없이, 개인의 능력에 근거하고 있다. 역동적이고 변화하는 사회 속에서, 힘의 위계질서는 특별한 종족이나 민족성에 따라 제도화되는 것은 아니다. 예를 들어, 한 민족이 다른 민족을 지배하는 위계적 구조는 삼위일체의 동등성의 관념과는 완전히 상반된 것이며, 사회 속의 인간관계의 유기적이고 역동적인 관점과도 상반되는 것이다. 게다가 사회의 효율적인 기능은 상반된 것들을 중재하는 공통점을 찾는 새로운 리더십으로부터 가능한 것이다. 새로운 지도력은 사람들의 변화하는 요구에 부응함으로써 생기게 된다. 새로운 위계질서가 신의 활동의 변화하는 필요에 부응하는 삼위일체 안에서 생기는 것처럼 말이다. 백인종과 그 외의 다른 인종들 사이로 사람들을 분류하는 사회를 두 범주만으로 상상하기는 어렵다. 왜냐하면 삼위일체적 사고에서는 두 상반된 것들은 늘 제삼자에 의해 중재되고 화해되기 때문이다. 따라서 삼위일체적 삶에서, 충돌은 조화로 변화되고, 경쟁은 상생성으로 바뀌며, 오래된 것은 새것이 오래된 것으로 변화하듯이 바뀌지는 것이다. 이런 식으로 삼위일체적 원리는 다원 사회에서 활동하는 것이며, 거기에서 모든 종족적 집단은 충돌없이 그들의 서로 다른 정체성을 상실하지 않고 공존하는 것이다. 삼위일체적 사유에서, 단일성은 상극을 없애고 다원성은 차이있는 정체성을 보존한다. 따라서 단일성과 다원성은 혹은 조화와 차이는 삼위일체적 삶 안에 보존된다.

삼위일체적 삶은 성과도 밀접히 연관된다. 내가 말한 대로, 삼위일체의 전통적 해석에서 여성 성원을 배제한 것은 가부장적 사회의 가장 심각한 잘못 중의 하나이다. 양쪽 성을 포괄함이 없이는 삼위일체라는 것은 불가능하다. 삼위일체의 하나님은 성을 넘어서며 또한 완전히 성을 갖게 된다. 왜냐하면 하나님은 초월적이며 동시에 내재적이기 때문이다. 삼위일체적 사고에서, 남성은 남성이며 동시에 여성인데, 남성은 여성 안에 포괄되기 때문이다. 이와 같은 원리는 여성에게도 적용된다. 여성은 남성 때문에 여성이고 남성과 여성은 나눠지지 않는다. 그러므로 삼위일체의 원리는 성의 이원론의 충돌을 연결원리를 통해 초월하는 것이며 이것은 "여성 안의 남성성" 혹은 "남성 안의 여성성"으로 상징화된다. 우리는 성의 문제를 삼위일체적 사유에서 다룰 때, 이원론적 사고에서 삼위일체적 사고로 반드시 변화해 가야 한다.

남성과 여성 사이의 관계에서 대부분의 문제들은 우리의 이원적 사유와 관련이 있다. 남성이 여성에 대항한다고 생각할 수 있는가? 여성이 남성을 미워한다고 생각할 수 있는가? 왜 많은 여성들은 삼위일체에서 아버지의 이미지에 반대한다고 말할까? 여성이 아버지에 의해서 잘못 취급을 당했을 때, 그들은 신의 삼위일체에 대해 자신의 아버지의 이미지를 투사하는 경향이 있다. 그러나 건강한 관계에서는 아버지와 딸은 친밀하고 서로에게 매력을 느낀다. 음양적 사고에서는, 여성인 딸은 같은 여성인 어머니에게보다는 오히려 아버지에게 더욱 가깝다. 이것은 많은 동양인들의 경험을 통해서 보아서도 그렇다. 나의 경험을 통해 보아도 그렇다. 나는 동양의 가정에서 자랐기 때문에, 아버지보다는 어머니에게 더욱 가깝다. 이것은 몇해전 돌아가신 나의 형에게도 마찬가지이다. 그는 죽기 바로 전에 어머니를 불렀다. 이것은 죽기 전에, 아버지를 부른 예수와는 대조적이다. 많은 동양인들이 아버지와는 거리가 먼 것은 참 역설적이다. 그들은 커서 다시 자녀들의 아버지가 될 것이면서 말이다. 따라서, 우리는 삼위일체적 원리를 배워야만 한다. 그래서 우리는 아버지와 어머니와 모두 가까워져야 한다. 확실히, 남성이 여성을 잘못 취급해서는 안 된다. 사실상 남성이 여성을 잘못 취급해서 안 되는 것은 자신 속에 여성성을 간직하고 있기 때문이다.

양성을 모두 포함하고 있는 것은 서로 다른 차이성을 버리라는 의미가 아니다. 남성은 남성이고 여성은 여성이다. 이런 차이를 부정하는 것은 삼위일체적 원리를 부인하는 것이다. 삼위일체적 원리는 차이와 같음이 공존하는 것을 가능케 한다. 동양적 관점에 따르면, 남성은 남성적 특징을 가지는데, 그 남성적 특징은 여성적 특징에 반대되는 것이다. 남성은 양을 대변하고, 반면에 여성은 음을 대변한다. 양은 창조적이고 음은 수동적이다. 양은 강하고 음은 부드럽다. 양은 강력하고 음은 약하다. 그러므로 남성은 긍정적 가치를 대변하고, 여성은 소극적인 가치를 대변한다. 이런 종류의 분류는 여성을 사회 속에서 고정관념화하게 된다. 남성인 나에게 이 문제는 소극성이 나쁜 것이 아니고, 우리 사회가 소극성을 나쁜 것으로 만든 것이라고 생각된다. 소극성이 긍정성처럼 가치있게 될 때, 소극성을 가진 여성은 긍정적 가치를 가진 남성과 같이 평가를 받게 된다. 소극성과 긍정성이 동일하다는 관념은 삼위일체적 사고에 근거한다.

우리 사회는 긍정성, 강력함, 창조성, 힘과 같은 남성적 가치에 주로 근거하고 있기 때문에, 이와 반대되는 가치를 지니고 있는 여성은 남성과 남성적 가치체계 안에서 경쟁해야 하는 결과를 낳는다. 음양의 관점에 따르면, 이것이야말로 재앙이다. 남성적 특징을 가지지 않는 대부분의 여성들은 실패할 수밖에 없다. 남성의 특징이 사회의 규범이 될 때, 여성은 남성과 같이 변해야만 하고, 단순하게 열등한 존재가 될 수밖에 없다. 여성이 남성의 세계에서 경쟁하는 것은 공정하지 못하다. 그러므로 필요한 것은 여성적 가치도 남성적 가치만큼 존중받을 수 있는 사회를 만들어야 하는 것이다. 우리가 이것을 하지 않는다면, 여성은 더 남성같이 되어야 한다. 더욱더 여성은 여성다움을 포기해야 되고, 남성적 특징을 고집해야 한다. 여성이 남성과 같이 될 때, 차이는 없어지게 된다. 이런 차이가 사라지게 될 때, 남성과 여성의 삼위일체적 원리는 공동체 생활의 핵심을 반영하지 못한다. 모든 사람들이 똑같아질 때, 사회는 점점 삼위일체적이 아니라 단조롭게 될 것이다. 성의 차이의 부정은 존재론적인 죄이다. 왜냐하면 하나님은 남성과 여성이 서로 돕고 살도록 창조하셨기 때문이다. 경쟁사회는 상생 사회와는 전혀 반대되는 것이다. 삼위일체적 사회는 남성과 여성의 차이의 조화와 상호 완성을 제공한다. 남성과 여성이 서로 상생하고 "남성 안의 여성성"과 "여성 안의 남성성"을 통해 서로를 완성해 갈 때, 또한 아버지와 어머니가 자녀들을 통해서 서로를 완성해 갈 때, 삼위일체적 가족은 완성된다. 사회는 많은 가족들의 모자이크임은 물론 대가족이라면, 사회는 신의 삼위일체적 가정을 반영해야만 한다.

비록 계급없는 사회가 유토피아적인 꿈이라고 해도, 계급들은 이 땅 위의 삶에서 없어질 수 없다. 예수는 가난한 사람들이 늘 우리와 함께 있을 것이라고 말씀하셨다(마 26:11). 가난한 사람들이나 하층계급 사람들도 사회구조의 일부라는 것을 의미한다고 생각한다. 그러므로 가난한 사람들을 제거하고 계급없는 사회의 유토피아적 꿈을 실현하는 것은 불가능하다. 목표가 계급없는 사회라면, 계급의 제거 자체가 우리의 주요한 과제이다. 게다가 가난한 자들과 하층계급의 고통은 상층 계급과 지배자들에 의해 만들어진다. 상층계급을 없애는 것이 불평등과 사회적 병리현상을 없애는 해결책일 수도 있다. 상층 계급을 없애고 계급없는 사회를 만들려는 마르크주의자들의 실험은 실패로 끝났다. 상층계급을 없애는 대신에 그들은 프로레타리아 계층에서 나온 신흥 엘리트 층을 만들었다. 나는 북한의 공산주의 통치 아래 있었기 때문에 이런 실험의 한 증인이다. 모든 상층 계급들은 대부분 지주층이었는데 강제 노동현장으로 끌려갔고, 그들의 농토를 빼앗아 농지개혁을 통해서 가난한 사람들에게 주었다. 그러나 신흥 엘리트 계층은, 공산당이 조직되었을 때 가난한 사람들 가운데 나왔다. 공산당에 속한 사람들은 도시에서 지배층이 되었다. 내가 북한에 몇 년 전에 갔을 때, 나는 수년 동안 보지 못했던 내 사촌을 만났다. 그의 소망은 부를 소유하는 것이 아니라 명성을 얻는 것이었으나, 공산당원이 되었다. 그는 당에 속하는 엘리트 중의 하나가 되기를 원했다. 따라서 나의 경험을 통해서 볼 때, 계급없는 사회를 실현하고자 한 마르크스주의의 실험은 실패로 끝났다. 예수께서 말씀하신 대로, 우리가 이 세계에서 살아가는 한 가난한 자와 늘 함께 살게 될 것이다.

　　우리가 가난한 자를 없앨 수 없다면, 제삼세계 신학들의 과제, 특별히 해방신학의 과제는 무엇일까? 우리는 상층 계급이 가난한 자들을 억압하는 것을 용인해야 하는가? 민중이나 가난한 자들을 해방시킨다는 것은 무엇을 의미하는가?[17] 나도 해방신학과 가난한 자들을 세계에서 없애는 일에 깊이 헌신하였지만, 신학자들이 계급의 차이가 없어질 수 있다고 기대하는 것은 지극히 비현실적이다. 나는 공산주의 체제에서 가난한 자의 해방은 또 다른 형태의 가난한 자들을 만들어낼 뿐이며, 억압받던 자들이 그들을 억압하던 사람들을 다시 억압하는 자가 될 뿐이라고 증언할 수 있다. 가난한 자들의 해방은 가난으로부터 해방되는 것이 아니라 가난한 자들을 만들어내는 불의함으로부터 해방되는 것이어야 한다. 내가 주장하고 싶은 해방신학은 가난한 자들의 현실로부터 우리를 해방하는 것이 아니라, 가난하고 약한 자들을 억압하는 불의한 구조로부터의 해방이어야 한다.

그러므로 우리는 사회 계층들은 삼위일체 안에서 기능적인 위계질서를 반영하는 가능성이라는 것을 깊이 유념해야 한다. 계층들은 순수하게 사회의 기능적 효용성을 위해서만 존재한다. 우리의 과제는 전체 사회의 필요성에 부응하도록 효율적으로 기능할 수 있는 공정하고 정의로운 계층구조의 모델을 만들어내야 하는 것이다. 그것은 어떤 집단의 사람들이 혜택을 받도록 하는 구조가 되어서는 안 되며, 그것을 정당하게 사용했을 때 전체 공동체가 이익을 받는 것이어야 한다. 게다가 사회의 계층 구조는 사람들의 변화하는 필요를 부응하도록 계속적으로 변화하는 것이어야 한다. 다른 사람의 이익을 희생해서라도, 어떤 집단의 이익만을 계속되게 하는 구조를 고정시키려는 시도를 멈추게 하지 않으면 안 된다. 왜냐하면 모든 것은 음양의 우주론에 따라 반드시 변하지 않으면 안 되기 때문이다. 음이 그 극에 이를 때 혹은 그 반대일 때 음이 양에 따라 변하는 것처럼, 사람들은 하층에서 상층으로 상층에서 하층으로 변해가게 마련이다. 이와 비슷한 생각은 예수의 산상수훈에서 명백하게 드러나 있다.

가난한 사람들아, 너희는 행복하다.
하느님 나라가 너희의 것이다.
지금 굶주린 사람들아, 너희는 행복하다.
너희가 배부르게 될 것이다.

지금 우는 사람들아, 너희는 행복하다.

너희가 웃게 될 것이다.

사람의 아들 때문에 사람들에게 미움을 사고 내어 쫓기고

욕을 먹고 누명을 쓰면 너희는 행복하다.

그럴 때에 너희는 기뻐하고 즐거워하라.

하늘에서 너희가 받을 상이 클 것이다.

그들의 조상들도 예언자들을 그렇게 대하였다.

그러나 부요한 사람들아, 너희는 불행하다.

너희는 이미 받을 위로를 다 받았다.

지금 배불리 먹고 지내는 사람들아, 너희는 불행하다.

너희가 굶주릴 날이 올 것이다.

지금 웃고 지내는 사람들아, 너희는 불행하다.

너희가 슬퍼하며 울 날이 올 것이다.

모든 사람에게 칭찬을 받는 사람들아, 너희는 불행하다.

그들의 조상들도 거짓 예언자들을 그렇게 대하였다(눅 6:20-25).

　가난한 자가 부자가 된다. 굶주린 자가 배불리고, 울던 자가 웃게 된다. 한편 부자는 가난하게 되고, 배불리 먹던 자가 주리게 되고 웃던 자가 울며 슬퍼하게 된다. 음이 양이 되고 양이 음이 되듯이, 변화는 필연적이다.[18] 하층계층은 상층민으로 변화되고, 상층민들은 하층민이 된다. 이런 종류의 순환적 변화는 모든 사람들에게 정당한 것이다.

　하층민들이 상층민이 되기까지 우리는 얼마나 기다려야 할 것인가? 우리는 단순하게 우리 속에 활동하는 변화의 힘만을 받아들이는 자세로 있으면 되는가? 우리는 변화의 과정에 완전하게 참여해야 한다. 왜냐하면 세계를 변화시키는 하나님은 내재적이기 때문이다. 그러나

목적은 사회적 위계의 상층에 올라가는 것이 아니다. 왜냐하면 상층은 기득권이 아닌 기능적 필요성일 뿐이다. 삼위일체 사회에서 계층은 단순하게 기능적 범주일 뿐이다. 우리 생활의 자리가 무엇이든 간에, 우리는 전체 공동체의 필요를 충족시켜주기 위해 모두 같이 일해야 한다. 사회가 정말로 신의 가정의 삼위일체적 이미지를 반영한다면, 하층민과 상층민들은 중재자로 역할하는 중산층을 통해서 서로 상생하는 것이다. 아버지와 어머니가 자녀들을 통해서 함께 일하듯이, 중산층은 하층과 상층민들의 충돌을 화해시킨다. 이것은 사회의 균형을 제공하고 상층민과 하층민 사이의 충돌을 방지하는 중간이다.

삼위일체적 사유에서, 모든 사람들은 전체를 위해서 함께 일한다. 가정의 모든 성원들은 생활의 단일한 단위로서 함께 일해야 한다. 이것은 미국에서 예를 들어 세탁소나 식당 등 가족 단위의 경제활동을 하는 대부분의 동양인 가족들의 공통된 경험을 통해서 쉽게 알게 된다. 그들이 함께 일할 때, 그들은 지도력의 최상층에 올라가려는 욕망을 갖지 않는다. 그들이 요리를 하거나 주문을 받거나, 상을 닦거나, 돈을 받거나, 그들은 반대하지 않는다. 그들이 잘할 수 있는 한, 무엇을 하든지 만족하게 된다. 이와 같이 신의 삼위일체의 이미지를 반영하는 사회에서, 가족들이 서로 도우며 일하듯이, 모든 사람은 공통의 목적을 성취하기 위해서 일해야 한다. 오늘날의 사회는 너무나 복잡하기 때문에, 가족 생활을 통한 유추는 완전하게 적합한 것은 아니다. 그러나, 기본적인 철학은 이상적 사회에 적용될 수 있다. 그것은 결국 지상의 신의 왕국을 대변하는 것이다.

신의 지배는 가난한 자가 존재하지 않는 계급없는 사회가 아니다. 신의 지배는 예수가 말한 큰 잔치와 같다. 이 잔치에 많은 사람이 초대되었지만, 온 사람들은 가난한 사람들, 절름발이, 눈 먼 자 그리고 문둥병

자뿐이었다(눅 14:16-24). 하느님의 가정인 상 둘레에 앉아 음식을 나눠 먹는 것은 신의 지배를 상징한다. 이것이 바로 밥상 공동체인데, 식탁에 둘러 앉은 사람들의 공동체이다.[19] 우리를 가족으로 만드는 것은 함께 먹는 것이다. 따라서, 한국 사람들은 식구라고 부른다. 이것은 같이 먹는 사람들을 의미한다.[20] 가족이 같이 밥먹는 사람들로 구성된다면, 잔치에 초대를 받은 사람들은 대가족의 일부이고 그들은 신의 지배에 참여하게 된다. 따라서 신의 지배와 신의 가정은 거의 동일어이다. 예수님이 말한 이 위대한 잔치에서, 함께 음식을 먹는 사람들은 가난한 자, 절름발이, 눈먼 자, 문둥병자들인 것이다. 그들은 부자나 힘 있는 자, 기득권자들이 아니다. 따라서, 우리가 하나님 나라의 도래에 대해 갖는 가장 완전하고, 평화적이며, 관대한 것이며, 놀라운 곳이라는 비전은 사실상 환상이라고 생각된다. 땅위에 하나님의 지배가 도래하는 것은 가난한 자들이 없어지는 것이나, 질병들의 치유, 문제가 없는 사회가 만들어지는 것이 아니라, 신의 삼위일체를 반영하는 가정적 공동체의 회복이다. 달리 말하면, 땅 위의 신의 지배는 삼위일체적 가정의 원형이 세계 속에 완전하게 드러나는 것이다.

신의 지배는 "겨자씨"에 비유될 수 있다. 그것은 다른 어떤 씨보다도 작은 씨이나 그러나 자라서는 모든 관목들 중에서 가장 큰 것이 된다 (막 4:30-32). 과연 겨자씨는 무엇을 의미하는가? 하나님에 대한 믿음과 신뢰인가? 하나님의 능력인가? 사람이 자신들의 삶에서 투자해야 하는 재능들인가? 내가 해석하라면, 겨자씨는 하나님의 나라의 시작이다. 그것은 신의 삼위일체의 원형, 삶의 기본 단위로 공동체적 삶의 궁극적 원리를 대변한다. 겨자씨는 신의 삶의 가정적인 상징으로 땅에 뿌려져서 지상에서 가장 큰 관목으로 자랄 때, 세상 가운데 드러나는 것이다. 이와 같은 메타포는 씨 뿌리는 자의 비유에서도 나타난다. 땅에 떨어진

씨앗은 삶의 기본 단위인 삼위일체적 원형을 의미할 수 있다. 이런 이미지가 확대되는 것은 땅위에서 하나님의 지배의 확산이다. 그것이 확대되면서, 세계는 더 큰 삼위일체적인 가정적 단위로 변화되는 것이며, 삶의 무한한 삼위일체적 단위들을 포함하게 되는 것이다. 이런 방식으로, 세계는 신의 삼위일체적 가정생활을 반영하는 원형적 가정의 이미지를 회복하는 것이다. 이런 방식으로 하나님의 나라가 하늘에서 이루어졌듯이 땅에서도 이루어져 가는 것이다.

끝으로, 삼위일체적 관점에서 시간의 개념을 간단히 논의해 보겠다. 우리는 시간이 시작에서 끝으로 흘러간다고 배워왔다. 성서의 구원 드라마는 하나님의 약속을 최종적으로 완성하기 위해서 전개되고 있는 것이다. 우리는 인간의 역사는 종결을 향해 나가고 있다고 생각하기 쉽다. 그것은 세계 가운데 진보를 만들어 가고 있다는 그런 낙관적 관념을 강화시켜 준다. 시간을 이렇게 직선적으로 생각하는 것은 서양의 인간중심적 세계관과 밀접히 관련되고 있다. 동양에서 시간의 개념은 우주론적 인간학적 견해를 견지하기 때문에 다르다. 인간의 역사는 독립적인 실재로 작용하는 것이 아니다. 그것은 늘 우주적 시간 안에 제한되어 있고, 순환적 형태로 진행된다. 우리가 인간의 사건들에서 만나게 되는 직선적 시간은 인간의 경험 안에서 단순하게 환상이거나 제한된 인식인 것이다. 궁극적인 의미에서, 우리의 시간은 우주적 시간의 일부이기에, 우리의 시간은 순환적이다. 시간은 공간의 차원이기 때문에, 굽어 있고, 늘 곡선을 따라 움직인다. "우주는 유한하고 제한되어 있지는 않기"[21] 때문에, "오직 유한한 곡선적인 시공간의 차원만이 존재한다."[22] 공간의 곡선을 따르게 되면, 시간은 순환적인 방향으로 흐른다. 낮은 밤이 되고, 밤은 낮이 된다. 겨울에 이어 봄이 따라나오게 되며, 봄에는 여름이, 여름에는 가을이, 가을에는 겨울이 따라 나오게 된다. 계절은 계속해서 반복되는 것이지만 계속 같은 방식으로 반복되는 것은 아니다. 이번 겨울은 지난겨울보다는 더욱 춥다. 올해는 작년과는 전혀 다르게 된다. 계절을 통해서 거기에는 새로운 선택과 방향이 신의 창조성 안에서 작용하게 되는 것이다. 창조성은 늘 열려져 있는데, 왜냐하면 우연과 기회와 결합되어 나타나기 때문이다.[23] 따라서 시간은 반복없이 반복되는 것이다. 거기에는 반복 안에서 무한한 창조적 가능성이 자리하고 있는 것이다. 반복없이 반복되는 것은 시간을 끝없이 열려진 순환 안에서 움직이게 하는 것이다.

순환적인 시간은 이 세계에서 사물들이 존재하게 하는 창조성의 과정인 것이다. 시간은 창조성과 독립적으로 존재할 수는 없다. 왜냐하면 창조의 역동적인 차원이 있기 때문이다. "태초에 하나님이 천지를 창조하시니라"(창 1:1)는 명제나, "태초에 말씀이 계시니라"(요 1:1)는 시간의 시작은 창조의 시작이라는 것을 알려준다. 이것은 우리에게 열역학적 "빅뱅"의 우주론에서 창조의 시작을 시간 = 0이라는 공식으로 정식화한다는 것을 상기시켜 준다.[24] 이 절대적 제로의 시간은 무의 상태(nothing)일 뿐만 아니라, 모든 존재의 가능성이다. 이것은 내적인 삼위일체의 내적 생활, 모든 창조의 원초적 시작을 상징화한다. 그 안에서 시간성은 영원성 안에 사라져 버리고, 내재성은 초월성 안에 감춰져 버린다. 그것은 시간의 정지인 밤에 상응한다. 모든 창조성은 신이 제로의 시간에 쉬시기 때문에 정지하게 된다. 주역에서 건괘의 셋째 효는 "대인(하늘)이 하루종일 쉬지 않고 창조적으로 활동한다. 그러나 밤에는 쉰다."[25] 창조성은 쉼을 전제한다. 이것은 양이 음을 전제하는 것과 마찬가지이다. 따라서 제로의 시간은 하나님의 삼위일체적 가정이 쉴 때인 원초적 저녁인 것이다.

시간은 변화의 단위이다. 변화의 패턴은 팽창과 수축의 개념으로 작용한다. 그래서 시간은 과거에서 미래로 흐른다. 과거가 미래로 흘러 간다면, 미래는 다시 과거가 된다. 과거는 다시 미래가 되기 위해 팽창해 간다. 이런 방식으로 시간은 팽창과 수축, 성장과 쇠퇴를 계속하면서 움직여 나간다.[26] 사실상 시간은 다른 두 차원 즉 과거와 미래를 갖는다. 역은 음과 양으로 작용하듯이 말이다. 현재는 그 자체적으로 존재하는 것이 아니고 미래와 과거와의 관계 속에서 존재한다. 그러므로 현재는 과거와 미래를 포함하고 현재 속에서의 존재는 과거 안에 존재하고 동시에 미래 안에서 존재한다는 것을 의미한다. 결국은 현재에 존재한 다는 것은 모든 시간 안에 존재한다는 것이다. 시간의 전체성 가운데 존재한다는 것을 의미하는 것이다. 전체성의 현존은 영원함이다. 따라 서 지금은 영원이다. 삼위일체적 사유에서, 과거는 성부에 상응하고, 미래는 성령에, 현재는 성자에 상응한다.[27] 이런 유추에서 성자는 연결 원리로 작용한다.[28] 성부와 성령은 성자 안에서 알려지게 되며, 과거와 미래는 현재 속에서 드러나는 것이다. 현재(성자) 때문에, 미래(성령)는 과거(성부) 속에 포함되고 과거(성부)는 미래(성령) 속에 포함된다. 성자 의 현재에 연결됨으로써, 미래는 성부 안에서의 과거와 연결된다. 이것 은 과거가 성령 안에서 미래와 연결되는 것과 같다. 이와 같이 성부는 성령 안에 존재하고 성령은 성부 안에 존재한다. 왜냐하면 그들은 모두 성자 안에 있기 때문이다. 성자 안에서, 과거는 미래이고 시작은 또한 끝이다. 왜냐하면 그는 알파요 오메가이기 때문이다(계 21:6).

　　삼위일체적 관계는 끝이 열려진 원의 일부이다. 삼위일체는 사랑의 자기 교류적 공동체이기 때문이다. 삼위일체적 가정이 모든 존재들의 기본적 단위이듯이, 시간은 모든 존재의 역동적 특성이다. 시간은 존재 의 역동적인 차원이기 때문에, 시간은 존재의 과정이다. 시간이 존재할 때마다, 존재가 있게 된다. 음이 양이 없이는 존재할 수 없는 것처럼,

시간은 존재와는 떼려야 뗄 수 없는 관계이다. 따라서 세계에서 존재하는 무엇이든지, 시간적 존재이다. "'존재-시간'은 시간은 존재라는 것을 의미한다. 모든 존재하는 것들은 시간이다. 16피트나 되는 금상은 시간이다. 이것은 시간이기에, 시간의 장엄함이다."[29] 그러나 존재는 어떤 고독한 존재가 아니라 가정적 삼위일체의 기본단위가 통일된 존재이다. 원초적 시간은 "있음-자체"(isness-itself), 창조성의 순수한 삶 혹은 영원한 현존 이외의 다른 것이 아니다. 이것은 삼위일체적 삶의 역동적 단위에 의해 특징지워진다. 본질적으로, 삼위일체 안에서 세 인격들 사이의 역동적이고 변화하는 관계는 시간 안에서 영원성으로 나타난다. 이 관계는 변화의 완전한 단위이기 때문에 영원하다. 이것은 전체이기 때문에 완전하다. 이것은 시간의 삼차원이 하나이기 때문에 전체이다. 셋이 하나 안에 존재하고 하나가 셋 안에 존재하듯이, 삼차원적 시간은 전체 시간 안에 존재하고 전체적 시간은 삼차원적 시간 안에 존재한다. 따라서 신적 삼위일체의 생활 안에서, 과거, 현재, 미래는 통일되어 있다. 그 안에서 시간은 영원하다. 왜냐하면 시간은 시간성의 범주들을 초월하기 때문이다. 달리 말하면 삼위일체적 삶의 드러남으로서 영원한 시간은 모든 시간들로부터 후퇴한다기보다는 모든 시간을 포함하기 때문에 시간성을 넘어서게 된다. 이런 방식으로 영원성과 시간성 사이의 어떤 이원론은 신적 삼위일체 안에서 극복되게 된다.

이원론적 시간 속에서 과거는 영원히 잃어버리게 되는 것이고 미래는 예상할 수 없는 기대인 것이다. 과거는 미래로부터 떼어낼 수 있기 때문에, 과거와 미래 사이의 연속성은 가능하지 않다. 따라서 종말론, 즉 시간의 끝은 시간의 이원적 개념과 밀접히 관련되어 있다. 이원적 사유에서 끝은 절대적인 끝일 수밖에 없다. 그러나 시간의 순환적 운동에서, 끝은 또한 시작인 것과 같이, 삼위일체적 시간에서 과거와 미래는 현재에서 만나게 되는 것이다. 계시록에서조차도 우리는 최후의 심판이 세계의 끝이 아니라, 새 하늘과 새 땅의 시작인 것이다. "그 뒤에 나는 새 하늘과 새 땅을 보았습니다. 이전의 하늘과 이전의 땅은 사라지고 바다도 없어졌습니다"(계 21:1). 끝은 절대적인 끝이 아니라 이전 것에서 새로운 시작인 것이다. 끝이 열려진 원이기 때문에, 새로운 시작과 이전 것의 끝은 하나이나 다르다.[30] 제야의 이전 해의 끝이 새해의 새로운 시작이듯이, 끝은 새로운 의미의 시작인 것이다. 그리스도는 알파와 오메가이기 때문에, 그는 과거와 미래를 연결하는 원리인 것이다. 성자 안에서 과거의 끝은 새로운 시작이 된다. 그리고 끝과 시작하는 시간의 무한한 원들은 소우주와 대우주의 영역 안에서 삼위일체적 삶 안에서 반복함이 없이 반복되는 것이다.

끝으로, 삼위일체적 사유로부터 시간에 대한 마지막 상상을 해보도록 하자. 현재가 삼위일체 안에서 성자와 같이 연결원리라면, 현재는 과거와 미래 모두 안에 존재한다. 현재 안에 과거는 과거 안의 미래를 의미한다. 그리고 현재 안에 미래는 또한 미래 안의 과거를 함의한다. 과거와 미래 사이의 연속은 현재 때문에 가능하다면, 우리는 미래의 희망에만 참여할 뿐만 아니라 과거의 기억에도 참여하게 된다. 미래의 희망이 과거의 기억들을 새롭게 하는 것이라면, 기억이 없이는 희망도 없는 것이며 희망이 없이는 기억도 없는 것이다. 미국에 사는 아시아 이민자로서 나는 모국에 대한 기억들을 가진다. 그것들은 종종 이 땅에서 미래의 희망보다도 더욱 소중한 것이다. 그러나, 사람들은 나에게 과거를 잊고 미래를 바라보라고 말한다. 그들은 내가 과거에 대한 기억이 없이는 미래에 대한 희망을 가질 수 없다는 것을 알지 못한다. 이와 같이 나의 뿌리가 없다면, 이 땅에서 자라고 성장할 수 없다. 돌아가는 것은 미래를 향한 나의 길이다. 앞으로 나감으로써 나는 과거로 돌아가는 것이다.[31] 직선적인 방식으로만 생각하는 사람에게는 이것은 역설적일 수밖에 없다. 그러나 나에게는 내가 순환적으로 사고하기 때문에 이것은 자연스러운 것이다. 삼위일체적 사고에서, 과거는 미래에 있고 미래는 과거 속에 있다. 이것은 현재 때문에 가능하다. 현재 속에 실지로 존재한다는 것은 과거와 미래에 존재하는 것이다. 이와 같은 방식으로, 성자인 그리스도 안에 존재한다는 것은 아버지 안에 성령 안에 존재하는 것을 의미한다. 삼위일체적 사고에서 과거, 현재, 미래는 통일되어 전체의 시간이 되는데, 이것은 성부, 성자, 성령이 삼위일체 안에서 하나가 되는 것과 같다. 전체 시간 속에서, 우리는 내재성 속에서 초월성을 경험할 수 있다. 또한 시간의 원초적 단위(+1 0 -1)에 완전히 부가됨으로써 자유를 경험하게 된다.[32] 이 시간의 원초적 단위는 삶의 기본 단위인, 신의 삼위일체적 원형을 상징한다.

9장
결론

신의 삼위일체를 더 잘 이해하기 위한 어떤 진전을 이 작업을 통해서 보였는가 하는 의문이 든다. 이 책에서 나는 어떤 공헌을 이룩했는가? 이 책에서 내가 한 작업은 동양적 관점에서 신의 신비에 대한 새로운 이미지를 만들어 보고자 하는 것이었다. 비록 내가 동양적 관점에서 새로운 통찰을 제공할 수 있었는지는 모르지만, 내가 이 책에서 진정으로 공헌한 것은 신의 신비를 다시 긍정한 것 이외에 다른 것은 없다. 따라서 나는 이 책을 내가 시작한 바로 그 자리에서 끝낼 수밖에 없다. 그 자리는 동양의 널리 알려진 고전인 도덕경의 시작과 마찬가지이다. "말해진 도는 영원한 도가 아니다. 이름지어진 이름은 불변하는 이름이 아니다." 궁극적 실재는 지각할 수 있는 것이 아니기 때문에, 도가의 충고를 유념하게 된다. "아는 사람은 말하지 않는다. 말하는 사람은 알지 못한다."[1] 내가 신의 삼위일체에 대한 이야기를 아무리 유창하게 말한다 할지라도, 삼위일체의 원리를 아무리 정연하게 증명해내도, 내 삼위일체에 대한 견해를 아무리 잘 논증해낸다 하더라도, 내가 한 모든 것은 안 보이는 것에 대한 그림을 그리려고 시도한 것일 뿐이다.

오래전에, 여식이 주일학교에서 그린 그림을 집에 가져온 적이 있었다. 내가 펑퍼짐한 얼굴에 큰 눈을 가진 사람을 보면서, 나는 "이렇게 못 생긴 사람이 누구니?" 하고 물었다. 그 애는 나의 무뚝뚝한 언급에 꽤나 화가 나서 "이것은 하나님이에요. 정말 모르셨어요!" 하고 말했다. 그때 그 애는 "하나님은 사랑이시다"라고 쓴 작은 글씨를 손가락으로 가리켰다. 나는 그 애는 아직 너무 단순하고 너무 어려서 하나님이 누구인지 이해할 수 없다고 생각했다. 지금 나는 내가 그애만큼 얼마나 단순한지를 알게 되었다. 그 애가 주일학교에서 그렸던 그림은 내가 이 책에서 시도한 것만큼이나 되는 것이다. 내가 한 모든 것은 신의 삼위일체의 그림을 나 자신의 경험에 근거해서 그려낸 것이다. 물론 내 경험은 동양의 전통에 깊이 뿌리를 내리고 있다. 인간인 내가 신의 신비란 실재를 알 수 없다는 것을 깨달았기 때문에, 나는 신의 삼위일체의 의미를 내 자신의 경험 속에서 찾고자 했던 것이다. 그렇게 못 생긴 사람이 내 어린 딸에게는 하나님의 의미있는 표현이었던 것과 같이, 음양의 사고에서 삼위일체를 상상해보는 것은 나에게는 정말 의미있는 일이다. 나에게 의미있는 것이 늘 다른 사람들에게 의미있는 것만은 아니다. 따라서 내가 전에 말했듯이, 나는 이 책이 그들 자신의 삶에서 삼위일체의 의미를 찾아보고자 하는 사람들에게 어떤 카탈로그의 역할을 해 주었으면 하고 바란다.

하나님은 인간의 지성의 한계를 초월한다는 것을 깨달았기 때문에, 나는 신의 실재를 탐구한 것이 아니고, 동양적 관점에서 삼위일체의 의미를 탐구한 것이다. 삼위일체는 내가 삼위일체적 개념들로 사유하기 때문에 내게는 너무 의미심장하다. 내 삼위일체적 사고는 음양 상징주의에 근거하고 있으며, 그 음양의 사고는 동양적 우주론에 뿌리를 두고 있다. 음양의 상징은 비이원론적이고, 관계적이며, 상생적이다. 비이원론적이기 때문에, 그것들은 특징에 있어서 상반되기는 해도 (opposite), 반대적이지는(antithetical) 않다. 왜냐하면 그것들은 서로를 포괄하고 있기 때문이다. 그것들을 삼위일체적이게 하는 것은 음이 양 안에 들어있고 양이 음 안에 들어있기 때문이다. 이 포괄성 혹은 "속해 있음"(in-ness)은 삼위일체의 원리를 가능하게 한다. 이 "속해 있음" 은 제삼의 요인으로 음과 양을 연결한다. 이 연결적 공리는 상반자들을 동시에 놓는 "그리고"(and)로 볼 수 있다. 음은 늘 음이며 양인데, 양은 양이고 음인 것과 마찬가지이다. 왜냐하면 그것들은 서로를 포괄하고 있기 때문이다. 그들 상호 간의 포괄성은 연결적 요소를 꼭 필요로 하기 때문에, 그것들은 삼위일체적 사고를 이루게 된다. 그들의 포괄성은 통일성이나 하나됨만을 전제할 뿐만 아니라 셋임을 가능하게 하는 제삼 의 요인을 포괄한다. 따라서, 음양의 상징적 사고는 늘 삼위일체적 사고 이다.

　게다가 음양은 관계적 상징들이다. 음은 양 때문에 존재하고, 양은 음 때문에 존재한다. 달리 말하면 음이나 양은 스스로는 존재할 수 없다. 음양은 늘 함께 존재한다. 그들의 존재는 관계에 의해서 조건 지워지고, 그 관계는 늘 실체에 앞서게 된다. 관계적 범주는 늘 공동체성에 속하게 된다. 반면에 실체적 범주는 개체성에 속한다. 삼위일체는 공동체의 기본적 단위이기 때문에, 그것은 관계적이다. 초대교회 교부들은 삼위 일체를 생각하는 데 어려움이 많았을 것임에 틀림이 없다. 왜냐하면 그들의 사고는 실체적이었으며, 따라서 그들의 사고는 통일적이라기보 다는 더 분석적이고, 공동체적이라기보다는 더 개인적이었다. 음양은 전체를 위해 늘 상호 보충적인 상생적(complementary)이다. 음양은 관계 적이고 서로를 포괄하고 있기 때문에, 그것들은 떼려야 뗄 수 없다.

음양은 늘 그들의 필요를 충족하기 위해서 같이 일한다. 그리고 그들의 필요를 충족시킴으로써, 그들은 전체를 위해 일한다. 그들은 상생적이기 때문에 상충적인 관계에 있을 수 없다. 전체는 늘 음양의 사고에서는 부분에 앞선다. 그러기에 음양의 사고는 양면긍정적 사고이며 통째로 보는 사고이다. 삼위일체적 사고는 음양의 사고에 근거하고 있기 때문에, 그것은 통째로 보는 사고인 것이다. 통째로 보는 접근은 하나임을 대변하는 반면에 상관적 접근은 셋임을 의미한다. 통째로 보는 접근과 상관적 접근 이 양자가 삼위일체적 사고를 만들고 이것은 전통적 서구적 사고방식과는 분명하게 다른 것이다.

내가 동양적 관점에서 공헌할 수 있는 또 하나는 우주론적 인간학의 전제에서 신의 삼위일체를 다양한 인간의 상상력을 통해 재구성해보는 것이다. 서양의 인간학적 접근과는 다르게, 동양에서는 우주론이 인간 됨을 이해하는 열쇠가 된다. 음양은 우주론적 상징이고 이것은 인간 됨을 포함한 모든 것을 대변한다. 그러므로 동양적 삼위일체는 인간을 소우주로 포함시키며, 하늘은 아버지, 땅은 어머니 그리고 인간은 자녀들이다. 우주론적 삼위일체는 인간 중심적 삼위일체보다 앞서게 되는데, 왜냐하면 그것은 존재의 모든 유형에 적용될 수 있기 때문이다. 삼위일체는 그 적용 범위가 우주적이기 때문에, 모든 창조물들은 하나님의 삼위일체적 이미지를 갖고 있다. 하나님의 이미지는 삼위일체의 이미지이고, 그것은 인간에게만 주어지는 것이 아니라 땅 위의 모든 창조물들에 부여된다. 다시 말하면, 하나님의 이미지는 단순하게 남녀 사이의 이원적이고 인격적인 관계 혹은 관계의 유비가[2] 아니며, 대신에 만물들에서 발견되는 삼위일체적 관계인 것이다. 이 우주론적 인간학의 접근은 인간 됨을 평가절하하는 것이 아니고 자연을 높이는 것이다. 우리가 생태학적인 위기를 맞으면서, 우리는 다른 생명체들에게 존엄

성을 부여하고 존경을 표하게 되었다. 이제는 동양적 삼위일체를 심각하게 고려할 시간이다. 이제 우리는 모든 창조물들을 친척으로 생각해야 한다. 우리가 자연을 보존하기를 원하지 않는다 하더라도, 우리가 생태학적 신학에 대해 아무리 관심을 경주한다고 해도, 우리가 인간중심적인 관점을 견지하는 한에 있어서 우리는 세계나 우리 자신을 구할 수 없다.

그러나 우주론적 인간학의 접근은 확실히 비판적인 문제들을 제기한다. 그것들 중의 하나는 우주 안에 인간의 자리이다. 세계 안에서 인간의 역할은 무엇인가? 우주 가운데 인간의 고유한 자리는 어디인가? 삼위일체는 우리의 삶의 경험으로부터 이끌어낼 수 있는 관계의 상징이기 때문에, 인간의 자리는 관계의 개념 안에서 정의되어야만 한다. 다시 말하면, 인간은 다른 창조물들과 다른 고유한 존재도 아니고 질적으로 다른 것도 아니다. 인간의 자연의 일부일 뿐이다. 성자나 자녀들은 가정의 삼위일체의 중심이기 때문에,[3] 인간은 우주의 삼위일체에 있어서 다른 창조물들과의 관계에 있어서 중심적인 위치 때문에 구별되는 것뿐이다. 우주의 중심에 자리하기 때문에, 그들은 하늘과 땅을 중재할 뿐만 아니라, 하늘의 도덕적 원리와 땅의 물질적 원리를 모두 지각할 수 있다. 다시 말하면 인간 됨의 고유성은 존재의 본질에서가 아니라 우주의 중심적 자리에 있는 것이다. 인간의 중심성은 인간을 삼위일체에서 연결원리로 만드는 것이다.

아마도 우주론적 인간학적 접근에서 인간에 대한 중심적 문제는 자유의지의 개념과 관련되어 있다. 사람이 우주의 일부라면 인간은 자유의지를 가지는가? 인간은 자연의 법칙을 따라야만 한다고 생각하는 것은 너무 운명론적인 것이 아닌가? 인간의 창조성은 어디에 있는가? 인간을 인간답게 그리고 다른 창조물들과 다르게 만드는 것은 자유를

행함이라고 종종 말해진다. 우주론적 인간학의 관점에서 인간은 얼마
나 자유로울 수 있는가? 자유와 창조성의 이런 문제들은 간접적으로
삼위일체에 대한 우리의 상상력과 관련이 있다. 우리가 모든 존재의
살아있는 단위를 대변하는 원형으로 삼위일체의 이미지를 생각한다면,
인간은 절대적 자유를 행할 수는 없다. 우리가 우리의 공동체성을 우리
의 존재의 근본적 단위라고 생각하는 한, 우리는 이 단위의 한계를 넘어
서서 우리 개인의 자유를 행사할 수는 없다. 우리가 인간으로서 가질
수 있는 자유는 삼위일체적 공동체를 위해 봉사하고 견고케 하는 것이
다. 삼위일체의 공동체를 파괴하는 어떤 행위는 자유의 행동이 아니라
폭력의 행위이다. 이런 폭력의 행위는 공동체적 조화를 깨트릴뿐만
아니라, 마침내는 자유에서 멀리 떨어지게 된다. 진정한 자유는 타자에
대한 자아의 선택이 아니라 선택의 문제에서 초월하는 것이다. 우리가
진정으로 자유로울 때, 우리는 자연의 일부로서 자연처럼 자발적이
되는 것이다. 게다가 인간의 창조성은 우리가 자발적일 때 완전하게
실현되는 것이다. 우리의 자발성은 우리를 우주적 창조성에 참여하게
한다. 즉 우주적 창조성은 신의 삼위일체의 생활에 대한 우주의 자발적
응답인 것이다.

　　동양적 관점은 또한 유대교와 기독교적 전통에 깊이 뿌리를 내리고
있는 삼위일체의 가정적 이미지의 중요성을 강조한다. 동양적 전통에
서, 가정은 여전히 사회에서 가장 중요한 인간 제도로 간주된다. 유교의
가르침은 특별히 인간의 발전과 사회적 안정에 대한 열쇠로서 가정의
삼위일체적 형식을 강조한다. 가정은 생활에 있어서 결정적이기 때문
에 모든 사람은 반드시 결혼해야 하고 자녀들을 가져야 하며, 특히 남아
를 선호하기도 하며, 그래야 완전한 생활을 영위할 수 있는 것이다.
결혼하지 않은 사람은 불완전한 것으로 여겨질 뿐만 아니라, 자식이

없는 가정은 결핍된 것으로 여겨지고 있다. 따라서 이상적 가정은 아버지, 어머니 그리고 자녀들로 구성되어야만 한다. 유교적 전통에서 가정의 삼위일체적 형태는 사회의 기초이다. 인간의 상호관계를 규정하는 오륜의 관계 가운데, 셋은 가정생활과 관련되어 있다. 즉 부자 관계, 부부 관계, 형제 자매 관계이다. 이런 관계들 중에서 부자 관계는 다른 모든 관계에 우선한다. 이 관계는 효성에 근거하고 있는데, 이 효도 또한 다른 모든 덕의 핵심이다. 이런 효란 관점에서 볼 때, 우리는 쉽게 삼위일체 교리에서 부자 사이의 관계의 중요성을 이해하게 된다. 동양의 관점에서 볼 때, 삼위일체에서 부자 관계의 중요성을 강화하는 것이 자연스럽다. 그러므로, 동양의 정황은 삼위일체의 전통적 교리에서 가부장의 영향력을 강화시키는 해석학적 장점을 주장하는 데 사용될 수 있다.

그러나 동양의 가정적 관점에서 본다면, 나는 삼위일체의 전통적 교리는 불완전하다는 것을 인식하게 된다. 어머니나 여성 성원이 없는 가정은 뭔가 결핍되어 있다. 그러므로 나는 삼위일체 가정에서 어머니의 이미지로 성령의 여성적 속성을 다시 주장하게 되었다. 성령을 어머니의 자리에 올림으로써, 성령은 더 이상 삼위일체의 이상야릇한 성원이 더 이상 아니다. 성령은 더 이상 성부, 성자에서 나오는 것이 아니다. 그녀는 자신의 권리에 있어 독특하기 때문이다. 가정에서 어머니와 같이 성령은 세계를 낳고, 기르고, 보존한다. 성령은 서양의 전통에서 삼위일체적 가정에서 소외되어 왔는데, 동양의 전통에서 가정을 책임지는 어머니가 된다.

우리가 모든 창조물이 삼위일체의 이미지를 포함하고 있는 것을 믿는다면, 삼위일체적 원리는 만물을 이해하는 열쇠가 된다. 다시 말하면, 삼위일체적 사고는 모든 것을 위한 해석학적 패러다임이 되지 않으

340 삼위일체의 동양적 사유

면 안 된다. 나는 이 해석학적 도구를 교회, 가정, 사회생활과 다른 영역
들에서 사용할 수 있는 가능성을 입증하는 것을 시도했다. 다문화적
사회에서, 특별히 삼위일체의 해석학은 생활에서 다양한 문제들에 대
한 만족할만한 대답을 찾는 데 많은 도움이 된다. 죄, 구원, 인간학 등의
문제와 같은 많은 신학적인 문제들은 삼위일체의 해석학을 사용함으로
써, 가장 효율적으로 다루어질 수 있다. 예를 들어, 죄와 구원은 인간과
신의 관계에서 정의되어야 할 것이 아니라, 인간과 땅의 관계에서 정의
되어야 한다. 왜냐하면, 동양적 삼위일체는 땅을 성령의 이미지로 포함
하기 때문이다. 삼위일체적 해석학에 근거한 기독교 신앙을 전혀 새롭
게 통째로 보는 해석이 요구되는 것이다.

　　종교 간의 대화에서 이 해석학의 방법이 함의하는 바를 말해 보겠
다. 종교는 생활의 방식이고 문화의 영혼이기 때문에, 종교는 우리의
사회에서 다문화적이고 윤리적 전통들의 일부이다. 모든 종족과 민족
들은 조화 속에서 공존해야만 한다면, 다른 종교들은 사회 속에서 각자
의 자리를 주장해야 한다. 우리의 신학적 과제는, 기독교는 다원사회
속에서 많은 종교들 가운데 하나이기 때문에, 다른 종교들까지도 포함
해야만 한다. 종족성과 같이, 종교는 단순한 개념이나 교리 이상이다.
종교는 고유한 생명력과 운명을 가지는 살아있는 실재이다. 종교는
존재의 다른 형태들과의 관계에서 자기 나름의 방식으로 변화하게 된
다. 그러므로 종교들은 비교될 수 없다. 이것은 문화가 비교 불가능한
것과 마찬가지이다. 모든 종교들에 적용될 수 있는 단일한 규범은 존재
하지 않는다. 따라서 필요한 것은 비교 종교학적인 연구가 아니라 종교
상호 간의 대화이다. 이것은 우리로 하여금 우리의 생활 속에서 다른
종교들 간의 역동적인 상호관계들을 이해하고 풍성하게 하는 데 도움을
줄 수 있다.

삼위일체적 사고를 재고하고자 하는데, 이것은 삼위일체의 해석학
을 종교간의 대화의 가장 효율적인 수단으로 사용해 보고자 하는 것이
다. 사실상 "대화"(dialogue)라는 말은 "삼자대화"(trialogue)로 변하게
된다. 진정한 대화는 반드시 "하나 속의 셋"과 "셋 속의 하나"를 포함하기
때문이다. "삼자대화"라는 말은 그것이 다원적인 관계를 함의하기 때문
에 시사하는 바가 크다. 삼위일체는 하나뿐만 아니라 다자를 함의하기
때문에 삼자대화는 많은 종교적 전통들뿐만 아니라 자기의 고유한 전통
도 관계하는 것을 의미한다. 진정한 대화는, 자기 자신의 전통뿐만 아니
라 다른 전통들에도 동시에 헌신적이지 않으면, 이루어질 수 없다. 게다
가 삼위일체적 사고에서 우리는 대화에 참여하는 종교들의 일부가 되지
않으면 안 된다. 이런 점에서 진정한 대화나 삼자대화는 우리가 고백하
는 종교뿐만 아니라 우리의 대화나 삼자대화에 참여하는 종교들의 일부
까지 되지 않으면 안 된다는 것이다.

대화는 대화 가운데 있는 연결원리 때문에, 삼자 대화로 발전한다.
대화에서, 두 종교들이 서로에게는 낯선 존재들이기 때문에, 하나의
종교는 다른 종교와 관련을 맺어야 한다. 삼자대화에서, 그들은 서로의
일부이기 때문에 서로에게 관련을 맺어야 한다. 음과 양이 서로를 포함
하기 때문에, 삼자대화에서 종교들은 반드시 서로를 포함하지 않으면
안 된다. 이런 포괄성은 연결원리인데, 즉 "저 종교 안에서 이 종교",
"이 종교 안에서 저 종교"이다. 동양에서 삼자대화는 공통적인데, 왜냐
하면 동양 사회는 다른 종교적 전통들을 갖고 있기 때문이다. 나는 비록
기독교인이기는 하지만, 내 속에는 또한 불교, 도교, 무교, 유교의 요소
들을 갖고 있다. 예를 들어 모든 한국인은 그들이 불교인, 도교인, 무속
신앙자인 것과 마찬가지로, 이러 저러하게 유교인인 것이다. 따라서
길희성 교수는 "그 사람이 어떤 종교에 친화성을 갖고 있든지 간에,

모든 한국인들은 그들의 삶과 사유에서 행동의 유교 규범을 따르고 유교의 도덕적 가치를 공유하고 있다는 점에서 부분적으로 유교인들이다"라고 말한다.[4] 동양에서 아무도 순수한 불교인이거나 순수한 유교인, 혹은 순수한 무속 신앙자, 순수 기독교인은 아니다. 즉 어떤 사람은 불교인이라기보다는 더 기독교인이고, 기독교인이라기보다는 더 유교인이며, 도교인이라기보다는 더 무속 신앙인인 것이다. 동양에서 기독교인이 된다는 것은, 불교인, 유교인, 혹은 무속 신앙인이라기보다는 더 기독교인이 되는 것이다. 이와 같이 불교인이 된다는 것은 기독교인이나 유교인보다 더 불교인이 되는 것이다. 이런 종교적 포괄성은 삼자대화를 가능하게 한다.

그러나 종교적 포괄성이 동양에서만 발견된다고 생각해서는 안된다. 이것은 어디에서나 있다. 다른 사람들이 사는 곳에서, 다른 문화들이 공존하는 곳에서, 거기에는 종교 다원주의가 존재한다. 우리가 모든 사람들이 하나님의 가정이나 하나님의 삼위일체적 가정 안에서 형제요 자매라고 생각한다면, 우리는 형제, 자매들의 종교적 전통의 일부가 되어야 한다. 유럽에서 기독교인은, 예를 들어 유대교적 전통과 이슬람적 전통의 일부이다. 왜냐하면 그들은 아브라함을 그들의 공통된 조상으로 주장하기 때문이다. 종교적 포괄성을 인식하는 것은 삼자대화의 시작이다. 모든 인간들이 땅 위의 최초의 가정에서 시작되었고, 모든 종교들이 그들의 문화적 유산의 일부라면, 모든 사람들과 모든 종교들은 다른 사람들이나 다른 종교들과 연관되어 있다. 이것은 큰 강이 많은 지류들과 연관되기 때문이다. 삼자대화에서 많은 종교들은 하나의 종교 속에 존재하고 하나의 종교는 많은 종교들 가운데 존재한다. 왜냐하면 모든 종교들은 삼위일체적 이미지를 포함하기 때문이다.

삼자대화는 대화를 초월한다. 대화는 상호 간의 말하기, 의논하기,

논증하기, 비교하기, 비판하기, 분석하기, 판단, 분류, 의견의 일치 등을 넘어서는 것이다. 삼자대화에서 한 종교는 다른 종교들을 자신의 종교의 일부로 받아들여야 한다. 삼자대화에서 하나의 종교는 다른 종교들에 의해서 이미 받아들여져 왔다. 다른 종교들은 이미 자신의 가족의 일원으로 받아들여져 온 것과 마찬가지이다. 삼자대화는 의사소통의 자발적 행위인데, "다자 속의 하나"의 현존을 직접적으로 인정하는 것이다. 삼자대화에서 나는 다른 사람들의 일부이고, 다른 사람들은 나의 일부가 된다. 진정한 종교적 감정이입은 삼자대화에서 일어난다.

형의 장례식에서 나타난 삼자대화의 경험을 예로 들어 보겠다. 나는 형이 임종하던 바로 그 순간에 서울에 도착했다. 내가 형 집에 가자마자 기독교인들이 와서 기도와 찬송을 부르며 예배를 드렸다. 그들이 떠나자마자 불교 스님이 와서 염불을 하기 시작했다. 거기에는 기독교의 십자가가 있었는데, 그러나 스님은 불교의 상징을 거기에 덧붙였고, 염불을 하면서 향을 살랐다. 그는 온 밤을 계속해서 염불을 했다. 많은 사람들이 와서 마루에 마련된 빈소에서 죽은 형에게 배례하고 상주들과 인사를 나누었다. 기독교인들은 와서 기도를 올렸고, 불교인들은 와서 향을 살랐다. 유교인들은 와서 배례를 했다. 거기에는 단이 마련되었고 무교와 유교의 전통을 따라서 제물이 드려졌다. 시체는 유교 전통을 따라서 염을 했고, 관은 꽃으로 장식했으며, 불교의 상징이 시체를 싼 도포의 머리 위에 있었다. 이런 다른 종교의 전통들은 내가 그것들의 차이를 의식하기도 전에 이미 자연적으로 나타나게 된다. 사람들은 그것들을 모두 삶의 방식으로 단순하게 받아들인다. 우리는 상에 무슨 음식이 차려져 있든지 먹는 것과 같이, 우리는 방문객들이 나타내 보이는 대로, 이런 다른 종교적 전통들을 받아들인다. 우리는 내 형의 장례식에서 동시에 나타난 이런 여러 가지 다른 종교적 표현들이 적합한 것인가를 묻지 않는다.

내가 이 장례식이 끝난 다음에 미국으로 돌아와서, 형의 장례식에 일어난 많은 종교적 전통들에 대한 의문을 갖기 시작했다. 내 가친은 유교인이셨으나 그는 반은 기독교인이셨고 불교인이기도 하셨다. 형수는 불교인이셨으나 반은 무속 신앙인이었고 기독교인이기도 하셨다. 내 조카들은 기독교인이었으나 이렇게 많은 다른 종교적 배경에서 자라났다. 그들의 종교적 배경을 생각한다면, 나는 형의 장례식에 참여한 내 경험을 불교도인 친구에게 말해 볼 기회가 있었다. 나는 곧 그 친구와 다양한 종교적 문제들에 대해 대화하고 있다는 것을 인식하게 되었다. 한국에서 나의 삼자대화는 내가 종교에 관해서 이야기할 때 대화가 되었다. 우리가 종교들을 개념화할 때마다, 우리의 삼자대화는 대화로 변화한다는 것을 깨닫게 되었다. 그러나 삼자대화는 대화를 제거하지 못한다. 오히려 삼자대화는 대화를 초월한다. 양면긍정적 사고는 양자택일의 사고를 포함하는 것과 마찬가지로, 삼자대화는 대화를 포함한다.

최종적으로, 내 개인적인 언급으로 마무리를 짓고자 한다. 내가 이 작업을 시작할 때, 나는 이것이 매우 지리한 작업이 되지 않을까 하는 걱정이 들었다. 그러나 나는 점점 "하나 속의 셋", "셋 속의 하나"라는 신비적 수수께끼에 매료되어가는 것을 느끼게 되었다. 이런 단순한 수수께끼는 나를 신의 신비의 깊이로 이끌어 갔으며, 이것은 인간의 모든 상상력의 높이를 넘어서게 만들었으며, 삶에 있어서 창조성의 마르지 않는 부요함을 깨닫게 해주었다. DNA가 참인 것과 마찬가지로, 나는 삼위일체의 현존이 소우주에서 대우주의 세계까지 모든 것 가운데 삶의 기본적 단위라는 것을 인식하게 되었다. 이것은 에너지의 원리인 기와 같다. 그러나 이것은 기 이상이다. 내가 삼위일체의 현존을 인식하더라도, 나는 그것을 동일시할 수 있는 방법이 없었다. 신의 삼위일체는 알려진 바 이상이다. 그것은 가장 작은 것보다는 더 작고 가장 큰 것보다는 더욱 크다. 내가 인식한 것은 신의 삼위일체 자체는 아니라 내 자신의 상상력의 성찰이다. 삼위일체적 사고로 번역될 수 있는 삼위일체에 대한 내 상상력은 그러면 삼위일체 자체와는 어떤 관계가 있는가? 알 수 없다는 것이 내 솔직한 대답이다. 그러나 내 삼위일체적 사고가 내 창조성에 내재된 것이라면, 세계를 창조하신 삼위일체적 하나님은 내 삼위일체적 사고와 어떤 관련이 맺어져 있다. 이것은 내 삼위일체적 사고가 완전하게 초점을 벗어난 것은 아니라는 소망이 된다. 나는 내 삼위일체적 사고가 달을 가리키는 손가락에 비견된다고 생각하고 싶다. 손가락만 보지 말기를 바란다. 당신이 손가락만 본다면, 달은 놓치게 된다. 손가락을 통해서 달을 보십시오!

세계 속에 꽃피운 한국문화의 한 예인
이정용 박사의 신학과 사상

찰스 코트니

드루대학교, 뉴저지 매디슨

이 학술회의의 주제인 "21세기 정보화 시대의 한국학"을 위해서, 필자는 한국학을 위한 현존하는 자원인 이정용 박사의 신학과 사상을 여러분과 함께 탐구함으로써 공헌하고자 한다. 이정용 박사는 1935년 일제시대에 북한에서 태어났다. 그는 처음부터 험난한 시대를 살면서 거의 중등교육을 끝마치지 못했지만 탁월한 학생이었다. 특히 과학과 엔지리어링에서 특출했는데, 국가가 시행한 유학시험에서 뽑혀서 미국으로 유학을 떠났고 1957년에 화학 전공으로 학부를 마쳤다. 하지만 그는 이후에 또 다른 분야인 신학공부를 더하고 그 분야에서 일을 했다. 그는 대학원 학위를 두 감리교 기관에서 받게 되었는데, 개렛신학교와 보스턴 대학교에서였다. 보스턴 대학교에서는 1968년에 신학박사 학위를 받았다. 그후로 1996년에 돌아가실 때까지, 종교학과 신학을 오터바인 대학과 노쓰 다코타 주립대학교와 드루 대학교에서 가르쳤는데, 드루에서 7년 동안 나는 그와 동료로 지냈다.

이 박사는 탁월한 재능을 가진 사려 깊은 교수이자 목사였을 뿐만 아니라, 창조적인 사상가와 문필가로 많은 글을 썼다. 그는 25년 넘게 많은 책들과 논문들을 썼는데, 오늘 21세기의 세계 속에서 한국학이 발전할 수 있는 아주 잠재성이 있는 풍성한 자료인데, 그의 논문과 책들을 여러분과 함께 탐구할 것이다.

그의 책 제목들 몇몇을 살펴보면 그의 작품이 추구했던 개념을 짐작하게 하는데, 『변화(易)의 원리: 주역을 이해하기 위해서』(1971), 『주역과 현대인: 역의 형이상학적 함의에 대한 에세이들』(1975), 『역의 신학: 동양적 시각에서 본 하나님의 기독교적 개념』(1979), 『한국 무교의 의례들』(1981), 『포괄하는 역: 기독교적 시각에서 본 주역에 대한 포스트모던적 해석들』(1994), 『마지널리티: 다문화신학의 열쇠』(1995), 『삼위일체의 동양적 사유』(1996) 등이다.

이 일곱 개 제목들의 목록은 매우 인상적이지만, 단순한 제목 이상의 것들이 있다. 이 박사의 학문적 활동은 자신의 책을 저술하는 것으로 끝나지 않았다. 그는 『세계사적 시각에서 등장하는 신학: 민중신학에 대한 논평』(1988), 『한국에서 조상제사와 기독교』(1988) 등을 편집하기도 했다. 그는 여러 편집진에 속해서 일했고, 미국종교학회에서 한국종교 그룹의 창립자로 여러 해 의장직을 수행하기도 했다.

이 박사의 사상들의 면면을 고려하기 전에, 그의 생애와 작품 사이의 관계에 대해 여러분과 함께 성찰하고 싶다. 루마니아에서 태어난 저명한 종교학자였던 미르체아 엘리아데는 그의 탁월한 언어적 지식과 다작이 어떻게 가능한지 설명해 달라는 질문을 받았다. 그는, "외부인들은 거의 알지 못하는 언어를 가진 작은 나라에서 태어난 것이 제가 그런 일을 감당할 수 있는 자극이 되었습니다"라고 대답했다. 아마 비슷한 것이 이정용의 작품에도 나타나는 것 같다. 어떻게 본다면, 다른 나라의 지배를 받는 나라에서 온 사람에게 큰 기대를 걸지 않을 수도 있다. 그는 자신의 문화의 고전들에 대한 대학교육을 받을 가능성을 박탈당했고, 성인이 된 후에 전 생애를 외국의 이상한 문화 속에서 주변인으로 살 수밖에 없었다. 그러나 엘리아데로부터 영감을 얻는다면, 아마도 이런 역경과 장애는 유난히 학자로서 창조적인 역량을 발휘할 수 있는 도약을 위한 무대가 되었다.

이정용은 부유한 가정에서 태어났지만, 인생의 여정에서 평안과 호사를 누릴 수가 없었다. 아버님은, 드루 출신으로 한국의 첫 감리교 선교사였던 아펜젤러가 세웠던 배재학당을 졸업했다. 이정용은 바로 그 드루에서 가르치게 되었다. 그러나 아들은 쉽게 그런 길을 걸은 것이 아니었다. 그는 전쟁과 정치적 상황에 의해서 여러 번 교육을 중단당해야 했다. 그가 교육의 기회를 박탈당함으로써, 오히려 그는 채워질 수 없는 교육과 지혜에 대한 갈증을 갖게 되었는지도 모른다. 식민지가 된 땅에 태어나 결국 전쟁터로 변해버린 나라에서 살았고, 결국 미국으로 이민해서 시민권을 얻고, 민족과 정치와 문화적 정체성의 문제들을 깨닫게 되었다. 그의 종교적 정체성은 기독교가 소수였던 땅에서 기독교인으로 사는 것이었다. 그 자신의 가족은 다른 많은 한국의 가정들과 마찬가지로 다종교적이었다. 그는 형의 장례식을 설명하면서 이런 예를 들어 잘 설명하고 있다. "나는 형이 임종하던 바로 그 순간에 서울에 도착했다. 내가 형 집에 가자마자, 기독교인들이 와서 기도와 찬송을 부르며 예배를 드렸다. 그들이 떠나자마자, 불교 스님이 와서 염불을 하기 시작했다. 거기에는 기독교의 십자가가 놓여 있었는데, 그러나 스님은 불교의 상징을 그 옆에 놓았고, 염불을 하면서 향을 살랐다. 그는 온 밤을 새워서 염불을 했다. 많은 사람들이 와서 마루에 마련된 빈소에서 돌아가신 형을 조문했다. 기독교인들은 와서 기도를 드렸고, 불교인들은 와서 향을 살랐고, 유교인들은 와서 그에게 배례를 했다.

제단이 만들어져 있었고, 무교적이고 유교적인 전통에 따라 제물이 바쳐졌다. 시신은 유교적 전통에 따라 염을 했고, 관은 꽃으로 장식되었으며, 불교적 상징이 관의 머리 부분에 놓였다. 이런 다른 종교적 전통들은 차이점들이 자연스럽게 드러나 있었지만, 나는 그것들을 전혀 의식하지도 못했다. 그것들은 단지 삶의 방식으로 받아들여졌다"(『삼위일체의 동양적 사유』, 339). 그렇다. 그것들은 아주 자연스럽게 삶으로서 받아들여지고 있었다. 그러나 후에 이정용은 신학자로서 고도로 의식적으로 자신에게 질문하게 된다. 어떻게 삶의 여러 위대한 방식들이 한 사람의 생애 속에서 어떤 혼돈과 대립없이 자연스럽게 조화를 이룰 수 있는가? 다시 말하면, 그의 생애는 그로 하여금 우리 중 많은 사람들은 보지 못했던 문제들을 직면하게 했다.

　　이제 이 박사의 사상이라는 주제에 좀 더 다가가서, 그가 신학을 위해서 구성한 자료들을 검토해 보자. 그는 주류 전통의 개신교 신학교로 갔고, 서구 기독교의 신학과 제도적 역사를 배우게 되었다. 1950년대에 그가 개렛에서 공부한 시간은 신정통주의의 영향이 절정에 달했던 시간이었다. 이것은 그의 첫 출판된 논문들이 바르트와 불트만에 관한 것이었다는 것은 그것을 정확하게 보여준다. 그는 책에서 계속해서 틸리히의 신학을 언급하고 있다. 한 젊은 한국인 신학생의 서양 신학에 대한 그의 지성적 파일의 서랍이 이렇게 채워졌던 것이다. 이후에 그 서랍은 항상 대화 상대가 되었다. 그러나 그가 박사학위를 마친 다음에 저술에서 가장 집중했던 것이 동양의 고전에 대한 것이었다면, 그는 어디에서 이런 것을 배우게 되었을까? 개렛이나 보스턴대는 그에게 이런 것을 가르쳐 준 적이 없었다. 보통 우리가 흔히 말하듯이, 그의 뼛속에 이런 것이 이미 정해져 있었는지도 모른다. 그의 저술을 보게 되면, 1970년대까지는 자신의 고향인 동양의 고전들을 단지 스스로

공부했을 것이다. 주역, 도덕경, 음양사상에 대한 그의 해석이 신선하고
개방적이고 독립적일 수 있었던 것은 그의 독자적인 공부의 결실이었
다. 비록 그는 언어학적이고 문헌학적인 지식에서는 다소 부족하지만,
노스 다코타의 파고의 시각으로 동양의 거장들을 깊이 묵상하고 성찰할
수 있는 장점을 갖고 있었다. 그는 늘 전통을 존중했지만, 그럼에도
불구하고 그의 상황은 그로 하여금 고전적인 방식으로 공부했던 한국인
과 중국인들이 생각할 수 없었던 것을 창조적으로 연결해낼 수 있었다.

　정치 철학자였던 한나 아렌트는 자신의 스승이었던 칼 야스퍼스를
"세계의 시민"이라고 불렀다. 이 명칭을 이 박사에게도 적용할 수 있을
까? 긍정적이기도 하고 부정적이기도 하다. 이 박사는 모든 사람을
위해서 말하고 모든 사람에게 말하는 보편적 철학자로 존중받을 수는
없을 것이다. 그러나 두 가지 면에서는 긍정적이다. 첫째로, 야스퍼스를
세계의 시민으로 불렀던 아렌트는 야스퍼스가 한 민족만의 우월성을
주장하는 쇼비니스트적인 시민이 아니라는 의미였다. 야스퍼스는 나치
에 의해서 하이델베르크 대학의 교수직에서 쫓겨났고, 스위스의 바젤
로 유배를 가지 않으면 안 되었다. 그의 용기와 인간성은 널리 존중을
받아서, 2차 세계대전 후에 하이델베르크 대학의 첫째 총장이 되었다.
이 박사는 그의 조국인 남한과 북한에서 모두 널리 존중을 받았다. 그의
생애의 마지막에 그런 영예가 주어지기 시작했는데, 그가 좀 더 사셨다
면 더 많은 영예를 누릴 수 있었을 것이다. 그러나 그가 세계의 시민으로
불릴 수 있는 둘째 의미가 있다. 그는 그의 생애와 사상에서 다양한
경험을 통해서 하나의 세계를 만들기 위해 노력했다. 전체성(혹은 온전
함)에 대한 인식이 약한 사람은 이런 일을 감당할 수가 없다. 예를 들어,
그가 기독교인이 되어 기독교적이 아닌 모든 것을 버릴 수도 있었지만
그렇지 않았다. 그는 신학의 서구적 형식들에 동화가 되어서 동양적

개념들과 감수성들을 떠나서 버릴 수도 있었지만, 그는 그렇게 하지 않았다. 그는 미국적 생활에 푹 빠져서 녹아버려 한국인들과 한국적인 것들에 등을 돌리고 떠나버릴 수도 있지만, 그렇게 하지 않았다. 그가 믿었던 예수님의 하나님이 아시안 아메리칸인 이정용을 사랑한다고 그는 확신했다고 나는 생각한다. 그렇기 때문에 그는 그가 경험하고 알게 된 모든 것에 맞는 기독교적 의미를 명확하게 표현하는 일을 소명으로 받아들였고 그런 길을 걸어왔던 것이다.

누군가는 헤겔은 철학이 독일어를 말하게 만들었다고 말한다. 나는 이정용의 사상을 정리할 때, 그는 기독교 신학이 동양어를 말하게 했다고 말할 수 있다. 이 논문의 나머지 부분은 그의 사상의 가장 중요한 개념들과 전략을 소개하고, 그것들에 관한 몇 질문을 제기하겠다.

첫째로, 이정용이 목표로 삼았던 독자는 누구였는가를 파악하는 것이 중요하다. 그는 다른 전문가들을 위해서 동양사상의 전문가로서 글을 쓰지 않았다. 그는 역사와 해석의 요점들에 관해서 다른 전문가들과 기술적인 논쟁 속으로 들어가지 않았다. 그는 서구신학사를 공부하고 서구사상가들과 논쟁을 벌이면서, 서구신학사의 한 장을 더 쓰기를 추구하지 않았다. 오히려 그는 자기 자신과 기독교적 사랑의 메시지로 마음이 변화된 이들과 동양적 개념의 카테고리(범주)로 생각하는 이들을 위해서 글을 썼다. 성경의 셈족적 세계에서 그리스 철학의 개념으로 교의를 규정하는 에큐메니컬 공의회로 어떻게 바뀌어졌는지를 연구하면서, 그는 기독교 교회의 역사를 알았다. 1700년 전에, 교회가 비잔틴과 유럽이라는 더 넓은 세계로 이동한 것이 정당하고 필연적이었다면, 복음은 새로운 회심자들에게 적합한 용어로 표현되어야 한다. 즉 교회가 아시아로 이동함에 따라 그들에게 맞는 표현의 변화가 요구된다고 그는 생각했다. 시대와 장소만 다를 뿐, 이런 비슷한 상황에서 다른 사람들이 해왔던 것을 이제는 그 자신이 자신의 공동체를 위해서 하고 있는 것을 발견했다.

　그러나 이정용은 순수한 복음을 발견하고 그것을 동양의 개념들로 번역하는 자신의 과제가 단순한 것이 아니라는 것을 알았다. 그는 전통에 의해 주어진 사고방식으로 그것을 탐구해야 했다. 게다가, 기독교는 지배적 서구 열강을 대변하는 이들에 의해서 서구적 범주들로 그 자신뿐만 아니라 다른 한국인들과 재미 한국인들에게 소개되고 가르쳐져 왔다. 그는 복음이 제공하는 완전한 자유를 주장하고 억압을 초월해가는 것과 기독교적 용어를 동양인들이 익숙한 개념으로 번역하는 두 가지 과제를 갖고 있었다. 다음에는 그의 과제의 지적이고 실천적인 두가지 차원에 관해 논평을 하겠다.

　이정용은 그가 계승하는 기독교의 역사를 존중했다. 그것은 그가 서구신학의 영원한 문제들 몇몇을 붙잡고 작업한 사실에서 보여진다. 예를 들어, 그는 서구신학이 하나님의 초월성과 특별한 성품을 존중하기 위한 여러 시도들에서 상징적이고 비상징적인 언어들을 구분해왔다는 것을 알고 있었다. 이 문제에 관해서 이 박사는 여러 번 틸리히의 입장을 언급하고 있다. 틸리히에 따르면, 하나님을 존재 자체라고 부르는 것은 하나님에 관해서 할 수 있는 비상징적인 언급이다. 이정용은 하나님에 관한 언어의 문제에 있어서, 틸리히가 서구 신학자들 가운데 가장 최선의 입장을 갖고 있다고 생각했다. 이정용은 동양적 사유의 시각에서 몇몇 점을 지적하고자 했다. 그는 동양인들은 서구인들이 갖고 있는 것과 같은 문자주의에 있어서 심각한 문제를 갖고 있지 않다는 것을 알았다. 그는 이렇게 말했다, "음양의 상징적 특징을 인식하는 것은 중요하다"(『삼위일체』, 70). 음양은 "세계의 모든 것"에 적용되기 때문에, 그것들은 특별한 실재나 실재의 종류들과 일대일의 관계에 있지 않으므로 반드시 상징적이어야 한다. 동양인들은 음은 어둡고 여성적이고, 양은 빛이고 남성적이라고 말하는 것을 잘못이라고 하는 것은 문자주의로 간주한다. 이정용은 형이상학적 상징인 변화와 문화적이고 헌신적인 다른 상징들을 구분했다. 변화는 "어떤 상황이나 학문에도 적용될 수 있기 때문에," 형이상학적 상징이다(『역의 신학』, 21).

몇 쪽 다음에 보면, 이정용은 틸리히의 존재 자체에 대한 대안을 제시하는데, 나에게는 받아들이기 어려운 문제였다. 이 박사는 역동적인 과정보다 정체적인 실체를 강조하는 서구적 사상의 경향성을 극복하려는 틸리히의 노력을 감사한다. 틸리히는 하나님 안에 역동성과 형식을 포함시키기를 원했다. 그러나 이정용은 틸리히가 "존재의 존재론적인 구조"를 너무 강조했다고 생각했다(『역의 신학』, 36). 이정용은 성경에서, 특히 출애굽기 3장에서 하나님의 이름이 원시적이고 비상징적인 개념이 되는 근거를 발견했다. 하나님이 "나는 곧 나다"고 모세에게 말씀하셨다. 이것은 "하나님의 특성에 관한 명제를 언급함이 없이 하나님의 실존을 긍정하는 것이다"(『역의 신학』, 32). 출애굽기의 구절에 근거해서, 이정용은 "있음 자체"가 존재 자체보다 낫다고 제안했다. 그것은 "있음 자체"는 하나님에게 어떤 구조를 부가하지 않기 때문이다. 이정용은 "있음 자체"를 변화(易)와 도와 연결하는데, 이것들은 서로 바꿔 써도 아무 문제가 없다(『역의 신학』, 40-1).

내게 첫째로 떠오르는 질문은 "변화"(역)이라는 용어의 상태에 관한 것이다. 이정용은 역을 형이상학적 상징이라고 말했고 이것은 또한 "있음 자체"라는 비상징적인 개념과 서로 바꿔쓸 수 있다고 말했다. 그렇다면, 역은 상징적인가 비상징적인가? 틸리히는 그의 신학적 체계의 성공이란 이런 질문들을 명료화하는 데 있다고 생각했다. 이정용에게도 똑같이 묻는 것이 정당한가 그렇지 않은가? 아마도 역의 신학에서

두 구절을 인용하는 것이 도움이 될 것 같다. 이정용은, "되어감의 창조
적 과정이 변화나 도에서 궁극적으로 표현되는데, '있음 자체'의 비상징
적 개념으로 가장 잘 표현된다고 했다. 달리 말하면, 도나, (니구나) 브라
만, 니르바나, 혹은 야훼로 알려진 있음 자체는 변화 자체인데, 왜냐하면
도와 변화는 같기 때문이다. 있음의 비상징적 언명은 의미있는 변화로
이해될 때만 의미가 있다"(41)고 말한다. 나는 여기에서 상징적인 것과
비상징적인 것 사이보다 더욱 미묘한 차이의 인자를 발견하게 된다.
틸리히는 비상징적인 것과 개념적인 것은 하나의 의미로 일치하고,
상징적인 것과 형이상학적인 것은 다양한 목소리처럼 일치하지 않는
것으로 짝지었다. 그러나 이정용은 있음으로서 하나님은 이름 같은
목록이라고 생각하는데, 이 이름 자체에는 어떤 인식적 내용이 없고,
그것이 단어의 충일한 의미를 갖기 위해서는 다른 표현들로 보충대리가
되어야 한다고 생각했다. 이러한 제안은 이정용이 쉽게 여러 전통들의
기본 개념들(도, 니구내속성이 없는) 브라만, 니르바나, 야훼)의 표로 쉽게
이동하는 것을 염두에 두어야 한다. 말하자면, 있음을 말하고 변화를
말하는 것은 다른 것을 말하는 것으로 이동하는 것이 아니다. 이것은
있음의 의미를 정교화하거나 말하기 시작하는 것, 즉 "의미있게 만드는
것"이지 다른 것이 아니다. 이런 언급들은 너무 현묘한듯 하기도 하다.
그러나 이것들은 이정용이 어떻게 사고하는지에 대한 복합성을 보여주
는 나의 초점이기도 하다. 그는 서구의 사상가들이 수세기에 걸쳐서
고심했던 문제를 발견했다. 즉 하나님에 관해서 의미있게 어떻게 말할
수 있는가? 그는 이 문제를 해결하기 위해서 동양에서 어떤 자료들을
가져오기를 시도했다. 그의 노력은 그의 제안에 동의하거나 의견을
달리 하는 지점들을 구별해내 것이 얼마나 어려운지 그리고 너무 쉽게
같거나 다르다고 주장하는 것이 얼마나 위험스러운지를 보여준다.

잠시 동양사상으로 돌아가서, 이정용이 말하는 형이상학적 상징들 사이의 차이와 다른 한 편으로, 문화적이고 신앙적인 상징들 사이의 차이들을 살펴보겠다. 서구에서는, 종교에서 언어의 다른 층들이 있다고 일반적으로 이해되어 왔다. 틸리히가 말한 대로, 형이상학적 언어는 신학과 철학 사이의 경계선에 서 있다. 성부, 성자, 성령의 삼위일체적 언어는 매우 특수한 신학적인 언어이다. 여전히 다른 차원에서 하나님을 돌, 깊이, 친구, 목자로 부르는 형상화된 언어(figurative speech)가 있다. 동양인들에게도 이런 비슷한 계층이 있는가? 이정용이 구별하는 것을 보면 그런 것이 있는 것 같다. 그러나 나는 어디에 경계선을 긋는지를 알고 싶다. 예를 들어서, 변화, 음(氣)과 양(理)의 복합체들은 하늘(아버지), 땅(어머니), 인간(자녀)의 삼재처럼 같은 계층에 있는가? 내가 생각하기에, 이정용의 어떤 논의들은 너무 쉽게 그것들 사이를 왔다 갔다 한다. 동양인들이 매우 특수하게 사용하는 문화적이거나 예배적인 상징들이 있는가? 서구인들은 구체적인 언어에서 일상생활로부터 존재의 언어까지 단계적으로 이동해 나가는 반면에, 동양인들은 구체적 언어에서 역의 형이상학으로 바로 나가는 어떤 지름길이 있는 것이 아닌가 하는 의구심이 든다.

상징주의의 문제를 떠나기 전에, 이정용의 작업에 대한 다른 질문을 제기해 보겠다. 음양이 상징적이라고 먼저 지적한 다음에, 이정용은 계속해서, "음양은 그 자체적으로는 어떤 실재가 아니라, 실재를 지시하는 상징이라고" 말한다. 이런 점에서, 음양의 상징적 접근은 과정철학적 접근과는 다르다. 과정철학은 세계를 묘사하기 위해 실재들을 사용한다"(『삼위일체』, 52). 여기에 언어와 언어가 지시하는 것 사이의 혼란이 있는 것이 아닌가? 첫째로, 예를 들어, 우리는 음이 언어로 불리는 실재의 특수한 일부의 존재라고 동의할 수 있다고 생각한다. 언어는 다른 어떤 것을 지시하는 특성을 가진 실재이다. 이 점을 동의할 수 있다면, 이정용과 과정사상가들의 차이는 후자가 세계를 묘사하는 실재를 사용하고 이정용은 그런 실재를 사용하지 않는다는 것이 아니다. 차이는 과정사상은 존재의 개념으로 세계를 묘사하고(화이트헤드의 전문용어 "현실적 존재"[actual entities]), 이정용은 변화의 개념으로 세계를 설명한다는 것이다. 이런 차이는 주어진 설명이 상징적인가 아닌가의 질문으로 접근하지 않는다면 알 수 있다. 이 문장 자체가 시사하듯이 변화나 음양의 사고가 갖는 특이한 장점은 그것이 상징적이라는 것이다. 그러나 이정용이 주로 지적하는 것은 존재나 과정의 개념으로 실재를 설명하는 것보다는 변화의 개념으로 사고하는 것이 훨씬 낫다는 것이다.

　　내용의 문제를 형식적으로 고려하기 위해서, 이 박사의 가장 광범위한 주장을 들어보도록 하자. "기독교의 원래의 메시지는 포용적이었지만, 서구 철학의 배타성 때문에 결국에는 배타적인 종교로 발전하게 되었다. … 서구의 철학이 기독교을 전파하는 매개체가 되었기 때문이다"(『역의 신학』, 21). 이정용은 그의 전 생애를 기독교의 사랑의 메시지를 전하기 위해서 헌신했다. 그러나 그는 서구의 사상의 형태가 존재에 우위성을 두었고, 되어감을 정당하게 평가하지 않는다는 것을 발견했다. 존재에 우위성을 두었고, 홀로 설 수 없다는 것을 제대로 파악할 수 없었으며, 정태적인 실재에 우위성을 두었고, 역동적인 실재를 제대로 대접하지 않았다. 동일성에 우위성을 두었고, 관계를 제대로 평가하지 않았다. 마지막으로는 (신과 세계, 인격적인 것과 비인격적인 것의) 대비에 우위성을 두었고, 통합과 전체성을 제대로 규명하지 못했다. 이정용은 동양의 변화의 개념이 기독교의 메시지의 포용적 특징에 더 부합하고 위에서 언급한 서구 사상의 모든 한계들을 극복할 수 있다고 생각한다.

　　이정용이 변화의 신학에 이런 사상을 어떻게 적용했는지 예를 들기

전에, 여기서도 그가 이전의 전략을 동일하게 따르고 있다는 것을 알
수 있다. 그는 기존의 신학들의 문제를 발견했고, 그것을 해결하기 위해
서 동양의 자료들을 사용하고자 했다. 그는 동양의 가장 근본적인 개념
을 택해서 그중 가장 기본적인 의미를 취했다. 그것이 적용되거나 표명
되는 모든 특수한 방식들을 적용하지는 않았다. 즉 그는 점치는 기술이
나 전통적인 위계질서적 사회구조를 적용함이 없이, 변화의 개념을
통해서 유리한 점들만을 이용하도록 제안한다.

　　이정용의 사상은 모든 것은 이미 현존하고 연결되어 있다는 믿음에
서 시작하고 있다. 그는 "음양(둘)은 자체적으로 분열되어 있다고 생각
할 수 없을 뿐만 아니라 실제로도 불가능하다. 그것들은 늘 변화의 과정
에 있고 출산에 참여하고 있는(procreative) 것을 의미한다"(『삼위일체』,
88)고 말한다. 이정용 박사는 온화한 분이었기에 그런 식으로 제기하지
는 않았지만, 서구사상을 극적으로 비판할 수 있다. 서구 사상의 주도적
형식은 실재들이 분열되어 있다고 상정하는 것이 사실이다. 아리스텔
레스의 "실체"라는 핵심 개념의 문자적 의미는 홀로 자체적으로 존재하
는 것이다. 아리스토텔레스에게 있어서, 타자와의 관계는 우연적인
것이고 실체적 변화는 그의 개념적 구도 안에서 표현되기 어렵다. 더
분명한 예로 데카르트는 실재를 정신과 신체라는 두 종류의 실체로
나누었는데, 그것들은 송과체로 연결된다고 보았다. 서구 사상은 스피
노자의 철학에서 자아의식의 새로운 차원에 도달했다. 스피노자는 데
카르트가 송과체에 호소하는 바보스러움을 알아차리고, 실체의 전통적
인 개념을 심각하게 받아들여서 단지 하나의 실체만 존재한다고 결론을
내렸다. 이정용의 비판은 스피노자와는 정반대의 방향으로 나갔다.
그는 실체는 근본적인 범주가 되어서는 안 된다고 제안했다. 관계는
동일성보다 앞 선다. 동일성들은 변화의 포괄적인 우주에서 잠정적인

표식이다. 이정용의 철학과 그 자신은 동양적 전통에 충실한데, 조화를 제일의 목표로 삼는다. 잘못과 악으로 분열된 세계에서, 조화는 최선을 다해도 어렵게 이루어질 수 밖에 없다. 그는 조화를 생각하는 것이 불가능하게 만드는 사고의 범주를 세우지 않는다. 그는 음양은 엄격히 말해서 서로 분열되는 것은 불가능함으로 그렇게 생각할 수도 없다고 말하는 이유이기도 하다.

이 박사는 타자들 가운데서 스피노자가 연상되는 점을 지적했는데, A로서 어떤 것을 동일화하는 것은 A를 B로부터 구분함으로써 가능하다. 그의 음양철학은 A는 단지 B가 됨으로써만 A가 될 수 있다는 지점까지 나가게 되었다(『역의 신학』, 80). 이 지점은 아마도 서양인들이 이해하기도 어렵고 받아들이기가 가장 어려운 것들 중의 하나일 것이다. 이정용 자신의 사상의 개념으로 그것을 이해해 보는 것을 시도해 보겠다. 변화가 궁극적인 범주라면, 음(기)양(리)은 단지 변화의 드러남일 뿐이고 어떤 현상이든 이 둘은 늘 현존하게 된다. 게다가, 음양과 불리된 변화는 존재할 수 없다. 변화는 음양의 드러남일 뿐이다. 따라서 모든 것이 결국은 변화라면, A는 B가 될 것이고, A로서 정당하게 동일화된다면 그 속에는 B의 씨를 갖는다고 말할 수 있다. 그러나 A가 B라고 상정하는 것은 그들이 삼자, 변화를 공통으로 갖기 때문인데, 그렇게 되면 나는 결국 역설로 떨어지는 것을 어떻게 막을 수 있을까?

연관된 점은, 이 박사는 변화를 계속되는 것으로 보았지 분리된 사건들의 연속이나 서열로 보지 않았다. 연속체는 변화의 패턴을 탐색하는 것을 가능케 했고, 시작이나 끝을 절대적인 것이 아니라 전환점으로 보는 것 또한 가능하다. 이정용은 구분된 사건들을 서열로 보는 철학은 궁극적으로 정합적일 수 없다고 생각했다. 이런 점을 서구에서 간접적으로 확증한 것은 칸트의 철학에서 발견할 수 있다. 칸트는 서열적

사고의 기본이 되는 선후의 차이는 단순하게 구분된 사건들을 읽을
수 없게 한다고 보았다. 시간, 선후를 이해하는 구조는 정신이 공급하지
않으면 안 된다. 칸트의 제안은 우리로 하여금 현상의 단위를 볼 수
있게 했는데, 그것은 칸트가 본질계에서 구분해낸 것이다. 이정용의
철학을 너무 쉽게 비판 이전의 단계라고 불러서는 안 된다. 그는 정말로
모든 것들은 지속적인 관계 속에 있다고 생각한다.

어떤 결론을 내리기 전에, 나는 이정용 사상의 두드러진 동양적
특징에 관한 두 가지 문제를 제기하고 싶다. 이정용이 변화는 틸리히의
존재의 구조를 가진 존재론보다 원초적인 있음에 있어서 더욱 정당하다
고 논증한 것을 여러분은 기억할 것이다. 그러나 지금 우리는 변화,
음(기)과 양(리)의 관계성을 이정용이 중요하게 생각하는 것을 보았다.
모든 존재하는 것은 이런 개념으로 표현될 수 있다. 나는 이정용의 기본
적 개념의 질서적 묶음들과 틸리히의 존재의 구조 사이에 어떤 차이가
있는 지를 묻고 싶다. 나는 그 차이는 변화(易)의 철학은 구조가 없고
틸리히는 구조를 갖고 있다는 것이 아니라, 아마도 이정용의 변화의
철학은 더 설명력이 있고, 더 적이 아닐까 하고 생각한다.

둘째 질문은 하나님과 관계가 있다. 나는 이제 몇 질문을 제기하고,
보다 더 연구하기 위한 몇 제안 외에 더 이상 할일은 없는 듯하다. 이정용
은 하나님과 세계를 대비시키는 신학을 만족할 수 없었다. 이것은 그것
들 사이에 관계를 신비로 남겼고, 하나님의 궁극성을 정당화하기 어려
웠다. 그러나 하나님을 역동적 변화의 개념으로 설명하는 것은, 이정용
으로 하여금 하나님과 하나님이 아닌 것 사이를 구별하는 것을 불가능하
게 하지 않을까? 동양사상에 깊이 대화하는 정통한 서양 사상가 로버트
느빌은 이 같은 동일한 문제를 탐구한다. 그는 과정철학이 창조된 세계
가 작용하는 방식을 설명하는 것을 기꺼이 받아들인다. 그러나 느빌은

과정 철학이 창조성의 범주를 궁극적인 것으로 만들 때, 하나님은 결핍된 개념이 된다고 생각한다. 그는 하나님을 결정되지 않은 어떤 것으로 보기를 좋아했고, 우리가 알 수 있는 하나님의 특징에서 결정된 것은 하나님은 창조주라는 것이다. 나는 그가 이정용의 사상을 검토했다면, 변화가 궁극적 범주라는 것에 질문을 제기했을 것이라고 믿는다. 이런 점에서 느빌과 이정용을 비교하는 것도 재미있을 것이다.

이정용의 『삼위일체의 동양적 사유』와 『마지널리티』라는 마지막 두 책은 가장 풍요로운 저술이다. 모퉁이성(마지널리티)은 예수를 모퉁이 인간으로 그리고 상관관계적 사고가 어떻게 근본개혁적이고 사랑에 입각한 변혁을 가져오는 힘이 될 수 있는 신앙공동체를 가능하게 하는지를 소개한다. 삼위일체를 변화의 신학의 개념에서 중심적 교리로 재론한다. 또한 새로운 관계와 상관성을 덧붙이면서도, 어떻게 전통적 교리를 보존하는지를 보여준다. 예를 들어, 페미니스트들의 관심에 반응해서, 이 박사는 두 가지의 대담하고 논쟁적인 제안을 하는데 심각하게 고려해 볼 필요가 있다. 신성의 여성적 측면을 위한 필요를 인식하면서, 그는 동양적 계기인 하늘(아버지), 땅(어머니)과 인간(자녀)을 따라서, 성령을 어머니로 생각할 것을 제안한다. 그러나 그 책의 후반부에서 그는 이렇게 썼다. "우리 시대의 조건에 맞추기 위해서 신의 삼위일체를 교정하고 재해석하는 것이 가능하다. 그러나 기독교의 정체성을 변화시킴이 없이 하나님의 이름들을 바꾸기는 사실상 너무나 어렵다. 기독교가 하나님을 아버지라고 부른 예수 그리스도의 가르침과 인격에 기초하고 있다면, 그의 하나님과의 관계가 가부장적 사회에서 조건지워진 것이라고 할지라도, 그의 하나님과의 관계를 변화시키는 것은 매우 어렵다. … 예를 들어, "아버지"라는 이름을 "어머니"로 바꾸는 것은 기독교를 비역사적인 종교로 만드는 것이다"(290). 성령을 어머니로 부르고 예수께서 하나님을 아버지라고 불렀던 두 입장을 모두 유지하는 것은 이 박사가 전통에 상대적으로 묶여있지만, 사랑의 관계를 증진시키기 위해서 근본개혁적으로 자유롭게 혁신적이라는 것을 보여준다.

『삼위일체』의 끝에서, 이정용 박사는, "모든 피조물이 삼위일체의 이미지를 갖고 있다고 믿는다면, 삼위일체적 원리는 모든 것을 이해하기 위한 열쇠였다"고 말한다. 이것은 이정용으로 하여금 두 나누어진 인격들 사이에서 화해를 취하는 대화를, 각자의 종교로 다자들이 들어갈 수 있는 가능성을 열 수 있는 삼자대화로 바꾸기를 제안하게 된다. 나는 이정용이 삼위일체적 모델을 너무 멀리까지 밀었다고 생각한다. 왜냐하면 대화는 단지 두 사람만을 의미하는 것은 아니다. 대화는 서로를 향해 넘어서서 이야기하는 것을 의미한다(It means to speak across or toward). 대화는 소크라테스가 보여 주는 대로, 다자들 가운데서도, 자신 자체 안에서도 일어날 수도 있다. 마틴 부버는 대화적 관계는 양자 사이에서 만들어지고 그러므로 이미 삼자가 존재한다는 것을 우리 모두에게 가르쳐 왔다. 이정용은 자신은 둘이 없다면 삼위일체적 사고가 가능하지 않다는 것을 알고 있었다. 왜냐하면 삼위일체적 사고는 양자(둘)의 완성이기 때문이다.

나는 이정용 박사가 동양적 사고 특히 한국적 사고를 세계 속으로 어떻게 이끌어 왔는지를 보여주었기를 바란다. 나는 앞 부분에서 이정용이 목표로 하는 독자가 동양의 기독교인들과 재미 동양계 미국인 기독교인들이었다고 말했다. 그러나 어쨌든, 나 자신이 그의 독자로 끌려들어와 있는 것을 발견하게 된다. 그를 알고 그의 작품을 공부하면서 서양 전통에 대한 인식이 날카로워지고 아시아 사상을 이해하려는 내 욕구가 더 커졌다. 이제 이정용 박사의 정신으로 이런 문제들에 대한 대화를 나눌 수 있기를 소망한다.

옮긴이의 글

스무 해가 훨씬 더 지났다. 이 번역이 시작된 것은 말이다. 이정용 박사님이 살아계실 때 박사과정의 튜터리얼로 이 책을 번역하기 시작했다. 죽음을 앞둔 시간이어서 그랬던지 선생님은 굉장히 좋아하셨었다. 어른이 가시고 비루한 제자들은 그 어른의 세계를 제대로 담아내지 못하고 발전시키지도 못했나 보다. 어른이 가신 지도 스무 해가 지나고 다시 많은 시간이 또 흘러갔다. 어쩌면 야곱이 장인어른의 집에서 고생하는 시간만큼이나 흘러야 되는가?

번역을 다시 읽고 고치면서 그분의 신학 세계로 자꾸 빠져들게 된다. 그분은 자신의 글쓰기가 "반복하지만 반복되지 않는 방식으로 자꾸 돌아간다"고 표현했다. 오래 전 미국에 오기 전에 그분의 글을 처음 접하고 읽다가 어지럼을 느낀 적이 있었다. 선생님은 자신의 은사가 그분의 글쓰기의 특징을 지적해 주었으며 그것이 자신의 다름이었다고 진술한다. 서양의 논리와는 다른 되새김의 관상(contemplation)이, 깊이로의 여정이 그분의 글쓰기를 이끌어간다. 그분의 글을 읽으면 하나님이 동양철학으로 말씀하시는 것이 아닌가 하는 생각이 든다.

유대인의 역사를 읽다가 '아하' 하고 무릎을 친 적이 있었다. 고유한 사상과 철학이 어떤 장애도 없이 다른 언어로 소통할 수 있을 때, 그것이 보편화가 될 수 있다. 그렇게 본다면, 유대인들에게는 바빌론 유수는 나라를 잃고 헤매는 고통의 시간이었지만, 자신들의 신앙과 전승을 다른 민족들 속에서 살면서 담금질할 수 있었던 은총의 시간이었다. 예수님이 오시기 전에 그들의 성경이 칠십인역을 통해서 그리스어로 번역된 것은 그들의 신앙과 전통이 민족과 나라의 울타리를 넘어 세계인

들 속에 심어지는 엄청난 전환점이 되었다. 아마도 나중에 선생님의
신학적 작업은 그런 사건들에 비견될 수도 있지 않을까 생각한다.

   하나님은 선생님을 통해서 동양철학으로도 말씀하시나 보다. 아니
하나님이 동양의 사유세계에 이미 말씀하신 것을 선생님은 신학적 성육
신의 작업을 해냈던 것이다. 그 세계는 새로운 신학의 언어이고 창조성
의 발현이었다. 동양의 고전과 전통이 선생님에게는 하나님의 언어로
체험되고 다가왔는가 보다. 사랑하면 그렇게 되는 것이 아니겠는가?
하나님을 본 사람이 없지만, 사랑하면 그 속에 하나님이 계신다고 고백
한 사도 요한의 고백이 놀랍게 오버랩이 되고 상응된다. 그것은 우주와
역사의 근본을 뒤집는 신비이고 뒤집음의 해석학(the hermeneutics of
reversal)이다. 그것은 신학과 종교와 삶의 새로운 패러다임을 지향한다.
새 하늘과 새 땅은 이렇게 도래하고 열리고 있는가 보다.

   선생님은 모든 것은 혼자서 실체로 존재하는 것이 아니라, 관계성
속에서 삼위일체적으로 존재한다고 파악하신다. 이 번역조차 혼자의
작업이 아니라 삼자적 대화의 결실이고, 모든 것이 삼위일체적이라는
그분의 신학적 테제를 다시 생각하고 곱씹는 계기가 되었다. 서로 돕고
사랑함이 없다면 삼위일체적 세계는 이루어지지 않는다. 음양은 원시
적 사고이기도 하지만 가장 현대적 사고이고 가장 포스트모던적 언명이
라고 그 어른은 파악하셨다. 그분은 평생을 되씹고 곱씹으면서 자신의
정신의 고향으로 돌아가는 영적인 여정을 걸어가셨다. 그분의 신앙의
길, 학문의 길은 바로 고향으로 가는 길, 순례의 길이었다. 동양의 근본
적 사유의 바탕, 근원을 이루고 있는 음양의 이항적 구조와 상징 속에서
기독교의 새로운 태동을 발견하셨는가 보다. 역의 음양과 수와 상징은
그분의 신학의 자궁이요, 고향으로 가는 이정표요, 표지판들이었다.
그것은 깊은 영적 체험을 놓지 않고 학문의 길과 목회의 길을 하염없이

걸으시면서 그분이 쓰신 시요, 설교요, 에세이요, 삶의 자전적 고백이었다.

그분이 느끼는 하나님의 현존은 일상성과 우주의 모든 영역에 자유로이 퍼져있다. 선생님께서 묵상하면, 동양철학의 언어들은 신학의 언어와 신학의 시가 된다. 또한 신학의 언어들은 학문적 언어만이 아니라 일상의 언어로, 이야기로, 삶의 경험으로 피어난다. 그는 도인이었다. 정말 모나지 않은 도인이었다. 그는 기도하면서 산 시인이었고 언제나 관상의 길을 가고 있었다. 그 분의 신학의 언어에는 범인이 범접하지 못할 신비와 확신과 영성과 창조성이 꿈틀댄다.

그 분은 어느 미출간 글에서 하나님이 자신에게 직접 말씀하셨기에 교수들에게서 배우려고 하지 않은 적이 있었다고 고백하고 있다. 신의 실재는 만질 수 없고 볼 수 없다. 그렇지만, 하나님을 본 사람이 없지만, 사랑하면 하나님이 경험되는 세계가 열린다. 어쩌면 그 분이야말로 하나님을 만진 이가 아니었던가 하는 생각을 하기도 했다. 그의 글을 읽으면 중압감이 아니라, 밝고 맑고 풍성함의 깊이가 자연스럽게 심각하지 않게 다가온다. 하나님을 묵상하는 것이 기쁨인가 보다.

역자가 학교와 목회의 현장에서 있을 때 이 작업에 함께 동참해 주었던 이들이 있었다. 영성한 번역 원고의 출간을 위해 서울의 거리를 헤매던 친구도 있었다. 이제는 천상에서 가 있는 그의 기도가 이 책의 출간을 가능케 했는지도 모른다. 그는 선생님을 뵌 적도 없지만 그렇게 좋아했었다. 마음이 맑고 깨끗한 이들은 그렇게 통하는가 보다. 남북의 통일의 시대는 새로운 신학, 새로운 종교, 새로운 언어를 필요로 하지 않을까? 선생님의 고향은 평양에서 가까운 순안 비행장 근처의 평안남도의 순천군 자산면 향봉리였다. 그 어른의 고향 집 가까이에는 샘솟는 우물이 있었고 그래서 그 마을은 샘골이라고 불렀다고 한다. 선생님의 신학세계가 통일한국의 미래를 여는 샘물이 되었으면 그리고 이 책이

가는 곳마다 샘골이 생겼으면 하는 기도를 담아본다. 기독교의 위기, 교회의 위기를 넘어서 새로운 지구촌 기독교의 태동이 요구되는 시기에 선생님의 신학이 한반도에서 일어난 새로운 신앙운동의 언어가 되기를 소망한다. 새 시대를 위한 창조적 샘물이 솟아나는 한반도가 되기를, 코리안 디아스포라가 있는 곳에 이런 신앙적 고백과 신학적 사색과 깊은 기도가 계속되기를 기도한다.

이 번역은 1995년에 시작되었다. 모든 성경의 인용은 공동번역 성서를 사용하였다. 역자가 특별히 공동번역을 좋아하거나 특별한 이유가 있어서는 아니다. 다만 신학공부를 시작하면서 다양하고 넓고 깊은 세계로 나가고 싶었고, 개역성경만 읽는 것보다는 성서를 더욱 깊이있게 이해할 수 있다는 생각이 들었다. 모든 성경 인용은 공동번역 성서를 사용하게 되었다. 그래서 '하느님'이라는 용어는 성서 인용에서는 사용된다. 그리고 다른 본문에서는 '하나님'으로 통일되어 있다. 번역을 시작할 당시에는 표준번역이나 새번역이 그렇게 읽히지 않던 시기였다.

삼위일체는 기독교 이천년사를 흐르는 기독교신학과 교의의 중심이요 저류였다. 서구철학과 사상의 모든 것을 사용해서 해명하고 논의해 온 주제였다. 지금까지도 기독교는 그랜드 전통(거대한 흐름의 신앙전승)이다. 그러나 앞으로는 더 큰 전통이 명실공히 지구촌적 기독교로 다시 탄생할 것이다. 우리가 다 알 수 없고 다 공부할 수도 없이 크고 깊다. 선생님은 그것을 동양의 신비전승이요, 과학전승이요, 삶의 구석구석까지 문화와 무의식까지 스며들어 있는 음양상징주의와 주역을 통해서 실존적으로 터치한 것이다. 그래서 누가 뭐라고 해도 자신에게는 의미있는 작업이라고 선을 분명하게 그었다. 선생님은 이것을 위해 기도하고 성경을 읽는 데 더 많은 시간을 드렸다고 고백한다. 최근 자꾸 "알지 못함의 구름"(the cloud of unknowing)이 내 속에서 떠올랐다. 이 책을 읽을 때 우리들의 눈이 열리기를 소원해 본다. 은총을 베풀어 주소서.

디지털 시대가 진행되면서, 한국 출판계의 위기와 어려움의 정도가 심각하다는 것을 잘 안다. 이 책이 나오기까지 선생님의 삶과 신학을 가감없이 오랜 세월 이야기를 나눌 수 있던 모든 분에게 감사한다. 이충범 교수의 수고와 헌신에 감사한다. 기억을 되살려보니, 그는 절판된 선생님의 거의 모든 책들을 한국에서 복사해서 갖다 주었다. 부탁한 것도 아니었다. 지금까지 고맙다고 변변히 이야기도 못했다. 내가 대학원시절 서울 갈 때 차를 태워주시던 아버님 이계학 교수님과 이정용 선생님을 그는 늘 품에 묻고 산다. 선생님의 사상과 신학으로 내가 학위논문을 쓸 때, 처음부터 끝까지, 좌절과 하소연을 다 들어주었고 늘 응원해 주었다. 이 책이 나오기까지도 고생해 주었고 추천사도 써 주었다. 또한 이 책이 미국에서 출판될 때 인덱스 작업을 했던 신재식 교수가 기꺼이 추천사를 써주었다. 기꺼이 자신의 논문을 싣도록 허락해 주신 코트니 교수님께도 감사를 올린다. 선생님의 신학에 무한한 애정을 가진 동연의 김영호 장로님, 이 작업을 하면서 한자 한자 귀하게 읽고 번역의 질을 높여준 김구 선생님과 편집진에게 말로 표현할 수 없는 감사를 드린다. 마지막까지 원고를 읽고 또 읽어준 김정화 선생님과 아내 김순화에게 마지막 감사를 표현해야 한다. 이런 모든 분의 수고로 이 책이 나오게 되었다. 물론 그럼에도 불구하고 잘못이 있다면 그 책임은 오로지 역자에게 있을 따름이다. 개벽의 바람이 이는 한반도를 향해 이 책을 이제는 민들레 홀씨처럼 날려보내야 한다.

선생님이 가신 지 사반세기 되는 해 2021년 여름에

옮긴이 임찬순

주

* 주를 번역하는 것은 매우 힘든 작업이었다. 몇 가지 편의를 위해서 원칙을 정했다. 주의 번역은 더욱 공부하려는 분을 위한 것으로 영어 원서를 보려는 분들을 위해서 가능한 한 처음 나오는 문헌은 그대로 실었다. 그러나 그다음에 다시 등장하는 경우에는 한어(韓語) 번역으로 싣는 것을 원칙으로 했다. 그러므로 한어로 표시된 문헌은 그 첫째 주들을 찾아보면 반드시 원문에 대한 정보를 참고할 수 있을 것이다. 다만, 한어 번역 문헌은 역자가 확인할 수 있는 것으로 제한되었다는 사실을 밝혀둔다.

1장 ｜ 머리말

1. 뷜만에 따르면, 2000년에는 제삼세계 기독교인들이 유럽과 북미 기독교인들보다 많아진다. Walter Buhlmann, "Mission in the 1980s," *Occasional Bulletin of Missionary Research* vol. 4., no. 3 (July 1980): 98.
2. 도덕경 1장. 그러나 나는 도와 기독교의 신 관념을 동일시하고자 하는 의도는 없다. Stephen Mitchell, *Tao Te Ching: A New English Version* (New York: Haper & Row, 1988) 참조.
3. 도덕경 56장.
4. 힌두교에서 궁극적 실재는 인격적 신들을 초월해 있는 브라만인데, 보통 중성대명사(It)로 지칭된다. *Chandogya Upanishad*, in *The Principal Upanishads*, ed. and trans. by Sarvapalli Radhakrishnan (London: George Allen and Unwin, 1953).
5. 삼위일체를 사회정의의 측면에서 재해석한 대표적 연구로는 Leonardo Boff, *Trinity and Society* (Maryknoll, NY: Orbis Books, 1988)이 있다. (이세형 옮김, 『삼위일체와 사회』[대한기독교서회, 2011].)
6. 뚜 웨이밍은 "인간학적 우주론의 전제"(acthropocosmic assumption)라는 개념을 Tu Wei-ming, *The Way, Learning and Politics in Classical Confucian Humanism*, Occasional Paper and Monograph Series, no. 2 (Singapore: Institute of East Asian Philosophies, 1985)에서 사용했다. 또 Young-chan Ro, *The Korean Neo-Confucianism of Yi Yulgok* (Albany: State University of New York Press, 1989) 참조.
7. 동서 교회의 분열 원인 중의 하나는 필리오케(Filioque)라는 관념이었다. 라틴 교회는 성령은 성부와 성자로부터(from the Father and the Son) 나온다고 주장한 반면에, 동방 교회 즉 그리스 교회는 성령이 성부로부터 성자를 통해서

(from the Father through the Son) 나온다고 주장했다. 보프, 『삼위일체와 사회』, 70-73 참조.

2장 ┃ 음양의 상징적 사유: 동양적 시각

1. Robert Nelson이 내 논문 지도교수였다. 나는 논문에서 신이 고통을 받을 수 있는가를 다뤘다. 논문을 책으로 출판하면서, 나는 주를 달기를 "상반된 특징들 사이의 변증법적 통일성이라는 개념 속에서 생기는 궁극적 실재의 역설(초월성과 내재성 그리고 사랑과 거룩함)은 태극도의 음양의 상징 속에 확실하게 표현되고 있다"고 주장했다. 참조. Jung Young Lee, *God Suffers for Us: A Systematic Inquiry into a Concept of Divine Passibility* (The Hague: Martinus Nijhoff, 1974), 9.

2. Paul Knitter, *No Other Name?: A Critical Survey of Christian Attitudes Toward the World Religions* (Maryknoll, N.Y.: Orbis Books, 1985), xiii 참조. (변선환 옮김, 『오직 예수 이름으로만』 [한국신학연구소, 1987].)

3. 톰슨은 중국 우주론의 세 가지 특징을 "첫째로 밤이 낮을 따르고 다시 밤으로 이어지는 주야의 반복 혹은 사계의 바뀜과 같은 순환적 과정, 둘째로 달의 차고 기움이 보여주는 성장과 쇠퇴의 과정, 셋째로 자연의 양면성"이라고 묘사했다. Laurence G. Thompson, *Chinese Religion: An Introduction*, 4th ed. (Belmont, Calif.: Wadsworth Publishing Co., 1989), 3 참조.

4. 태극이나 無와 같은 형이상학적 개념의 사용은 후대에 이르러서야 이루어졌다. 동양의 샤머니즘적 전통에서 창조의 시초에 혼돈이 존재했다는 것은 또한 사실이다. 구약성서에서 창조의 개념은 혼돈에서 질서라는 개념과 매우 밀접히 동일시될 수 있다. Ilza Veith는 무극이나 태극 같은 기술적인 개념은 혼돈의 옛 관념을 대체하기 위해 사용되었다고 믿는다. 그의 황제내경 번역 참조. Ilza Veith, trans., *Huang Ti Nei Ching Su Wen*, new edition (Berkeley: University of California Press, 1966) 13.

5. 같은 책, 5장, 115 참조.

6. 禮記(Li Chi, *The Book of Rites*), James Legge's translation, *The Sacred Books of the East*, vol. 17 (Oxford: Oxford University Press, 1885) 참조.

7. 주역 계사전 참조 (*I Ching*, Appendix III, sec. I, ch. V, 1, 2.)

8. 주역 대전 (*I Ching, Ta Chuan*, VIII, 2) 참조. 영어 번역본으로는 *The I Ching or Book of Changes*, the Richard Wilhelm trans. rendered into English by Cary F. Baynes (Princeton: Princeton University Press, 1967), 304.

9. *I Ching, Hsi Tz'u, hsia* (Appended Commentary, part II, *The Book of Chnage*). 또한 Thompson의 [중국 종교] 4 참조.

10. 주돈이는 濂溪 선생(1017~73)이라고 불리고 태극도를 발견한 사람으로 중시

된다. 그는 주역의 계사전에서 태극의 관념을 발견했고, 태극을 예증하기 위해서 도가의 도해(diagram)를 사용했다. 그의 도해는 태극도로 불린다. 그가 신유학의 선구자로 알려졌기 때문에, 다시 태극도를 뒤에서 더욱 자세하게 다룰 것이다. Fung Yu-lan, *A Short History of Chinese Philosophy* (New York: Macmillan, 1948), 269-272 참조. (정인재 역, 『간명한 중국철학사』[마루비, 2018].)

11. 산술적으로, 음양의 양효가 세 개 모여서 이루어지는 소성괘는 여덟 가지의 가능성이 있다. 즉 2의 3제곱은 8이다. 여덟 가지의 소성괘(팔괘)는 64 중괘(대성괘)의 근거인데, 세계의 축소판으로 인식된다. 설괘전은 주역 십익 중의 여덟째 익이다. 빌헬름의 영어 역본의 262-279면에 들어있다. Jung Young Lee, *The I Ching and Modern Man: Essays on Metaphysical Implications of Change* (Secaucus, N.J.: University Books, 1975), 134-135 참조.

12. 산술적으로 중괘의 모든 가능수는 2의 6제곱으로 64이다. 중괘는 소성괘가 두 개 모인 것이다. 팔괘가 있기 때문에, 이것이 두 개 모여 이루어지는 경우의 수는 8의 제곱으로 64이다. 맨 앞자리에 오는 두 괘는 모든 양 즉 부러지지 않은 효로 이루어진 하늘을 상징하는 태양인 건괘와 모든 음 즉 나누어진 효로 이루어진 땅을 상징하는 태음인 곤괘이다. 주역 참조.

13. 64괘는 괘의 명칭, 단사, 효사로 설명된다. 다른 모든 설명들은 주석으로 주역의 계사전에서 온 것이다. 전통적으로, 팔괘와 중괘의 순서를 만든 것은 전설적 임금인 복희로, 괘의 명칭과 단사를 만든 것은 주나라를 세운 문왕으로, 괘의 효사들은 쓴 것은 주공이라고 전해진다. 그러나 텍스트를 학자들의 비판적 고찰 결과 이런 전통적 주장들은 쉽게 받아들여지기는 어렵다. Iuian K. Shchutskii, *Reseaches on the I Ching*, trans. William L. McDonald and Tsuyoshi Hasegawa with Hellmut Wilhelm (Princeton: Princeton University Press, 1979) 참조.

14. 주역에 대한 잘 알려진 위경 중에 하나인 『易緯乾鑿度』에 따르면, 역은 세 가지 의미가 있는데, 易簡은 간단하고 쉽다는 뜻이고, 變易은 변혁과 변화, 不易은 불변의 뜻이다. 불역이라는 역의 개념은, 최근에 발견된 자료의 연구에 따르면, 고정됨과 곧음이라는 개념에서 나왔다고 한다. Hellmut Wilhelm, "The Concept of Time in the Book of Changes," in *Man and Time: Papers from the Eranos Yearbooks* (New York: Patheon Books, 1957), 212 n. 2. 참조.

15. Jung Young Lee, *Patterns of Inner Process* (Secausus, N.J.: Citadel Press, 1976), 193-205 참조.

16. Carl G. Jung, *The Integration of Personality* (London: Kegan, Paul, Trench, Trubner and Co., 1940), 18. 참조.

17. Ta Chuan. II, 5.

18. Jung Young Lee, *The Theology of Change* (Maryknoll, N.Y.: Orbis Books,

1979), 5. 참조.

19. 후기에 이르러 도가의 연금술사와 수도자들이 양에너지만을 선의 수단으로 강조하는 잘못된 관념들을 가르쳤다 할지라도, 도가나 유가의 고전적인 선의 관념은 늘 상반된 것들의 조화와 균형으로 귀결된다. 음을 악으로, 양을 선으로 생각하는 것은 음양을 분리된 실체들로 만드는 것이다. 이런 관념은 서구의 선악의 개념과도 밀접히 관련을 맺는 것인데, 변화의 과정에 있는 음양의 기본원리를 잘못 이해하는 데서 생긴다. 이런 이원론적인 접근의 예로서, 한 도교 수련자였던 Chuang Po-chuan(983-1082)을 들어 보겠다. 그는 내단이 연금술사의 몸 안에서 준비되어야 한다고 가르쳤다. 내단이 될 수 있는 요소는 진짜 납과 진짜 수은이지 다른 물질로는 안 된다. "진짜 납은 양의 본질이고 진짜 수은은 음의 본질이다. 음은 양에 의해서만 보지되고 전체적으로 흡수된다." 이런 점에서 "양은 실재하는 것이고 음은 실재하지 않는 것이다." 도가 명상법에서는 금까마귀(양)가 토끼(음)을 잡는 시도가 이루어졌다. *Wu Chen Pien or Awakening to the Truth*, II, 40. 또한 Holmes Welch, *Taoism: The Parting of the Way* (Boston: Beacon Press, 1965), 131. 참조.

20. 플랑크의 양자역학(quantum theory)과 아인슈타인의 상대성이론은 아리스토텔레스의 "이것이냐 저것이냐"의 양자택일적인 존재에 대한 의문으로 귀결된다. 그 첫째 결과는 아리스토텔레스의 "자연에는 비약이 없다"(nature makes no leap)는 공리가 받아들여질 수 없다. 양자역학의 연구결과에 따라서, 우리는 오늘날 자연이 그런 비약을 만들어낼 수 있다는 것을 알게 되었다. … 또한 물질은 공간적 요소일 뿐만 아니라 동시에 시간적 요소라는 것도 알게 되었다. 즉 입자이면서 동시에 파동인 것이다. 이 둘은 같은 사물의 두 양태일 뿐이다. 이런 "이것이면서 동시에 저것"일 수 있다는 것은 아리스토텔레스의 배중율에 근거한 양자택일의 논리에 대한 결정적인 의문이 제기되게 하였다. Jean Gebser, in P.J.Saher, *Eastern Wisdom and Western Thought: A Comparative Study in the Modern Philosophy of Religion* (New York: Barnes and Noble, 1970), 10 참조.

21. Jung Young Lee, "The Yin-Yang Way of Thinking: A Possible Method for Ecumenical Theology," *International Review of Mission*, vol. 51, no. 239 (July 1971): 363-370. 참조.

22. Wilfred Cantwell Smith, *The Faith of Other Man* (New York: New American Library, 1963), 72. 참조.

23. 같은 책.

24. Mai-mai Sze, *The Way of Chinese Painting: Its Ideas and Technique* (New York: Vintage Books, 1959), 44. 참조.

25. Max Weber, *The Religion of China* (New York: Free Press, 1951), 29. 참조.

26. 수많은 학파가 한나라 시대에 생겨났기 때문에, 이 시기를 제자백가 시대로 부

른다. 그들 가운데 가장 잘 알려진 학파가 음양가, 유가, 묵가, 명가, 법가, 도덕가(도가)이다. 펑유란, 『중국철학간사』(中國哲學簡史, 1948) 영문역, 30-31 참조. 한글로는 『간명한 중국철학사』(정인재 옮김, 마루비)로 출간되었다.

27. 오행은 음양가와는 본래 독립적으로 존재했던 것으로 생각된다. 한나라 시대에 이 두 학파가 연합되었다. Fung Yu-lan, *A History of Chinese Philosophy*, vol. 2 (Princeton: Princeton University Press, 1953) 8. 참조.

28. 리차드 빌헬름, 『영역 주역』, 309 참조.

29. 동중서는 『春秋繁露』 13장에서 인간을 소우주로 묘사한다. 인용해 보면, "이런 이유로, 인간의 신체적 형태에서, 머리는 하늘을 닮아 넓고 둥글며, 머리카락은 별과 성좌들과 같다. 귀와 눈은 해와 달과 같이 빛난다. 코와 입은 바람과 같이 숨을 쉰다." 펑유란, 『중국철학사』 2권 (영문역), 31 참조.

30. 맹자나 순자의 저술을 통해서, 성정론(性情論)이 형성되었다. 동중서에 따르면, "하늘의 원리는 음양의 원리이고, 인간의 원리는 성정의 원리이다. 성은 양에서 나오고 정은 음에서 나온다. 음은 가혹하고 양은 너그럽다. 성이 선하다고 말하는 사람은 양을 본 것이고, 성이 악하다고 하는 사람은 음을 본 것이다. 펑유란, 『중국철학사』 2권 (영문역), 33-34 참조. 나는 양과 선, 음과 악을 동일시하는 것을 받아들일 수는 없다. 동중서가 그렇게 변별한 것은 음양이 관계적 상징임을 무시한 것이다. 그는 음양원리를 너무 단순화시켰으며, 따라서 음양원리를 실체적 이원론의 소박한 형태로 환원시키는 실수를 저질렀다.

31. 인간의 성은 五常(仁義禮智信)을, 정은 六氣를 낳는데, 육기는 여섯 구멍이 있는 관, 열두 음을 내는 악기와 연관된다. 이들 중 반은 양의 원리와 다른 반은 음의 원리와 상호연관된다. 위의 책, 40 이하 참조.

32. 동중서, 『회남자』, 12:8-10. 위의 책, 42-43.

33. 고문학파(the Old Text School)는 그리스도와 비슷한 시기에 활동한 것으로 알려졌으며, 후한시대(기원후 25~200)에 두드러지게 활동했다. 그 명칭은 주나라 시대의 옛 형태의 문자로 쓰여진 텍스트 때문에 생겨났다. 고문학파는 음양학파와 공자의 가르침을 종합한 금문학파(the New Text School)에 반대했고, 공자를 순수한 인간적인 스승으로 그려냈다. 펑유란, 『중국철학사』, 132-167 참조.

34. 펑유란, 같은 책, 426 참조.

35. 종교적 도교에 대한 종합적인 소개는, Holmes Welch, *Taoism: The Parting of the Way* (Boston: Beacon Press, 1965) 참조.

36. 사마천, 『史記』, 28장. 또한 Holmer H. Dubs, trans., "The Beginnings of Alchemy," *Isis* 38 (1947): 67 이하 참조.

37. 『참동계(參同契)』는 2세기경 작품으로 추정되는데, 다음의 설명이 있다. "丹沙(붉은 모래, 辰沙, 수은)는 나무(木)에서 나오고 쇠(金)와 연합된다. 쇠는 물과 상생하며, 나무와 불이 동거한다. 처음에 이 넷은 혼돈의 상태에 있다. 이것들

은 호랑이와 용으로 분류된다. 용에 대한 수는 양(적극성과 남성)으로 홀수이고 호랑이에 대한 수는 음(소극성과 여성)으로 짝수이다." L.C. Wu and T.L. Davis, trans., "An Ancient Chinese Treatise on Alchemy Entitled Ts'an T'ung Ch'i," *Isis* 18 (1932): 255.

38. Wu and Davis, 같은 글, 260 이하 참조.

39. *The Secret of the Golden Flower*, trans. Richard Wilhelm, C. G. Jung의 서문 (New York: Harcourt, Brace and Word, 1962).『황금꽃의 비밀』(정신세계사, 1986).

40. Max Kaltenmark가 말한 대로, 명상을 통한 자기완성의 과정에서 음양의 조화는 깨어진다. 양은 음을 극복해야 한다. 그는 이것을 "음양의 새로운 역할"로 말한다. 고대의 고전적 논의에서는, 그것들은 서로 협력하도록 되어 있으나, 이 협력은 삶과 죽음의 교체를 의미한다. 영생을 위한 욕망은 자연스럽게 양으로 음을 극복하는 것으로 연결된다. Max Kaltenmark, *Lao Tzu and Taoism*, trans. from the French by Roger Greaves (Stanford: Stanford University Press, 1969), 136 참조.

41. 신유학은 중국인뿐만 아니라 한국과 일본인들을 거의 오백 년 이상을 지배해 온 지도원리였다. *Sources of Chinese Tradition*, vol. 1, compiled by Wm. Theodore De Bary, Wing-tsit Chan, and Burton Watson (New York: Columbia University Press, 1960), 456-457 참조.

42. 같은 책, 457.

43. 펑유란,『중국철학간사』(영역), 268.

44. 「태극도설」,『周濂溪集』1권, 드베리,『중국전통자료집』1권, 458에서 인용. (아래에서는『자료집』으로 약칭함.)

45. 이 도표는 펑유란,『중국철학사』, 436에서 인용했다.

46. 「태극도설」, 드베리,『자료집』1권 459.

47. 드베리,『자료집』1권, 460-461.

48.『黃極經世書』7권. 드베리,『자료집』1권, 461-462.

49. 이 도표는 펑유란,『중국철학사』, 459.

50. 같은 책, 470.

51. 같은 책, 474.

52. 「대전」, 1편 11장 5단락. 빌헬름,『영역 주역』, 318.

53. 펑유란은 심학파를 서구의 관념론(the Idealistic school)과 이학파를 합리론 (the Rationalistic school)과 관련시킨다. 펑유란,『중국철학사』2권, 500 참조. 심학파와 관념론을 그리고 이학파를 합리론과 동일시하는 것은 동서양의 철학에 모두 맞지 않는데, 왜냐하면 서양 학자들은 상충적 이원론을 강조하는 반면에 동양의 학자들은 상생적 이원론을 강조하기 때문이다.

54. 드베리,『자료집』1권, 471.

55. 「대전」 1:12. 빌헬름은 "그러므로 형이상자를 道라 부르고, 형이하자를 器라 부른다"(Therefore: What is above form is called tao; what is within form is called tool)고 번역했다. 빌헬름, 『영역 주역』, 323.

56. 주희는 리와 기의 불가분리를 말한다. 그러나 그는 실존적으로 말할 때는 리를 기에 우선시켰다. "리는 기와 떨어질 수 없다. 그러나 기가 구체성의 영역 안에 있다면, 리는 구체성의 영역을 넘어서 있다. 따라서 형이상자와 형이하자를 말하는데 왜 선후의 차이가 없겠는가? 리는 형상이 없으나 기는 거칠고 조악(雜駁)하다"(주자전서 49:1a-b). "본질에 있어서는 리와 기는 선후를 말할 수 없다. 그러나 그 기원을 추적한다면, 리가 앞선다고 말할 수밖에 없다"(주자전서 49:1b).

57. 음양의 관념이 중국으로부터 한국에 도입되기는 했으나, 원래 한국 고유의 관념이 있었다. 한국의 고유 종교인 무교는 음양의 사고에 근거해 있다. 이정용, *Korean Shamanistic Rituals* (New York, Paris, and the Hague: Mouton Publishers, 1981), 60, 142. 유동식, 『한국무교의 역사와 구조』 (연세대 출판부, 1975).

58. Motoori Norinaga, *Complete Works of Motoori Norinaga*, 546; J. Kitagawa, "Religions of Japan," in *Great Asian Religions* (New York: Macmillan, 1969), 5-6.

59. 일본 열도의 창조에 관한 이야기는 두 신의 연합으로 이루어지는데 상당한 유머가 담겨 있다. "부부인 두 신(이자나기와 이자나미)은 섬을 만들기로 작정하고, 그들은 가운데에다 높은 기둥으로 성스런 탑을 세웠다. 이 기둥 주위를 여성신은 오른쪽에서 왼쪽으로 돌고 남성신은 왼쪽에서 오른쪽으로 돌았다. 이렇게 돌다가 만났을 때, 여성신이 먼저 남성신에게 '당신은 정말로 멋있고 잘생긴 젊은이구려!'라고 말했다. 남성신은 이런 애정넘치는 부름에 공손하게 응대했는데, '당신은 정말로 예쁘고 사랑스런 처녀군요!'라고 말했다. 그들이 결혼해서 못생긴 거머리를 낳았는데, 그들은 즉시 갈대로 만든 배에 태워서 바다로 띄워 보냈다." Chikao Fujisawa, *Zen and Shinto: The Story of Japanese Philosophy* (New York: Philosophical Library, 1959), 5-6.

60. 우주적 인격은 인도에서 Purusha로 알려져 있다. 우주는 인간의 확대판이다. 하늘은 둥글고 땅은 사방형으로 넓다(『주역』에 의하면). 인간의 머리는 둥글고 발은 사방형으로 평평하다. 하늘은 해와 달을 가지는 것처럼, 사람은 눈과 귀를 갖는다. 별의 질서는 리가 배열되어 있는 것과 연관된다. 비와 바람은 사람의 기쁨과 분노에 해당한다. 산과 골짜기는 어깨와 팔에 해당한다. 바위와 돌은 관절과 뼈마디에 해당한다. 풀과 잡초들은 머리털과 음부의 털에 해당한다. 나무와 수풀은 근육들에 해당한다. 일 년의 사계절은 사지에 해당하는 것이다. 열두 달은 열두 마디에 해당한다. 이런 묘사는 인간은 소우주라는 원시적 사고이다. 이정용, 『주역과 현대인: 역의 형이상학적 함의에 관한 에세이』,

87-88.

61. 『황제내경』1권. *The Yellow Emperor's Classics of Internal Medicine*, new edition, trans. Ilza Veith (Berkeley and Los Angeles: University of California Press, 1949), 105.

62. 『내경』2권 (영역본), 115.

63. 같은 곳.

64. 『내경』10, 11장은 오장의 각각 다른 맥박과 치료를 설명한다. 예를 들면, "병에 대한 진료의 시작은 오장의 맥박들이 순조로운가 살펴야 한다. 그것들을 통제할 수 있어야 한다. … 오장의 기능이 순조로운가를 보여주는 것이 오장의 맥박들이다. 두통과 광증은 낮은 맥박이 미미하고 늦은 것으로 나타나며, 높은 맥박이 급하고 힘차다. … 따라서 맥박이 작은가 큰가, 매끈한가 거친가, 가벼운가 무거운가 등으로 구별할 수 있다. … 오장의 맥박들은 음악에서 오음(궁상각치우)이 각각 구별되는 것과 연관된다.『내경』2권 (영역본), 143.

65. 침술의 효과는 닉슨이 중국을 1970년대 초 중국을 방문한 이후 미국에 알려졌다. 대통령 주치의 Walter Tkach는 "단지 침 세 대로 마취시키는 것을 보았고, 내가 실제로 본 것만을 쓴다"고 증언했다. Walter Tkach, "I have seen Acupuncture Work," *Today's Health 50* (July 1972): 50ff; "Acupuncture U.S. Style," *Newsweek*, June 12, 1972, 74; Eileen Simpson, "Acupuncture," *Saturday Review*, Feb. 19, 1972, 49 등. 그리고 비슷한 논문들이 그 당시 많이 나왔다.

66. 이상적 명당은 용의 자리가 호랑이 자리보다 높은 곳이다. 달리 말하면, 명당은 양의 3/5지역(동남방의 산기슭), 음의 2/5 지역(서북방의 산기슭)이다. 웰치,『도교』, 133.

67. 용의 지형과 호랑이 지형은 지관이 잡는데, "자연의 숨결은 두 요소 즉 남녀, 양음… 진용이 있는 곳에 호랑이도 있고, 이 둘이 꼬불꼬불 굽어지며 이어지는 산이나 언덕의 지형에서 발견할 수 있다. 게다가, 용의 몸의 몸통과 사지는 물론 언덕의 연결 부위나 마루에서 용의 가슴에서 나오는 동맥과 정맥도 분간해낼 수 있다." E. J. Eitel, *Feng-Shui: Principles of the Natural Science of the Chinese* (Hong Kong and London: Truber, 1873), 48ff.

68. 1992년 8월 1일 보스턴에서 열린 The Fourth International Buddhist-Christian Dialogue Conference가 보스턴 대학에서 열렸는데, 서울대의 심재룡 교수가 "Geomancy, Korean Buddhism, and Tourism"을 발표했는데, 거기에서 송광사 지역의 토지개발에 관한 관심을 표명했다. 그는 풍수의 지혜의 중요성을 지적하면서, 우리 시대가 앉고 있는 생태학의 문제를 해결하기 위해서는 풍수적 사고를 발전시켜야 한다고 주장했다. 출간되지 않은 이 발표 논문 참조.

69. Mai-mai Sze,『중국 회화론: 이론과 실기』, 76.

70. 예를 들어 대나무를 그린다면, 음양의 원리는 몇몇 잎새를 전면에 두드러지게

밀고 나오는 다른 잎새들에 "양보하고" "사라지게" 한다. 두 부분을 그리거나, 대나무 줄기의 매듭을 그릴 때, 아래 매듭이 위를 지지한다. 같은 책, 108.

71. 이정용, "Search for a Theological Paradigm: An Asian-American Journey," *Quarterly Review* vol. 9, no. 1 (Spring 1989): 36-47.

3장 ㅣ 삼위일체적 사고

1. 이미 이 책의 서두에서 언급한 대로, 나는 신성을 표시하기 위해서 남성대명사를 사용한다. 그 이유는 나는 남성이기 때문이다. 남성대명사 그(he)의 사용은 내가 남자이기에 나에게는 더욱 의미가 있다. 여성에게는 여성대명사인 그녀(she)의 사용이 여자이기 때문에 더 의미가 있으리라 생각된다. 성의 차이나 인간적 사고의 범주를 초월하시는 하나님은 남성도 여성도 아니다. 우리가 자신들 경험의 상황에서 하나님을 의미 있게 다가오게 하는 성의 범주를 사용하는 것이다. 따라서 동양인들은 하나님의 관념을 설명하는 자신들의 범주를 사용하기를 원한다. 인간이 인식할 수 없는 것을 이해하기 위해서 자신들의 상징이나 이미지를 투사하는 것은 어쩌면 자연스러운 일이다. 다행히 중국어, 한국어, 일본어 등 동양의 언어에는 성의 차이를 보여주는 대명사가 없다.

2. 整名論은 공자의 가르침의 중요한 부분이다. 공자는 논어(13:3)에서 "임금은 임금답고, 관리는 관리다우며, 아버지는 아버지다우며, 아들은 아들다워야 한다"고 말했다. 이 비의적 언급은 종종 명칭들이 중국의 카스트 제도를 만들어내거나, 혹은 실재를 묘사하는 것으로 잘못 이해되기도 했다. 이런 명칭들을 유추적 상징으로 이해하는 내 견해와는 달리, 줄리아 칭은 실재들을 대변하는 것으로 본다. Julia Ching, *Chinese Religions* (Maryknoll, N.Y.: Orbis Books, 1993), 79.

3. 바르트는 가톨릭 교회의 존재의 유추(analogy of being)를 거부하지만, 관계의 유추나 신앙의 유추는 인정한다. 그는, "존재의 유추는 없으나 신앙의 유추는 존재한다"고 말한다. Karl Barth, *Chruch Dogmatics* I/1, trans. G.W. Bromiley and T.F. Torrance (Edinburgh: T. and T. Clark, 1936), 501. 바르트의 유추를 이해하기 위해서는 이정용, "Karl Barth's Use of Analogy in His Chruch Dogmatics," *Scottish Journal of Theology*, vol. 22, no. 2 (June 1969), 129-151, 혹은 이정용, *God Suffers for Us: A Systematic Inquiry into a Concept of Divine Passibility* (The Hague: Martinus Nijhoff, 1974), 91-103 참조.

4. 이런 점에서 틸리히는 기독교 신앙의 대강으로서 삼위일체가 요청된다는 칼 바르트의 견해를 거부한다. 틸리히는 "바르트가 포스트레고메나(Postlegomena)일 삼위일체설을 프로레고메나(Prolegomena)로 시작한 것은 명백한 실수이다. 바르트의 체계에서 삼위일체설은 하늘에서 떨어진 것인데, 즉 성서나 교회라는 권위의 매개를 필요로 하지 않는 하늘인 것이다." Paul Tillich, *Systematic Theology*, III (Chicago: University Press of Chicago, 1963), 285.

5. 뚜 웨밍은 책에서 신유학의 사고를 다룰 때, 진리를 이해하는 접근 방식을 "인간학적 우주론"(anthropocosmic)이란 개념을 사용했다(1장 주 6번 참조). 나는 "우주론적 인간학적 접근"(cosmo-anthropological approach)를 선호한다. 왜냐하면, 동양에서는 인간학이 우주론에 속한다. 달리 말하면, 인간은 우주의 일부이다. 따라서, 우주론은 인간학과 분리될 수는 없다고 해도, 인간학에 앞서게 되는 것이다.

6. 비록 내가 실체(entity)를 사용한다고 할지라도, 실제적으로 음양의 사고는 실체적 혹은 존재론적 체계로 향하는 것은 아니다. 따라서 더 존재론에 연관되는 "실체"라는 개념은 음양의 사고방식과 관련해 사용하는 것은 바람직스럽지 못하다. 그러나 음양의 철학적 사고가 과정철학에서 사용하는 실체(entities)에 상징적으로 해당한다는 것을 확실하게 위해서 사용했다. "실재"(reality)가 이런 의미들을 전달하는 데 더 나은 용어라고 생각한다.

7. 음양의 철학과 과정철학의 차이는 음양의 상징적 특성에서뿐만 아니라, 다른 영역에서도 존재한다. 예를 들어, 과정철학은 실체라는 개념으로부터 완전히 자유롭지 못하다. 물론 그러려고 애쓰지만 말이다. "현실적 실체"(Actual entity)라는 용어는 실체(Substance)나 존재와 매우 비슷한 개념을 전달하는 것 같다. 그러나 음양의 철학에서는, 실체의 개념은 극복된다. 변화는 실재나 존재를 이해하는 근거이다. 따라서, 음양의 사고에서는, 역학(changeology)이 존재론의 근거이다. 게다가, 시간의 개념은 과정철학의 시간관과는 현저하게 다르다. 음양의 상징적 사고에서 시간은 순환적이다. 반면에 과정철학에서 시간은 직선적이고 새로움을 향한 운동이다. 이정용,『역의 신학』1장 참조.

8. Jung Young Lee, *Embracing Change: Postmodern Interpretations of the I Ching from a Christian Perspective* (Scranton, PA: University of Scranton Press; London, Toronto: Associated University Presses, 1994), 41-69.

9. 음양의 변화에 대한 자세한 논의는 위의 책, 70-75 참조.

10. C.S. Song, *Jesus and the Reign of God* (Minneapolis: Fortress Press, 1993), 61; Ted Peters, *God as Trinity: Relationality and Temporality in Divine Life* (Louisville: Westminster/John Knox Press, 1993), 25.

11. 힌두교는 3억 3천만 신을 갖고 있다고 말해진다. 힌두교에서는 셀 수 없이 많은 이미지와 상징들로 신의 실재가 드러난다는 것을 의미한다.

12. 하도와 낙서에 대한 자세한 논의는 이정용,『포괄하는 역』, 142-147 참조.

13. 박상화,『정역과 한국』(서울: 공화출판사, 1978) 551; 이정호,『정역연구』(서울: 국제대학 출판부, 1976), 336.

14. 박상화,『정역과 한국』, 593, 이정호,『정역연구』, 294.

15. 오륜은 군신, 부자, 부부, 선배와 후배, 친구 관계를 포함한다. 줄리아 칭,『중국종교』, 56-57.

16. 송천성은 이 대수적 혼동이 기독교의 유일신관과 다신관의 개념에 대한 논란

을 일이킨다고 생각하는 듯하다. 저자는 송천성이 초대교부들이 역사의 특수한 시기에 직면했던 문제들을 쉽게 간과한 것으로 본다. 기독교의 다신관과 유일신관의 논란을 일으킨 것은 "셋 중의 하나와 하나 중의 셋"(수학적 혼동)의 삼위일체의 개념이 아니다. 오히려 교회가 직면한 유일신과 다신 논쟁에 대응하기 위해서 삼위일체설이 만들어졌다. 그러므로 초대교회 시기의 여러 논쟁들에 근거한 삼위일체설을 비난하는 것은 잘못이다. 다시, 삼위일체 교의는 다신과 유일신 논쟁을 대처하기 위한 시도였다. 따라서, 삼위일체의 교의가 이런 논쟁들을 야기시킨 것은 아니다. Song, *Reign of God*, 61. 송 교수는 삼위일체론을 수학적 문제로 본 것은 Roger Haight로부터 아이디어를 얻지 않았나 하고 생각한다. Haight는 "교의의 역사는 수학적인 삼과 일의 문제에 집착되어 있었고, 그것이 오늘날까지 계속되는 문제라고 할지라도, 실제로 교의는 이런 문제와는 아무런 관련이 없다." Roger Haight, "Point of Trinitarian Theology," *Toronto Journal of Theology*, vol. 4, no. 2 (Fall 1988), 195.

17. 예를 들어, 칼 라너는 삼위일체를 우리의 제한적인 정신으로는 이해할 수 없는 신의 신비로 보았다. Karl Rahner, *The Trinity* (New York: Herder and Herder, 1970), 46. Walter Kasper, *The God of Jesus Christ* (New York: Crossroad, 1986), 273. 참조.

18. 나는 월터 카스퍼가 삼위일체는 하나의 인격이 다른 세 인격들과 동등하다거나 세 인격들이 한 인격과 동일하다는 것을 의미하는 것이 아니라고 한 것에 전적으로 동의한다. "한 인격"은 "세 인격들"과는 다르나, 그것들을 서로 포괄적이다. 하나의 실체가 세 개의 실체와 같을 수가 없음도 사실이다. 하나님은 시간과 공간에 있어 무한하기 때문에, 양적인 비동등성은 신성 안에서 극복된다. 따라서 우리는 수학적 공식에 따라 삼위일체 교의를 검증할 수는 없다. 월터 카스퍼, 『예수 그리스도의 하나님』, 234, 271.

19. 우리는 밀러가 말한 대로, 즉 "성부와 성자 같은 둘이 하나와 같을 때, 관계의 영인 제삼의 요인이 있다. 이 자주 나타나는 요인은 제삼자라고 할지라도, 그럼에도 불구하고 이것은 두 양자의 통일성에 대한 책임이 있다. 양자가 하나일 때, 궁극적으로 삼자는 비인격적인 "경제성"(economy)이다. 이 제삼자는 "속"(in)의 내적 연결원리로 표현될 수 있다. David L. Miller, *Three Faces of God: Traces of The Trinity in Literature and Life* (Philadelphia: Fortress Press, 1986), 25.

20. Carl Jung, "Zur Psychologie der Trinitaetidee," *Eranos* 8, 1940~41, 36, 45, 47. 또한 밀러, 『하나님의 세 얼굴』, 33.

21. 밀러, 같은 책, 24.

22. 어거스틴, De Trinitate, 8권. 밀러, 같은 책, 24에서 인용.

23. Arthur Eddington, *The Nature of the Physical World* (Ann Arbor: University of Michigan, 1955), 103-104. Jung Young Lee, 『내적 변화의 패턴』(*Patterns of*

Inner Process) (Secaucus, N.J.: Citadel Press, 1976), 196-197.

24. 여기에서, 다원성 속의 단일성을 표현할 때는 물론 단일성 속의 다원성을 표현하려 할 때 영어의 한계를 인식하게 된다. "성부와 성자는 하나"(The Father and the Son are one)라고 하는 것은 물론 문법적으로는 틀린다. 그러나 "성부와 성자는 하나"라고 말하는 것은 내 진술의 의미를 변화시키고, 내 목적을 해체시킨다. 영어 문법은 두 사물이 하나의 사물을 지칭하는 데 사용하는 하나의 동사만을 사용하는 것을 허락지 않는다. 그러나 동양의 언어에서(중국어, 일본어, 한국어), 한 동사는 동시에 단일성과 다원성을 모두 의미할 수 있다.

25. Gary Zukav, *The Dancing Wu Li Masters: An Overview of the New Physics* (New York: William Morrow, 1979), 89.

26. 모퉁이성의 개념은 라틴어 limen에서 왔는데 이것은 문지방을 의미한다. 이것은 반 게넵(Arnold van Gennep)과 터너(Victor Turner) 같은 인류학자들에 의해 사용되었는데, 개인의 발달에서 단절된 시기들을 통합해주는 성년식의 중간이나 통과의례기의 성스런 시간을 묘사하는 데 쓰였다. Arnold van Gennep, *The Rites of Passage*, trans. by M. B. Vizedom and G. L. Caffe (Lomndon: Routledge and Kegan Paul, 1960), 또한 Victor Turner, *The Ritual Processes, the Structure and Anti-Structure* (Chicago: Aldine Publishing, 1969) 참조.

27. Alan Kerckoff and Thomas McCormick, "Marginal Status and Marginal Personality," *Social Forces* 34 (October 1977): 48-55.

28. 역학에서 궁극적 실재는 변화 자체이다. 반면에 존재는 변화의 산물일 뿐이다. 이런 원리는 주역에 근거한 것이며, 역의 개념은 도나 궁극적 실재와 동일시되어 사용되어 왔다. 음양은 변화 과정의 상징으로 부러진 선과 안부러진 선으로 상징화되었다. 이정용의 『우주종교』, 『역과 현대인』, 『역의 신학』, 『포괄하는 역』 참조.

29. 「서명」은 『正蒙』의 일부 즉 17장이다. 펑유란, 『중국철학사』 2권 (영역), 493 참조.

30. 히브리어에서 영은 루아흐(ruach)이고 여성이다. Thomas Oden, *The Living God* (New York: Haper and Row, 1987), 493.

31. 중괘는 팔괘를 겹쳐 놓은 것이지 다른 것이 아니다. 팔괘가 두 개 같이 놓일 때, 중괘가 이루어진다. 팔괘와 중괘의 질적인 차이는 없다. 그러나 주역에서 본문은 64괘로 이루어지고 이것은 물론 8괘에서 나왔다. 음양의 변수가 8괘를 만들 때, 8괘는 사방형으로 64괘를 형성한다. 상세한 것은 이정용, 『포월적 역』, 33-37, 70-101 참조.

32. 송천성의 『예수와 십자가에 못 박힌 사람들』은 예수 그리스도는 그를 따르는 많은 사람들의 상징이란 생각을 제시하고 있다. 동양의 언어에서, 단수와 복수, 단일성과 다원성 사이의 차이는 없다.

33. 안병무는 잘 알려진 민중신학자로 "우리"라는 개념을 잘 묘사하고 있다. 그는,

"우리는 내집, 내 마누라라고 말하지 않아요. 오히려, "우리 집", "우리 마누라"라고 하지요. 나와 너는 우리는 우리의 사고에서 중요하지 않아요. 우리가 보다 중요한 것입니다." 안병무, 『민중신학이야기』 (서울: 한국신학연구소, 1988), 70.

34. 다음의 책들은 내가 역동적이고 관계적인 우주를 이해하는 데 도움을 주었다. William Bonner, *The Mystery of the Expanding Universe* (New York: Macmillan Co., 1964); James A. Coleman, *Relativity for the Layman* (New York: William Fredrick Press, 1958); A.N. Whitehead, *Science and the Modern World* (New York: Macmillan, 1925); G. Gamow, *Mr. Tompkins in Paperback* (Cambridge: University Press, 1967); David Dye, *Faith and Physical World* (Grand Rapids, Mich.: William B. Eerdmans, 1966); Werner Heisenberg, *Physics and Beyond* (New York: Haper and Row, 1971); Arthur Koestler, *The Roots of Coincidence* (New York: Random House, 1972); and Stephen Hawking, *A Brief History of Time: From the Big Bang to Black Holes* (New York: Bantam, 1988).

35. 이것을 보통 "알파 세트"라고 부른다. 왜냐하면, 에너지 활동의 단위를 이루기 위해서는 세 개의 최초의 기본적 세트가 필요하기 때문이다. 이정용, 『내적 과정의 패턴』, 42-43; 『포괄하는 역』, 165-168 참조.

36. 고전적 양태론에 따르면, 사벨리우스는 성부, 성자, 성령의 차이를 묘사하는데, 이것은 경세적 삼위일체에 해당하는 것이지 영원한 하나님에 해당하지 않는다고 한다. 그는 단자(monade, 형이상학적으로 말하는 우주의 기본 단위)는 존재의 세 측면이나 양태로 스스로를 드러낸다고 생각했다. 달리 말하면, 신은 우리와의 관계에서 세 개의 다른 양태로 드러난다. 피터, 『삼위일체인 하나님』, 196. Catherine Mowry Cugna, *God for Us: The Trinity and Christian Life* (New York: HaperCollins Publishers, 1991), 47. 삼위일체를 변화의 과정으로부터 이해하는 것은 아리우스의 고전적 종속론을 피할 수 있다. 아리우스에게 있어서 진정한 문제는 피조되지 않은 성부와 피조된 성자와의 차이뿐만 아니라 그들의 실존의 서열에서도 나타난다. 성부는 아들 이전에 존재했다. 그러나 니케아 회의는 "창조된"보다는 "낳은"(begotten)이라는 용어를 사용해서 성부의 선재설을 받아들인 듯하다. 비록 동등성의 관념을 신조에서 역설적으로 받아들이긴 했지만 말이다.

37. 바르트, 『교회교의학』 I/1, 355; 라너, 『삼위일체』, 103-115 참조. 예를 들어, 계시자, 계시, 계시됨의 바르트의 구조적 계시의 형식은 사랑하는 자, 사랑, 사랑받는 자로 분류하는 어거스틴의 구조적 사랑의 형식의 개량이 아니다. 동일한 형식을 따른다면, 변화, 변화주체, 변화객체의 삼위일체적 양태를 제시할 수 있다. 그러나 이 책에서 내가 제시하는 것은 양태적 접근 방식을 따르는 것이 아니다. 오히려 나는 변화를 삼위일체적 관계 속에 위치시킨다. 그렇게 보면

변화 자체(성부 하나님), 변화의 능력(성령 하나님), 변화의 완전한 드러남(성
자 하나님)이다.

38. Nicholai Berdyaev, *Christian Existentialism*, trans. W. Lowrie (New York: Harper and Row, 1965), 53.

39. 라너, 『삼위일체』, 21-22 참조.

40. 기독교 전통에서 특별계시는 성서적 증거를 말하는데, 이것은 보통 하나님의 자연적 계시와는 구별된다. 삼위일체를 하나님의 특별계시로부터 접근하는 것은 연역적 방식인 반면에, 자연계시로부터 접근하는 것은 귀납적 방법인데, 나는 이 책에서 후자의 방법을 사용하고 있다. 귀납적 방법은 초월적 실재를 지시하는 문화적인 그리고 자연적인 상징에 근거하고 있다. 이런 점에서, 음양의 상징적 사고는 문화적 정황을 심각하게 고려하는 귀납적 접근방식이다.

41. Roger Corless and Paul F. Knitter, eds., *Buddhist Emptiness and Christian Trinity: Essays and Explorations* (New York: Paulist Press, 1990).

42. 줄리아 칭, 『중국종교』, 113.

43. 단군 이야기에서, 환웅은 환인의 왕자로 생각된다. 그러나 그는 매개적 존재일 수 있는데, 왜냐하면 그가 땅에 내려왔기 때문이다. 이런 점에서 환웅을 땅 위에 성육신한 성자란 기독교 관념으로 이해할 수 있다. 우리가 그를 성자에 연관시키면, 한국의 삼위일체는 기독교 삼위일체에 상응하는 것은 아니다. 이정용, 『한국무교의례』, 13-19 참조.

44. 윤성범, 『기독교와 한국사상』; 『성의 신학』 (서울: 성광사, 1973).

45. 三神은 山神과 종종 연관된다. 한국 샤머니즘의 세 주요 신은 상주(하늘 신)과 대감(땅 신) 그리고 제석(帝釋, procreative god)이다. 천신은 축복을, 지신은 富를, 출산 신은 장수를 담당한다. 이정용, 『한국무교의례』, 153-166.

4장 ι 성자 하나님

1. 고전적 그리스 사고와는 달리, 고대 동양에서는 신의 말씀은 역동적 힘을 가졌다. 보만은 "이스라엘에서 신의 말씀은 역동적 특징을 가졌으며 굉장한 능력을 가졌다"고 지적했다. Thorlief Boman, *Hebrew Thought Compared with Greek*, trans. Jules J. Moreau (London: S.C.M. Press, 1960), 60 참조.

2. 보만, 『그리스 사상과 비교된 히브리 사고방식』, 68.

3. 스테판 미첼, 『영역 도덕경』 6장.

4. 같은 책, 40장.

5. 「대전」 5, 6 장에서 도는 음양의 운동으로 이루어진 역이나 궁극적 실재와 동일시된다. 빌헬름, 『영역 주역』 3판, 297-302; "[주역]에서, 역은 도와 교환 가능하게 사용되었는데, 도는 生, 자발성, 진화, 달리 말하면 변화 자체이다." Ch'u Chai and Winberg Chai, eds., *I Ching: Book of Changes*, trans. James Legge

(Secaucus, N.J.: University Books, 1964), xl-xli. 이정용,『포괄하는 역』, 54-57 참조.
6. 팔괘는 모든 우주적 인간적 현상을 대변하는 것으로 생각되었다. 즉 팔괘는 가족구조, 사회구조, 우주의 구조를 드러낸다. 예를 들어, 제1괘는 아버지, 창조성, 하늘, 圜, 왕자, 玉 쇠, 추위, 얼음, 진한 빨강, 좋은 말, 늙은 말, 야윈 말, 야생마, 열매 따위를 대변한다. 빌헬름,『영역 주역』, 274-279.
7. 이 신화는 일연의『삼국유사』에 기록되어 있다(을유문화사, 1983).
8. 펑유란,『중국철학사』2권, 493.
9. 모퉁이(Marginality)은 다양한 것들을 의미한다. 그러나 기본적 이미지는 사회에서 중심이나 지배집단에 상반되는 사람들이다. 모퉁이 자체는 두 가지 다른 구체적 영역들 사이에서 발견되는데, "둘 다를 공유하나 어디에도 속하지 않는다." 그러나 "모퉁이"라는 개념은 사회학자, 인류학자, 경제학자들이 다양한 특수한 의미들로 써왔다. 예를 들어, 펄만(Janice E. Perlman)은 모퉁이를 다섯 가지 다른 정의들로 규정했다. "모퉁이는 (1) 도시의 주변지역에 살고 있는 불법 거주자, (2) 직업이 없거나 불법근로자, (3) 농촌에서 도시로 이사한 이행기의 주민들, (4)지배적 종족 집단에 합류하는 데 어려움을 겪는 소수인종들, (5) 병리적으로 혹은 뛰어난 천재성 때문에, 주류문화에 동화되지 않는 일탈자들로 보인다." Janice R. Perlman, *The Myth of Marginality: Urban Poverty and Politics in Rio de Janeiro* (Berkeley/Los Angeles/London: University of California, 1976), 93-96 참조. 또한 John P. Meier, *A Marginal Jew: Rethinking the Historical Jesus* (New York: Doubleday, 1987), 7 참조.
10. 여기에서 나는 두 다른 세계 사이에서 자신을 발견하는 사람들을 모퉁이로 일반적으로 정의하고자 한다. 물론 이들은 두 세계의 어떤 것을 공유하나 완전하게는 어디에도 속하지 않는다. 마이어,『모퉁이 유대인 예수』, 7 참조.
11. 두 세계 사이에 존재하기 때문에, 예수는 삶의 많은 다른 측면들에서 모퉁이화 되었다. 그는 유대인들의 눈에 별로 중요하게 보이지 않았기 때문에 모퉁이였다. 예수는 유대인들이 보면, 유대인들이 보는 영역의 맨 가장자리에 위치하고 있었다. 예수는 그의 목회 사역에서 직업도 없는 유랑자로 자신을 모퉁이화시켰다. 예수의 견해는 그 당시 중요한 유대교 집단에 의해 거부되었기 때문에 그는 모퉁이였다. 그의 삶의 스타일도 받아들여질 수 없었고 오히려 유대인들의 반감만을 자극했다. 게다가 가난한 농촌 갈릴리 출신이었기 때문에, 예루살렘 거민들 귀족 도시 제사장 집단에 의해서 받아들여질 수 없었다. 따라서, 예수는 그의 자발적인 무직업자, 유랑하는 예언자적 목회, 자발적인 독신생활, 통상적인 규범과 의례를 거부하는 것 때문에 철저하게 모퉁이가 되었다. 마이어,『모퉁이 유대인 예수』, 7-9 참조.
12. 삼위일체를 상징적으로 대변하는 태극도에서, 제삼의 눈(양 속의 음과 음 속의 양)은 성자를 대변할 수 있다. 왜냐하면, 성자는 연결원리로 모퉁이가 되었기 때문이다. 제3장의 도표 5 참조.

13. 미네아폴리스에서 1993년 11월에 열린 "새로운 이미지화 회의"는 많은 논란을 불러 일으켰다. 이 회의에는 이천 명 이상이 모였다. 이 회의에서 아침에 이루어지는 기도에서 "소피아"가 불려졌다. "젖과 꿀"의 예배 양식은 "우리의 창조자, 소피아, 우리는 당신의 이미지의 여성입니다"라고 시작된다. 「복음」(*Good News*)과 「오늘의 기독교」(*Christianity Today*)는 소피아 예배를 반대하는 논문들을 싣기 시작했다. Randy Peterson, "The Brewing Storm over Sophia Worship: Wisdom's Feast or Gospel's Feminine?," *Good News* (July/August 1990), 11ff.; William R. Cannon, "Cult of Sophia," *Good News* (March/April 1994), 17; "Encountering the Goddess at Church," *Christianity Today*, August 16, 1993; Terry Mattingly, "Gap Between Pews, Seminaries Revealed amid Sophis Dispute," *The Knoxville News-Sentinel*, Saturday, February 5, 1994, B10; "Resolution Repudiates Sophia Worship," *West Ohio News*, July 1, 1994; "Bishop Judith Craig Writes an Open Letter to Her Recent Correspondents," *West Ohio News* (United Methodist Review), July 15, 1994.

14. 중국어, 한국어, 일본어는 성이 없는 언어들이다. 여성과 남성에 대한 고유명사가 없다. 남자 여자라고 해서 子에다가 남녀만을 붙인다. 영어식으로 하면, male person과 female person이다.

15. 엘리아데에 따르면, 상반된 것들이 상호작용하는 동일유형은 문화의 모든 형식에서 발견된다. 그는 "직각적 경험에 있어서, 인간은 상반된 짝들로 이루어진다"고 말한다. Mirces Eliade, *The Two and the One* (New York: Haper and Row, 1965), 78 이하와 95 참조.

16. 엘리아데는 이런 현상은 시베리아 샤먼에게서 분명하게 나타난다고 말한다. 엘리아데, 위의 책, 116 참조. 복장도착(남자가 여자 옷, 여자가 남자 옷을 입는 것)에 대한 그림은 이정용,『한국무교의 의례』, 195-201 참조.

17. 이정용,『내적 과정의 패턴』, 198과『포괄하는 역』, 51 참조.

18. 사상은 소음(少陰), 소양(少陽), 노음(老陰), 노양(老陽)이다. 이것들은 변화의 과정을 의미한다. 이정용,『포괄하는 역』, 75-78 참조.

19. 융,『인격성의 통합』, 18 참조.

20. Robert M. Grant, *The Secret Sayings of Jesus* (New York, 1960) 143. 엘리아데,『둘과 하나』, 106에서 재인용함.

21. 그랜트,『예수의 비밀 말씀』, 103. 엘리아데, 위의 책, 106에서 재인용.

22. 펑유란,『중국철학사』2권, 96 참조.

23. 『墨子』16권. 펑유란,『중국철학사』1권, 96에서 재인용.

24. 몰트만『십자가에 달리신 하나님』(The Crucified God) (New York: Haper and Row, 1974))은 그리스도의 죽음에 대한 삼위일체적 행위에 대한 최근의 관심을 잘 드러내주고 있다. 아마도 죽음의 삼위일체적 이해의 생생한 그림은 딘스모어(Dinsmore)나 키타모리(Kitamori)가 그렸다고 생각된다. 딘스모어는 "예

루살렘 영문 밖의 푸른 언덕에 십자가가 놓이기 전에 하나님의 가슴에 십자가"를 영원한 십자가라고 부른다. Donald M. Baillie, *God was in Christ* (New York: Charles Scribner's Sons, 1948), 194; 이것은 원래 Charles Allen More, *Atonement in Literature and Life* (Boston: Houghton Mifflin, 1906) 232에서 인용됨. 키타모리는 죽음의 삼위일체적 행위를 다음과 같이 묘사한다. "그리스도의 죽음이 하나님 자신의 죽음을 의미하지 않는다면, 우리는 바울의 논리를 완전하게 이해하는 것이 불가능하다." Kazoh Kitamori, *Theology of the Pain of God* (Richmond, VA: John Knox Press, 1965) 45 참조.

25. 틸리히는 "초대교회는 기독론이 실존적으로 필연적이라는 것을 잘 알고 있었다. 물론 그것이 교회가 이론적으로 흥미를 느껴서 했던 작업은 아니었다고 해도 말이다. 그 궁극적인 잣대는 그러므로 실존적이었다. 또한 그것은 구원론적이었는데 달리 말하면 구원의 문제와 관련해서 이루어졌다. 우리가 그리스도에 대해서 말하면 말할수록, 우리가 그에게 기대하는 구원은 더욱 커진다"고 주장했다. 그의 『조직신학』 2권, 『실존과 그리스도』, 146 참조.

26. 이정용의 『역의 신학』, 87 참조.

27. 이것은 종종 복귀설(the recapturation theory)이라고 불리는데, 이레니우스가 주창해서 후에 소위 룬덴시안 신학(Lundensian theology)에 의해서 받아들여졌다. 이 이론은 동양철학과는 매우 잘 상합하는데, 도의 자연적 성향은 뿌리로 돌아가는 것이기 때문이다. 도덕경 40장에서 도는 돌아가게 움직이는 것(道者反之動)이라고 묘사된다.

28. 브루너는 성부, 성자, 성령을 병렬적으로 위치시킨 것은 초대교회의 실수라고 생각한다. 그는 "초대교회의 신학은 우리가 아는 바, 이 서열을 변경시키지 않았다는 것은 사실이다. 그러나 초대교회는 이런 서열이 문제가 된다는 것에 대한 별 생각이 없었기 때문에, 세 인격들을 병치시켰는데, 이것은 신관에 대한 엄청난 왜곡을 가져왔다"고 주장한다. Emil Brunner, *The Christian Doctrine of God* (Philadelphia: Westminster Press, 1950) trans. Olive Wyon, 217 참조.

29. 윤성범 교수에 따르면, 부자 관계는 기독교와 유교의 토대일 뿐만 아니라 삼위일체의 근거이다. 윤성범, 『동서윤리: 비교관점에서 본 서구 세속 기독교와 유학』 (기독교서회, 1973, 1977), 16. 영역본은 Michael Kalton이 번역함.

30. 이것은 불교의 dukkha와 비슷하다. 이것은 보통 고로 번역되는데, 이것은 실존적 질서에서 소외되는 것으로 이해하는 것이 더욱 낫다. 팔리어의 둑카는 어원적으로는 중심에서 벗어난 축을 말한다. 즉 빠져 나온 바퀴나 골절된 뼈에 해당한다. 그러므로, 이것은 관계의 왜곡이고 서열을 무시하는 것이다. Huston Smith, *The Religions of Man* (New York: Haper and Row, 1958), 99 참조.

31. 도덕경 48장. R.S.Blakney (New York: New American Library, 1955), 48.

32. Marshall Randles, *The Blessed God, Impassibility* (London: Charles H. Kelly, 1900), 16 참조. 이정용, 『우리를 위해 고통을 당하시는 하나님』, 24.

33. 모즐리(Mozley)는 "교회는 삼위일체에서 신의 인격들의 차이를 만들었는데, 그것은 신성에 수난가능성이 생기는 것을 막기 위한 자구책이었다"고 했다. J.K.Mozley, *The Impassibility of God: A Survey of Christian Thought* (Cambridge: University Press, 1926), 127 참조.

34. 그리스 사고 방식에 따르면, 이성은 신에게 올라갈 수 있게 하는 지각능력이다. 반면에 감성은 육체의 타락으로 끌어내리는 것이다. 『공화국』에서 플라톤은 궁술이라는 용어로 이런 이원성을 제시했다. "화살을 당기는 궁술과 같다. 손이 당기면서 민다고 동시에 말하는 것은 정확하지 않다. 한 손은 밀고 한 손은 당기는 것이다." Plato, *The Republic of Plato*, trans. F. M. Cornford (Oxford: Clarendon Press, 1941), 133 참조. 또한 이정용, 『고통을 당하시는 하나님』, 28-29 참조.

35. Aristotels, *Metaphysics*, 11권 7장; Thomas Aquinas, *Summa Theologia: Latin Text and English Translation, Introductions, Notes, Appendices, and Glossaries*, 1권 (New York: McGraw-Hill Book Company, 1964), Ia. 9, 3 참조.

36. 그리스 인간학의 함의에 따르면, 본 휘겔은 신성은 고통을 받아서는 안 된다고 했는데, 왜냐하면 고통은 원래적으로 악한 것이기 때문이다. Baron Friedrich von Huegel, "Morals and Religion," in *Essays and Addresses on the Philosophy of Religion*, 2nd Series (London: J. M. Dent and Sons, 1926), 199. 고통을 당하는 하나님은 우리의 연민을 받아야 할 정도의 가장 비참한 대상이 된다. 그러므로 그는 고통을 당하는 자의 구원자가 될 수 없다. 마샬 랜들, 『축복된 하나님』, 175 참조. 신의 고통을 반대하는 다른 이유들도 있다. 고통은 내적인 좌절을 의미한다. 게다가 하나님은 능력과 자유에 있어서 무한하기 때문에, 고통을 받을 수 없는 것이다. 완전하게 초월적인 하나님은 시간 속에서 괴로움을 당할 수 없다. 그러므로 하나님은 수난을 받을 수 없다. 이정용, 『고통을 당하시는 하나님』, 32-35 참조.

37. Relton이 다음과 같이 말한 것은 정확한 지적이다. "신의 수난이 불가능하다는 추상적 개념은 형이상학적 관념에 근거했다. 반면에 인격적인 하나님이 수난을 받았다는 것은 성서적 관점에서 확증된다." H. Maurice Relton, *Studies in Chrisitian Doctrine* (London: Macmillan, 1960) 180 참조. "신이 수난이 불가하다는 교리의 실패는 신학적 사고의 기본적 양식에까지 추적되어야 한다. 신학적 사고는 플라톤 철학의 범주에 근거하고 있다. 그리스 철학의 합리적이고 정태적인 존재론으로부터, 신이 수난을 받을 수 없다는 교리가 초대교회 속에서 형성되었다." 이정용, 『고통을 당하시는 하나님』, 45 참조.

38. A. M. Fairbairn, *The Place of Christ in Modern Theology* (New York: Charles Scriber's Sons, 1893), 483.

39. 엔도 슈사코, 『예수의 생애』.

40. 심정(empathy)은 동정심과는 다르게, 감정의 참여(the participation of pathos)

를 다룬다. 이것은 독일어 단어 "Einfuehlung"을 처음 소개한 Johannes Voket 와 Robert Vischer까지 올라가 보아야 한다. Herbet Read, *The Forms of Things Unknown: Essays Toward an Aesthetic "Einfühlung"* (New York: Horizon Press, 1960), 87. "Einfühlung"의 어원은 재귀동사 "sich einfuhlen"에서 나왔는 데, 영어로는 "감정이 이입되는"(to feel oneself into)으로 번역될 수 있다. 따라서 신의 심정(감정이입)은 삼위일체의 다른 성원들과 세상 속으로 참여하는 것으로 신의 심정이 정의된다. 이정용,『고통을 당하시는 하나님』, 10-14 참조.

41. 벡터(vector)라는 말은 경험이나 감정을 전달하는 수단으로 사용된다. Alfred North Whitehead, *Process and Creativity* (New York: Macmillan, 1929), 65 참조. 그러나 모든 것은 감정을 위한 것이다. 따라서 화이트 헤드는 "모든 실재는 감정을 위한 것이고, 실재는 감정을 고양시킨다. 실재는 느끼는 것이다"(472).

42. 본회퍼는 신의 고통에의 참여는 기독교인의 흔적이고 하나님 자신이 우리가 고통당하는 시간에 우리의 고통을 같이 느끼고 계신다고 생각하면서 살아야 한다고 믿었다. 그는, "기독교인을 기독교인으로 만드는 것은 종교적 행위가 아니라, 이 세상의 삶 가운데 하나님의 고통에 참여하는 것이다"라고 말했다. Dietrich Bonhoeffer, *Prisoner for God: Letters and Papers from Prison*, trans. R. H. Fuller (New York: Macmillan, 1954), 166. 이정용,『고통을 당하시는 하나님』, 82 참조.

43. Wayne E. Oates, *The Revelation of God in Human Suffering* (Philadelphia: Westminster Press, 1959), 135 참조.

5장 ｜ 성령 하나님

1. 모성은 원래적으로 성령의 속성이고, 원래 초기 기독교인들은 성령의 속성을 Sophia-Sapientia로 인식했다. 이 여성성은 완전하게 제거될 수 없었고, 여성성 은 성령의 상징에 여전히 붙어있다. *The Collected Works of C. G. Jung*, vol. II, *Psychology and Religion: West and East*, 73 참조.

2. 피터 리는 기를 성령과 동일시한다. Peter K. Lee, "Dancing, Ch'i, and the Holy Spirit," in *Frontiers in Asian Christian Theology: Emerging Trends*, ed. R. S. Sugirtharajah (Maryknoll, N.Y.: Orbis Books, 1994), 65-79 참조.

3. Edmund Jacob, *Theology of the Old Testament* (NY: Haper and Row., 1958), 121 참조.

4. William Theodore De Bary, ed., *Sources of Indial Tradition* (NY: Colimbia University Press, 1958), 1:75 n. 10.

5. 장재에 따르면, 우주 안의 만물은 기의 산물이다. 모든 것은 음양의 활동을 따라 서 생겨나고 쇠퇴하기 때문에, 기는 음양의 관계이지 다른 것이 아니다. 음은 모 아 견고케 하고 수축시키는 경향이고 양은 퍼져나가고 흩어지는 경향이다. 기

의 취산이 일어날 때, 창조의 과정이 생겨나는 것이다. 펑유란, 『중국철학사』 2
권, 486 참조.

6. 巽괘는 57 괘로 같은 팔괘가 겹쳐진 중괘 중의 하나이다. 장녀를 나타내고 초구
가 음이고 이구, 삼구가 음이다. 빌헬름, 『영역 주역』, 220-223 참조. 이정용, 『포
월적 역』, 70-72, 85-88, 116-118, 201-203, 208-210, 219-221 참조.

7. 『황제내경』 (영역본).

8. 건강을 위해 기를 도입하는 것은 주로 중국의 도교에서 일어났다. 양기는 식이
요법, 요가수련, 숨고르기 훈련, 성생활의 기술을 통해서 양기를 배양하는 것은
전국시대 이래 주로 음양학파와 종교적 도교에서 발전시켰다.

9. 틸리히는 "호흡이 있는 곳에, 생명의 힘이 있고, 그것이 사라지는 곳에, 생명의
힘도 사라진다" 고 말했다. Tillich, *Systematic Theology*, III, 31 참조.

10. 펑유란, 『중국철학사』 2권, 478-490 참조.

11. 『陸象山全集』 33권. Chang Chung-yun, *Creativity and Taoism: A Study of
Chinese Philosophy, Art, and Poetry* (New York: Julian Press, 1963), 82 참조.

12. 내가 하나님과 기를 동일시하지 않는다는 것은 분명히 하고 싶다. 비록 하나님
과 기가 분리될 수는 없다고 해도 말이다. 하나님은 기와 동일시될 수는 없지
만, 그 분은 기이다. 기는 하나님의 내재성을 나타내는데, 하나님이 기 안에 존
재하기 때문이지, 하나님이 기와 동일해서는 아니다. 이런 관계를 이 장에서
좀 뒤에 자세히 설명하려고 한다. 그러나 하나님과 기의 관계는 신유학에서 리
와 기의 관계와 비슷하다. 물론 내가 이 장에서 사용하는 기의 개념은 신유학
적 기는 아니다. 기에 대한 내가 사용하는 개념은 장재에 가깝고 신유학의 개
념보다는 더 포괄하는 리이고 통째로 보려는(holistic) 것이다. 신유학의 기개
념에 대해서는, 펑유란, 『중국철학사』 2권, 498-571 참조. 또한 노영찬, 『이율
곡의 한국 신유학』, 20-25 참조.

13. E. Jacob, *Theology of the Old Testament*, 124.

14. 이정용, 『역의 신학』, 105.

15. 여기에서 "e"는 에너지이고 "c"는 미지수인데, 이 미지수가 에너지와 기인 영
을 동일하게 만드는 규범이나 요인을 제공한다. 말한 대로, 이 상징들은 물질
과 정신 사이의 연속성을 보여준다. 그것들은 문자적으로 해석되어서는 안 된
다.

16. 우리는 수를 나눠서 그 수들이 계속 작아지게 할 수 있다. 그러나 우리는 그 수
가 제로로 가게 만들 수는 결코 없다. 수들은 소수점 아래에 셀 수 없이 많은 零
을 더해서 얼마든지 아주 작게 만들어진다. 예를 들어, 0.00000000000001은 0
이 아니다. 그 수가 얼마나 적든지 간에 그 수는 영보다는 크다. 따라서 수는 0
으로 환원될 수 없는데, 영은 더 큰 수로 확장될 수 없다.

17. 이런 논증은 비존재는 사실상 존재라는 것을 드러내 준다. 존재는 또한 비존재
일 수 있는 것이다. 이런 논증을 지지하기 위해서, 장재는 음양 관계의 수축과

팽창을 사용했는데, 기는 음양의 운동 이외에 다른 것이 아니기 때문이다. 음이 수축할 때, 양은 팽창한다. 양이 수축할 때, 음이 팽창한다. 이런 원리를 사용한다면, 에테르의 음이 퍼질 때, 그것은 보이지 않으며 존재하지 않는 것처럼 생각된다. 그러나 이 드러나지 않는 비존재는 존재하지 않는다는 것을 의미하지는 않는다. 사실상, 음은 보이지 않는 형태로 존재한다. 따라서, 비존재, 혹은 태허는 존재하지 않는 것이 아니라 기나 에테르의 형태로 존재하는 것이다. 평유란,『중국철학사』2권, 140 참조.

18. 악령들에 대한 다른 많은 해석들을 다음과 같이 요약할 수 있다. "정사들은 우리 시대에 인격적 혹은 사회적인 부적응, 정치적이거나 경제적인 결정론, 종교적 문화적 공리, 실존적 혹은 경험적 부조화, 어떻게 이름 붙여지든지 간에, 그들이 우리를 예수 그리스도 안에 있는 하나님의 사랑에서 우리를 떨어지게 만들 때, 그것들은 우주적인 힘들이다." Jung Young Lee, "Interpreting the Demonic Powers in Pauline Thought," in *Novum Testamentum*, vol. 12, Fasc. 1, 69 참조.

19. 김용옥에 따르면, 기의 궁극성은 요한복음에서 말씀에 비견된다. "태초에 기가 있었다. 기는 시간과 공간과 함께 존재했다. 기는 우주의 모든 가능성을 포함한다. 기는 창조적이다." 김용옥,『기철학산조』(서울: 통나무, 1992), 33 참조.

20. 변화는 주역에서 절대적 실재이다. 이정용,『포괄하는 역』, 41-69.

21. 생태학적으로 생각해본다면, 세계는 하나님의 몸에 대한 메타포가 된다. 하나님의 몸인 세계의 메타포는 때로는 놀랍고 별 의미가 없는 듯하지만, 생태학적 위기와 핵무기의 위협을 느끼면서 사는 오늘의 서구 세계에서 이루어지고 있는 하나님의 모델에 대한 창조적 접근은 동양적 사고방식에는 전혀 새로운 것이 아니다. Sallie McFague, *Models of God: Theology for an Ecological, Nuclear Age* (Philadelphia: Fortress Press, 1987), 69-87 참조.

22. 이런 진술은 주역「계사전」5장과 첫째, 둘째 괘에 근거하고 있다. 평유란,『중국철학사』2권, 493 참조.

23. 괘들이 어떻게 이루어졌는가는 이정용,『포괄하는 역』부록 참조.

24. 이 괘의 단사들은 고대 중국사회의 전통적인 여성적 특징을 드러내 주고 있다. "군자가 움직일 때, 여성이 인도한다면 길을 잃게 될 것이고, 따른다면 이익을 얻게 될 것이다. 남서 방향에서 귀인을 만나서 이롭게 될 것이다. 그러나 동북에서는 귀인을 잃을 것이다. 바르게 평정을 지키면 행운이 올 것이다." 여기에서 어머니나 여성의 자리는 남서쪽이다. 왜냐하면 문왕의 배치로 이해되는 후천도에서, 곤은 남서(여름과 가을)에 위치한다. 이정용,『포괄하는 역』, 87-88, 185-186 참조.

25. 설괘전. 빌헬름,『영역 주역』, 275-276.

26. 같은 책, 276.

27. 같은 책, xxvi, 193-197.

28. Masao Takenaka, *God is Rice: Asian Culture and Christian Faith* (Geneva: World Council of Churches, 1986), 김지하에 따르면, 하나님은 밥이다. 따라서 그의 옥중 시에서 다음과 같이 말한다.

> 밥은 하늘입니다.
> 하늘을 혼자 못 가지듯이
> 밥은 서로 나눠먹는 것
> 밥은 하늘입니다.
> 하늘의 별을 함께 보듯이
> 밥은 여럿이 함께 먹는 것
> 밥이 입으로 들어갈 때에
> 하늘을 몸 속에 모시는 것
> 밥은 하늘입니다.
> 아아 밥은 서로 나눠 먹는 것

An Emerging Theology in World Perspective: Commentary on Korean Minjung Theology, ed. Jung Young Lee (Mystic, Conn.: Twenty-Third Publications, 1988), 135.

29. 엔도 슈사꾸, 『예수의 생애』. trans. Richard A. Schuckert (New York: Paulist Press, 1973), 25 참조. 엔도는 잘 알려진 일본 가톨릭 소설가인데, 기독교 신앙과 관련된 많은 작품을 썼다. 『침묵』과 『예수의 생애』가 가장 잘 알려졌다.

30. 이정용, 『포괄하는 역』, 75 참조.

31. 이것은 웨슬리의 선행의 은총과 매우 비슷하다. 그러나 웨슬리의 선행의 은총은 칭의와 성화되기 이전의 인간들에게만 적용이 가능하다. 이런 식의 은총에 대한 배타적인 범주화는 동양의 기관념과는 합치할 수 없는데, 기는 포괄적일 뿐만 아니라 공평무사하다. John Wesley, *A Plain Account of Christian Perfection* (London: Epworth Press, 1985); William Ragsdale Cannon, *The Theology of John Wesley: With Special Reference to the Doctrine of Justification* (Lanham, Md.: University Press of America, 1984).

32. 아가페와 에로스의 질적인 차이는 과거에 종종 논의되었다. 그러나 이런 종류의 차이는 음양의 사고에서는 가능하지 않다. 그것들 사이의 질적인 차이는 이원적 세계관을 전제한다. Anders Nygren, *Agape and Eros*, trans. Philip S. Watson (Philadelphia: Westminster Press, 1953) 참조.

33. 3장의 도표 5 참조. 여기에서 나는 삼위일체적 사고가 음양의 관계에서 정의하려고 시도했다. 이정용, 『주역과 현대인』, 50 참조.

34. 주역에서 天父라는 개념은 사용되지 않는다. 그러나 첫 괘인 건괘는 하늘로 번역된다. 하늘은 푸른 유형의 하늘의 비인격적 함의를 가질 뿐만 아니라 아버지의 인격적 개념을 갖고 있다. 따라서 중국의 삼위일체에서, 하늘은 아버지로 땅은 어머니로, 인간은 그들의 자녀로 이해된다. 어머니의 이미지와 땅의 이미

지는 둘째 괘인 곤괘를 만들기 위해서 결합된다. 나는 하늘 아버지와 땅 어머니를 양립 시키기로 작정하고 있다.

35. 빌헬름은 곤을 "수용성"(Receptive)으로 번역했다.

36. 이정용, 『역의 신학』, 29-48. Jung Young Lee, "Can God be Change Itself?," *Journal of Ecumenical Studies*, vol. 10, no. 4 (Fall 1973): 751-770 참조.

37. 이것은 48괘로 우물(井)이다. 이괘는 나무 혹 바람과 물로 이루어졌다. 나무가 아래고 물이 위에 위치한다. 이정용, 『포괄하는 역』, 213; 빌헬름, 영역 『주역』 185-188 참조.

38. 이정용, 『포괄하는 역』, 213 참조.

39. 『도덕경』 4장. 미첼 역 참조.

40. James F. White, "A Response to the Baptism Paper: Refinding the God," *Circuit Rider*, vol. 18, no. 6 (July/August 1994): 10-11.

41. 이정용, 『포괄하는 역』, 10-11.

42. 이것은 내가 한문에서 직접 번역한 것이다. 미첼의 역이 영어 독자에게 이해하기는 쉽다. 라파그의 번역은 원문에 더 가깝다.

43. Donald N. Clark, *Christianity in Modern Korea* (Lanham, Md.: University Press of America, 1986), 25-26; Paul Yonggi Cho and John Hurston, "Ministry Through Home Cell Units," in *Korean Church Growth Explosion*, ed. Ro Bong-rim and Martin Nelson (Seoul: Word of Life Press, 1983), 270-289.

44. Mircea Eliade, *Shamanism: Archaic Techniques of Ecstacy* (New York: Bolingen Foundation, 1964). 이정용, 『한국무교의 의례』 참조.

45. 최면약의 사용은 우리 시대의 젊은이들이 엑스타시를 경험하기 위해서 사용되는 가장 쉬운 방법이다. 이런 식으로 약에 빠져서 하는 경험은 심리적 현상 일뿐이지 그들의 관점을 바꾸는 데 가치가 있는 것은 아니다. 오히려 이런 약들은 사람들을 사회로부터 소극적으로 격리하게 만든다. 소마와 같은 심리학적인 약은 인도에서 탈아적(ecstatic) 경험을 일으키기 위한 종교적 의식으로 사용되기도 한다. 한국 무교에서, 막걸리도 같은 이유에서 쓰였다.

46. 요아킴에 따르면, 삼위일체의 세 인격 때문에 세 시기가 구분된다. 성부의 시대가 가장 먼저고, 성자의 시대가 그다음 둘째이며, 성령의 시대가 제삼의 시대이다. 성자의 시대는 성부의 시대를 전제하고 흡수하며, 성령의 시대는 성자의 시대를 전제하면서 흡수한다. 하나에서 다른 시대로의 운동은 삼위일체의 전통적 교리를 전제하는데, 전통적 삼위일체는 아버지를 아들 앞에 놓고, 아들을 성령 앞에 놓는다. 이런 전통적 서열은 삼위일체를 직렬로 아버지, 아들, 영으로 놓는 것이다. 몰트만은 영광의 왕국 즉 다른 또 하나의 시대를 상정하는데, 이것은 요아킴의 성령의 시대란 개념을 발전시킨 것은 아니다. Jurgen Moltmann, *The Trinity and the Kingdom: The Doctrine of God* (New York: Haper and Row, 1981), 203-218. 비록 민중신학이 서구의 정통 기독교 전통을

비판하기는 해도, 민중신학은 요아킴의 사고와 같은 동일한 범주에 빠지고 있다. 이정용, "Minjung Theology: A Critical Introduction." *An Emerging Theology in World Perspective*, 12-14 참조.

6장 ∣ 성부 하나님

1. 이정용, 『한국무교의 의례』와 유동식, 『한국무교의 역사와 구조』 참조; Harvey Kim, *Six Korean Women: The Socialization of Shamans* (St. Paul: West Publishing Co., 1979).
2. 잘 알려진 유교의 의례에서, 세찬(世餐, 새로운 음식을 올리는 것), 世酒, 정초차례, 추석차례 등이 있다. 이정용, 『한국무교의 의례』, 165 참조.
3. 아카마츠 지조·아키바 다카시, 『釁蒙의 民俗과 宗敎』(1941), 『조선무속의 연구』(1937) 참조.
4. 라파크, 『도덕경의 도』.
5. 미첼 역, 『도덕경』.
6. 라파그, 『도덕경의 도』, 64.
7. 줄리아 칭, 『유교와 기독교』, 117 참조.
8. 같은 책, 119 참조.
9. 더크 보드는 리를 원리(pinciple)이라고 번역했는데 리는 종종 태극을 의미하기 때문이다. 펑유란, 『중국철학사』 2권, "전국시대", 445-445 참조.
10. 주돈이는 『태극도』에서 주역에 입각해 태극을 설명한다. 이 작품은 신유학의 시작을 알리는 기념비적 작품이다. 『통서』는 주돈이가 주역을 설명하는 또 하나의 저술이다. 리의 개념은 태극으로 나타난다. 펑유란, 『중국철학사』 2권, 444-451 참조.
11. 줄리아 칭, 『중국종교』, 159 참조.
12. 주희에 따르면, "리와 기는 선후를 말할 수 없다. 그러나 우리가 그 기원을 추적한다면, 리가 앞선다고 말해야 한다. 그러나 리는 분리된 실체가 아니다. 그것은 기와 늘 같이 존재한다." 주희, 『주자전서』, 49권 1장; 이정용, 『포괄하는 역』, 57 참조.
13. 주희는 "우주 안에 이와 기가 존재한다. 리는 형이상의 도고 그것으로부터 만물이 나온다. 기는 형이하의 기(器)로 그것에 의해서 사물들이 만들어진다"고 말했다. 주희, 『주자전서』, 58권 5장; 이정용, 『포괄하는 역』, 57 참조.
14. 빌헬름, 『영역 주역』, 282 참조.
15. 商나라(1766~1122 B.C.E.) 이래, 상제는 아마도 멀리 떨어진 비인격적인 신으로 생각되었다. 주나라(1122~249 기원전) 시대에는, 상제는 하늘이라 불렸는데, 신을 부를 때 선호하는 개념이 되었다. 천은 어원적으로 큰 머리를 갖은 사람에서 왔는데, 주 왕실의 최고의 조상이다. 그러나 제와 천은 인격적인 하나

님으로 알려진 궁극적 실재이다. 줄리아 칭, 『중국종교』, 33-34. 평유란은 하늘의 다섯 가지 다른 의미들을 우리에게 알려준다. 첫째는 물질적인 물리적인 유형의 푸른 하늘이다. 둘째는 주재하는 하늘인데(主宰之天), 이것은 인격적인 성격도 갖는다. 이 하늘은 상제와 동일시된다. 셋째는 운명적인 하늘인데, 命과 비슷하다. 넷째는 자연의 하늘인데, 자연의 개념과 일치한다. 다섯째는 윤리적 하늘인데, 만물의 도덕 원리이다. 평유란, 『중국철학사』 1권, 31 참조.

16. 평유란, 『중국철학사』 2권, 492 참조.

17. 중국어에서 판단은 象인데, 결정한다는 뜻으로 辭와 교환 가능하게 사용되었다. 이 象이 어떻게 생겨났고 어떻게 명명되었는지는 잘 알 수 없다. James Legge, trans. *I Ching: Book of Changes*, ed. with an introduction and study guide by Ch'u Chai with Winberg Chai (New Hide Park, N.Y.: University Books, 1964), 213-214. 단사는 괘의 특징뿐만 아니라 괘가 함의하고 있는 사건의 경향이나 진행을 설명해주고 있다. 이정용, 『내적 변화의 패턴』, 154-159 참조.

18. 이 번역은 이정용, 『포괄하는 역』, 185. 빌헬름은 "건은 굉장한 성공을 이룬다. 이것은 인내와 참음을 계속함으로 이루어진다"(The Creative works sublime success, futhering through perseverance)고 번역하였다.

19. 빌헬름, 『영역 주역』, 370 참조.

20. 이 리는 형이상학적인 리와는 다르다. 많은 중국 문자는 같은 음이지만, 다른 의미들을 가지고 있다.

21. 이정용, 『역의 원리』, 168 참조.

22. 이정용, 『포괄하는 역』, 31 참조.

23. 이것은 주역의 8익으로, 10익 중의 매우 중용한 문헌이다. 빌헬름, 『영역 주역』, 262-279 참조.

24. 이것은 전통적인 서구적 삼위일체에 대한 이해와는 판이하게 다르다. 성령은 성부와 성자에게서 유출되는 것으로 생각되었다. 성부와 성자의 일의적 관계는 성령에 의해서 연결된다. 신의 왕국을 받는 것은 성자이고 그는 그것을 시간의 종말에 성부에게 드린다. 자세한 것은 몰트만, 『삼위일체와 하나님의 나라: 신관』, 94-96 참조.

25. 이정용, 『포괄하는 역』, 74, 75 참조.

26. 후천도의 배열은 문왕이 배치한 것으로 알려져 왔다. 이 배열은 복희 선천도와는 대조적이다. 빌헬름, 『영역 주역』, 255, 269 참조. 이정용, 『포괄하는 역』, 86-88 참조.

27. 빌헬름, 『영역 주역』, 270 참조.

28. 몰트만, 『십자가에 못 박히신 하나님』; 이정용, 『고통당하시는 하나님』; 모즐리, 『신의 불가수난성: 기독교 사상개요』 참조.

29. 이정용, 『포괄하는 역』, 91 참조.

30. 빌헬름, 『영역 주역』, 275.

31. 같은 책, 3 참조.

32. 같은 책, 6, 373 참조.

33. Aren T. van Leeuwen, *Christianity in World History*, trans. H. H. Hoskins (New York: Charles Scriber's Sons, 1964), 51 참조.

34. 이 괘의 초효는 맨 밑의 것을 의미하는데, 효들을 밑에서부터 세기 때문이다. 전통적으로 구를 양효에 붙이고, 육을 음효에 붙힌다. 이 효들에 대한 해석은 이정용, 『포괄하는 역』, 185 참조.

35. "무로부터 창조"에서 제기되는 가장 중요한 관념의 하나는 하나님만이 창조의 원천이 되는 것이다. 이런 관념은 후기 유대교 문학에서 최초로 나타났다. 이 것은 하나님은 만물을 기존의 존재하는 것들을 통해서 만든 것이 아니라는 것 이다. Emil Brunner, *The Chrisitian Doctrine of Creation and Redemption: Dogmacitcs*, trans. Olive Wyon (Philadelphia: Westminster Press, 1952), 2:10. 이정용, 『역의 신학』, 70 참조.

36. 윙치 찬(陳榮捷), 『노자의 도』(도덕경) 40장 참조.

37. 팔괘에서 제일 위 효는 하늘, 가운데 효는 인간, 맨 밑의 초효는 땅을 대변한다. 중괘에서 효들은 동시에 2개씩이 된다. 즉 맨 위의 5, 6효는 하늘, 중간의 3, 4 효는 사람을 맨 밑의 1, 2 효는 땅을 상징한다. 대전에서는, "역은 너무 넓어서, 모든 것을 담아낸다. 즉 역은 하늘의 도와 땅의 도와 인간들의 도를 갖고 있다. 이 세 근원적 힘은 겹쳐져서 여섯 효가 된다. 중괘의 이 여섯 효들은 이 세 근원 적 힘들의 도이지 다른 것이 아니다"(2:10). 이정용, 『포괄하는 역』, 96 참조.

38. 대인 혹은 군자는 보통 사람은 아니다. 그 사람은 반드시 하늘의 올곧은 원리 를 고수해야만 한다. "즐겨 올곧은 원리를 따를 때, 그 사람을 군자라고 부를 수 있다. 이것이 바로 공자가 "천명을 모르는 사람은 군자가 될 수 없다"(논어 20:2)고 한 이유이다." 펑유란, 『중국철학사』 2권, 46 참조.

39. 빌헬름, 『영역 주역』, 9 참조.

40. 이정용, 『포괄하는 역』, 165 참조. 상세한 것은 *Mr. Kompkins in Paperback* (Cambridge: University Press, 1967); Stephen Hawking, 『시간의 역사』 참조.

41. 이 변화와 우주적 진화에 대한 비정통적인 해석은 음양의 사고에 근거한다. 64 괘 안에서 이루어지는 제한적인 진화는 소응의 진화적 해석에서 발견된다. 이 책의 2장 도표 4 참조.

7장 | 신의 삼위일체 서열

1. Wilson-Kastner, *Faith, Feminism, and the Christ* (Philadelphia: Fortress Press, 1983); 보프, 『삼위일체와 사회』; Margaret Farley, "New Patterns of Relationship: Beginnings of a Moral Revolution," *Theological Studies* (1975): 627-646 참조.

2. "프라테케"(Prateque)는 성자가 성부와 성령으로부터(from) 나온다는 것을 의미한다. "필리오케"(Filioque)는 성령이 성부와 성자로부터 나온다는 것을 의미한다. 또한 "스피리티케"(Spiritique)는 성부가 성자와 성령으로부터 나온다는 것을 의미한다. 이 내재적 삼위일체의 관계는 상호내주(perichoresis)의 관념에 근거하고 있는데, 이 관념은 결국은 연결원리와 비슷하다. 라쿠나, 『우리를 향한 하나님』, 277 참조.
3. 라쿠나, 『우리를 향한 하나님』, 278 참조.
4. 줄리아 칭, 『중국종교』, 23 참조.
5. 샤머니즘, 위치, 주물숭배와 같은 많은 민중 종교들은 땅이 신에 매달려 있다. 비록 부분적으로 하늘의 신을 섬기는 것이 있기는 해도 말이다. 그러나 신학에서 여성신학적이고 생태학적인 관심 때문에, 우리는 기독교에서 땅 어머니의 이미지의 중요성이 강조되게 되었다. 샐리 맥패그의 접근은 신을 생태학적이고 여성신학적으로 이해하기 위해서 땅의 이미지를 사용하는 전형적인 예이다. 샐리 맥패그, 『신의 모델들』과 『하나님의 몸』 참조.
6. 하나님과 성부는 신약에서 동일시되어 사용된다. "아버지"는 신약과 기독교 예배의식 그리고 초대교회의 신학과 교리적 고백 등에서 보편적으로 "하나님"에 대한 동의어로 사용되었다. 라쿠나, 『우리를 향한 하나님』, 33, 54 참조.
7. 이정용, 『포괄하는 역』, 209 참조.
8. 빌헬름, 『영역 주역』, 162 참조.
9. 펑유란, 『중국철학사』 2권, 162 참조.
10. 틸리히, 『조직신학』 2권, 146 참조. 또 Ninian Smart and Steven Konstantine, *Christian Systematic Theology in a World Context* (Minneapolis: Fortress, 1991) 493 참조.
11. Jung Young Lee, "Trinity: Toward an Indigenous Asian Perspective," *Drewgateway* (Spring 1990) 80; 또한 오든, 『살아계신 하나님』, 223 참조.
12. 비록 쉬벤이 성령을 삼위일체의 여성 성원으로 묘사하기는 한다고 해도, 그녀는 성령을 가부장적 사회에 의해 조건 지워진 여성의 이미지로 묘사하고 있다. "여성, 아내 그리고 어머니는 직접적으로 수동적인 역할을 지칭한다. … 여성은 육체적 단위(carnal unity)를 대변하고 매개하며 또한 몸의 통일성(unity of flesh)을 의미한다." M. Scheeben, *The Mysteries of Christianity* (St. Louis: Herder, 1946) 187. 또한 라쿠나, 『우리를 향한 하나님』, 313 참조.
13. 삼강오륜의 유교적 관념은 음양 관계와 인간 행위의 근본적 관계에 근거하고 있다. 삼강은 부자, 군신, 부부의 관계를 다루는 것이다. 여기에 나이에 따른 관계, 친구의 관계가 합쳐져서 다섯 가지 관계가 이루어진다. 전체적으로 가족적 관계가 다른 관계들보다 중요하다. 그것들 가운데 부자의 관계가 다른 모든 관계들에 대한 열쇠가 된다. 펑유란, 『중국철학사』 2권, 43-45 참조.
14. 기독교와 동양에서의 조상숭배와의 관계에 대해서는 이정용 편, 『조상숭배와

한국 기독교』참조.

15. 이정용,『포괄하는 역』, 216 참조.

16. 전통적인 해석에서, 야생 오리는 혼인의 정절을 상징한다. 오리는 첫 배우자가 죽은 다음에 결코 다른 짝을 택하지 않는 것으로 믿어왔기 때문이다. 젊은 아들은 종종 암오리의 상대 짝으로 이해되었다. 이런 종류의 해석은 전통적 유교의 가정 이해로부터 나왔다. 그래서 아주 강력한 도덕적 색조가 짙은 것이다. 게다가 젊은 아들을 야생 오리가 상징하는 여성의 남편으로 이해하는 것은 확실한 것 만은 아니다. 빌헬름,『영역 주역』, 207 참조. 나의 신학적 해석은 역시 문제가 된다. 왜냐하면 주역은 신학적 문제를 답하기 위해 쓰여진 것이 아니기 때문이다. 그러나 주역은 모든 시대와 인간이 탐구하는 주제들에 대한 지혜를 주는 심도깊은 지혜를 주는 책이다. 이런 점에서, 신학적 해석을 해보는 것은 매우 시사하는 바가 크다. 과학적, 심리학적 혹은 사회학적 해석들이 적절하듯이 말이다. 이정용,『포괄하는 역』, 160-175.

17. 마이클 라파그,『도덕경의 도』, 94 참조.

18. 같은 책, 122.

19. 같은 책, 70.

20. 같은 책, 64.

21. 도덕경 48장은 무위의 개념을 예증한다.
> 도를 행한다는 것은 매일 잃어버리는 것이다.
> 그렇게 자꾸 잃어가는 것이다.
> 마침내 아무것도 하지 않는데 이른다.
> 아무것도 하지 않는다는 것, 할 일이 남지 않았다는 것이다.
> 그래서 세상을 차지하는 것이다. 단지 아무것도 하지 않음으로써.

22. 라파그 역, 56장, 22장, 28장 참조.
> 통나무가 잘릴 때,
> 다스리는 도구가 된다
> 지혜자가 이것을 쓸 때
> 다스리는 자들의 머리가 된다.

23. John Heider,『지도력의 도: 새 시대에 맞는 노자의 도덕경』, 2 참조.

24. 인도에서, 창조주인 브라만에게 바쳐진 신전은 몇 개 안 된다. 반면에 보존(비쉬누)과 파괴(쉬바)에게는 셀 수 없이 많은 신전들이 바쳐진다. 이정용,『역의 신학』, 67 참조.

25. 빌헬름,『영역 주역』, 213 참조.

26. 이정용,『포괄하는 역』, 218 참조.

27. 같은 곳.

28. 이정용,『한국무교의 의례』참조.

29. 엘리아데,『샤머니즘: 고대의 엑스타시 기술』참조.

30. 빌헬름, 『영역 주역』, 48; 이정용, 『포괄하는 역』, 191 참조.
31. 대부분의 주석들은 태괘를 건·곤 두 괘의 관계에 근거해서 해석한다. 평화는 두 상반된 것이 만남으로서 가능하다. 무거운 원리(땅)은 내려오고 가벼운 원리(하늘)는 올라간다. 같은 책 참조.
32. 빌헬름, 『영역 주역』, 53 참조.
33. 전통 인도에서 인생은 네 단계로 구분되는데, 학생시대, 가정시대, 공직시대, 산야신의 은둔시대로 말이다. 라다크리슈난, 『인도인의 인생관』 참조.
34. 비구, 비구니, 재가신도들의 공동체 이것은 종종 불교식 교회라고 번역되기도 한다. 가정이나 사회생활과는 격리된 공동체이기 때문에, 기독교 교회와는 사뭇 다르다. 승단에 들어가기 위해서는 가정을 포기해야 한다. 이것은 가정 생활과 절연하게 한다.
35. 중국에서 유교가 불교를 비판한 것은 주로 불교도들의 삶의 스타일에 집중되었다. "실천적인 면에서 불교를 보도록 하자. 아버지와 가정을 떠남으로, 불교는 인간관계를 없애 버리게 된다. 이것은 단지 숲속에서 혼자 살고자 함이다. 그런 사람은 어느 공동체에서건 받아들여질 수 없다. … 불교도들은 가정과 세계를 포기할 것을 주장한다. 근본적으로 가정은 포기될 수 없는 것이다." 『二程全書』 15:5b; 18:10b; William Theodore De Bary, Wing-tsit Chan, and Burton Watson, eds., *Sources of Chinses Tradition*, Vol. I, 476에서 재인용.
36. 이정용, "신은 변화 자체인가?", 「에큐머니칼 연구 저널」; 『역의 신학』 참조.
37. 이정용, 『포괄하는 역』, 202 참조. 빌헬름은 "영향, 성공, 더욱더 참아내라. 처녀를 아내로 취하니, 행운이 온다"고 번역한다. 빌헬름, 『영역 주역』, 122 참조.
38. 이 번역은 저자가 한 것이다. 이정용, 『포괄하는 역』, 203 참조.
39. 節을 규율(regulation)이라고 해석했다. 이정용, 『포괄하는 역』, 221 참조. 빌헬름은 제한(limitation)이라고 해석했다. 빌헬름, 『영역 주역』, 231 참조.
40. 달리 표시하지 않은 번역은 저자의 것이다. 이정용, 『포괄하는 역』 221 참조.
41. 팔괘는 우주적 과정의 근거이다. 팔괘가 사각형을 이룰 때, 우리는 64괘를 얻게 된다. 우주 가운데 모든 것의 맹아적 상황이다. 달리 말하면, 음양 두 변수가 셋의 다른 방식으로 결합할 때, 우리는 8괘(2×2×2)를 얻게 된다. 이 팔괘가 다시 두 변수에 따라 사각형을 이룰 때, 64괘(8×8)를 이루게 된다. 팔괘와 중괘의 차이는 질적인 것이 아니라 양적인 것이다. 『포괄하는 역』, 78-111 참조.
42. DNA 분자 구조는 주역의 팔괘와 중괘에 유추될 수 있다는 사실은 매우 흥미롭다. "DNA와 주역은 다이그램의 세 겹이라는 조합의 속성으로부터 나오는 64 가능 수의 체계를 만들어내는 양가의 사배 코드에 근거하고 있다. John F. Yan, *DNA and the I Ching: The Tao of Life* (Berkeley: North Atlantic Books, 1991), x 참조.

8장 ı 삼위일체적 삶

1. 라쿠나,『우리를 향한 하나님: 삼위일체와 기독교 생활』, 401 참조.
2. 최기복, "조상숭배: 유교와 가톨릭의 관점에서",『한국의 조상숭배와 기독교』, 이정용 편(1988), 37 참조.
3. "종교적 예배가 기본적으로 가정사인 사회에서는, 가족제도와 종교의 구조는 강한 상관관계를 갖고 있다. 이런 사회에서, 가정종교는 일반적으로 조상숭배이다." Annemarie D. W. Maleflit, *Religion and Culture* (New York: Macmillan, 1968), 291 참조.
4. 강위조는 "가정의 성만찬"이라는 개념이 동서에서 공통적으로 일어나고 있는 가정파괴를 방지하는 데 도움을 줄 수 있다고 믿는다. 그는 조상숭배의 형식에 성만찬을 도입하는 것에 흥미를 갖고 있다. Wi Jo Kang, "Ancestor Worship: From the Perspective of Family Life,"『한국의 조상숭배와 기독교』, 73-79 참조.
5. 윤성범에 따르면, 삼위일체 하나님은 부자 관계에 근거하고 있으며, 부부 관계는 이차적일 뿐이다. 달리 말하면, 부자 관계는 본질적이고, 부부 관계는 한시적이다. 윤성범,『동서 비교적 관점에서 본 세속 기독교와 유교 전통』, 23 참조.
6. 여성적 이미지의 하나님 모델의 예는 맥패그의『신의 모델들』에서 발견된다. 그녀는 가부장적 이미지를 모성적 이미지로 바꾸려고 시도한다. 그러나 신이 어머니라면, 신은 또한 반드시 아버지도 되어야 한다. 아버지의 이미지를 어머니로 바꾸는 것은 전통적 삼위일체와 같이 일방적인 것이다.
8. 가정이 서구 사회에서 삶의 기본적 단위로 기능하지는 않지만, 기본적으로 윤교수의 생각이 맞는다. 그는 기독교적 서구 전통이 기독교의 본질인 가정의 진정한 의미를 잃게 했다고 믿고 있다. 그는 "기독교와 유교는 동양의 종교이고 이 둘의 윤리는 가정에서 시작한다"고 생각한다. 윤성범,『성의 신학』, 125 참조.
7. 이런 점에서 틸리히가 바르트의 삼위일체적 접근방법을 비판한 것은 적절하다. 틸리히는 말하기를, "바르트가 포스트레고메나(Postlegomena)일 삼위일체설을 프로레고메나(Prolegomena)로 시작한 것은 명백한 실수이다. 바르트의 체계에서 삼위일체설은 하늘에서 떨어진 것인데, 즉 성서나 교회의 권위의 매개를 필요로 하지 않는 하늘인 것이다." 틸리히,『조직신학』3권, 285 참조.
9. 이정용,『포괄하는 역, 80 참조.
10. 이런 점에서, 알프레드 퍼크(Forke)의 진술은 정당하다. "하나의 음과 하나의 양은 근본적 원리이다. 음양의 열정적 합일과 부부의 애정은 우주의 영원한 질서이다. 하늘과 땅이 서로 하나 되지 않을 때, 만물이 어떻게 생명을 얻겠는가? 아내가 남자에게 옮으로써, 아이들을 낳게 된다. 자녀를 낳는 것은 생식의 방법이다. 남자와 여자가 동거해야 자식이 생긴다. Alfred Forke, *World Conception of the Chinese* (London: Arthur Probstain, 1925), 68. 또한 이정용,『포괄하는 역』, 81 참조.

11. 안병무, 『민중신학 이야기』, 321 참조.
12. 강위조, "가정생활의 관점에서 본 조상 숭배", 78 참조.
13. 보프는 "하나님 아버지"라는 개념을 삼위일체 하나님이라기보다는 "공동체 안의 하나님"(God-in-Communion)으로 사용한다. 보프, 『백척간두의 믿음』 (*Faith on the Edge*)(Maryknoll: Orbis Books, 1991) 98 참조.
14. 이 책의 도표 1과 5를 참조. 여기에서 "속"(in)은 삼위일체적 사고의 연결원리이다. "음 속의 양," "양 속의 음"은 음과 양을 포괄하는 중간의 상징이다.
15. 보프, 『백척간두의 믿음』, 98 참조.
16. 내가 장재의 유명한 글에서 자주 인용한 서명의 구절은 정말 중요하다. "하늘은 아비, 땅은 어미, 모든 사람들은 형제 자매, 모든 만물은 내 친구." 여기에서 장재는 삼위일체의 원리의 가정적 특징을 잘 보여주고 있다. 펑유란, 『중국철학사』 2권, 493 참조.
17. 민중은 단순하게 어의적으로는 다수의 사람들을 의미한다. 이정용 편, 『세계적 관점에서 떠오르는 신학: 한국 민중신학에 대한 주석』, 3 참조. 문희석에 따르면, 민중은 "정치적으로 억압을 당하고, 경제적으로 착취를 당하며, 사회적으로 소외되고, 문화와 지적으로는 교육을 받지 못하는" 사람들이다. Hee-suk Moon, *A Korean Minjung Theology: An Old Testament Perspective* (Maryknoll: Orbis Books, 1985), 1 참조.
18. 역의 과정은 최대에 이르면 반드시 그 반대로 변화한다는 원리에 근거하고 있다. 첫 괘는 이런 순환적 변화의 좋은 예이다. 건괘 즉 하늘이 최대에 즉 6효에 이르렀을 때, 그것은 곧 즉 땅으로 변하기 시작한다. 따라서 6효의 효사는 "교만한 용이 후회할 것이다"이다. 이정용, 『포괄하는 역』, 185 참조.
19. 이 개념은 민중신학에서 같이 먹고 사는 유기체적 공동체를 지칭하는 데 사용한다. 함께 한 상에 둘러앉아 먹음으로써, 그들은 그리스도의 한 몸이 된다. 이것은 하나님의 가족은 유기적 전체라는 것을 의미한다. 안병무, 『민중신학이야기』, 315-330 참조.
20. 식구는 문자적으로는 "먹는 입"이다. 유기적 한 몸인 가족은 입을 통해서 이루어진다는 것을 의미한다. 이것은 가족 성원들의 공동체성을 강조하려는 시도이다. 안병무, 같은 책, 320.
21. Ted Peters, *God as Trinity: Relationality and Temporality in Divine Life* (Louisville, KY.: Westminster/John Knox Press, 1993), 163 참조.
22. 일반 상대성이론에 따라서, 콜만(Coleman)은 공간의 곡선은 긍정적이고, 그러므로 우주는 유한하고 제한적이지는 않다고 결론을 지었다. James Coleman, 『평범한 사람을 위한 상대성의 원리』, 118 참조. 이정용, 『포괄하는 역』, 164 참조.
23. 피콕은 자연의 역사는 열려있다는 것을 강조한다. 기회와 우연은 이런 열려진 가능성을 책임진다. "기회가 하나님의 탐조 레이더라면, 모든 가능한 과제들

을 쓸어 감으로써 새로운 추적을 이용할 수 있다." Arthur R. Peacocke, *Creation and the World of Science* (Oxford: Clarendon Press, 1979), 95 참조. 피터,『삼위일체 하나님』, 162 참조.

24. 가장 널리 받아들여지는 모델은 우주의 빅뱅이론이다. 그것은 1929년 조지 르 마이어(George Remaire)가 처음 제안한 것이다. 이런 모델에 따르면, 모든 모 여진 덩어리과 우주의 에너지는 원초적 상태로부터 시간의 영점에서 폭발한 다. 이 폭발의 결과 성운(갤럭시)이 움직여 나오고 서로로부터 영원히 멀어져 간다. 커져가는 풍선의 표면에 있는 점들과 같다. 이정용,『포괄하는 역』, 164 참조. 더 자세한 논의는 호킹,『시간의 역사』 참조.

25. 이정용,『포괄하는 역』, 185.

26. 이정용,『포괄하는 역』, 68.

27. 피오르의 요아킴은 하나님의 왕국은 세 개로 나누어지는데, 성부의 왕국, 성자 의 왕국 그리고 성령의 왕국이다. 성부의 왕국은 성자의 왕국으로 이어지고 이 는 다시 성령의 왕국으로 나아간다. 이런 점에서 신약의 성자 탄생은 성자 왕 국의 출현이다. 성령 왕국의 시대는 성자의 관점에서 보면 미래를 대변한다. 그러나 한 시대에서 다른 시대로의 직선적인 운동은 성부, 성자, 성령 사이의 포괄적이고 상호의존적인 관계를 제한시킨다. 몰트만,『삼위일체와 하나님의 나라』(영역본), 203-209 참조.

28. 그러나 전통적인 삼위일체에서 성령은 연결원리로 기능했다. 성부와 성자는 성령을 통해서 연결된다. 성령은 성부와 성자를 통해서 나오거나, 성자를 향한 성부를 통해서 나온다. 동양적 삼위일체에 따르면, 성자와 자녀는 하늘(성부) 과 땅(성모)의 소산이다. 우리가 성령을 어머니의 이미지로 생각할 때, 성자는 연결원리인 것이다. 다른 삼위일체적 서열들 가운데, 성부-성모-성자의 서열 은 많은 미국인들에게는 물론 동양인들에게 더 자연스럽다.

29. Philip Kapleau, ed., *The Three Pillars of Zen* (Boston: Beacon Press, 1967), 297 참조. 이정용,『내적 변화의 패턴』, 230 참조.

30. 이와 같이, 둘째 아담은 첫째 아담의 갱신이다. 그러나 그들은 다르다. 우리는 둘째 아담은 첫째 아담의 완벽한 재현이라는 영지주의적 개념을 받아들일 수 는 없다. 왜냐하면, 시간은 끝이 열려진 순환적 운동이기 때문이다. 바울은 "첫 사람 아담은 생명있는 존재가 되었지만, 나중 아담은 '그리스도 안에서' 생명 을 주는 영적인 존재가 되셨습니다"(고전 15:45), 혹은 "아담으로 말미암아 모 든 사람이 모두 죽는 것과 마찬가지로 그리스도로 말미암아 모든 사람이 살게 될 것입니다"(고전 15:22)라고 말했다. 리꾀르는 첫 사람과 둘째 사람을 둘째 순진성(second naivite)의 개념으로 차이를 지우려고 시도했다. 그는 "사람의 아들은 사람이다. 그러나 그는 더 이상 첫 사람이 아니다. 그는 오는 사람이다. 그가 개인이 되든지 혹은 전체 인간 중의 개인이 되든지 간에, 그는 끝의 사람 이다. 이와 같이, 하나님의 이미지 안에서 창조된 첫 사람의 복제이다. 그러나

그는 그와의 관계에서 새롭고 첫 사람의 순수하고 단순한 재현일 수가 없다. 아담에 대한 영지주의적 사유에서처럼 완전하고 죄인이 아니라고 생각된다. Paul Ricoeur, *The Symbolism of Evil* (New York: Haper and Row, 1967) 268 참조.

31. 이런 종류의 사고는 호킹의 중력과 양자 역학의 통일이론이 제기하는 상상적 시간의 개념과 상응한다. 호킹은 실제의 시간과 상상의 시간 사이의 차이를 규명했다. 실제의 시간은 우리가 경험하는 계기적 시간이나 상상의 시간은 시간에서 진행과 후퇴 운동을 구분할 수 없다. 그래서 그는 말한다. "우리가 상상적 시간이라고 부르는 것은 실제로 더 근본적이다. 우리가 실제적이라고 부르는 것은 우리가 우주는 이와 같다고 생각하는 것을 묘사하기 위해 발명한 관념에 지나지 않는다." 호킹, 『시간의 역사』, 143; 피터스, 『삼위일체 하나님』, 164.

32. 시간의 원초적 단위를 묘사하는 형식을 제안하고자 하는데, 이것은 시간의 양자와 비슷하다. 나는 전에 +1 대 -1의 개념 안에서 시간의 알파 세트를 제안하기도 했다. 왜냐하면 사건 자체로서의 시간은 중성 미자의 행위와 같은 원초적 에너지의 변화를 대변하기 때문이다. 오른쪽 스핀(+1)과 왼쪽 스핀(-1)을 가진 중성 미자는 시작 시간을 만드는데, 그것은 알파 세트 안에서 발생하는 실제적 변화이다. 이정용, 『내적 변화의 패턴』, 129-140 참조. 그러나 이 정식(-1, 0, +1)은 삼위일체적 행위로서의 변화의 근본 단위를 묘사하는 데 가장 적절하다. +1은 원초적 긍정으로 아버지를 상징하고, -1은 원초적 부정으로 성령(어머니)을 상징하고, 0은 연결원리로서 성자를 상징한다. 연결 원리가 +1과 -1을 모두 포함하기 때문에, 그것은 0(+1+-1=0)이 된다. 따라서, +1, 0, -1은 신의 삼위일체의 원형을 상징한다.

9장 ㅣ 결론

1. 미첼 역, 『도덕경』 56 장.
2. 이정용, "바르트의 교의학에서 유추적 접근의 사용", *Scottish Journal of Theology*, 129-151.
3. 이 책 8장 참조.
4. Hee-sung Keel, "Can Korean Protestantism Be Reconciled with Culture? Rethinking Theology and Evangelism in Korea," *Inter-Religio* 24 (Winter 1993) 47 참조.

참고문헌

Ahn, Byung-mu (안병무). *Minjung Shinhak Yiyaki* (민중신학이야기, *The Story of Minjung Theology*). Seoul: Korean Theological Study Institute, 1988.

Akamatzu, Chijo, and Tokashi Akiba (赤松智城, 秋葉隆). *Manmong no Minzoku to Siyokyo* (滿蒙の民俗と宗教, *Manchuria and Mongolian Races and Their Religions*). Seoul, 1941.

____. *Chosen Fuzoku no Kenkyo* (朝鮮巫俗の研究, *Studies in Korean Shamanism*). 2 vols. Seoul, 1938.

Aquinas, Thomas. *Summa Theologica.* Vol. 1. New York: McGraw-Hill, 1964.

Augustine. *De Trinitate*, Corpus Christ. 50, 50A. 2 vols. Turnhout, 1968. English trans.: *On the Trinity*, Fathers of the Church, vol. 45. Washington, D.C., 1963.

Baillie, Donald M. *God Was In Christ.* New York: Charles Scribner & Sons, 1948.

Barth, Karl. *Church Dogmatics.* Trans. G. W. Bromiley and T. F. Torrance. Edinburgh: T. & T. Clark, 1936.

Berdyaev, Nicholas. *Christian Existentialism.* Trans. W. Lowrie. New York: Harper & Row, 1965.

Blakney, R. S. Trans. *Tao Te Ching.* New York: New American Library, 1955.

Boff, Leonardo. *Trinity and Society.* Maryknoll, N.Y.: Orbis Books, 1988.

_____. *Faith on the Edge.* Maryknoll, N.Y.: Orbis Books, 1991.

Boman, Thorlief. *Hebrew Thought Compared with Greek.* Trans. Jules J. Moreau. London: S.C.M. Press, 1960.

Bonhoeffer, Dietrich. *Prisoner for God: Letters and Papers from Prison.* Trans. R. H. Fuller. New York: Macmillan, 1954.

Bonner, William. *The Mystery of the Expanding Universe.* New York: Macmillan, 1964.

Brunner, Emil. *The Christian Doctrine of Creation and Redemption.* Trans. Olive Wyon. Philadelphia: Westminster Press, 1952.

_____. *The Christian Doctrine of God.* Trans. Olive Wyon. Philadelphia: Westminster Press, 1950.

Buhlmann, Walbert. "Mission in the 1980's." *Occasional Bulletin of Missionary Research*, vol. 4, no. 3 (July 1980).

_____. *The Theology of John Wesley, with Special Reference to the Doctrine of Justification*. Lanham, Md.: University Press of America, 1984.

Chai, Ch'u, and Winberg Chai. Eds. *I Ching: Book of Changes*. Trans. James Legge. New Hyde Park, N.Y.: University Books, 1964.

Chan, Wing-tsit (陳榮捷). Trans. *The Way of Lao Tzu* (道德經). Chicago: University of Chicago Press, 1963.

Chang, Chung-yung (張鍾元). *Creativity and Taoism: A Study of Chinese Philosophy, Art, and Poetry*. New York: Julian Press, 1963.

Ching, Julia. *Chinese Religions*. Maryknoll, N.Y.: Orbis Books, 1993.

_____. *Confucianism and Christianity: A Comparative Study*. Tokyo: Kodansha International, 1977.

Cho, Paul Yonggi, and John Hurston. "Ministry Through Home Cell Units." *Korean Church Growth Explosion*. Ed. Ro Bong-rim and Martin Nelson. Seoul: Word of Life Press, 1983.

Ch'oe, Ki-bok (조기복). "Ancestor Worship from the Perspective of Confucianism and Catholicism." *Ancestor Worship and Christianity in Korea*. Ed. Jung Young Lee. Lewiston, N.Y.: Edwin Mellen Press, 1988.

Chou Tun-yi (周敦頤). *Diagram of the Supreme Ultimate Explained* (太極圖說).

Clark, Donald N. *Christianity in Modern Korea*. Lanham, Md.: University Press of America, 1986.

Clearly, J. C. "Trikaya and Trinity: The Mediation of the Absolute." *Buddhist Christian Studies* 6 (1986): 63-78.

Coleman, James A. *Relativity for the Layman*. New York: William Frederick Press, 1958.

Corless, Roger, and Paul F. Knitter. Eds. *Buddhist Emptiness and Christian Trinity: Essays and Explorations*. New York: Paulist Press, 1990.

Coursins, Ewart. "The Trinity and World Religions." *Journal of Ecumenical Studies* 7 (1970): 476-498.

DeBary, William Theodore, Wing-tsit Chan, and Burton Watson. Eds. *Sources of Chinese Tradition*. New York: Columbia University Press, 1960.

Dubs, Homer H. Trans. "The Beginnings of Alchemy." *Isis*, vol. 38, 1947.

Dye, David. *Faith and the Physical World*. Grand Rapids: Wm. B. Eerdmans, 1966.

Eddington, Arthur. *The Nature of the Physical World*. Ann Arbor, Mich.:

University of Michigan, 1955.

Eitel, E. J. *Feng-Shui: Principles of the Natural Science of the Chinese*. Hong Kong: Trubner, 1873.

Eliade, Mircea. *The Two and the One*. New York: Harper & Row, 1965.

_____. *Shamanism: Archaic Techniques of Ecstasy*. New York: Bolingen Foundation, 1964.

Endo, Shusaku. *Silence* (沈默). New York: Taplinger, 1980.

_____. *A Life of Jesus*. Trans. Richard A. Schuchert. Rutland, Vt.: Charles E. Tuttle, 1978.

Fabella, Virginia, Peter K. H. Lee, David K. Suh. Eds. *Asian Christian Spirituality*. Mary knoll, N.Y.: Orbis Books, 1992.

Fairbairn, A. M. *The Place of Christ in Modern Theology*. New York: Charles Scribner's Sons, 1893.

Farley, Margaret. "New Patterns of Relationship: Beginnings of a Moral Revolution." *Theological Studies* (1975): 627-646.

Forke, Alfred. *World Conception of the Chinese*. London: Arthur Probsthain, 1925.

Franck, Frederick. "A Buddhist Trinity: Christian and Buddhist Triune Manifestations." *Probabola* 14 (winter 1989): 49-54.

Fujisawa, Chikao: *Zen and Shinto: The Story of Japanese Philosophy*. New York: Philosophical Library, 1959.

Fung Yu-lan (馮友蘭). *A History of Chinese Philosophy*. Trans. Derk Bodde. Princeton, N.J.: Princeton University Press, 1953.

_____. *A Short History of Chinese Philosophy*. New York: Macmillan, 1948.

Gamow, G. *Mr. Tompkins in Paperback*. Cambridge: University Press, 1967.

Grant, Robert M. *The Secret Sayings of Jesus*. New York: 1960.

Greel, Herrlee G. *What Is Taoism? and Other Studies in Chinese Cultural History*. Chicago: University of Chicago Press, 1970.

Habito, Ruben. "The Trikaya Doctrine in Buddhism." *Buddhist-Christian Studies* 6 (1986): 53-62.

Haight, Roger. "The Point of Trinitarian Theology." *Toronto Journal of Theology*, vol. 4, no. 2 (fall 1988).

Hawking, Stephen. *A Brief History of Time*. New York: Bantam, 1988.

Heider, John. *The Tao of Leadership: Lao Tzu's Tao Te Ching Adopted for a New*

Age. New York: Bantam, 1986.

Heisenberg, Werner. *Physics and Beyond.* New York: Harper & Row, 1971.

Iryon (一然). *Memorabilia of the Three Kingdoms* (三國遺事). Seoul: Eul-yoo Publishing Co., 1983.

Izutsu, Toshihiko. *Sufism and Taoism: A Comparative Study of Key Philosophical Concepts.* Berkeley & Los Angeles: University of California Press, 1983.

Jacob, Edmund. *Theology of the Old Testament.* New York: Harper, 1958.

Jung, Carl G. *The Integration of Personality.* London: Kegan, Paul, Trench, Trubner, and Co., 1940.

_____. *Psychology and Religion: West and East.* Collected Works of C. G. Jung. Vol. 11 . Princeton: Princeton University Press, 1969.

_____. "Zur psychologie der Trinitaetsidee." *Ernos* 8.

Jungel, Eberhard. *God as the Mystery of the World.* Grand Rapids: Wm. B. Eerdmans, 1983.

Kaltenmark, Max. *Lao Tzu and Taoism.* Trans. Roger Greaves. Stanford, Calif.: Stanford

University Press, 1 969.

Kang, Wi Jo. "Ancestor Worship from the Perspective of Family Life." *Ancestor Worship and Christianity in Korea.* Ed. Jung Young Lee. Lewiston, N.Y.: Edwin Mellen Press, 1988.

Kapleau, Philip. Ed. *The Three Pillars of Zen.* Boston: Beacon Press, 1967.

Kasper, Walter. *The God of Jesus Christ.* New York: Crossroad, 1986.

Keel, Hee-sung. "Can Korean Protestantism Be Reconciled with Culture? Rethinking Theology and Evangelism in Korea." *Inter-Religio* 24 (winter 1993): 47.

Kelly, Anthony. *The Trinity of Love: A Theology of the Christian God.* Wilmington, Del.: Michael Glazier, 1989.

Kerckhoff, Alan, and Thomas McCormick. "Marginal Status and Marginal Personality." *Social Forces* 34 (October 1977).

Kim, Harvey. *Six Korean Women: The Socialization of Shamans.* St. Paul, Minn.: West Publishing Co., 1979.

Kim, Yong-ok (김용옥). *Kichulhak Sanjo* (기철학산조, *Essays on the Philosophy of Ch'i*). Seoul: Tongnamu Publishers, 1992.

Kitagawa, J. "Religions of Japan." *Great Asian Religions*. New York: Macmillan, 1969.

Kitamori, Kazoh. *Theology of the Pain of God*. Richmond, Va.: John Knox Press, 1965.

Knitter, Paul. *No Other Name?* Maryknoll, N.Y.: Orbis Books, 1985.

Koestler, Arthur. *The Roots of Coincidence*. New York: Random House, 1972.

LaCugna, Catherine Mowry. *God for Us: The Trinity and Christian Life*. New York: HarperCollins, 1991.

LaFargue, Michael. *The Tao of the Tao Te Ching*. Albany, N.Y.: S.U.N.Y. Press, 1992.

Lee, Jung Young (이정용). Ed. *Ancestor Worship and Christianity in Korea*. Lewiston, N.Y.: Edwin Mellen Press, 1988.

_____. "Can God Be Change I tself?" *Journal of Ecumenical Studies*. Vol. 1 0, no. 4 (fall 1973): 751-770.

_____. *Cosmic Religion*. New York: Harper & Row, 1978.

_____. *Embracing Change: Postmodern Interpretations of the I Ching from a Christian Perspective*. London, Toronto: Associated University Presses, 1994.

_____. Ed. *An Emerging Theology in World Perspective: Commentary on Minjung Theology*. Mystic, Conn.: Twenty-third Publications, 1988.

_____. *God Suffers for Us: A Systematic Inquiry into a Concept of Divine Possibility*. The Hague: Martinus Nijhoff, 1974.

_____. *The I Ching and Modern Man: Essays on Metaphysical Implications of Change*. Secaucus, N.J.: University Books, 1975.

_____. "Interpreting the Demonic Powers in Pauline Thought." *Novum Testamentum*, vol. 12, fasc. 1, 69.

_____. "Karl Barth's Use of Analogy in His Church Dogmatic." *Scottish Journal of Theology*, vol. 22, no. 2 (June 1969).

_____. *Korean Shamanistic Rituals*. New York, Paris, The Hague: Mouton Publishers, 1981 .

_____. "Minjung Theology: A Critical Introdluction." *An Emerging Theology in World Perspective*. Ed. Jung Young Lee. Mystic, Conn.: Twenty-third Publications, 1988.

_____. "The Origin and Significance of the Chongyok or Book of Correct

Change." *Journal of Chinese Philosophy* 9 (1982): 211-241.

_____. *Patterns of Inner Process.* Secaucus, N.J.: Citadel Press, 1976.

_____. *The Principle of Changes: Understanding the I Ching.* New Hyde Park, N.Y.: University Books, 1971 .

_____. "Search for a Theological Paradigm: An Asian-American Journey." *Quarterly Review,* vol. 9, no. 1 (spring 1989).

_____. *The Theology of Change.* Maryknoll, N.Y.: Orbis Book, 1979.

_____. "Trinity: Toward an Indigenous Asian Perspective." *The Drew Gateway* (spnng 1990).

_____. "The Yin-Yang Way of Thinking: A Possible Method for Ecumenical Theology." *International Review of Mission,* vol. 51, no. 239 (July 1971).

Lee, Peter K. H. "Dancing, Ch'i, and the Holy Spirit." *Frontiers in Asian Christian Theology.* Ed. R. S. Sugirtharajah. Maryknoll, N.Y.: Orbis Books, 1994.

Legge, James. Trans. *Li Ki* (禮記, *The Book of Rites*). The Sacred Books of the East, vol. 17. Oxford, England: Oxford University Press, 1885.

McFague, Sallie. *The Body of God.* Minneapolis: Fortress Press, 1994.

_____. *Models of God.* Philadelphia: Fortress Press, 1987.

Maleflit, Annemarie D. W. *Religion and Culture.* New York: Macmillan, 1968.

Mattingly, Terry. "Gap Between Pews: Seminaries Revealed Amid Sophia Dispute." *The Knoxville News -Sentinel,* Saturday, February 5, 1994.

Meier, John P. *A Marginal Jew: Rethinking the Historical Jesus.* New York: Doubleday, 1987.

Miller, David L. *Three Faces of God: Traces of the Trinity in Literature and Life.* Philadelphia: Fortress Press, 1986.

Mitchell, Stephen. *Tao Te Ching: A New English Version.* New York: Harper & Row, 1988.

Moltmann, Jürgen. *The Crucified God.* New York: Harper & Row, 1974.

_____. *The Trinity and the Kingdom: The Doctrine of God.* New York: Harper & Row, 1981.

Mozley, J. K. *The Impassibility of God: A Survey of Christian Thought.* Cambridge: University Press, 1926.

Muller-Ortega, Paul Eduardo. *The Triadic Heart of Siva.* Albany, N.Y.: S.U.N.Y. Press, 1989.

Needham, Joseph. *Science and Civilization in China.* Vol. 2. Cambridge: University Press, 1956.

Nygren, Anders. *Agape and Eros.* Trans. Philip S. Watson. Philadelphia: Westminster Press, 1953.

Oates, Wayne E. *The Revelation of God in Human Suffering.* Philadelphia: Westminster Press, 1959.

Oden, Thomas. *The Living God.* New York: Harper & Row, 1987.

Panikka, Raymond. *The Trinity and World Religions: Icon-Person-Mystery.* Madras: Christian Literature Society, 1970.

_____. *Trinity and Religious Experience of Man.* Maryknoll, N.Y.: Orbis Books, 1973.

Park, Sang-wha (박상화). *Chongyok kwa Hanguk* (정역과 한국, *The Book of Correct Change and Korea*). Seoul: Kongwha Publishers, 1978.

Peacocke, Arthur R. *Creation and the World of Science.* Oxford: Clarendon Press, 1979.

Perlman, Janice E. *The Myth of Marginality: Urban Poverty and Politics in Rio de Janeiro.* Berkeley: University of California, 1976.

Peters, Ted. *God as Trinity: Relationality and Temporality in Divine Life.* Louisville, Ky.: Westminster/John Knox Press, 1993.

Plato. *The Republic of Plato.* Trans. F. M. Cornford. Oxford: Clarendon Press, 1941.

Radhakrishnan, Sarvapalli. *The Hindu View of Life.* New York: Macmillan, 1968.

_____. Ed. *The Principal Upanishads.* London: George Allen and Unwin, 1953.

Rahner, Karl. *The Trinity.* New York: Herder & Herder, 1970.

Randles, Marshall. *The Blessed God, Impassibility.* London: Charles H. Kelly, 1900.

Read, Herbert. *The Form of Things Unkwon: Essays Toward an Aesthetic Philosophy.* New York: Horizon Press, 1960.

Relton, H. Mourice. *Studies in Christian Doctrine.* London: Macmillan, 1960.

Ricoeur, Paul. *The Symbolism of Evil.* New York: Harper & Row, 1967.

Ro, Young-chan, *The Korean Neo-Confucianism of Yi Yulgok.* Albany, N.Y.: S.U.N.Y. Press, 1989.

Ryu Dongsik (류동식). *Hankuk Mukyoeu Yuka wa Kujo* (한국 무교의 역사와 구조, *History and Structure of Korean Shamanism*). Seoul: Yonsei

University Press, 1975.

Saher, P. J. *Eastern Wisdom and Western Thought: A Comparative Study in the Modern Philosophy of Religion.* New York: Barnes and Noble, 1970.

Saunders, E. Dale. *Mudra: A Study of Symbolic Gestures in Japanese Buddhist Sculpture.* Princeton: Pninceton University Press, 1985.

Scheeben, M. *The Mysteries of Christianity.* St. Louis: Herder, 1946.

Shchutskii, Iulian K. *Researches on the I Ching.* Princeton, N.J.: Princeton University Press, 1979.

Simpson, Eileen . "Acupuncture." *Saturday Review,* February 19, 1972.

Smart, Ninian, and Steven Konstantine. *Christian Systematic Theology in a World Context.* Minneapolis: Fortress Press, 1991.

Smith, Huston. *The Religions of Man.* New York: Harper & Row, 1958.

Smith, Wilfred Cantwell. *The Faith of Other Men.* New York: New American Library, 1963.

Song, C. S (宋泉盛). *Jesus and the Reign of God.* Minneapolis: Fortress Press, 1993.

_____. *Jesus, the Crucified People.* New York: Crossroad, 1992.

_____. *The Reign of God.* Minneapolis: Fortress Press, 1993.

Sze, Mai-mai. *The Way of Chinese Painting: Its Ideas and Technique.* New York: Vintage Books, 1959.

Takenaka, Masao. *God Is Rice: Asian Culture and Christian Faith.* Geneva: World Council of Churches, 1986.

Thompson, Laurence G. *Chinese Religion: An Introduction.* 4th ed. Belmont, Calif.: Wadsworth Publishing Co., 1989.

Tillich, Paul. *Systematic Theology.* 3 vols. Chicago: University Press of Chicago, 1963.

Tkach, Walter. "I Have Seen Acupuncture Work." *Today's Health* (July 1972).

Tu Wei-ming. *The Way, Learning and Politics in Classical Confucian Humanism.* Occasional Paper and Monograph Series, No. 2. Singapore: Institute of East Asian Philosophies, 1985.

Turner, Victor. *The Ritual Process, the Structure and Anti-Structure.* Chicago: Aldine Publishing, 1969.

van Gennep, Arnold. *The Rites of Passage.* Trans. M. B. Vizedom and G. L. Caffee. London: Routledge and Kegan Paul, 1960.

_____. *Christianity in World History*. Trans. H. H. Hoskins. New York: Charles Scribner's Sons, 1964 .

Veith, Uza. Trans. Huang Ti Nei Ching Su Wen (黃帝內經素問). Berkely, Calif.: University of California Press, 1966.

_____. Trans. The Yellow Emperor's Classic of Internal Medicine (黃帝內經). Berkeley: University of California Press, 1949.

von Huegel, Baron Friedrich. "Morals and Religion." *Essays and Addresses on the Philosophy of Religion*. 2nd Series. London: J. M. Dent & Sons, 1926.

Weber, Max. *The Religion of China*. New York: Free Press, 1951.

Welch, Holmes. *Taoism: The Parting of the Way*. Boston: Beacon Press, 1965.

Wesley, John. *A Plain Account of Christian Perfection*. London: Epworth Press, 1985.

Whitehead, Alfred North. *Process and Creativity*. New York: Macmillan, 1929.

_____. *Science and the Modern World*. New York: Macmillan, 1925.

Wilhelm, Hellmut. *Change: Eight Lectures on the I Ching*. Princeton: Princeton University Press, 1960.

_____. "The Concept of Time in the Book of Changes." *Man and Time: Papers from the Eranos Yearbooks*. New York: Pantheon Books, 1957.

_____. *Heaven, Earth, and Man in the Book of Changes*. Seattle: University of Washington Press, 1977.

Wilhelm, Richard. Trans. *The I Ching or Book of Changes*. 3rd ed., rendered into English by Cary F. Baynes. Princeton: Princeton University Press, 1967.

_____. *Lectures on the I Ching: Constancy and Change*. Trans. from German by Irene Eber. Princeton: Princeton University Press, 1979.

_____. Trans. *The Secret of the Golden Flower*. New York: Harcourt, Brace and World, 1962.

Wilson-Kastner, Patricia. *Faith, Feminism, and the Christ*. Philadelphia: Fortress Press, 1983.

Wu, L. C., and T. L. Davis. Trans. "An Ancient Chinese Treatise on Alchemy Entitled, Ts'an T'ung Ch'i." *Isis*, vol. 18 (1932).

Yan, Johnson F. *DNA and the I Ching: The Tao of Life*. Berkeley: North Atlantic Books, 1991.

Yi, Chung-ho (이정호). *Chongyok Yonggu* (정역연구, *The Study of the Book of Correct Change*). Seoul: International College Press, 1976.

Yun, Sung-bum (윤성범). *Christianity and Korean Thought* (기독교와 한국사
상). Seoul: Christian Literature Society of Korea, 1980.

_____. *Ethics East and West: Western Secular Christian and Confucian
Traditions in Comparative Perspective*. Trans. Michael C. Kalton. Seoul:
Christian Literature Society, 1977.

_____. *Theology of Sung* (誠의 신학). Seoul: Sungkwangsa, 1973.

Zukav, Gary. *The Dancing Wu Li Masters: An Overview of the New Physics*. New
York: William Morrow, 1979.